KB272994

현대신서
95

한국종교문화론

趙興胤 著

東文選

韓國宗敎文化論

차 례

머리말

종교는 문화의 어머니이다. 문화신학자로 불리는 폴 틸리히(Paul Tillich)의 말이다. 그에게 있어 종교는 인간의 궁극적 관심(ultimate concern)으로서 인간에게 삶의 기준과 방향을 제시해 준다. 나는 문화인류학도로서 그의 말을 매우 좋아한다.

우리 나라에서 종교 문화란 용어 개념이 처음 쓰이기 시작한 것은 1980년대 중반쯤이다. 종교학을 공부하는 어느 후배에게 나는 종교 문화라는 이름을 넣은 연구소를 만들어 운영해 보라고 권하였고, 그것이 실현되어 종교 문화가 우리 사회에 공식적으로 통용되기에 이른 것이다. 이제는 이 용어 개념을 내건 연구소가 한둘이 아니어 그것이 일반화된 감이 든다. 그러나 그 정확한 학술적 의미를 제대로 알고 쓰는지는 의심스럽다.

종교 문화(religious culture)는 기실 문화인류학의 용어 개념이다. 문화인류학에서는 인간이 사회를 이루고 자연 환경에 적응하여 살아가는 모든 형태·행태·양상을 문화로 파악한다. 그러니 문화 아닌 것이 없다. 한 사회 안에 존재하는 그 다양한 문화 분야를 일러 하위 문화(subculture)라 부른다. 정치·경제·심리·예술·놀이 등이 그런 것에 속하고, 종교도 그 하나로 여겨진다. 그래서 문화인류학에서는 종교 문화라는 용어가 하나의 하위 문화로서 유효한 것이다.

종교 문화라는 용어 개념을 제대로 쓰기 위해서는 문화인류학의 독특한 관점이 반드시 숙지·견지되어야 한다. 그것은 총체론(總體論; wholism)이다. 하위 문화는 서로 유기체적으로 긴밀하게 얽혀 있으므로 전체 문화의 구조·얼개 안에서 맥락적으로 이해되어야 한다. 그것을 맥락적 접근(contextual approach)이라 해도 좋다. 어느 문화든 그것은 전체의 맥락 속에서 접근해야 제대로 역동적으로 파악될 수 있다.

우리 관련 학계에서의 종교 내지 종교 문화 연구는 불행하게도 그런 관점과 접근의 예를 별로 보이지 않았다. 각기 자신의 학문 분야의 입장을 고수하기에 급급하였다. 그러하기에 토론과 종합이 별반 없다. 연구자와 관련된 종교의 연구 영역을 금 그어 놓고 그 종교의 우월한 면만 늘어 놓고 다른 종교나 학문 분야가 그 선을 넘어 들어와 연구·비판하면 그저 총공세에 나서는 경우가 흔하다. 이런 것은 우리네 정치판에서 자주 보아 오는 것인데 종교 관련 학계의 연구 풍토도 그것과 크게 다르지 않다.

여하간 종교 문화에 대한 문화인류학적 접근은 종교를 하나의 하위 문화로 제한하는 약점을 보인다. 종교는, 틸리히의 안목을 따르자면 단순한 하위 문화가 아니다. 그것은 인간에게 우주관·인생관 등의 가치 기준을 제시하여 모든 문화의 어머니가 된다. 이러한 인식 아래 나는 한국의 종교 문화를 연구해 온다.

문화인류학의 한 분야인 종교인류학에서는 기성 종교 내지 세계 종교를 주로 다루는 종교학과는 달리 전통적으로 샤머니즘〔巫〕·신흥 종교를 주요 연구 대상으로 삼는다. 한국 종교 문화의 커다란 특징인 다종교 공존과 관련하여 나 또한 기성 종교에 관심을 갖고 이런저런 논문을 쓴 바 있으나, 나의 주된 연구 대상은 샤머니즘과 신흥 종교에 집중될 수밖에 없었다. 그동안 발표된 논문들을 추려 여기에 엮었다.

글 쓰는 사람에게 글이란 자식과 같은 것인데, 지면의 제한으로 12편만 추리자니 여간 곤혹스럽지 않았다. 독자, 특히 이 방면에 관심을 갖고 있는 학생들을 염두에 두고 가급적 최근의 내 연구·관심을 보여 주려 애썼다. 시간적 전개를 편집에 반영하였다. 아울러 각 논문이 발표된 내력을 이 책의 목차 순서에 따라 아래에 밝힌다.

〈한민족의 종교 문화〉《계간연세 진리·자유》(1990) 봄, 제4호, pp.20-25, 서울.

〈한국 지옥 연구—무巫의 저승〉《민족民族과 문화文化》(1998) 한양대학교 민족학연구소, 제7집, pp.5-47, 서울.

〈한국 지옥 연구—무巫의 저승〉《샤머니즘 연구》(1999) 한국 샤머니즘학회, 제1집, pp.31-79, 서울: 문덕사.

〈한국 샤머니즘과 세계 종말〉《민족民族과 문화文化》(1999) 한양대학교 민족학연구소, 제8집, pp.5-17, 서울.

〈한국 신령의 체계와 성격〉《동방학지東方學志》(1998) 연세대학교 국학연구원, 제101호, pp.139-180, 서울.

〈화랑의 종교 문화〉《화랑 문화花郎文化의 신연구新研究》(1995) 한국향토사연구전국협의회편, pp.267-294, 서울: 문덕사.

〈한국의 넋건지기—삼천궁녀제와 관련하여〉《삼천궁녀제 연구》(2000) 한국샤머니즘학회편, pp.39-57, 서울: 문덕사

〈동학혁명의 문화적 의미〉《계간연세 진리·자유》(1994) 봄, 제20호, pp.27-32, 서울.

〈최수운崔水雲과 민중 신앙〉《동학 연구》(1999) 한국동학학회, 제4집, pp.45-67, 서울.

〈한국 단군 신앙의 실태〉《단군檀君—그 이해와 자료》(1994) 윤이흠 외(공저), pp.326-346, 서울대학교출판부.

〈신흥 종교〉《한국인의 종교》(1987) 윤이흠 외(공저), pp.143-168, 서울: 정음사.

〈민족 종교가 한국 정신 문화에 끼친 영향〉《한국 민족 종교 총람》(1992) 한국민족종교협의회편, pp.48-64, 서울.

〈한국 종교의 비리와 제도적 개혁〉《한국 사회의 비리》(1994) 임종철 외(공저), pp.239-267, 서울대학교출판부.

　이 책에 담은 한국의 종교 문화는 이에 앞서 출간된 나의 《한국문화론》에서 다루어진 한국 문화의 내용과 서로 긴밀하게 연관되어 있다. 문화인류학도의 안목과 관심이기에 그럴 수밖에 없다. 이 책에서는 종교인류학적인 면에 보다 치중하였다. 어쨌든 우리는 이 글을 통하여 한국 종교 문화의 남다른 점과 특성을 이해하게 된다. 그리하여 한민족이 어떤 사람이고 어떤 상상계를 갖고 어떻게 살아온 민족인지 아는 것이 중요하다. 우리의 문화적 주체성(cultural identity)이 막중한 것이다. 나아가 우리의 현재 삶이 의미 있는 것이 되기를 나는 기원한다.

　나의 글은 그런 것을 위한 하나의 접근일 뿐 결코 정답을 제시하는 것이 아니다. 이 책이 각자의 의미 있는 삶을 위한, 확충된 상상계를 위한 논의에 하나의 계기가 되었으면 한다. 관련 학도들에게는 한국 종교 문화의 무궁무진한 연구를 위한 조그만 단서가 될 수 있기를 바란다. 동문선의 신성대 사장, 이 책 출간의 인연을 만들어 주신 심우성 선생, 동문선의 편집진께 끝으로 고마움을 표한다.

　첨언: 2001년말 어머니의 타계와 딸의 중병을 통해 나는 내 어릴 적 신앙 기독교로 돌아왔다. 앞으로 한국 종교 문화를 새로운 안목으로 연구해야 함을 뼈저리게 느낀다.

1

한민족의 종교 문화

I

종교 공부를 한답시고 만신(萬神)들 기도터며 절을 찾아다니던 때, 나는 두 영상(映像)을 얻어 서른 해가 넘은 시방도 그것을 생생히 간직하고 있다. 가을날 정갈히 차려입은 아주머니네들이 머리에 무언가 이고 치성(致誠)드리러 산길을 가는 모습이 그 하나이고, 다른 하나는 한밤 탑(塔)의 갑석(甲石)에 수십 개의 촛불이 밝혀져 있는 장면이다. 기도와 관련된 한국 종교 문화의 평범한 일면이나, 그런 것이야말로 진정한 종교 문화가 아닌가 나는 생각하고 있다.

종교와 종교 문화는 뜻을 달리하는 용어로 이해되기 쉬우나 기실 같은 것을 가리키는 말이다. 그것은 다만 다른 안목에서 유래하였을 따름이다. 후자는 종교를 문화의 하나로 보는 입장을 취한다. 문화인류학의 관점이 그것이다. 이 학문 분야에서 종교는 정치·경제·법·예술·언어 등과 마찬가지로 문화의 한 갈래를 이루는 것으로 본다. 한 사회의 전체 문화 가운데 종교는 하나의 하위 문화(下位文化)라는 구조적인 이해가 거기에 있다. 다른 하위 문화들과의 관계를 고려함이 없이 종교만을 거론하는 것과는 안목이 사뭇 다르다.

종래 우리 나라에는 그 구조적 접근이 결여되어 있어 한국 종교가 제대로 이해되지 못한 감이 크다. 한국사학(韓國史學)의 경우 종교가 주로 사상사(思想史)에서 다루어져 왔는데, 그 대상이 되는 교리(敎理)

란 종교의 한 부분에 지나지 않는다. 문화면에서의 사정도 마찬가지이다. 국가에서 지정·관리하는 문화재(文化財)의 대부분이 종교와 직결되어 있음에도 불구하고, 그 연구와 가치 평가가 미술사에 치중되어 그들의 성격과 의미를 온전히 드러내지 못하고 있다. 그뿐만 아니라 지정된 사찰이 관광지로 되어 사람들이 흔히 구경거리로 그런 곳을 찾으니, 그 종교성의 훼손이 자못 심각한 형편이다.

한 사회의 문화 요소란 굉장히 다양하여 그 얼개를 총체적으로 파악하기가 쉽지 않다. 어느 원주민 사회나 소수 민족(少數民族)의 문화를 서술해 온 민족지학자(民族誌學者)들은 그 면면을 항목으로 잡아 전체의 파악에 안간힘을 써오는 터이나, 주요 하위 문화 및 그들 사이의 관계 등에 관한 이론적 고찰은 거의 없었다. 그들은 상식의 선에서 그 틀을 잡아 오거니와, 이래서야 각 문화 분야의 성격 내지 기능이 막연할 뿐이다. 시로코고로프(Shirokogoroff) 선생은 퉁구스족의 문화를 심리 정신 복합체·사회 조직·물질 문화의 세 큰 갈래로 나누어 다루었다. 사람들의 삶 가운데 심리·정신의 면에서 이해하고 깨우친 것이 복합체를 이루고, 그것이 사람 관계에서 사회 조직을 형성하며, 나아가 물질적 형태로 표현된 것이 물질 문화라 하였다. 문화의 분류나 얼개의 역동적 파악에 묘를 얻었다 하겠다.

종교 문화에 관하여는 요아힘 바흐(Joachim Wach) 선생의 이해가 뛰어나다. 종교는 종교 체험을 바탕으로 표현된다. 교리·제의(祭儀)·교단·기도 등이 모두 그러하다. 그러한 표현은 다시 체험으로 환원된다. 종교는 요컨대 체험과 표현의 순환 관계에서 보아져야 한다. 교리·사상 따위의 사상적 표현은 표현의 한 부분이고, 그밖에 예술적·제의적·사회적 표현이 있음을 간과해서는 아니 된다. 또한 표현만큼이나 체험을 중요하게 여기는 종교 문화의 안목이 갖추어져야 한다. 한민족의 종교 문화를 바라봄에 있어 바흐의 틀 위에서, 역사 및 개인의 삶 가운데 차지하는 종교의 기능과 의미가 함께 눈여겨져야 할 것이다.

오늘날 우리의 종교 문화는 그것을 바라보는 안목의 문제뿐 아니라 그 자체가 극심한 혼란 상태에 빠져 있다. 무엇보다 종교의 숫자가 그 사실을 보여 준다. 이른바 세계 종교라는 것들이 거의 모두 이 땅에 자리하여 있는가 하면 국내외산 신흥 종교의 수가 4백을 넘게 헤아린다. 원시 종교로 불리기도 하고 세상에서 사라져 버린 것으로 여겨지는 샤머니즘, 곧 무(巫)가 아직도 많은 신봉자를 가지고 있는 곳도 한국이다. 그래서 흔히 종교의 박물관이라 비유되거니와, 오히려 종교의 만물상(萬物商)이라 하는 편이 더 적합하리라.

신흥 종교의 많음에는 종교의 분파가 큰 몫을 담당한다. 불교·유교·개신교 등의 기성 종단에서 수많은 신흥 교단이 생겨나기도 하였지만, 신흥 종교조차 걸핏하면 갈라져 새로운 종단을 세우는 것이 최근 종교사의 풍토였다. 거기다 교회의 대형화·재벌화가 유행이고, 심지어 교회를 부동산쯤으로 알아 사고파는 종교 상품화가 성행하는 판이니 실로 가관이다. 종교사회학의 관점을 굳이 빌리지 않더라도 이는 한국 사회의 가치관의 부재 내지 혼란을 넉넉히 반영한다. 종교가 그 모양이면 고통받는 이는 민중이다. 이 땅의 종교인이나 지성인 및 사회지도자들의 죄가 그만큼 무겁고 크다.

II

많은 종교들이 한 사회 안에 함께 존재하는 다종교 공존(多宗敎共存)은 비단 오늘의 상황만이 아니다. 한국 종교사를 훑어보면 그것이 하나의 특징을 이루고 있는 것으로 드러난다. 한국 종교사의 연구는 대개 개별 종교의 흐름을 다루고 있을 뿐이고, 한국 종교 전체를 서술한 두어 가지 저서에서도 각 종교의 시대별 전개를 주로 다루고 있어서 이 특징이 여실히 드러나지 않는다. 삼국 시대 중국으로부터 유교·불교·도교가 수입된 이래 이들이 전통의 무(巫)와 더불어 공존을 연출하였다. 성리학(性理學) 전횡의 조선조만 하더라도 불교·도교· 무는 억압과 천대 속에서도 존재하여 신앙되었다.

조선왕조 이전의 시대에 비하면 오늘날 다종교 공존의 상황은 종교 의 숫자에서 뿐 아니라 그 양상이 심히 혼란스럽다. 숫제 다종교 혼 재(混在)요, 난립(亂立)이다. 그러나 이같은 현상이 문득 생겨났을 턱 이 없고, 한국 종교사의 맥락에서 그 특징적인 성격과 연결지어 들여 다볼 일이다.

고조선 사회에서 삼국 시대 초기에 이르기까지는 고신교(古神敎)로 서의 무(巫)가 신봉되었다. 그 기반 위에 유·불·도가 이 땅에 들어 와 정착하였다. 이들 종교는 일정한 토착화의 과정을 거친 후 사회에 두루 신앙되면서 정치·경제·사회·예술 등 전반에 걸쳐 우리 문화 의 형성에 크게 이바지하였다. 조선조 중엽 이후에는 서학(西學)의 도 입과 함께 천주교회가 들어왔고, 곧이어 개신교도 들어와 자리잡게 되었다.

종교는 궁극적 관심이자 절대 신념 체계이기에 일반적으로 사회에 통합적 가치 기준을 부과한다. 그래서 다른 종교나 가치관을 용납하 지 못함이 보통이다. 종교 사이의 갈등으로 인하여 이내 엄청난 피를 부른 사실을 우리는 역사의 장 곳곳에서 확인한다. 그러나 한국은 예 외이다. 한 방울의 피흘림이 없었을까마는, 우리의 역사는 종교간의 그토록 격렬한 갈등을 보이지 않는다. 서로들 공존하는 모습이 오히 려 두드러진다. 고려조가 그 전형적인 시대에 해당한다.

고려조를 일러 흔히 불교 시대라 하는 것은 잘못이다. 유교·도교· 무가 불교와 함께 사회에 신앙되었고, 그 시대의 문화를 감당하고 있 었다. 고려 불교의 성행은 주지의 일이거니와, 유학의 소양을 가진 이 들이 관료층을 형성하였고, 무와 도교는 왕실과 민간에 두루 신앙되 었다. 이 다종교 공존은 단순한 평면적 관계가 아니었다. 거국적으로 행하여진 팔관회(八關會)·연등회(燃燈會)는 겉으론 불교 행사였으나, 내용은 고대 이래의 제천 의례(祭天儀禮)를 그대로 답습하고 있었다. 유학자가 절을 찾고 집 안에서 굿을 벌이는 일이 예사였다. 고승(高僧)들이 유교나 도교의 교양을 갖추는 것도 드문 일이 아니었다. 고려조의 다종교 공존의 면모는 그 시대 어느 단면을 잘라도 역연히 드러난다. 그뿐 아니라 어느 종교를 들여다보아도 그 안에 다종교의 요소가 들어 있다. 이는 마치 대우주(大宇宙)가 소우주(小宇宙)를 품듯 중층적(重層的) 구조를 이루고 있으니 현묘한 느낌을 떨칠 수 없다.

조선왕조에 들어오면 그 사정이 급전하고 만다. 유교의 성리학이 정치 이념으로 대두하면서 무·불교·도교는 갖은 억압을 감내한다. 다종교 공존의 조화성(調和性)이 여기서 일그러져 버린 것이다. 그렇다 하여 조선조를 유교 시대라 이르는 것도 심히 도식적이다. 비록 일그러진 모양이나마 다종교가 공존하였다. 후기에는 기독교와 민족 종교(民族宗敎)의 정착 내지 성립도 보게 되었다. 조선조의 이러한 문제 상황이 돌연히 생겨난 것은 물론 아니다. 고려말 종래의 조화롭던 다종교 공존은 왕실·정권과 결탁하여 사회·경제를 장악한 불교에 의하여 이미 그 힘을 잃고 있었다. 조선조의 성립은 조화의 회복이 아니라 그러한 불교에 대한 유교적 신진사대부의 반동의 성격을 갖는다.

일그러진 다종교 공존의 전통은 비유컨대 비타민 결핍증과 같다. 하나의 종교적 가치만 편식하는 사회가 걸리기 마련인 병이다. 관념적 이론과 허례허식에다 극렬한 당색분파로 백성의 삶이 도탄에 빠졌을 때, 이른바 실학의 아름다운 고민과 노력이 있었으나 그 고질적 병폐의 치유에는 이르지 못하였다. 서세(西勢)가 동진하는 세계사의 도도한 흐름을 타고 기독교가 이 땅에 전파되었다. 다종교 공존의 특징과 전통에 힘입어 정착한 기독교는 전혀 이질적인 생소한 가치관으로서 오히려 병약한 한국 사회에 엄청난 문화 충격을 가져다 주었다. 사회 가치의 극심한 혼란과 민족·국가 존망의 위기에 처하여 동학을 비롯한 여러 민족 종교들이 감연히 민중으로부터 떨쳐 일어섰으나, 조선왕조는 더 이상 병상에서 일어나지 못한 채 나라를 일제에 넘기고 말았다.

Ⅲ

조선조 성리학의 대두로 말미암아 조성된 다종교 공존의 일그러짐은 그 내용에 있어 실로 경악할 만한 사태를 전개시켰다. 한민족 기운의 쇠락과 주체적 안목의 상실이 그것이다.

다른 종교, 특히 무의 탄압과 관련하여 양반 관료층은 왕조 초기로부터 실로 교묘한 전략을 구사하였다. 사제·예언·치병 등 무의 기능 때문에 왕실조차 나라무당〔國巫〕을 두고 이 전통 종교를 신봉하였던 것인데, 양반 관료들은 이를 혹세무민이요, 음사(淫祀)라 하여 극구 반대하였다. 이들은 무를 한꺼번에 없애고자 하지 않고 금무(禁巫)의 여러 방책을 부단하고도 질기게 마련하고는 왕을 조르고 설득하였다. 그리하여 금무의 법들이 내려지곤 했지만 제대로 지켜지는 일은 없었다. 무당을 고작 성 밖으로 내쫓는 축출령이 역대로 끊임없이 공포되는 형편이었다.

이처럼 일견 실효 없는 조치의 저의는 왕권의 제약과 그를 통한 양반 관료층의 상대적인 권력 옹호에 있었다. 양반 관료층은 무에 대한 직접적인 공격 대신에 왕권과의 권력 투쟁을 통하여 왕권도 누르고 무도 약화시키는 전략을 취한 것이다. 그 결과 조선조에 절대 왕권이 형성되지 못하고, 무는 사회에서 천대·격리된 채 신앙되는 지경에 이르렀다.

이 과정에서 양반 관료들이 얻어낸 성과는 주목을 요한다. 전통적인 산천제(山川祭)·조상제(祖上祭)의 성격을 갖는 마을굿〔城隍祭〕의 유례화(儒禮化)가 그 하나이고, 왕에 의한 제천(祭天)의례 행사의 폐지가 다른 하나이다. 성황제는 초기부터 각 고을의 수령에게 맡겨져 관제(官祭)로 지내게 되었다. 마을굿은 고대 이래 마을 사람들이 봄·가을로 크게 모여 하늘과 땅과 조상에 감사하고 한데 어울려 음주가무(飮酒歌舞)하는 멋과 신명의 한마당이었는데, 이 유례화로 인하여 그 전통이 몹시 약화되고 민족의 기운이 심히 꺾이고 만 것이다.

마을굿이 마을 단위로 개최되는 데 비하여 왕에 의한 제천 의례는 고대의 하늘굿(天祭)을 계승한 국가의 종교적 행사였다. 역대 왕조의 전통을 이어받아 천제를 올리려 한 조선조 왕들의 의지에 대하여 양반 관료들은 유교의 예(禮)를 근거로 부당함을 끈질기게 물고늘어졌다. 유례에 따라 중국의 천자만이 하늘에 제사할 수 있고, 제후국인 조선의 왕은 다만 종묘사직에 제사드릴 뿐이라는 그들의 명분론(名分論)에 왕들은 그만 굴복하고 말았다. 조선조를 통틀어 세조(世祖)만이 거의 매년 천제를 직접 올릴 수 있었다. 세조 때의 사육신·생육신의 평가는 이런 면에서 한 번 뒤집어 볼 만하다.

정착된 토론 문화라면 적어도 이견에 귀 기울일 줄 알고, 도출된 결론에 승복할 수 있어야 한다. 조선조의 당쟁은 그러지 못하여 당색 내지 견해가 다르면 집안이 결단나고, 그런 집안은 몇 대가 지나도록 절치부심하면서 재기할 기회만 노렸다. 이 고질적인 악순환과 병폐는 왕조가 몰락할 때까지 지속되었다. 나는 이것이 성리학 주도에 의한 다종교 공존의 일그러짐에서 비롯하였다고 보는 터이다.

고려조의 불교가 한국 불교로 정착하였고 다종교 공존의 상황 속에서 제 가치만 내세울 수 없었던 데 반하면, 조선조의 성리학은 중국의 것을 기준하여 그 이론을 여기에 강제하는 동안 다른 종교에 의한 견제와 균형의 덕을 전혀 입지 못하였다. 외국의 종교·이론이 정치 이념으로 자리를 장악하여 있으니, 전통 종교와 문화에 터한 주체적 안목은 도무지 설 땅을 얻지 못하였다. 그것도 제대로 소화되지 않은 것이어서 그 옹호하는 패들의 해석이 서로 다르고, 그것이 권력과 직결되어 있으니 제 목소리만 높이고 제 안목만 옳다 하였다. 무엇이 똥이고 된장인지 분간 안 되는 판이었다. 이래서 남의 의견에 결코 승복하지 않는 비뚤어진 태도가 이 사회에 만연하게 되었다.

이어 일제의 식민통치 동안 식민주의적 가치관에 부화뇌동한 인사들만이 행세하였다. 해방 후 돌연히 서양식 정부가 들어서고, 그쪽의 법과 교육이 사회의 가치를 관장하며 기독교 내지 서양식 합리주의가 판치는 세상이 전개되었다. 그 판에 민주·공산주의의 이념이 나라와 민족을 두고 한판 대결을 벌여 온 강산이 피로 물든 바 있다. 그리고는 너도나도 서양 학문의 이론의 현지 수입에 나서서 이론 박람회장을 열어 놓은 듯하다. 먹고 지내기가 조금 나아지자 그 경향이 더욱 거세진다. 외국의 모모한 이론에 따른 것이라며 눈에 핏발을 세운다. 다들 저만 옳으니 다른 사람의 이야기는 들을 필요가 없다는 세상이다. 수많은 종교들이 그렇게 저 잘난 듯 설쳐댄다. 이게 도대체 무슨 꼴들인가. 6백 년 이래 일그러진 다종교 공존의 뜻을 공안(公案)에 올린다.

IV

남의 문화를 중심으로 사물을 바라보는 태도를 일러 타문화중심주의(他文化中心主義) 또는 문화사대주의라 한다. 이것이나 제 문화가 제일이라 하는 자문화(自文化)중심주의나 한 치 다를 바 없거니와, 타문화중심주의적 안목에서는 제 것을 부끄럽게 여기는 심리적 열등감이 팽배하기 마련이다. 한민족의 경우 무(巫)가 바로 그 대표되는 보기에 해당한다.

무나 무당이라 하면 흔히 천하게 여기고 귀신을 연상한다. 근래 젊은이들이 주도한 문화의 뿌리찾기 움직임 덕에 무를 보는 안목이 조금 나아져 다행스럽다. 이것을 전통 문화의 뿌리나 민속의 기반으로 중시하는 태도는 한결 좋아졌으나 여전히 종교로 파악하지 않는다. 기껏 원시 종교 또는 민간 신앙쯤으로 표현한다. 이러한 안목과 태도의 근원·배경은 다종교 공존의 일그러짐에 있다.

조선조 때 무당은 위로 왕실과 양반네로부터 아래로는 서민에 이르기까지, 그들의 종교적 욕구를 충족시키면서도 천민으로 취급되고 사회적으로 소외되는 모순스러우면서도 묘한 대접을 받았다. 양반 관료층을 위시한 유가는 이것을 속된 풍속이라는 뜻으로 무속(巫俗)이라 부르고 그 종교 의례인 굿을 음사(淫祀)라 하였으며, 그 모시는 신령을 곧잘 귀신 정도로 취급하였다. 일제는 무가 한민족 문화의 뿌리됨을 알아 그 말살을 획책하였으나 여의치 않자 무를 부정적인 신앙형태로 왜곡하였다. 한편 저들 신도(神道)의 신령을 상단에 받들고서야 무업(巫業)을 하도록 통제하였다. 해방 후 기독교와 서양식 안목에 의하여 무는 다시 미신 내지 비합리적 귀신 신앙으로서 근대화를 위하여 극복되어야 할 대상으로 지목·성토되었다. 새마을 운동의 일환으로 미신 타파를 내세워 신당(神堂)을 파괴하고 무당을 탄압하는 일이 1970년대에 자행되기도 하였다.

무에 대한 이 모든 안목이 외국의 종교나 가치관에 근거하고 있다. 남의 안목에 의하여 제 것을 업신여기니 얼이 빠져도 한참 빠졌다. 무는 다름 아닌 종교이다. 조상의 성격을 갖는 신령을 모시고, 무당이 사제 노릇을 담당하고 신도되는 단골이 있으며 굿·치성 등의 종교 의례가 행하여진다. 거기에 신령을 만나는 체험이 있고 깨달음과 화해가 여실하다. 그것도 고대 이래의 유구한 역사를 지닌 민족의 전통 신앙이다. 얼빠진 꼭두각시의 안목으로 인하여 그동안 무당과 수많은 단골, 특히 한국의 어머니네들이 얼마나 오해에 짓눌리고 숨어서 그 종교를 신앙해야 하는 고통을 감내하였는지 아는가.

한국 종교사의 특징이 되는 다종교 공존도 어느 날 문득 그렇게 생겨난 것이 아니다. 그 배경이 바로 무에 있다. 중국에서 수입된 종교들이 정착한 그 종교적 터전을 생각하면 그 점 어렵지 않게 이해된다. 한국화한 그 외래 종교들이 연출해 낸 다종교 공존의 성격이 고루 어우러짐에 있을진대, 이 조화성(調和性)은 곧 무의 본질이다. 그 대표적 종교 의례인 굿만 보더라도, 제가(祭家)집을 위시하여 그 외가·처가와 심지어 출가한 딸네가 오고 이웃과 동료 신도들이 즐겨 초대에 응하며 악사들의 음악 속에 무당이 의례를 주관한다. 관련된 모든 사회 조직이 고루 참여한다. 마을굿의 경우 온 마을이 모두 함께 물질과 정성으로써 조화롭게 참여함은 두루 알려져 있다.

특히 굿거리의 짜임새는 완벽한 조화를 이룬다. 굿의 목적이란 워낙 단골이 무당의 도움으로써 신령을 만나 일그러진 집안의 조화를 회복하는 데 있고 보면 그 짜임새가 당연히 그러하겠다. 준비 과정에서 굿판의 시간·공간이 정화되고 조상과 신령이 모셔진다. 굿의 마지막인 뒷전에서는 시작 때에 물려 놓았던 잡귀잡신(雜鬼雜神)들도 대접받고 놀려진다. 본과장의 각 거리는 해당 신령을 위한 것인데, 거리를 또한 굿이라고도 부르거니와 그것이 다시 전체굿과 같은 구조로 짜여 있다. 고려조 다종교 공존의 면모에서 보았던 중층적(重層的) 우주 구조가 여기서 확연히 드러난다. 거리의 한가운데 정점에서 신령이 무당의 몸에 씌어 말을 전하는 공수(空唱)가 베풀어지는 바, 이것이 인간과 신령과 무당이 만나 하나 되는, 그래서 조화를 되찾는 굿의 핵(核)이다.

굿의 분위기도 매한가지다. 많은 종교들은 대개 인간의 각 통과의례(通過儀禮)에다 의미를 부여하고, 그에 어울리는 감정 내지 분위기를 조성하고 있다. 무는 그런 사건에서 한 감정으로의 치우침을 모른다. 망자를 위한 진오기(씻김굿)만 보더라도 슬픔과 웃음이 교차하고, 처연한가 하면 먹고 마시고 춤추고 즐김이 뒤따른다.

무는 예사스러운 종교가 아니다. 한민족에게 다종교 공존의 조화의 원리를 제공하였다. 그뿐만 아니라 음주가무와 신들림의 종교 문화를 그 체질로 가꾸어 주었다. 신들림은 신령과 만나는 종교 체험의 경지를 말하고, 음주가무는 신들림에 이르는 과정이자 신들림을 즐기는 의례로서 조화와 더불어 체용(體用)을 이룬다. 한민족의 음주가무의 특징은 고대에 이미 두드러져 중국의 역사가들이 그것을 주목하여 기록한 터이다. 음주가무는 각종 종교 의례의 멋으로서 베풀어지고, 그 전통이 굿에서 오늘날까지 면면히 전해 온다.

한편 그것은 민족의 삶의 리듬을 이루어 온다. 세시 풍속이 이것을 그 기본 정신으로 하고 있음과 민중의 일과 놀이가 이것을 생리로 삼고 있음을 간과해서는 아니 된다. 조선조 근엄한 성리학의 득세로 이 전통이 많이 저상되고 일제의 식민 통치가 한민족의 이 리듬을 죽이려 하였으며, 해방 후 산업화 과정에서 부정적인 것으로 간주되는 통에 음주가무의 정신이 몹시 약화되어 있다. 그래도 모였다 하면, 산과 들로 나갔다 하면 여전히 그렇게들 논다. 해외 교포들의 노는 모습을 보고 외국인들이 그 특징적인 면모에 놀란다. KBS의 전국 노래자랑도 그런 면에서 보면 자못 흥미롭다.

신내림은 종교 체험의 한국 문화적 표현이고 깨달음의 한 경지이다. 한국 종교는 각기 깨달음의 방법을 두고 그 경지에 이르도록 노력한다. 그런 경지에서 한국 사람은 사물을 분석하여 논리적으로 따지지 않고 한순간의 총체적·직관적 이해로써 파악하고 표현한다. 종교의 세계에서만 아니라 그것이 표현된 종교 예술이나 한민족의 민속·물질 문화·사회 조직 등에서도 이것이 두루 확인된다. 무당은 여전히 신내림의 명수이거니와, 한국의 기독교·불교 등에서는 다른 나라에서와 달리 그러한 종교 체험이 왕성하다.

오늘날의 무는 퇴화된 모습이다. 신들림과 음주가무 어느것이나 신명이 떨어지고 세속화·물질화되어 있다. 조선조 이래 오해와 핍박을, 그것도 제 민족의 얼빠진 안목에 의하여 당해 왔으니 피치 못할 일이었다. 다종교 공존의 난립으로 바뀌어 가치의 혼란이 극심한 상황에서, 무가 다종교 공존의 바탕이었고 그 조화 정신의 근원이었음을 바로 깨달아 조화를 회복하는 노력이 있어야 한다. 비록 퇴화되어 있으나 무를 아끼고 이해해 주는 마음이 생겨나야 한다. 한국 종교 문화의 심오한 뜻과 멋을 우리의 눈과 마음으로 보고 가꿀 줄 알아야 한다.

2

한국 지옥 연구—무(巫)의 저승

I

형장으로 끌려가던 성삼문(成三問; 1418~1456)은, 황천(黃泉)에 주막이 없다는데 당장 이 밤을 어디서 쉬어 갈지 걱정하는 오언시(五言詩)를 남겼다. 황천이 그로서는 주막의 신세를 져가며 가야 할 만큼 먼 거리에 있었던 모양이다. 한국인은 언제부터인가 상여를 을러메고 상두 소리를 불러 오거니와, 거기에 이런 대목이 있다. "저승길이 멀다더니 대문 밖이 저승일세/황천길이 멀다더니 앞산인 줄 왜 몰랐나." 같은 황천을 두고 유가와 상두꾼 사이에 그 거리감이 퍽이나 달랐음을 본다.

현세에서 이상을 구현하려는 유교의 관점에서는 내세(來世)나 타계(他界)가 별반 의미를 갖지 못한다. 유교의 타계관은 기실 모호하기 그지없다. 그에 비하여 불교와 도교의 그것은 심히 정교하고도 방대한 체계를 구축하면서 전개되어 왔다. 지옥이 그것이다. 그곳에서는 인간이 상상할 수 있는 온갖 처벌과 고통이 있음을 《기세인본경起世因本經》의 〈지옥품地獄品〉에 잘 묘사되어 있다. 불교의 지옥도를 통하여 우리는 그 끔찍한 고통의 세계를 얼마간이나마 이해하여 오는 터이지만, 그것은 한국인 뇌리의 의식이나 무의식 속에 각인되어 지옥에 대한 공포를 조성하여 왔다.

오늘날 지옥이라면 대뜸 기독교를 연상할 정도이다. 기독교의 지옥은 실로 공포의 대상이다. 교부(敎父) 시대와 중세를 거치면서 특히 단테(Dante; 1265∼1321)의 《신곡神曲 *La Divina Commedia*》에서 거의 확정된 기독교의 지옥은 종교 개혁을 통해 가톨릭과 개신교의 지옥으로 분화·전개되거니와, 그 지옥의 고통과 공포는 결코 감소 내지 위축되지 않았다. 그것은 오히려 근대 이래 수많은 역사적 고통의 체험과 인간 의식의 확대 및 발전을 통해 더욱 다양한 (관점의) 차원으로 펼쳐져 있다 할 것이다.

기독교가 우리 나라에 전래되면서 그 지옥도 자연스럽게 들어왔다. 1920년 전후해서 시작하여 유럽(기독교) 지옥과 아시아(이슬람·불교·도교) 지옥의 유사성과 그 관계에 대하여 유럽의 관련학자들은 30년 남짓 사뭇 열띤 논쟁을 벌인 바 있다. 여하튼 불교와 도교의 지옥에 익숙해 있던 한국인에게 기독교의 그것은 생소한 것이 아니었다. 그러나 한국 사회가 서양화 내지 서양식 근대화의 길을 걷게 되면서, 기독교의 지옥은 별난 강도와 열기로 알려지고 신앙되기에 이른다.

종교는 어떤 내용이든 나름의 타계관을 갖는다. 한 사회에 많은 종교가 있다는 것은 그만큼 다양한 저승이 있음을 말해 준다. 삼국 시대 때 유교·불교·도교가 중국으로부터 유입·수용된 이래 한국 사회에는 줄곧 여러 종교가 함께 신앙되고, 그리하여 다종교 공존(多宗敎共存)은 한국 종교의 중요한 특징을 이루어 온다. 위에 언급한 이른바 기성 종교들만의 공존이 아니다. 19세기 후반부터 최수운(崔水雲)의 동학 창도를 시발로 하여 민족 종교가 꼬리를 물고 일어선다. 일제와 해방을 거치면서는 기성 종교로부터 분파해 나오거나 외국에서 수입된 신흥 종교가 그 수를 정확히 헤아릴 수 없어 그저 수백 개로 이야기된다. 거기다 고조선 이래의 무(巫; 샤머니즘)가 수많은 사제(무당)와 신도를 두고 여전히 신앙되고 있다.

한국 종교의 상황은 이제 다종교 공존이란 표현이 무색할 지경이고 오히려 다종교의 혼재(混在), 심지어 혼란이라 하는 것이 어울릴 정도이다. 이러한 상황은 우리 사회에 그만큼 저승 내지 지옥이 많고도 혼란스러움을 가리킨다. 문화적 의미로 보건대, 많고 다양하다 하여 반드시 문제되는 것은 아니다. 그러나 저승관은 윤리·도덕관과 직결되어 있기에 저승 내지 지옥관의 혼란은 사람들의 윤리·도덕성을 흐리게 하거나 편의적인 것으로 만들 위험이 크다. 사람들이 지옥을 우습게 보고 두려워하지 않게 된다. 20세기를 일러 세속화의 시대라 하는 바 종교의 타계관 또한 세속화되는 것은 피치 못할 일이겠으나, 우리 사회에는 그것이 종교의 혼란으로 그렇게 되어 버린 원인 배경을 간과할 수 없다.

다종교의 혼재는 다른 한편에서 종교간의 알력과 충돌을 불러일으키기 쉽다. 종교는 절대적인 신념 체계이기에 종교간의 반목·갈등은 사회의 분열을 초래할 위험성을 내포한다. 그런 것이 종교 전쟁으로 치닫는 사례를 우리는 지구촌 현대사의 곳곳에서 보아 온다. 다종교 공존의 오랜 전통과 한국인 특유의 무(巫)적 심성 때문에 우리 사회에 그런 비극이 발생할 가능성은 크지 않다. 그런데 20세기말이라는 시대적 상황이 문제된다. 종말론이 대두되면서 사람들은 다소간 불안감을 감추지 못한다. 거기에 편승하여 한국 종교, 특히 개신교와 신흥 종교의 선교는 과격해지고 있다. 예컨대 지하철 열차 안에서 선교하는 이들이 "믿지 않으면 지옥에 간다"며 불안과 공포를 조장하는 경우를 흔히 목격한다.

한국 지옥에 대한 연구의 중요성과 의의가 그런 데 있다. 한국 종교의 지옥을 한 편의 논문에서 한꺼번에 온전히 다루어 내기란 심히 힘들다. 어떤 면모나 성격의 비교는 가능하겠으나 그 실체의 파악은 곤란하다. 한국 지옥의 연구를 나는 그래서 일련의 작업으로 생각하고 있다. 그 첫 작업을 무(巫)의 저승으로 잡았다. 무는 주지하듯 한국 종교의 기층(基層)을 이루어 오기 때문이다. 그 기반 위에 들어와 나름의 문화 변동을 겪으며 한국 사회에 뿌리내린 여러 종교들의 지옥은 무 저승의 이해를 바탕으로 할 때라야 구체적이고도 역동적으로 파악될 수 있을 것이다.

Ⅱ

우리는 지옥이란 용어를 막연히 알고서는 어느 종교에나 함부로 붙여 쓰는 경향이 있다. 한국 사회가 서양식 근대화를 지향하면서 서양 사회 내지 기독교의 지옥 개념을 그대로 받아들이고, 그것을 중심으로 하여 우리의 전통적 여러 타계관을 바라보는 데서 그리된 것이라고 나는 짐작한다. 앞에서 나는 각 종교 및 경우에 따라 그 용어를 적절히 사용하려고 애썼거니와, 이제는 그 용어와 개념을 명확히 알고 사용해야겠다. 일반인들의 개념 혼란은 그렇다고 하더라도, 관련 전문학자들이 개념을 제대로 파악하지 못하고 부정확하게 쓰는 것을 도처에서 확인하면서 나는 놀라움을 금치 못한다.

먼저 저승 개념부터 정리하는 것이 순서이겠다. 저승이란 용어는 우리 조상들이 죽음과 관련하여 가장 흔히 써온 말인데, 그것은 이승의 상대 개념으로서 죽음 이후의 저세상(彼生)을 가리킨다. 이 세계와 다른 세계라는 뜻의 학술 용어인 타계(他界; otherworld, Jenseits)와 바로 상통한다. 개념적으로 보면 저승은 지옥의 상위 개념이 된다. 죽음 이후의 세계인 저승에는 극락 내지 천당과 지옥이 다 있을 수 있는 것이다.

무(巫)의 경우 나는 의도적으로 지옥이란 용어를 피하고 저승이라 하였다. 무에는 불교의 지옥 개념이 들어와 얼마만큼 자리하여 있기는 하다. 그러나 무가 그것을 나름대로 적당히 변용하여 있기에 지옥이란 용어를 쓰기가 어렵다. 무의 저승이라 해야 할 이유는 기실 보다 근원적인 것에서 찾아야 한다. 무는 인류의 종교사에서 첫장을 차지

한다. 여기에는 원래 지옥의 개념이 없다. 이후의 전개로 보이는 것이지만, 시베리아 제민족의 샤머니즘에는 지하계(underworld)의 개념이 일반적이었다. 그러다가 종교가 형성되고 천당 내지 극락이 설정되면서 자연스럽고도 당연하게 그 상대 개념으로서 지옥이 생겨났다.

상두 소리에 보이는 황천(黃泉)은 본디 중국에서 유래한 것이다. 《춘추좌씨전春秋左氏傳》 첫째 권에서 장공(莊公)과 영고숙(潁考叔)과의 대화 가운데 나타나는 죽은 사람의 세계이다. 황천이란 거기서 사람이 죽어 지하에 매장되는 곳이고, 땅 밑에 가로 세로 뚫린 동굴과 같은 것을 상상케 한다. 이것이 《맹자孟子》에 언급되고 유학자·문인들의 입에 회자되면서 이 땅의 유학자들이 즐겨 차용하였던 것이다. 김태곤(金泰坤)은 일찍이 《황천무가연구黃泉巫歌硏究》(1966, 創又社)란 저서를 남겼는데, 그 용어의 배경과 성격을 좀더 차분히 헤아렸더라면 〈황천무가〉라 멋을 내기보다 〈저승신가神歌〉라 이름하는 것이 적절하였으리라.

지옥은 도교와 불교에서 통용되는 용어 개념이다. 도교 경전의 일종인 《옥력지보초玉歷至寶鈔》에 지옥의 설명이 나와 있고, 불교의 지옥 용어에 대하여는 달리 설명을 요하지 않는다. 기독교가 동아시아로 전파되면서 기독교의 'hell'이 기왕에 있어 온 지옥이란 용어로 번역되고 있는 형편이지만, 양자의 성격이나 내용에 상이한 점이 많다.

초기 기독교인들은 지옥을 사탄(Satan)과 그의 무리들에 의해 지배되는 권역이자 저주받은 자들이 가야 하는 곳으로 알았다. 그러한 이해가 《신약성서》, 예컨대 마태복음 25장 1~46절 등에 표현되어 있다. 가톨릭의 지옥은 좀더 구체적이고 또 다른 면을 갖는다. 그것은 비적(秘蹟)을 통한 하나님의 은사를 받지 못하고 죽은 자들에게 주어지는 영원한 처벌의 상태이다.

가톨릭에는 거기다 연옥(煉獄; purgatory)의 개념이 또 있다. 피렌체 종교회의(1439)와 트리엔트 종교회의(1545~1563)에서 확정된 이 개념의 형성 과정과 성격은 자크 르 고프(Jacques Le Goff)의 《연옥의 탄생 *The Birth of Purgatory*》(1984: The University of Chicago Press)에 잘 연구되어 있다. 그것은 세상에서 죄를 풀지 못하고 죽은 사람이 하나님과의 친분을 궁극적으로 회복하기 위하여 죄의 정화를 받는, 지옥과 천국 사이의 중간 상태를 설정한 것이다.

기독교의 지옥이 영원한 고통과 처벌의 세계인 반면, 도교나 불교의 지옥에는 그런 개념이 없다. 불교의 지옥을 흔히 10대 왕이 지배하는 곳으로 막연히 알고 또 그곳이 처벌의 장소인 양 알고들 있으나, 그것은 잘못된 이해이다. 시왕(十王)이 있는 곳은 명부(冥府)이고, 행정관청의 성격을 갖는다. 제1전(殿)의 진광대왕(秦廣大王)은 망자의 선악을 저울질하여 극락으로의 직행이나 제10전으로의 송치 등을 판결한다. 각 전(殿)의 대왕은 망자의 죄를 심사하고, 마지막 제10전의 오도전륜대왕(五道轉輪大王)은 망자가 가게 될 지옥·아귀·축생·인간·천도 등 5도의 윤회 전생(輪廻轉生)을 결정한다. 악업이 중한 죄인이 갈 지옥은 따로이 존재하니, 8 대지옥(大地獄)과 각 지옥 아래로 16 소지옥(小地獄)이 있어 죄인이 그곳을 거쳐 가며 처벌과 고통을 받는다.

중국의 지옥에 관심을 둔 서양학자들이 불교의 윤회 전생과 시왕 및 명부 개념을 제대로 알지 못한 채 시왕의 명부를 다루는 바람에 지옥의 기본적 이해가 거의 대부분 잘못되어 있다. 예컨대 구드리치(A. S. Goodrich)는 《중국 지옥中國地獄 *Chinese Hells*》(St. Augustin; Monumenta Serica, 1981)에서 북경 교외의 한 불교 사찰의 지장전(地藏殿)에 모셔져 있는 십대왕을 조사하고는, 그들이 관할하는 지옥이란 죄지은 망자를 처벌하는 지하 감옥소(earth prison)로 파악하고, 중국의 지옥이 연옥 개념에 가장 근사한 것으로 이해하였다. 그것이 감옥이기는 하나 요샛말로 미결수(未決囚) 감옥이라 해야 옳다. 최근 중국 불교의 지옥 연구로 각광받고 있는 타이저(Stephen F. Teiser)의 《시왕경十王經 *The Scripture on the Ten Kings*》(University of Hawaii
Press: Honolulu, 1994)에서도 시왕의 지옥을 연옥으로 파악하는 기본
적인 오류를 범하고 있다.

　저쪽과 이쪽의 지옥이 이처럼 그 구조와 내용과 성격에서 다른데도
우리 사회에서 그 개념과 용어를 마구 혼용하여 적당히 사용하는 것
은 문제이다. 이 문제는 한국 사회의 체제적 특성, 무(巫)적 사고 방식
의 영향, 서양식 근대화 이래의 제반 용어 개념의 혼란 등과 이리저리
얽혀 생겨난 것이 아닌가 생각해 본다. 여하튼 종교와 경우에 따라 바
른 용어를 정확하게 사용하는 것이 우리의 바른 인식과 학문의 발전
을 위해 바람직하고도 중요하다.

Ⅲ

　한국 지옥의 연구는 민영규(閔泳珪) 선생에서 시작되었다 하여도
과언이 아니다. 선생은 1965년 9월부터 두 해에 걸쳐 《연세춘추》에
《예루살렘 입성기入城記》를 연재하였다. 그 제16과 제17회, 그리고
제18회를 포함하면 이 3회분은 제19회의 전개를 위한 일종의 예비
내지 정지 작업이 된다. 우리말 찬송가 〈날빛보다도 밝은 천당〉으로
가서 만나기 위해 건너야 하는 요단 강의 사연과 내력이 궁금한 나머
지 그는 동서양과 한국의 저승 개념을 들추어 내서는 비교하였다. 비
록 짧은 글이지만 지옥 내지 저승 연구의 기반과 틀을 만들어 준 것으
로 나는 여긴다. 《예루살렘 입성기》는 그후 연세대학교 출판부의 대
학문고(1976)로 출간되고, 또 선생의 저서 《사천강단四川講壇》(1994,
又半)에 수록되었다.

　한국의 저승을 다룬 것으로는 장덕순(張德順)의 〈저승과 영혼靈魂〉
《한국사상韓國思想의 원천源泉》(1973, 박영사)이란 논문이 있다. 장
덕순은 장제(葬制)·무속·민담·고전 등을 통하여 한국인의 저승관

과 영혼관을 폭넓게 살펴보았다. 민간에 유포되어 있는 저승의 관념을 특히 구비전승 자료를 동원하여 접근한 것은 심히 적절한 것이며 높이 평가하여 마땅하다. 그러나 무속과 불교의 심오·정교한 저승 세계를 깊이 이해하지 못하고 전거(典據) 및 문헌 연구에 충실하지 않았기에 여러 곳에 오류가 보이고 "저승 개념은 극히 애매모호하고 막연하였는데, 불교와 도교의 영향이 민중들의 저승 사상에 큰 매력을 주었다"는 애매한 결론에 이르고 말았다.

우리의 저승 일반을 연구한 것은 상기 두 편에 그친다. 그리고 무(巫)의 신가(神歌)를 통하여 한국인의 저승관을 살펴본 것으로 김태곤의 《황천무가연구》가 있다. 이것은 바리공주 신가로 대표되는 이른바 황천무가를 분석하여 영혼관과 하계관(下界觀)을 밝히려 한 것이다. 김태곤은 여기서 그 무가의 유형·구조·사상 등의 분석을 시도하였으나, 시베리아 샤머니즘(Siberian Shamanism)의 원용이나 그것과의 비교에 지나치게 치중한 나머지 한국 무속의 지옥을 시베리아 쪽의 하계관 계통에 단순히 갖다붙이고 말았다. 고(古)시베리아족의 하계관에서 생성된 지옥관이 불교에 흡수되었다가 불교의 전래로 황천무가에 전입된 것이라는 그의 결론은 여러 면에서 용납하기 어렵다.

김태곤의 저승신가 연구는 어쨌든 이 방면의 개척적인 작업으로 평가된다. 이래 신가를 연구하는 국문학자들이 대개 바리공주 계통의 신가에 관심을 갖고 많은 연구 업적을 발표해 온다. 김열규·서대석·조동일·최길성 등의 연구를 대표적인 것으로 손꼽을 수 있겠고, 최근에는 홍태한(洪泰漢)이 《서사무가敍事巫歌 〈바리공주〉 연구》(1997)로 박사 학위를 받기도 하였다. 그러나 국문학계의 바리공주 연구는 대체로 분포·유형·연행·구조 등의 외형적 분석에 여전히 머물러 있는 반면, 텍스트 비판(Text-kritik)과 전개의 규명에 철저하지 못하고 역사·문화적 맥락의 파악에 미치지 못하여 아쉽다.

이밖에 미술사 쪽에서 지옥에 관심을 보인 것이 눈에 띈다. 미술사에서의 그런 관심이라면 그것이 불교의 지옥도에 관한 것임을 대뜸 알아차리기 어렵지 않을 것이다. 이기선(사진 안장헌/윤열수)의 《지옥도》(1992, 빛깔 있는 책들 119, 서울: 대원사)와 김정희(金廷禧)의 《조선 시대 지장시왕도 연구》(1996, 서울: 一志社) 두 권이 단행본으로 간행되어 있다. 관련 논문들은 물론 적잖다. 전자의 것은 불교 지옥을 개관하여 있고, 김정희는 불교 명부 신앙 및 한국 명부 신앙의 시대적 전개를 살펴보고 나서 조선 시대 명부전 불화의 도상·양식 변천 및 그 종교사·미술사의 의의를 다루었다.

한국 지옥에 관한 연구가 고작 이 정도라는 것은 참으로 놀랍고 의아스럽다. 이 현상을 의미 있는 것으로 본다면 그 원인이 몇 가지로 짐작되어진다. 저승 내지 지옥은 인간 사회의 고통·처벌과 관련하여 모든 가능한 상상력이 이루어 낸 세계이다. 거기다 저승과 지옥의 종교 체험은 다양하고도 빈번한 것이다. 그래서 나는 예컨대 지옥정치학·지옥경제학·지옥법학·지옥지리학·지옥건축학·지옥문화학 등이 가능하고, 앞으로 심각하게 연구되어야 할 학문 분야로 생각해 온다. 이러한 세계는 한두 학문 분야의 기계적인 전문 지식으로는 도저히 접근될 수 없다. 요컨대 다양한 인접 학문 분야에 관한 폭넓은 지식과 질베르 뒤랑(Gilbert Durand)이 말하는 바 '상상력'의 자유로운 발휘가 요구되거니와, 우리 사회의 학문 수준이 아직 거기에 미치지 못하는 실정이다.

지옥은 앞에서 여러 번 언급하였듯이 해당 사회나 종교의 내세관·영혼관의 세계이고, 윤리관과 직결되어 있다. 지옥에 대한 관심과 연구는 따라서 해당 사회의 내세관 및 윤리관의 정도를 반영하는 것이다. 그런데 우리 사회에 그런 관심과 연구가 미약하다는 것은 우리 사회가 현실에 쫓겨 거기에 관심을 둘 겨를이 없었음을 말해 준다. 한국 사회는 미상불 서양과의 만남 이후, 특히 일제의 식민 통치와 한국 전쟁을 치르면서 이래 급격한 사회 변동 속에서 서양화·산업화의 길을 정신 없이 달려왔다. 더구나 시간이 지나도 조금도 완화될 줄 모르는 중앙 집권적 체제가 엄연하기에 한국인은 다른 데 신경 쓸 여유라곤 갖지 못하였던 것이다. 어쩌면 그런 와중에 사람에 따라서는 각기 천당과 지옥을 현실 속에서 이미 다 겪은 것일는지 모를 일이다.

다른 나라에서의 지옥 연구나 관심에 비하면 우리 나라의 그 사정은 다른 면으로 보건대 심히 특징적이다. 미국의 얀켈로비치 파트너즈사(Yankelovich Partners Inc.)가 타임(Time)과 CNN의 협조로 1997년 3월 11,12일 실시한 전화 여론 조사의 결과에 의하여 미국인의 81퍼센트가 천당의 존재를, 63퍼센트가 영원히 처벌받는 지옥의 존재에 대한 믿음을 갖고 있는 것으로 드러났다. 저승에 대한 관심과 연구가 미약한 우리네와 저쪽의 차이는 이질적인 종교 문화의 배경에 따른 전통적 내세관의 차이를 나타내는 것인지 모른다. 그럴 가능성과 우리의 전통적 저승관은 이 글의 전개 속에서 점차 밝혀질 터이고, 여기서 미리 결론을 누설하지는 않겠다.

IV

무(巫)의 저승관은 망자를 위한 의례에서 표현된다. 그것을 이능화(李能和)는 〈조선무속고朝鮮巫俗考〉《계명啓明》 19호(1927)에서 망령천도(亡靈薦度)굿이라 하였는데, 아키바 다카시〔秋葉隆〕는 뒤에 사령제(死靈祭)라는 학술 명칭으로 불렀다. 김태곤은 또 망인천도제의(亡人薦度祭儀)라는 용어를 쓴다. 이렇듯 용어가 통일되어 있지 않아 산만한 느낌이다. 우리말에 망자란 용어가 가장 보편적인 것이기에 나는 망자천도굿이라 부르려 한다.

망자천도굿은 각 지역마다 있어 전국적인 분포를 보인다. 그런데 지역별로 명칭을 달리한다. 아키바 다카시가 진즉 아카마츠 지죠〔赤松智城〕와 공저한 《조선 무속의 연구 朝鮮巫俗の研究》(1938) 하권에서 그런 점에 주목하여 전라도의 씻김굿, 서울의 진오귀, 함흥의 망무기굿, 평양의 다리굿, 제주도 산왕(山王)굿 등을 살펴보고 있다. 이것을 수정·보완하자면 경상도의 오구굿과 평안도·황해도 지방의 수왕〔十王〕굿을 추가해야 하겠고, 제주도의 것은 대개 시왕맞이로 통한다. 1966년 남제주군 서귀읍에는 김태곤이 조사한 바 32석(席)짜리 대규모의 굿으로 사남(賽覽)굿이란 것이 있는데, 아키바 다카시는 이런 굿을 산왕굿으로 잘못 이해한 것이 아닌가 여겨진다. 평안도의 다리굿은 망자천도굿류로 분류하기 곤란하다. 그것은 경상도 지역의 산오구굿과 마찬가지로 생존해 있는 나이 많은 노인을 위해 미리 천도를 기원하는 굿이다. 오늘날 생전예수재(生前豫修齋)로 알려져 있는 불교의 예수재가 무(巫)에 수용되어 굿으로 다듬어진 것이다.

같은 망자천도굿을 두고 각 지역이 이렇듯 그 이름을 달리하고 있는 것이 흥미로우면서 그 연유가 심히 궁금하다. 용어들의 뜻은 이해 못할 것은 아니다. 오구와 진오기는 통하고, 수왕은 시왕의 방언 차이다. 씻김은 망자의 혼을 깨끗하게 씻어 천도한다는 뜻을 표현하여 있다. 진오기새남은 서울·경기 일원에서 진오기와 상통하는 용어인데, 남제주의 사남은 새남과 같은 어원을 갖는 것임에 틀림없겠다. 그 어원에 관하여는 뒤에 자세히 살펴진다. 이들 용어 가운데 함경도의 망무기가 잘 이해되지 않는다. '망'이 망자와 관련 있는 것만 짐작하고 넘어간다.

이들 용어는 그러면 망무기를 제외하고 오구·새남·씻김·시왕의 네 가지 계통으로 나뉜다. 이들이 저승과 관련된 것이고, 저승 의례 내지 신앙의 어떤 면을 두드러지게 강조하고 있음을 알아차리게 된다. 시왕은 불교(나 도교) 명부의 10전(殿) 왕들이기에 사람들은 그들의 보살핌과 은사(恩赦)를 빈다. 오구의 어원을 '옥(獄)'으로 본다면, 오구도 시왕과 마찬가지로 지옥의 고통에서 벗어나기를 바라는 의미를 갖는다 하겠다. 경상도에서는 실제 오구굿과 수왕굿이란 용어를 혼용하기도 한다.

새남은 서방 극락 세계에 '살아나'기를 염원하는 재생(再生) 신앙의 표현이다. 이 개념은 불교의 정토(淨土) 신앙의 내용으로 장식되어 있으면서 한국인의 보다 근원적이고도 신화적인 내세관을 핵심에 품고 있다. 씻김은 망자를 극락으로 천도하기 위하여 죽음의 오예(汚穢)를 깨끗이 씻어내는 의미로 받아들여지고 있는데, 이 관념은 초빈(草殯)의 세골(洗骨)과 어떤 관련이 있는 듯하고 씻김이란 기능을 강조하는 것으로 여겨진다.

지역별 망자천도굿의 용어 개념은 이제 세 계통으로 정리된다. 전라도 지역을 제외하고는 거의 전국에 걸쳐 지옥 내지 시왕 신앙이 보편화되어 있는 가운데 서울·경기 지역과 남제주에 새남 신앙이 지켜지고, 전라도에서는 씻김의 기능적 의미가 고수되고 있는 것으로 드러난다. 이러한 지역적 특성은 당연히 역사적 산물이고, 그 형성 배경이 있게 마련이다. 그에 관하여 몇 가지 가능성이 짚이지 않는 것은 아니나 별도의 연구 과제로 남기고 넘어간다. 지역적 특성이니 분류니 하는 것은 논의의 편의를 위한 참고 사항에 지나지 않는다. 어느 망자천도굿에나 시왕 신앙과 지옥 개념이 들어 있고, 극락왕생의 기원이 어김없이 행하여진다. 씻김의 정화 기능도 의례의 도처에서 확인된다.

나는 이들 망자천도굿 가운데 새남굿을 중심으로 한국 무의 저승을 살펴보려 한다. 어느 지역의 망자천도굿이나 그 의례 속에 유사한 저승 세계의 관념이 펼쳐지기에 기실 어느것을 택하여 고찰하더라도 무방하다. 이들이 한국 무라는 체계 속에서 그물망처럼 얽혀 존재하는 것이다. 그럼에도 불구하고 굳이 서울·경기 지역의 새남굿으로 잡은 이유는 오랜 역사 동안 이 지역이 한국 사회·문화의 중심지이고, 그에 따라 의례가 상대적으로 정치하게 짜여지고 보존·전승되어 오기 때문이다. 이것을 중심으로 하고 다른 지역의 망자천도굿을 경우에 따라 비교하면 무의 저승을 전체적으로 보기에 무난하다.

V

　새남굿은 안당사경맞이와 좁은 의미의 새남굿으로 구성된다. 전자는 서울·경기 지역의 전통적인 재수굿 형태로 해서 저녁에 시작하여 이튿날 새벽까지 밤새 논다. 다만 일반 재수굿과의 차이는 조상거리에서 망자의 혼을 모셔내어 초영실을 노는 점이다. 이어 아침부터 시작되는 새남굿은 다음과 같은 제차로 이루어진다. 새남부정·가망청배·중디밧산·사재삼성거리·말미(바리공주)·밖도령·영실·안도령·상식·뒷영실·베째(베가르기)·시왕군웅거리·뒷전이 그것이다. 밖도령 다음의 문들음(또는 문들이)을 하나의 거리로 치자면 도합 14 제차가 된다.

　새남부정거리는 명부의 십대왕과 저승사자에게 망자가 발생했음을 고하면서 의례 장소인 굿판의 부정을 물려 놓는 것이다. 가망청배에서는 망자의 천도와 관련된 저승의 제반 신령들을 청하여 모신다. 이어지는 중디밧산을 가망청배의 일부분으로 파악할 수도 있다. 여기서 만신은 앉은거리로써 망자의 넋을 안정시키기 위해 염불을 하고, 지장보살에게 망자의 왕생극락(往生極樂)을 기원하여 시왕의 영험을 노래한다. 저승사자를 잘 놀려 드리고 그들에게 인정을 쓰는 거리가 그 다음의 사재삼성거리이다. 굿상의 수팔연 위에 얹어 놓은, 한지를 오려 만든 망자의 넋을 사재〔使者〕가 요리조리 베를 던져 가며 잡아가려 하면 상재들이 굿상 앞에 진을 치고는 그걸 막느라 애쓰는 등 연극적 요소와 재담이 넉넉하다.

　말미에서는 바리공주 신가가 구송된다. 옛 왕녀의 화려한 복식으로 차린 만신이 의자에 앉아 장구를 세워 놓고 치고 방울을 흔들어 가며 두어 시간 신가를 독송하는 동안 상재들은 말미상(床) 옆에 앉아 신화의 세계로 빠져든다. 만신 앞에 차려 놓은 말미상 위에는 쌀을 수북이 부어 놓고 그것을 한지로 덮은 다음 세발심지를 그 위에 올려 놓는다. 구송이 끝나고 만신이 거기다 불을 붙여 그것이 다 타고 나면 쌀 위에 어떤 자욱이 남게 되는데, 그에 따라 망자의 내생이 점쳐진다.

밖도령은 바리공주가 망자의 혼을 극락 세계로 천도하는 과정이다. 지장보살을 모신 제단인 연지당과 그 앞으로 저승문이 미리 장치된다. 바리공주 차림의 만신이 연지당으로 향하면 상주와 제가집 식구들이 영정·위패·초·향·상·돗자리 등을 들고 뒤따른다. 돗자리에는 이불과 요를 상징하는 홍색 천을 깔고 망자의 옷을 넣어 청색 천으로 덮고 그 위에 넋전·무명·베를 얹어 놓는다. 연지당 앞에서 손도령을 한 번 돌고 대상(大床)을 돌아 큰문에 이르면 평도령·손도령·부채도령을 각기 세 번 돈다. 그리고 문사재(門使者)와 재담을 나눈다. 그리하여 문사재가 열쇠로 문을 열어 주어 바리공주 일행이 문을 통과하는 과정이 문들음이다. 이제 연지당 앞에 예단을 바쳐 지장보살의 자비를 빌며 절을 올리고는 영실을 논다. 바리공주에 의해 지장보살을 배알하게 된 망자가 지장보살의 자비를 구하고자 자신의 억울한 사정과 누명을 호소한다.

안도령에서는 바리공주와 그 뒤를 따르는 제가집 식구들이 큰상을 끼고 아홉 바퀴를 돈다. 망자의 혼이 저승의 12대문을 무사히 통과하여 극락 세계로 왕생하도록 바리공주가 애쓰는 대목이다. 안도령을 돌고 나서 '돗삼'이라는 것이 있는데, 큰문을 사이에 두고 만신과 돗자리를 든 상재 네 명이 서서는 만신이 신칼을 돗자리 너머로 던진 뒤 문을 나와서 돗자리 밑으로 여덟 팔자를 그리며 춤춘다. 그 다음 상식을 올리는 차례다. 유족이 저승 세계에 안정한 망자에게 유교식으로 제사를 올린다. 만신은 제사 뒤에 명두청배를 드린다.

뒷영실은 망자의 혼이 씌인 만신이 유족들에게 마지막으로 생전에

못다한 말, 당부의 말 등을 전하는 거리이다. 먼저 망자의 옷과 신을 착용한 만신이 도무(跳舞)하여 망자의 혼에 씌고, 말을 마친 다음 신칼로 넋전을 집어 상주의 머리에 돌리고 그것을 머리에 꽂고는 "넋이야 넋이로다—" 하며 노랫가락을 부른다. 다음 거리인 베째에서는 신칼을 든 만신이 길다란 무명과 베를 몸으로 길게 가른다. 무명은 이승다리, 베는 저승다리를 상징하는데, 만신이 그 길을 헤쳐 줌으로써 망자의 혼이 저승 세계로 무사히 가게 된다고 믿는다. 시왕군웅거리는 명부에서 십대왕을 호위하여 모시는 신장들에게 망자의 혼을 잘 보살펴 달라고 기원하는 거리이다. 그리고 마지막으로 뒷전에서 이 굿에 왕림한 제반 신령들을 배송하고 잡귀잡신도 대접하여 굿을 끝낸다. 굿에 쓰였던 영실의대며 기명·경전문구 등을 한곳에서 소각해 버린다.

새남굿의 거리 구성을 대충 훑어보았거니와, 망자의 저승행과 관련 신령들의 관계 등이 반드시 논리적으로 설정되어 있는 것은 아니다. 예를 들어 상식의 삽입이며 시왕군웅을 마지막에 또 놀려야 하는 따위가 그러하다. 저승길과 해당 신령의 세계를 논리적으로 이해하려는 발상 자체가 문제라는 생각도 든다. 망자 및 저승과 관련하여 무·불교·유교의 관념과 의례를 적절히 혼합하여 편성하는 데서 피치 못하게 초래된 현상으로 보아야 할 것이다.

새남굿의 핵심적인 의례가 바리공주를 중심으로 전개되고 있음을 본다. 그것이 말미에서 시작하여 상식과 뒷영실을 제외하고는 베째에까지 걸쳐 있다. 바리공주가 한국 무 저승의 비밀을 밝혀 줄 열쇠임을 짐작케 한다.

VI

바리공주 신가는 아카마츠 지죠와 아키바 다카시가 1937년 《조선

무속의 연구》 상권에 처음 발표한 이래 그간 꾸준히 채록되고 학계에 보고되어 온다. 김태곤이 그후 1966년 《황천무가연구》에서 부록으로 각 지역의 것 4편을 자료로서 제시하였고, 서대석은 《한국 무가의 연구》(1980, 문학사상사)의 〈바리공주 연구〉에서 10편의 존재를 보고하였다. 그러다 1997년 홍태한의 박사 학위 논문에 이르면 그동안 채록된 것들이 물경 45편이나 된 것으로 나온다. 이 귀중한 문화 유산의 채록과 발표에 애쓴 분들께 연구자로서 형언키 어려운 감사를 느낀다.

바리공주 신가의 지역적 분포는 황해 · 평안도 지역과 제주도 지역을 제외하고는 전국에 걸쳐 있다. 이들 지역의 것이 보고되지 않은 것이 괴이하다. 그것을 어떻게 설명할지 난감해진다. 이것이 그 지역들에서의 이 신가의 부재를 반드시 의미하지는 않는다. 중부 이남 지역에서 관련학자들의 노고에 의해 불과 20년이 못 되어 많은 이본(異本)이 속속 발굴된 점을 헤아린다면 그렇게 보아야 할 것이다.

이제 새남굿의 그것을 통하여 바리공주 신가의 주요 줄거리를 살펴보고, 그 신화적 상상력의 세계로 들어가 본다.

임금이 결혼하여 딸만 계속 낳는데 일곱번째도 딸이었다. 역정이 난 임금이 그 아기를 갖다 버리라 하여 이름을 바리데기라 얻은 바리공주는 죽으라고 옥함에 담겨 강에 버려진다. 바리데기할미와 할아비가 그 아기를 구해 내 키운다. 이렁성저렁성 세월이 흘러 주상 내외분이 칠공주 버린 죄로 죽을 병에 든다. 점은 쳐보니 저승에 가 약을 구해 와야 한다 하기에 여섯 공주에게 부탁하나 궁중에서 고이 자란 이들은 모두 변명하고 거절한다. 할 수 없어 바리공주를 찾아오고, 바리공주는 그래도 열 달 뱃속에 들어앉았던 은공이 고마워 약 구하러 떠나겠단다.

우어 바람부는 대로 물결치는 대로 까막까치 인도하는 대로 저승으로 간 바리공주는 온갖 고생 다 겪으나 신선이랑 십대왕의 도움으로 이겨낸다. 무장승을 만나서 물 긷고 나무하고 일곱 아들 낳아 주고는 약을 얻어서 온 가족이 이승으로 나온다. 오는 길에 끝내 죽은 부모의 상여를 만나고 바리공주는 꽃과 약수로 부모를 살려낸다. 그리고 바리공주는 자청하여 망자를 천도하는 만신이 된다.

서대석은 바리공주의 이본을 서울 지역본, 함남(咸南) 지역본, 경북 동해안본, 전남본의 넷으로 나누고 문학적 측면에서 검토한 바 있다. 그리하여 예컨대 서울 지역본을 영웅 문학의 한 계열로서 신화와 소설의 중간적 성격을 가지며, 양반 의식을 반영한 문학 작품의 미학적 특성인 숭고미(崇高美)를 나타내 주는 것으로 파악하였다. 전남본의 경우는 구성이 치밀하지 못하기에 바리공주의 숭고한 행위가 충분히 부각되지 못하고 있다 하였다. 한편 홍태한도 바리공주 무가권(巫歌圈)을 유사하게 북한 지역, 중서부 지역, 동해안 경상도 지역, 전라도 지역으로 구분하고는 그 형성과 전개·연행 원리 등을 고찰하고 있다.

그에 의하면 각 무가권의 특징이 다음과 같이 드러난다. 북한 지역 무가권은 바리공주 부모가 하늘에서 땅으로 귀양 온다는 단락과 바리공주가 결말에 죽는 단락으로 되어 있다. 중서부 지역의 것은 바리공주 부모가 혼인 전에 문복(問卜)하는 것, 바리공주의 양육자가 비럭공덕할미·할아비로 나타나는 점, 약수물 구하러 가는 바리공주의 원조자로 주로 석가세존이 나와 낙화를 주고 있는 것, 부모 살린 후 바리공주의 배필이 입시하는 점 등을 특징으로 한다. 동해안 경상도 지역에서는 남장을 한 바리공주가 자신의 신분을 숨기려 애쓰다가 약수를 지키는 동수자에게 결국 여자임이 밝혀진다는 것이 특이하고, 전라 지역의 것은 약수물을 구하러 갈 때 여장을 하고 있는 점과 가장 복합적이며 특이한 서사 단락을 보유한 것을 특징으로 그는 보았다.

그리고 홍태한은 나아가 설화 및 신모(神母) 신화의 영향을 받아 기본형으로서의 전라도 지역 바리공주가 성립된 것으로 설정한다. 중서부 지역의 바리공주는 제의가 강조된 확장형이고, 동해안 경상도 지역의 굿은 놀이가 강조된 확장형이라 하였다. 북한 지역의 것을 그는 변이형으로 규정한다. 그 신모 신화란 것은, 이능화가 그의 〈조선무속고〉에서 처음 보고하였고, 아키바 다카시가 이른바 〈성모무조전설聖母巫祖傳說〉이란 이름으로 인용하고 있는 법우화상(法祐和尙)과 관련된 성모천왕(聖母天王)을 가리키는 것임에 틀림없다. 다음장으로부터 자세히 살펴지겠거니와, 바리공주 신가의 상상력은 그러나 그런 유의 신화와는 근본적으로 다르다. 그것은 한국인의 근원적인 내세관, 곧 재생 신앙을 품고 있는 것이다.

서사무가로서의 바리공주를 다룬 두 국문학자의 연구를 위에서 장황하리만큼 소개한 것은 신가의 지역별 특징을 간접적으로 알리려는 나의 의도에서이다. 이들의 연구는 주로 형태 및 내용의 분류와 그 각기의 비교적 특성에 치중하여 있다. 더러 '버림받음'이나 '효(孝)'와 같은 이 신가의 주요 모티프를 언급·분석하는 경우가 없지 않으나, 전체적으로 보건대 이런 연구는 어느 지역의 것이 어떻고 그들 관계가 무엇인지를 따지는 고유 명사적 연구에서 벗어나지 못하고 있다. 이들이 바리공주 부모의 이름과 신분, 바리공주를 버린 장소, 저승에서 원조자로 등장하는 신령들의 이름 등에 많은 관심을 쏟고 있는 것이 또한 그러하다. 고유 명사로는 신화의 상상력 세계에 결코 접근하지 못한다.

VII

바리공주 신가의 줄거리는 크게 세 부분으로 나뉜다. 바리공주가 태어나 버림받는 것이 첫 부분이고, 부모의 병을 구할 약을 찾아 저승으로 가 갖은 고생을 겪는 것이 둘째 부분이 된다. 그리고 약을 구해 돌아와 죽은 부모를 살려내는 것이 마지막 부분이다. 그 세 부분의 주제는 각기 버려짐·약(저승)·재생으로 파악된다. 종래 이런 주제를 기계적으로 따로 떼어내서 독립적으로 이해하려고 노력을 하였는데, 그래서는 맥락적이고도 본질적인 이해에 이를 수 없다. 바리공주가 버림받았기에 약을 구하러 나설 수 있었고, 약을 구하고서야 부모의 재생이 가능한 것임을 간과해서는 안 된다. 약(저승)으로 표현한 것은 이 신가에서 '저승의 약'이라는 개념이 가능하고, 또 저승이란 워낙이 이 글의 주된 관심이기 때문이다. 따지고 보면 저승이 곧 재생의 약이기도 하다. 저승의 약은 흔히 꽃으로 되어 있고, 재생 신앙에서 꽃의 이미지가 결정적이기에 제2의 주제를 꽃이라 해도 좋다.

바리공주는 버림받았기에 그 이름을 바리공주 또는 바리데기라 한다. 바리데기의 '데기'나 버려진 그를 주워 기른 바리데기할미와 할아비의 '대기'는 천한 사람을 나타내는 어미(語尾)이다. 바리공주를 흔히 고유 명사로 알아 그 역사를 추적하는 사람들이 많거니와, 그것은 바리공주의 본질과는 먼 무의미한 노력에 불과하다. 그녀는 나아가 버려지기 내지 버려진 것이라는 뜻의 명사의 세계도 아니다. 그것은 순연히 인간 세계에서 '버림받고, 버려지고 있는, (그래서) 천하다'는 그 성격과 행위를 나타내는 동사의 세계이다.

이러고 보면 그녀가 어비대왕마마(중서부 지역)니 오귀대왕·길대부인(동해안 경상도 지역) 또는 양반인 덕주아·수차랑(함경도 지역)의 딸이라든가 공주라는 이야기는 별반 의미를 갖지 못한다. 그것은 아무래도 좋은 것이다. 그게 중요한 것이 아니다. 왕이 점괘(占卦)에 나온 대로 그 이듬해에 혼사를 놓지 않고 서둘러서 그해에 결혼했기에 칠공주를 두게 되었다는 바리공주의 내력담은 우의(寓意; allégorie)에 지나지 않는다. 그런 것이나 공주라는 이름이 옛 전통 사회에서 버림짐의 극적 요소를 더하고 있음은 물론 부인하지 못한다.

　연구자들은 대부분 바리공주 신가를 서사무가(敍事巫歌)로 못박아 분류하고 이해하기에 바리공주의 경우 버려짐을 문학사(文學史)적 의미에서의 기아(棄兒) 내지 영웅 설화의 일종으로 다루어 온다. 그러기에 그것을 대뜸 주몽(朱蒙) 신화와 비교해댄다. 《삼국유사三國遺事》〈고구려〉조에 전하는 바, 하백(河伯)의 딸 유화(柳花)는 천제(天帝)의 아들 해모수(解慕漱)와 정을 통한 죄로 쫓겨나고서 알을 낳는다. 거기서 주몽이 태어난다. 그는 계속해서 쫓겨다니고 많은 고생을 겪은 뒤 아버지를 만나 고구려를 세운다. 이 신화에 버려짐의 모티프가 있고 주인공의 영웅담이 펼쳐지는 것은 사실이나, 여기서는 고구려 건국의 역사를 배경으로 하여 주몽의 영웅적 능력과 행위가 더 강조되어 있다. 바리공주의 버려짐이 보다 근원적인 것으로 여겨진다.

　바리공주는 버려졌기에 부모의 병을 위한 약을 구하러 나설 수 있게 되고, 끝내 약을 구하여 부모를 살려낸다. 버려진다는 것은 여기서 영웅이나 신령의 자격 요건으로 드러난다. 이런 안목으로 보자면 우리의 신화와 영웅 전설 도처에서 버려짐의 반복과 의미가 눈에 들어온다. 한민족의 조상으로 믿어지는 단군의 아버지 환웅(桓雄)이 인간 세계에 내려온 것을 그저 수직적 하강이나 홍익인간(弘益人間)의 실현으로 막연히 이해해서는 그 진정한 의미를 알 수 없다. 그가 천계에 있다가 인간계로 내려온 것은 하느님 환인(桓因)에게서 버림받았음을 뜻하기도 한다. 그러고서야 웅녀(熊女)가 인간으로 되는 무당 내림굿(initiation)의 성격, 웅녀와 환인의 결합, 단군의 탄생 및 고조선 건국, 그리고 저 홍익인간의 이념 등이 의미 있는 체계로 이해될 수 있다.

　주몽도 그러하지만 신라의 시조 박혁거세도 알에서 태어난다. 이른바 이 난생(卵生) 신화는 종래 생명의 원천이니 태양 숭배의 성격이니 하여 하나의 측면만 부각되어 오는 통에 살아 있는 신화로서의 생명력과 본질이 차단 내지 왜곡되고 만 느낌이다. 죽음을 염두에 두지 않은 생명의 논의는 의미 없고 공허하다. 그 알이란 어미가 고이 품은 알이 아니라 버려진 것이다. 거기서 민족의 시조가 태어나고 있다. 밀폐된 공간으로서의 알은 동굴과 마찬가지로 죽음을 상징하고, 그 과정을 거치고서야 생명이 탄생하는 것이다. 버려지기로는 홍길동의 경우도 마찬가지이다.

신화와 전설 속의 이들 버려진 이에게 공통으로 나타나는 한 가지 성격을 짚고 넘어가야겠다. 바리공주는 딸 일곱 가운데 막내로 태어난다. 환웅과 홍길동은 적자(嫡子)가 아니고 서자로 나타난다. 주몽의 알은 해모수가 중매도 없이 유화와 사통(私通)하여 낳은 것이다. 모르긴 하지만 박혁거세의 알도 거기서 크게 벗어나지 않는 성격의 것임에 틀림없겠다. 버림받은 이들은 하나같이 기성 체제에 반하는 출신의 성격을 갖고 있다. 출신에 관한 체제의 가치관은 신화 세계에는 전혀 통하지 않는 모양이다. 하기사 체제에 순응하고 대접받는 출신에게 신화는 단지 이야깃거리에 불과할 것이다. 오히려 그런 가치관에서 버려지고 천시되는 출신이 부모에 효도하고, 인간의 구원에 나서고, 나라를 세우고 있음을 눈여겨야 한다.

이른바 기아(棄兒) 설화는 세계적인 분포를 보인다. 그 가운데 〈출애굽기〉에 나오는 모세의 버림받은 이야기는 그 머리 부분만 보자면 바리공주의 그것과 흡사하다. 아기 모세는 갈대 광주리에 넣어져 강물에 버려지고 있는 것이다. 그 버려짐의 형태는 비록 유사하지만 그 문화적 맥락과 성격은 그러나 심히 다르다. 바리공주의 버려짐은 그 신가의 마지막 부분에 그녀가 망자를 천도하는 무당이 되고 있듯이, 무당 후보자의 내림굿을 위한 엄청난 시련, 곧 신병(神病)의 시작이란 성격을 갖는다.

무당 후보자가 신병에 걸려 그 사회로부터 격리되고 고통과 시련을 겪어야 하는 그 과정과 의미 및 상징에 관하여는 엘리아데(M. Eliade)가 그의 명저 《샤머니즘 *Shamanism*》(1964)에서 내림굿(initiation)과 관련하여 상세히 다룬 바 있다. 우리 사회에도 무당 후보자의 고통과 시련에 관한 보고가 적잖게 나와 있거니와, 나는 덴마크의 민족학자 라스무센(Kund Rasmussen)이 만난 에스키모 무당 익쥬가르죽(Igjugarjuk)의 제보(提報)만큼 신병과 그 버려짐의 본질을 진솔하게 표현한 것을 달리 찾지 못한다.

모든 참된 지혜는 사람들로부터 멀리 떨어진 저쪽, 외로움 속에서만이 찾아지며 괴로움을 통해서야 얻어질 수 있다. 궁핍과 번민은 다른 사람들에게 숨겨져 있는 인간의 의미를 깨닫게 해주는 유일한 길이다.

익쥬가르죽은 신병의 버려짐과 그 의미를 이렇게 진술하였다. 버려짐의 고통은 참된 지혜와 인간의 의미에 이르는 길임을 담담하게 말하고 있다. 바리공주의 버려짐이 무슨 의미를 갖는 것인지 우리는 이미 대충 알고 있다. 그것이 앞에 놓인 고통의 길의 시작이고 죽은 부모의 넋을 천도하여 재생하기 위함이다.

한국학자 가운데도 바리공주의 버려짐, 특히 고통의 길로서의 저승행을 무당의 내림굿에 이르는 과정으로 파악한 이들은 있다. 김태곤의 《황천무가연구》와 김열규(金烈圭)의 〈바리데기〉《한국 신화와 무속 연구》(1977, 일조각)가 그런 것으로 손꼽힌다. 그러나 이들은 시베리아 샤머니즘이나 세계 각 민족의 신화 속에 들어 있는 유사한 사례 및 구조의 다양함에 취한 나머지 그런 것들의 언급과 열거에 급급하면서 바리공주의 저승행을 샤먼들의 보편적인 신병 체험 정도로 이해하고 말았다. 바리공주의 저승행의 목적과 내용이 샤먼들의 신병 체험의 그것과 어떻게 다른지에 관한 그 맥락적 차이와 접근을 그들은 놓치고 있다.

VIII

바리공주를 버린 죄로 죽을 병에 걸린 부모는 여섯 공주들에게 약을 구하기 위한 저승행을 부탁하나 거절당한다. 그것이 궁궐이든 양반 집안이든 체제 속에서 고이 자란 자식이 부모의 은혜와 삶의 고마움을 제대로 알 리 없음을 부모는 몰랐던 것이다. 그렇지 않아도 저들은 버림받지 않았기에 저승에 다녀올 능력과 자격을 갖추지 못하여 있다. 그래서 찾아낸 바리공주는 버림받은 서러움일랑 아랑곳하지 않는다. 그저 뱃속에 열 달 동안 품어 생명을 얻게 해준 것이 고마워 그 은공을 갚으러 저승으로 떠난다. 효(孝)의 본질을 일러 주는 이 대목은 우리를 울린다.

저승에서의 바리공주의 행적은 '약수 삼천리' 길에 석가세존과 십대왕을 만나고 세존이 준 나화(羅花)로 지옥을 파하고 무장승을 만나 물·불·나무 일로 9년에, 아들 낳아 주느라 또 9년을 보내고 약을 구하여 나오면서 지옥과 극락으로 가는 배를 보는 등 시간과 공간에서 상당하고도 방대한 것으로 묘사되어 있다. 그러나 여기서 우리의 주된 관심이 되는 것은 저승의 이해와 사람을 살린다는 그 약이다. 그와 함께 바리공주의 버려짐의 성격이 맥락적으로 어떻게 전개되고 어떤 의미를 여기서 갖는 것인지도 알아볼 일이다.

우선 저승으로 가는 길부터 살펴보자. 아리스토파네스(Aristophanes)의 《개구리들 *The Frogs*》이라는 작품에는 디오니소스가 그의 종복 크산티아스를 데리고 에우리피데스를 찾아 저승 하데스(Hades)로 가는데, 이승과 저승의 갈림길인 플루토(Pluto) 관문을 통과해야 하고 또 나룻배를 타고 강을 건너야 한다. 호메로스(Homeros)의 《오디세이 *Odyssey*》에서 주인공은 하데스의 문턱에서 땅 밑으로 구덩이를 파고 죽은 자들을 위하여 꿀이랑 포도주랑 양의 피와 고기 등을 그 구덩이

에 넣어 주고 있다. 단테(Dante)가 그의 《신곡》에서 베르길리우스의
인도를 받아 간 지옥은 예루살렘 바로 밑에서부터 펼쳐진다. 중국 스
촨성〔四川省〕의 중칭〔重慶〕에서 양쯔강을 따라 동쪽으로 네댓 시간
달리면 귀성(鬼城)으로 알려진 펑두〔酆都〕현에 이른다. 중국 사람들
은 특히 도교(道敎)에서 그곳 펑두산 아래 지옥이 있다고 믿어 온다.
  이슬람의 저승행에는 신바트(Cinvat) 다리를 건너야 한다. 이 다리
는 지상과 천국을 이어 주는 중심이라 하겠고, 그 다리 아래 지옥의
구덩이가 있다. 그런가 하면 시베리아 샤머니즘의 세계에 저승으로
통하는 길이 분명하다. 예컨대 골디(Goldi) 사람들의 장례굿에서 무당
은 수호신들의 도움과 안내로 망자를 저승으로 천도하는데, 길을 가
다가 큰길을 건너야 하고 좀더 가서야 사자(死者)의 마을에 다다른다.
중앙 시베리아의 숲 유락인(forest Yurak)에게서는 무당이 건너야 할
강이 넷이나 된다. 그 마지막의 큰 강을 건너면 바로 사자의 땅이 전
개된다.
  동서양의 고금과 시베리아 샤머니즘의 세계를 막론하고 이렇듯 저
승으로 가는 길이 뚜렷한 법인데, 바리공주가 걷는 저승길은 도무지
어떤지 궁금하다. 서울새남굿보존회가 1996년에 펴낸 《서울새남굿
신가집》(문덕사)의 〈말미〉편에는 이렇게 나와 있다.

  양마마님께 투서찍고 여섯 형님 하직하고
  궁합문을 썩 나서니 동서를 분간키 어렵더라
  우여 바람부는 대로 물결치는 대로 까막까치 인도하는 대로
  약수삼천리를 가셨더라.

  이것으로 보아서는 저승의 길을 이해하기가 실로 막막하다. 문을
나서고부터 저승행이 시작되고 있는데, 동서를 분간하기 어려운 다른
차원의 공간이 전개될 뿐이다. 그리고 바리공주는 되는 대로 흘러 약

수 삼천리를 가고 있다. 약수(弱水)는 《산해경山海經》에 나오는 물줄기 중의 하나인데, 바리공주가 왜 하필이면 도교의 약수를 가는지 모르겠다. 서울 지역의 다른 〈말미〉본을 찾아보니 "…까막까치나무와 돌들이 인도하여 대양산천 들어가니 무쇠주렴 한 번 둘러짚으시니 천리를 가오시고 두 번을 짚으시니 이천 리 가고 세 번 둘러짚으시니 삼천 리 들어가시더라" 하여 내용이 약간 덧붙여 있다. 그래도 막막하기는 마찬가지이다.

내친 김에 최길성의 《한국무속지韓國巫俗誌 1(전남·전북·경남편)》(1992, 아세아 문화사)에서 전라남도 고흥 지역의 〈베리데기〉신가를 조사해 보았다. 거기서는 베리데기가 시왕산을 찾아가는데, 뒷문밖을 썩 나서서 서너 발자국을 더듬어 나간다. 그러자 난데없이 바람이 불고 떡갈잎이 날아들더니 천지가 아득해지고 길은 점점 희미해지고 낙락장송이 좌우에 늘어서 있다. 그렇게 목적지에 도달한다. 이것도 그러면 새남굿 〈말미〉본의 저승길과 별로 다를 것이 없다. 한국 무(巫)의 구체적인 저승길은 결국 없고 저승은 단지 차원을 달리하여 어딘가에 존재한다는 셈인데, 이런 상상력은 우리의 저승 성격과 관련하여 여간 심상치 않다.

김태곤은 《황천무가연구》에서, 미개인의 원시적 사고에 의하면 우주가 상·중·하의 3계로 구성되어 있는데, 우리의 지배적인 관념으로서의 지하관에서도 인간의 영혼이 하계로 가서 재생한다고 믿는다고 하였다. 그 지배적인 지하관을 그는 바리공주가 보게 되는 불교적 지옥에서 확인하고 있다. 그러나 위에서 살펴보았듯이 바리공주의 저승행에는 지하로의 하강이 어디에도 보이지 않는다. 김태곤은 지옥이 지하에 있다는 불교의 명부관을 그대로 무의 저승에 적용한 것인데, 비교·분석 없이 통념에 빠진 잘못된 연구의 사례로 언급할 만하다.

바리공주가 찾아간 저승 세계란 것도 막연하기는 매한가지다. 그저 '한 곳에 다다르니' 뒤에 석가세존으로 확인되는 어떤 신선이 장기 바둑을 두고 있고, 또 '한 곳에 다다르니' 십대왕이 죄인들을 문초하고 있다. 무장승을 만나는 것도 '한 곳을 돌아가서'이다. 여기서 무장 승은 도교의 무상선(無上仙)으로 보는 것이 타당하겠다. 이능화가 〈조선무속고〉에서 《성신말법聖神語法》이라는 무축서(巫祝書)를 인용하면서 무상선으로 적고 있는 바 그래야 그 의미와 성격이 통한다. 여하튼 그 저승에는 도교와 불교의 신령들이, 그리고 불교의 명부가 지리적 개념 구성 없이 혼재하여 있다.

바리공주는 저승에서 나오기 직전 무장승과 살던 곳의 뒷동산에 올라 꽃구경을 하고 앞바다에 내려와 물구경을 한다. 이곳에 바다가 있어 지옥과 극락으로 가는 배가 이쪽으로 오고는 있으나, 그것을 지리적 개념으로 이해하기는 어렵다. 여하간 저승에 극락이 있는 것으로 막연하게나마 나타난다. 그것도 상하의 구분 없이 어딘가에 있다는 투이다. 그 지옥을 먼저 들여다보자. 바리공주가 처음 접한 지옥은 십대왕이 남녀 죄인을 붙들어다 문초하는 지옥이다. 십대왕의 안내로 바리데기가 들러 본 지옥으로 칼산지옥·불산지옥·눈지옥·뱀지옥·독사지옥·물지옥·불지옥 등이 거론되고, 귀졸(鬼卒)들의 고문하는 장면도 약간 나온다.

거기서 바리데기는 부처에게서 받은 나화로 지옥문을 깨고 가시성·쇠성(城)을 무너뜨리니 지옥의 억만 죄인(신가에 나오는 귀졸은 오류임)이 극락갈 이 극락가고, 다시 시왕갈 이는 시왕으로 가게 된다. 《목련경目連經》에서는 목련존자가 세존의 도움으로 지옥을 파하고 어머니를 그 고통에서 구하고 있거니와, 무의 새남굿에서는 그것을 차용하여서는 목련존자의 역할을 바리공주로 대신하고 있다.

다시 앞바다에서 바리공주는 칼산지옥·구동지옥·배암지옥·눈지옥·억만사천지옥으로 가는 배를 본다. 이들 지옥은 《기세인본경》이나 《정법염처경正法念處經》에 나오는 불교의 8 대지옥과 각기 그 밑의 16 소지옥 가운데 그 이름을 찾아볼 수 없는 것들이다. 도교의 《옥력玉歷》에도 그런 지옥의 이름은 보이지 않는다. 도교나 불교의 지옥과 우리 무(巫)의 지옥을 비교해 보면 칼산지옥이나 불지옥 내지 불산지옥의 관념은 같으나 무의 지옥의 수는 몇 개뿐이다. 이것은 불교에서 지옥의 개념을 차용해 왔으면서도 우리 방식으로 지옥을 재편성하고 이해하여 있음을 넌지시 보여 주는 것이라 하겠다. 무의 지옥의 불·물·칼·눈〔雪〕·뱀 등은 한국인이 이 땅에 살면서 늘 겪어오는 큰 고통의 요인들에 다름 아니다.

무(巫) 나름의 지옥 이해를 보여 주는 것이 또 있다. 십대왕이라면 불교에서는 지옥을 관장하는 열 분의 대왕으로 각기 이름과 책무를 갖는 법이다. 무의 망자천도굿에서는 물론 이들의 명호를 경우에 따라 쳐들고 있지만, 우리의 〈말미〉본에서처럼 때로 그들을 하나로 묶어 하나의 신령 개념으로 이해한다. 이것을 무당의 무지 탓으로 돌린다면, 그것은 논의의 포기이고 그런 안목과 자세 자체가 너무 무지하다. 이것은 무의 지극한 상상력의 세계이며 독특한 신관(神觀)의 특징적 면모이다.

그리고 그 바다를 건너 지옥으로 가는 배를 두고 그 죄목을 드는데 이런 것들이다. 나라엔 역적이요, 부모에겐 불효자요, 동기간에 우애 없고 동네방네 인심 잃어 칼산지옥에 간다. 남의 말 엿들어서 남의 집에 이간질하고, 없는 말을 전임하고, 작은되로 주고 큰되로 고봉받고, 김치장 좀 달라거든 웃거장을 걷어 주고, 음식 주고 뒷공돈 타고, 먹던 음식 남을 주는 이들이 구동지옥·배암지옥에 가고 있다. 더 이상 인용할 것도 없이 이런 것은 판소리 〈흥부가〉에서 놀부에게 부쳐 부르는, 한국 민중이 믿는 바 전형적인 비윤리 항목들이다.

바리공주가 나화로서 지옥을 파하고 지옥의 죄인을 극락이나 시왕으로 보내는 대목은 비상한 면이 있기로 여기서 검토하지 않을 수 없다. 나화를 새남굿의 대부분 〈말미〉에서는 낙화라 하여 있는데, 그것은 나화의 와전이다. 나화는 우담바라화(優曇鉢羅花; 산스크리트어 Udumbara)를 약칭한 것이다. 삼천 년 만에 한 번 부처가 이 세상에 출현할 때마다 핀다는 이 꽃을 바리공주가 세존에게서 받았다는 것은 부처의 권능을 위임받았음을 뜻한다. 그리고 〈바리공주〉와 관련 있는 것으로 보이고, 제주도 망자천도굿의 주요 신가인 〈이공본풀이〉의 모본(母本)이라 할 《안락국태자전》에는 우담바라화가 연화(蓮花)와 함께 중요한 상징의 꽃으로 등장하고 있음도 눈여겨진다.

바리공주에 의해 지옥에서 풀려난 죄인들은 바로 극락으로 가거나 시왕에게로 나아가는 것으로 나와 있다. 시왕은 그러면 죄인을 어찌하든지 극락정토로 보내려고 애쓸 것이라는 염원이 그 이면에 암시되어 있다. 이것은 바로 《시왕경》 또는 《지장시왕경地藏十王經》 내지 《불설예수시왕생칠경佛說豫修十王生七經》의 세계이다. 일체중생은 사후 현세의 죄업에 따라 명부시왕의 재판에 의해 죄가를 받아야 하는데, 그 고뇌를 벗어나기 위하여 생전에 재공예배(齋供禮拜)를 미리 닦아야 한다는 것이 그 주요 내용을 이룬다. 이 경전의 원제목은 《불설염라왕수기사중역수생칠왕생정토경佛說閻羅王授記四衆逆修生七往生淨土經》이다. 모든 중생을 극락정토로 왕생케 하려는 정토 사상이 그 바탕에 흐른다.

〈말미〉에도 그렇고 새남굿 도처에 '시왕(에) 간다' 거니 '시왕 세계로 사나소서' 라 노래하고 있다. 시왕은 위 장면을 그림으로 연상하면 명부의 10전에 각기 자리한 그런 시왕이 아니고, 명부 위 어딘가에 한 군데 둘러앉아 있는 합의심판부(合議審判部)처럼 보인다. 그리고 이들이 죄인을 다시 극락으로 천도하려 애쓰게 되는데, 지옥을 파

하고 또 그 애쓰는 면모를 헤아리면 이는 지옥의 구주(救主)로서의 지
장보살상(像)에 다름 아니게 된다. 바리공주가 그러면 지장보살의 화
신(化身)으로 그려지고 있는 것이다. 새남굿의 도령거리에서 바리공
주가 지장보살을 모신 연지당 앞에서 망자의 극락천도를 위해 애쓰
고 있는 장면을 여기서 새삼 떠올리게 된다.

　지장보살도에는 그가 지옥에서 고통받는 중생을 제도하기 위해 구
름을 타고 내려오는데, 지옥문을 깨뜨린다는 석장(錫杖)과 어둠을 밝
히는 여의주를 각 손에 들고 있는 모습으로 묘사되고 남성으로 여겨
진다. 그러나 그는 원래 인도에서 대지(大地)의 덕을 의인화한 바라문
교의 지모신(地母神)이었다. 그런 신령을 불교가 수용한 것이다. 지장
보살은 산스크리트어로 '크쉬티 가르브하 Kṣiti - garbhaḥ.' 크쉬티는
땅을, 가르브하는 태(胎)나 자궁(子宮)을 뜻한다. 지장보살의 이러한
지모신의 성격은 여성으로서의 바리공주의 그것에 썩 부합한다.

X

　지옥의 상대 개념으로서의 극락은 비단 서울·경기 지역의 새남굿
만 아니라 전 지역의 망자천도굿이 지향하는 세계이다. '연화대 극락
세계'는 신가 도처에서 추구하고 있다. 그런데 새남굿의 〈말미〉에서
보면, 나라에 충신경 부모에겐 효자경 동기간에 우애 있고 동네방네
인심 얻어서 극락가는 배라면서 극락 한 번 노래하고는 그만이다. 저
승에서 지옥을 제외하고 그밖에 보이는 것은 동자 한 쌍 두고 바둑두
는 신선, (그 가운데 한 신선은) 세존, 그리고 무상선과 그 주변의 물·
꽃·나무가 있는 세계뿐이다. 약수(弱水)나 무상선이나 신선 등이 아
무리 도교의 세계라 하지만, 이러한 정경은 불교나 도교의 경전에 묘
사되는 호화로운 극락 세계와는 정히 멀다. 이것은 정녕 우리 나라
시골 어느 산골의 모습이다.

약을 구하러 간 바리공주는 약값이 없어 일해 주고 아들 낳아 주고 서야 약을 구한다. 이것도 눈물겨운 효성의 이야기는 될망정 종교적 극락 세계에는 결코 어울리지 않는다. 그러나 그 약이라는 것이 예사의 것이 아니라 죽은 사람을 살리는 재생의 것이다. 김유감본 〈말미〉에는 그것이 양요수란 물과 나무로 나온다. 대부분의 바리공주 신가에는 그것이 꽃으로 되어 있다. 뼈살이·살살이·숨살이꽃이라는 것이 그것이다.

통영 박복개본에는 바리공주가 삼형제를 앞세우고 꽃구경을 들어가는 장면에서 선관이 온갖 꽃을 설화하고 있다. 아카마츠·아키바의 《조선 무속의 연구》 상권(1937)에 시흥(始興) 무부(巫夫) 하영운(河永云)의 구전(口傳)이라 하여 당시 새남굿에서 불리던 〈죽엄의 말〉이라는 신가가 채록되어 있는데, 그 마지막 부분쯤에 정성 많은 망재가 시왕 세계에 들어와서는 그 꽃을 실하게 구경한다.

서편을 바라보니 약수삼천리에 해당화 붉었는데 청조 일쌍(一雙) 날아들고
북편을 바라보니 진국명산만장봉 청천삭출금부용이라
그 안을 살펴보니 우담화(優曇華) 장생화(長生花) 명살이꽃 숨살이꽃 웃는 듯이 피었으니
망재씨 그 꽃 꺾어 이승 자손들이 가지게 전장하고…….

망자의 자손들이 정성을 다하여 천금새남과 만금수륙재를 극진히 하여 망자의 저승길을 닦아 주었기로 사천왕·시왕·지장보살을 비롯하여, 심지어 수많은 아미타불과 부처가 망자를 인간 세계로 환생시킬 것을 옥황전(玉皇殿)에 권하고 옥황상제가 그것을 따르는 것으로 이 신가는 끝맺는다. 이것이 〈바리공주〉 속의 극락과는 다르고, 도교와 불교가 혼재하여 있는 가운데 옥황상제가 불보살의 우위에 있으

며, 인도 환생의 결정도 그리되어 있어 좀 혼란스럽다. 시왕 세계 안에 약수삼천리가 있고, 그 안에 꽃도 불교와 도교의 것이 함께 피어 있으니 더더욱 그러하다.

서울새남굿의 〈말미〉에서는 그것이 분명 도교의 꽃이더니 이곳에서는 도교와 불교 양쪽의 성격을 갖고 있다. 그러므로 그 꽃을 불교의 극락왕생과 도교의 불로장생 신앙이 함께 구현된 꽃이라 하겠다. 어쨌든 바리공주는 그 꽃을 구해 돌아와 돌아가신 부모를 살려낸다. 이것은 우리 무(巫)의 재생 신앙을 극적으로 보여 주는 것이다. 그런데 여기서 꽃 및 재생 신앙과 관련하여 무불도(巫佛道) 사이의 층위(層位) 문제가 제기된다. 요컨대 어느것이 선행된 것이고, 그것과 다른 것과의 관계가 어떤 것인지의 문제이다.

〈바리공주〉 신가에서 꽃과 재생 신앙은 불가분의 관계에 있다. 꽃은 재생을 위하여 존재하고, 재생의 상징이 된다. 그 상징이 꽃 대신 약영수로, 나무로 나오는 경우를 우리는 이미 보았고, 꽃이 도교·불교에서 이상적 세계의 상징으로 받아들여짐을 우리는 또 안다. 그러고 보면 재생은 한국 무(巫)에서 내세관·저승관과 관련하여 꽃에 앞서는 원초적 관념 내지 상상력으로 이해된다. 그리고 중국의 도교적 관념에서 흔히 한국을 이상향(理想鄕)으로 여겨 오거니와, 그 꽃이 도교·불교의 것이 아니라 원래 한국의 꽃일 것이라는 가능성과 생각을 지울 수 없다. 어느 경우든 재생의 관념은 근원적인 것으로 파악하여서 좋겠다. 그것은 바리공주의 저승행이 갖는 신병 체험의 성격이란 면에서도 추론된다.

바리공주의 버려짐이 신병의 시작이란 성격을 갖는 것임은 앞에서 살펴보았다. 그녀가 저승행을 한다는 것은 그녀의 죽음을 의미한다. 그리고 그녀는 저승에서 돌아와 부활한다. 그것도 (죽은) 사람을 살릴 수 있는 권능을 가지고서 돌아오고 있다. 고통-죽음-재생은 엘리아데가 적실히 서술·지적하였듯이 무당의 내림굿에 이르는, 다시 말해서 무당이 되기 위한 기본적인 구조이다. 이것은 또한 지구촌 어느 원주민 사회에서나 존재하는 통과의례의 기본 구조이기도 하다. 바리공주가 저승의 길에서 돌아온 것은 바로 그녀가 무당의 자격을 갖추었고, 사람들을 천도하고 살릴 권능을 부여받았음을 가리킨다. 재생은 이처럼 무당의 조건이자 권능이다. 재생의 관념이 바리공주 신화에서 근원적인 것임은 이로써 명확하다.

XI

바리공주는 이승으로 돌아오자마자 부모의 상여를 대면한다. 그리고 뼈살이꽃·살살이꽃·숨살이꽃으로 부모를 살려낸다. 부모는 고마워 무엇이든 소원을 들어 주겠다 하니 바리공주는 망자를 천도하는 무당이 되겠단다. 이것은 내림굿의 장면이다. 내림굿이 성공적으로 끝나 말문을 연 애기무당 바리공주는 자신이 무당이 되었음을 부모와 사회 앞에서 당당하고도 엄숙히 선언하고 또 공인받고 있다.

이 신화는 한국 무에서의 첫무당(first shaman)의 탄생 신화이다. (가족) 사회로부터 버려지고 고통받고 끝내 죽게 되는 신병을 거치고서야 다시 살아나서 사람을 재생시키는 무당이 된다. 재생은 여기서 무당이 되기 위한 필수 조건이자 무당의 권능이요 임무이다. 재생의 무당은 재생의 능력을 가지고 인간의 재생이라는 임무를 수행하는 것임을 바리공주 신화는 가르쳐 준다. 바리공주는 그래서 한국 무의 무조(巫祖)가 된다.

사나요 사나소사 (아무) 망재님 사나요
극락을 바라보시고 연화대로만 사나요

새남굿의 전판에 이 아리아(Aria)가 불린다. 망자가 살아나기를 그

렇게 기원한다. 저승에서 돌아온 바리공주가 그 부모의 주검을 놓고
그렇게 노래하였을 것이다. 그녀의 부모는 죽었다. 그녀가 부모를 재
생시킨다. 그것은 그 죽은 이의 썩은 뼈와 살이 기적처럼 되살아난다
는 드라마가 아니다. 바리공주는 부모의 넋을 극락 연화대로 천도하
고 있다. 거기서 영원히 재생케 하고 있다.

　바리공주가 찾아간 저승이라는 것이 도교와 불교의 색채를 띠고 있
으나 본디 멀고 이상한 세계가 아니고, 여기 이곳의 세계임을 이제 우
리는 안다. 정토경(淨土經)은 서방정토 극락 세계의 연화계가 중중무
진(重重無盡)의 연꽃 세계임을 가르친다. 무장승이 살던 뒷동산도 꽃
밭이다. 그런 꽃이 부모를 살려낸 꽃이자 부모의 넋이 영원히 살아나
있기를 희구하는 저승의 꽃밭이다. 그것이 재생이고 그 상징이다. 바
리공주에 의한 그 재생이 여기 이곳에서 펼쳐지고, 저승은 우리 주위
에 꽃밭으로 널려 있다. 한국 무의 재생은 우리 주위에 널려 있는 꽃
밭의 세계이다. 한민족은 그래서 수많은 꽃노래를 즐겨 불러 온다.
소월의 〈진달래〉며 '아빠하고 나하고 만든 꽃밭에……' 등이 우리 마
음에 늘 흐르거니와, '나의 살던 고향은 꽃피는 산골'은 아득한 본향
(本鄕)을 늘 여기서 부르는 것이다.

　이러한 재생과 꽃의 신화 〈바리공주〉는 망자천도굿인 새남굿의 〈바
리공주〉에서 오늘도 여기저기서 불린다. 그것을 지금 여기라 해도 좋
겠고, 그 상황을 분석적으로 조망하는 것은 흥미롭다. 우리는 부모를
위한 새남굿을 벌인다. 우리는 상주로서 부모를 살릴 약을 구하러 가
지 않은 이들이다. 그러나 우리의 누이 바리공주는 약을 찾으러 저승
에 다녀왔기에 무당이 되었고, 오늘 여기서 무당으로서 〈바리공주〉
신가를 부른다. 우리의 부모를 재생키 위함이다. 그녀가 그리하여 천
도·재생케 하는 곳은 다름 아닌 우리의 본향이다. 그 꽃밭이다. 바로
우리의 부모가 이제 묻힐 곳이고, 그 부모의 부모의 부모가 돌아가
쉬던, 살아가던 곳이다. 일찍이 우리의 시조 단군이 은퇴하여 산신이

되었다 하거니와, 본향이란 단군이 돌아와 재생한 곳이기도 하다.

그 꽃밭 본향은 어느 한 곳에 있는 고유 명사의 지명이 아니다. 그것은 언제 어디서나 신화 속에서 우리의 마음에 존재한다. 본향은 우리의 마음에 살아 있다. 바리공주는 우리의 부모를 조상으로서 우리 마음의 꽃밭에 재생해 있다. 그래서 한국인은 망자천도굿을 올리고, 무당은 고래로 굿을 벌여 오는 것이다. 엘리아데가 증명하고, 뒤랑이 신화에 접근하는 방법 가운데 신화 특유의 다원성으로 강조하고 있는 '신화의 일루드 템푸스(illud tempus)'가 바로 여기에 생생하다.

XII

같은 망자천도굿류에 속하고, 서천 꽃밭의 세계며 꽃의 망자 재생 등을 노래하는 신가가 있어 바리공주 신가와의 상관이 여간 마음에 걸리는 것이 아니다. 제주도의 〈이공본풀이〉가 그것이다. 이 신가는 기자(祈子)굿에서 불리기도 하고, 15세 미만의 어린혼을 위로하기 위한 불도맞이에서 구송된다. 대충 여섯 본(本)이 채록·보고되고 있는데 먼저 그 줄거리만 살펴본다.

가난한 김진국과 부유한 원진국이 늦도록 자식이 없어 불공을 드린다. 정성을 다한 김진국은 아들 사라도령을, 원진국은 딸 원강암이를 얻는다. 그 둘이 결혼하고 사라도령이 꽃감관(監官) 살러 가는 데 부인도 따라간다. 서천 꽃밭으로 가는 도중 임신한 원강암이의 발이 부르트자 그녀는 자청하여 장자집에 종으로 팔린다. 사라도령은 아기 이름을 지어 주고 떠난다.

동침을 요구하는 장자를 핑계로 물리고 그녀는 한락궁이를 낳는다. 성장한 아들이 어머니를 통해 아버지의 내력을 알아내고는 장자의 추적을 피해 탈출한다. 그에 격분한 장자가 원강암이를 처참히 살해한다.

고생 끝에 서천 꽃밭에 도착한 한락궁이는 아버지를 만나 친자 확인을 거치고, 어머니를 살릴 주화(呪花)를 받는다. 돌아온 한락궁이는 장자 일족을 다 멸족하고는 죽은 어머니를 살려낸다. 그리고 모자는 서천 꽃밭으로 가서 좌정한다.

〈이공본풀이〉에 관하여는 강정식(姜晶植)이 〈제주무가 이공본의 구비서사시적口碑敍事詩的 성격〉(1987, 한국정신문화연구원 석사 학위 논문)에서 그 구조·내용·형성 등의 규명에 애쓴 바 있다. 그는 빈부의 갈등, 여성 수난, 현실의 이상화를 이 신가의 주요 내용으로 파악하고 있는데, 역시 국문학적 관심에서 벗어나지 못한다. 이 신가에 대한 우리의 관심은 버려짐·꽃·재생 등에 있다. 여기에 서천 꽃밭이 나와 있어 저승 세계임을 알게 할 뿐이다. 이승과 저승이 거의 수평적으로 펼쳐져 그 구분과 경계가 사뭇 애매하다.

〈이공본풀이〉에도 꽃과 재생은 가장 중요한 상징 및 주제로 되어 있다. 특히 꽃은 여기서 〈바리공주〉의 그것에 비하여 훨씬 강조·확대되어 나타난다. 사라도령이 관리를 맡은 것으로 되어 있는 서천 꽃밭이 그런 것이고, 꽃감관이란 직책도 설정되어 있다. 한락궁이가 어머니를 '피오르는 꽃, 살오르는 꽃, 말 갖는 꽃' 등으로 살려내는 장면은 바리공주의 부모 재생 장면과 똑같다. 그런데 버려짐의 양상이 여기서는 다르다. 원강암이카 자청하여 장자집의 종으로 팔리는 것이나, 한락궁이가 도망나와 아버지를 찾아가는 것을 버려짐으로 보기는 곤란하다.

이 신가와 내용을 같이하는 여러 서사물을 찾아내 그 계통을 추적한 강정식의 노고는 돋보인다. 사찰연기문(寺刹緣起文)인 〈경주함월산기림사적慶州含月山祇林寺蹟〉, 불경 〈안락국태자경安樂國太子經〉, 고소설 〈안락국전〉, 신가로서는 평안북도의 〈신선세턴님청배〉, 경남 김해의 〈악양국왕자노래〉, 동해안의 〈오구대왕풀이〉 등 그 계통

의 것이 이리도 다양한 데 놀라움을 금치 못한다. 이 가운데 〈안락국
태자경〉이 가장 오랜 것임에는 의심의 여지가 없다. 민영규 선생이
〈월인석보 제7·제8 영인 개제〉(1955) 《국고총간國故叢刊》(연세대학
교 동방학연구소 제5)에서, 그 제8의 〈원앙부인극락왕생연鴛鴦夫人極
樂往生緣〉의 상절부(詳節部)에 실려 있는 〈안락국태자경〉의 존재를
최초로 검토·보고한 바 있다.

　선생은 현행의 어떠한 대장경 중에서도 그에 해당하는 원전을 발
견하지 못하고, 기림사 사찰 연기에 관련되었을 가능성만 조심스럽게
제기하였다. 사재동(史在東)은 《불교계 국문 소설의 형성 과정 연구》
(1977, 아세아문화사)에서 그 형성기 작품의 첫번째 것으로 〈안락국태
자전〉을 다루면서 〈기림고적祇林古蹟〉을 〈안락국태자경〉보다 앞서는
것으로 확인하고 〈기림고적〉→〈안락국태자경〉→〈안락국태자전〉으
로의 변모 과정을 추정하였다. 그리고 정토계의 경전과 삼위(三位)불
보살의 본생담 등을 고려하여 하나의 원전(原典)으로서의 어떤 저본
(底本)이 고려말·조선초에 유통되고 있었을 것을 그는 확신하고 있
다. 그러나 저본이 밝혀지지 않는 한 그것은 추정에 불과하다.

　한편 신가까지 포함하여 폭넓게 비교 검토한 강정식은 〈안락국태
자경〉을 가장 선행하는 것으로 잡고, 그것이 기록과 구전(口傳)으로
유포되면서 경무(經巫)에 수용되어서는 〈악양국왕자노래〉로 만들어
지고, 〈안락국태자경〉이 다시 설화화와 여러 필사 과정을 통해 〈안락
국전〉으로 이루어졌으며, 〈이공본풀이〉는 〈안락국전〉의 수용일 것으
로 결론짓고 있다. 그리고 〈안락국태자경〉이 《불설무량수경佛說無量
壽經》을 저본으로 하면서도 한국의 서사 문학 전통을 계승하여 있다
고 본다.

　나는 한국정신문화연구원의 장서각(藏書閣) 소장의 〈안락국전〉과
연세대학교 도서관 소장의 2개본 〈안락국전〉을 살펴보았는데, 이들
필사본 사이에 전승상의 내용 변화가 뚜렷함을 확인할 수 있었다. 그

런데 〈안락국태자경〉에서 〈이공본풀이〉까지 그 본들의 내용을 특히 꽃과 재생의 신화 요소를 통해 비교해 보면 흥미로운 결과가 나온다. 〈안락국태자경〉과 〈악양국왕자노래〉에는 꽃과 재생이 보이지 않고, 왕생게(往生偈) 또는 왕생가를 부를 뿐이다. 반면 〈안락국전〉과 〈이공본풀이〉에는 꽃과 그것을 통한 재생이 벌어진다. 부인이 떠나는 왕에게 왕생게 외울 것을 당부하여 왕이 서역국에서 물 길으며 왕생게를 외우는 모습은 〈안락국전〉에만 나온다. 이런 사실을 헤아리면 그 전승 계통은 이렇게 이해된다.

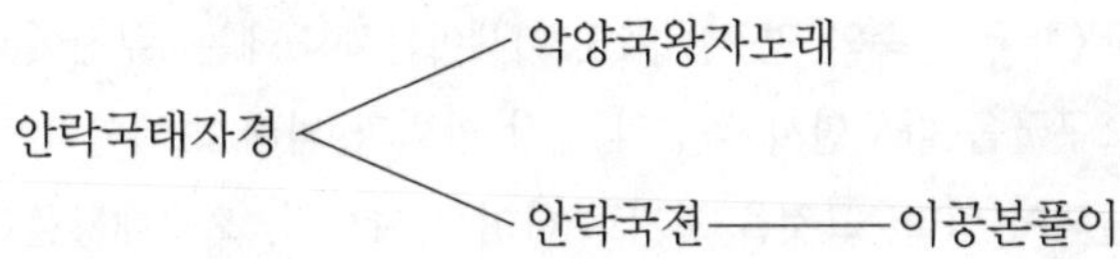

강정식이 말한 한국 서사 문학의 전통이란 주몽 신화를 가리킨다. 사재동 또한 어머니의 실토로 증거물을 움켜쥐고 동명왕(東明王)을 찾아가는 유리태자와 안락국의 비슷한 모습에 주목한 바 있다. 그러나 이들은 주몽 신화와 바리공주 신가에 공통된 버려짐의 요소를 간과하였고, 꽃과 재생의 요소가 한국 무의 원초적인 것임을 모르고 있다. 이러한 점을 염두에 두면 〈안락국태자경〉의 형성과 전개는 다음과 같이 파악할 수 있을 것이다. 불교의 정토 신앙과 주몽 신화를 바탕으로 조선초 〈안락국태자경〉이 이루어지고, 그것이 민간에 알려지면서 한국 무의 꽃과 재생의 신화 요소가 거기에 들어가 〈안락국전〉으로 전개되기에 이른다. 그것이 제주도로 들어가서는 〈이공본풀이〉가 되어 나온다. (이공본풀이의 계통에 관한 이 논의가 잘못되었음과 그 바른 계통의 성질은 조흥윤, 2000, 《한국의 원형신화 원앙부인본풀이》(서울대학교출판부)와 이 책에 실려 있는 논문 〈한국 샤머니즘과 세계 종말〉 Ⅳ장(81-82쪽)을 참조하기 바람.)

XIII

  망자천도굿의 특징적인 의례로 주목을 끄는 것으로 베(가르기)와 용선(龍船)이 있다. 용선은 주로 전라·경상도 지역의 망자천도굿에서 쓰이고, 베(가르기)는 전국적인 분포를 보인다. 이 계통 의례에서 상당히 중요한 의미와 상징을 갖고 있는 것임에도 불구하고, 그에 관한 학문적 연구가 별로 눈에 띄지 않는데다 무당과 당골들 사이에서도 잘못된 이해가 종종 엿보이기에 언급해야 할 필요를 느낀다.

  최길성의 《한국 무속의 연구》(1978, 아세아문화사)에는, 부산에서 벌어진 산오구굿을 다루면서 용선의 제작 방법과 의례 속에서의 그 의미가 서술되어 있다. 그것을 보기로 하여 살펴보면, 오구대왕풀이가 있고 나서 이 굿의 절정을 이루는 영산맞이를 논다. 굿당 밖에 두 개의 기둥을 세우고는 용선을 달아 놓는다. 용선에서 굿당 안까지 길게 무명으로 연결시켜 극락으로 가는 길을 만든다. 무녀는 위패를 담은 신태집을 그 백포(白布) 위에 놓고 용선가를 부르면서 조금씩 밖으로 밀어 나간다. 그에 대한 무녀의 풀이인즉, 용선은 영혼이 강(江)을 건너가는 데 사용되는 배라 한다. 백포는 그러니까 여기서 강을 상징한다.

  불교의 해원재(解寃齋)에서도 20여 미터의 긴 백포에 용왕선을 걸어 놓고 망자의 혼을 저승으로 보내고 있음을 하효길(河孝吉)이 〈새[鳥]·용왕선고龍王船考〉《무속 신앙巫俗信仰》(1989, 民俗學會編, 서울: 敎文社)이라는 논문에서 보고한 바 있다. 경상북도 월성군 강동면 국당리 형산(兄山)에 자리한 옥련사(玉蓮寺)에서는 그 백포를 물이라 하고 있다. 하효길은 해원재를 무불(巫佛) 습합의 의례로 보았다. 그리고 용이나 배를 해양 문화의 소산으로 파악하고는, 용왕선이 한국의 민간 신앙에서 저승으로 가는 죽은 자의 원혼(寃魂)을 인도하는 역할을 하는 것이라 하였다.

용이나 배가 해양 문화와 관계되는 것은 물론이나, 그는 〈안락국태자경〉의 용선을 간과하였다. 그 마지막에 안락국이는 보살들의 말에 따라 사십팔(四十八)용선의 사자좌(獅子座)에 올라 서방 극락 세계로 향하고 있다. 사십팔은 《무량수경》에서 설하는 아미타불의 사십팔원(願)을 상징하는 것이다. 그런데 정토삼부경(淨土三部經)에는 용선이 나오지 않는다. 이 사실과 함께 〈안락국전〉이나 〈이공본풀이〉에 용선이 쏙 빠져 있는 것, 그리고 경남·전라 이외 지역의 망자천도굿에서 용선의 존재가 나타나지 않는 점이 주목된다. 그러면 〈안락국태자경〉의 용선은 정토 신앙 내지 왕생 신앙과 관련된 한국 불교적 상상력의 세계라 할 수밖에 없다. 무의 전통적 꽃과 재생의 세계가 강력하기에 그것이 수용되지 못하고, 남부 지역에서만 불교의 왕성한 신앙을 배경으로 용선이 받아들여진 것으로 여겨진다.

진도 씻김굿의 명무 채정례(蔡貞禮)는, 광주 망월동 묘역에서 엄청나게 긴 질베를 걸고는 넋을 담은 용선을 그 위에 띄워 문지르고 나아가면서 그 의거(義擧)의 원혼들을 천도하여 묘역을 온통 눈물바다로 만든 바 있다. 서울새남굿에서는 베째(베가르기)거리에서 바리공주 복식 차림의 만신이 무명과 베를 몸으로써 갈라 망자를 천도한다. 무명은 이승다리를, 베는 저승다리를 상징함은 앞에서도 언급하였다. 베의 상징이 이렇듯 남부 지역과 그밖의 지역에서 구분된다. 남쪽의 것이 은근하고 애절하다면, 서울새남굿의 그것에는 씩씩하고도 힘찬 맛이 있다.

XIV

새남굿의 가망(감응)청배·사재삼성·말미 등의 거리에 '서낭자' 라는 용어가 빈번히 나온다. 그것이 도대체 무엇인지 모르면서도 종래

연구자들이 그에 대한 관심을 보이지 않았다.

《서울새남굿 신가집》의 사재삼성거리에 "초단에 서낭자받고 절에 올라가 다라니 / 이단에는 자리걷이 넋걷이 받으시고 / 삼단법식에 진오기새남에……"라 하여 있다. 《조선 무속의 연구》 상권의 〈바리공주〉에서는 "우여 슬프다 선후망의 아무망재 / 초단에 선행자받고 이단에서 진부정받고 / 삼단에 사재삼성 받아……"로 채록되어 있다. 선행자의 한자를 '禪行者'로 적어 놓았다. 문맥으로 보아 그것이 어떤 의례 절차를 가리키는 것일 터인데, 그런 한자의 뜻으로는 도무지 통하지 않는다.

'션왕지'에 대한 유일한 언급의 예를 이능화에게서 본다. 그는 〈조선무속고〉 제15장 〈무축지사급의식巫祝之辭及儀式〉의 '신단神壇'이란 항목에서 그 유래를 다음과 같이 적고 있다.

굿에는 초·이·삼단(壇)이라는 것이 있는데, 이것은 불교 재(齋)의 상중하 세 단 위의(威儀)를 모방한 것이다. 굿의 초단은 신길(神路) 또는 지노귀(指路鬼)로서, 극락왕생의 길을 인도하는 승재(僧齋)의 인로왕보살(引路王菩薩)처럼 무당이 망자에게 시왕길을 지시하고 있다. 이단은 새남이다. 이것은 산음(散陰)의 와전이다. 불가에서는 사람이 죽은 초기에 그 영혼이 중음신(中陰身)이 되는 것이라 믿기에 칠칠재(七七齋)와 백재(百齋)를 차려 그 중음신을 흩어서는 왕생케 한다. 무당이 이를 본떠 '진넉위[亡靈位]새남'을 벌인다. 마지막 삼단은 법식(法食)을 받는 것인데, 이것도 승재의 법공양에서 빌려 왔다. 무당의 션왕재란 것이 바로 승가(僧家)에서의 이른바 현왕재(現王齋)이다. 불서(佛書) 가운데 《현왕경現王經》은 망령을 천도하는 법문(法門)이다.

이에 따르면 이능화가 무(巫) 관련 자료를 수집하던 1920년대 전후하여 망자 천도의 의례로서 초단에 진오기, 이단에 진오기새남, 삼단에 선왕재를 지냈다는 이야기가 되는데, 이것은 그 10년 후쯤의 채록인 《조선 무속의 연구》 상권의 선행자-진부정-사재삼성의 삼단 의례 구성과 다르다. 정부로부터 억압과 천대를 받아 동병상린(同病相憐)에 상부상조가 남달랐던 조선조의 무·불 사이이기에 무가 불교의 망자 천도 관련 의례를 많이 수용한 것은 사실이나, 새남을 산음의 와전으로 보는 등 온통 일방적인 그의 해석을 다 수긍하기는 곤란하다. 용어의 문제는 다음장으로 넘긴다.

현왕단(壇)과 현왕청(請)은 현행의 불교 의례 작법(作法) 책인 《석문의범釋門儀範》(1931 초판, 1984 7판, 안진호(安震湖)편, 서울: 법륜사)에 각기 예경편(禮敬編)과 각청편(各請編) 아래 들어 있다. 그리고 현왕도(圖) 내지 현왕탱의 존재는 도처에서 확인된다. 가장 손쉬운 것으로 홍윤식·윤열수의 《불화》(1989, 대원사, 빛깔 있는 책들 50) 74쪽에 "사람이 죽은 지 3일 만에 심판을 받는다는 명부의 왕이다"라는 설명문과 함께 현황탱이 소개되어 있다. 김정희가 《조선 시대 지장시왕도 연구》에서 밝힌 바로는 봉은사(奉恩寺) 명부전(冥府殿)에 현왕도가 봉안되어 있고, 동국대학교 소장의 현왕도는 1741년, 통도사의 것은 1775년에 제작되었다.

그럼에도 불구하고 망자를 천도하는 법문이라는 《현왕경》은 《한국불교전서韓國佛敎全書》에는 물론 어디에도 찾을 수 없다. 중요무형문화재 제50호 영산재(靈山齋)의 범패 기예능 보유자로 지정되어 있는 봉원사(奉元寺)의 송암(松庵) 스님은, 사람이 죽어 절에서 다라니(陀羅尼)를 받아 갈 때 그것을 현왕님 앞에 놓고 현왕불공을 올리고서 가져가야 효력이 있다고 나에게 일러 주었다. 여기까지 확인한 현왕의 성격과 송암 스님의 제보 내용, 그리고 《현왕경》 존재의 의혹 등을 종합하면 흥미로운 사실이 드러난다.

사람이 죽은 지 3일 만에 그 앞에서 심판을 받는다는 현왕이라면 대뜸 도교의 성황(城隍)을 떠올리게 된다. 도교에서는 사람이 죽으면 3일 만에 성황 앞에 끌려가 생사부(生死簿)에 의해 심판을 받는다고 믿는다. 《옥력지보초》의 〈명경도상冥京圖像〉에 성황복주(城隍福主)가 그렇게 심판하는 모습이 잘 묘사되어 있다. 이 성황 신앙은 그것이 성하던 송(宋)대에 고려에 전해져 무(巫) 고유의 서낭 신앙과 혼합하여 내려오던 것이다. 이러고 보면 명부(冥府)와 관련된 도교의 성황 신앙을 불교가 무로부터 수용한 셈이다. 그리고는 《불설예수시왕생칠경》에서 세존이 대중에게 고하여 염라천자(閻羅天子)가 내세에 보현왕여래(普賢王如來)의 불명(佛名)을 얻을 것이라 한 것에서 어처구니없이 현왕(賢王)이란 명칭을 따오고, 현왕(現王)으로 고치고는 현왕재라 부른 것이다. 그런 현왕재를 삼단의 법식으로 보고하고 있는 것도 오류이거니와, 이능화는 불교가 무의 것을 차용하여 개명한 것도 모르고서는 무를 마치 모방의 명수인 양 크게 오해하였다.

이능화가 불서로서의 《현왕경》을 당당히 증언하였고, 또 송암 스님이 밝힌 성격을 헤아리건대 그것은 그러면 다름 아닌 《현행경現行經》이어야 한다. 나는 민영규 선생 소장의 《현행경》을 살펴본 바 있다. 강희(康熙) 49년(1710) 석실명안(石室明眼; 1646~1710)이 가정(嘉靖) 10년(1531) 칠불암(七佛巖) 개간본을 칠불사(寺)에서 중각한 것이다. 여러 본의 《현행경》이 전하여 오고 있음은 《한국불교전서》에서 확인한다. 이 경의 원래 이름은 《현행서방경現行西方經》이다. 명안은 만년에 염불을 통한 정토왕생에 전념하였거니와, 《현행경》은 정토왕생의 법식과 함께 다라니를 가르쳐 준다.

백파긍선(白坡亘璇)의 《작법귀감作法龜鑑》(1826)과 그것을 계승한 안진호의 《석문의범》을 거치는 동안 어떤 연유로 《현행경》이 《현왕경》으로 이름을 바꾸게 되었는지 현재로선 분명치 않다. 조선 후기 불교가 무의 성황(서낭) 신앙을 수용하여 종래의 천도 의식에다 현왕재를 더해야 했던 어떤 사회경제적 배경이 있었을 것을 다만 여기에 짐작해 본다. 여하간 이로써 현왕재란 《현왕경》의 내용과 무의 (도교적) 성황 신앙을 혼합하여 형성된 것임이 분명히 드러났다.

XV

靑개고리腹疾ᄒ여주근날밤의
金두텁花郎이즌호고새남갈식
靑뫼독겨대ᄂ杖鼓던더러쿵ᄒᄂ듸
黑뫼독典樂이져힐니리혼다
어듸셔돌진가재ᄂ舞鼓를둥둥치ᄂ니

청개구리 복질하여 죽은 날 밤에
금두꺼비 화랑이 진오기새남 갈새
청메뚜기 기대는 장구 덩더러쿵 하는데
흑메뚜기 전악이 저(笛) 힐리리 한다
어디서 돌진가재는 무고를 둥둥 치나니

《청구영언靑丘永言》(1728)에 나오는 시조 한 수이다. 아래에 실린 것은 내가 이즈음 맞춤법으로 고쳐 본 것이다. 《진본 청구영언》에는 '즌호개새남'으로 되어 있다. 이 시조는 진오기새남이란 용어의 가장 오랜 용례를 보여 준다.

화랑을 무에서는 화랭이라 부른다. 화랭이는 전통적 세습무 가계의 남무를 지칭하는 은어이다. 아키바 다카시는 《조선 무속의 연구》하 권(1938: 31–32)에서, 무부(巫夫)로서 무악을 연주하고 때로 굿에서 춤추는 화랑과 독경·점복을 주로 하는 남무로서의 화랑을 구분하고, 전자가 대체로 신라 화랑의 고지(故地)인 경상북도·강원도 방면에서 부터 충청도 지역에 걸쳐 있으며, 후자는 경상남도 남해안에서 전라 도까지 분포되어 있음을 보고한 바 있다. 최근 김헌선은 《한국 화랭 이 무속의 역사와 원리 1》(1997, 지식산업사)을 통하여 화랭이 집단의 전국적 분포와 그 기능 및 예술사적 의의를 밝혀내었다.

화랭이가 진오기새남을 하는 것은 이로써 이상스러울 것 없고, 걸리는 것은 그 용어이다. 18세기초 이전에 진오기새남이란 용어가 쓰이고 있음이 여기서 드러나는데, 이것은 오늘날 진오기와 새남굿을 구분하여 사용하는 것과는 다르다. 나는 《한국의 무》(1983, 정음사)에서 전통무의 제보를 바탕으로 서울·경기 지역의 망자천도굿이 쌍궤새남 또는 상진오기·얼새남·평진오기의 세 가지로 나누어진다고 하였다. 조선조 신분 사회에서 사회 계층에 따른 분화의 결과로 보았다. 그리하여 상류층이나 부유층을 위하여는 쌍궤새남 또는 상진오기, 중류층에게는 얼새남, 그리고 하층민의 망자에게는 평진오기를 하던 것이라 적었다. 서울새남굿이 1996년 봄 중요무형문화재 제104호(보유자; 김유감)로 지정되고 나서, 나는 문화재위원으로서 중요무형문화재 관련의 각종 글을 쓰면서 새남굿을 상류 및 부유층의 망자를 위한 천도굿이라 서술하였다. 이 지경에서 뒤늦게나마 그 용어 개념을 점검하지 않을 수 없다.

먼저 새남을 살펴보자면, 이능화는 그것을 산음(散陰)의 와전으로 보고 산음이란 중음신(中陰身)을 흩어서 왕생케 하는 것이라 풀이하였다. 중유(中有)라고도 하는 중음신은 이승의 죽음과 저승의 생을 받기 이전의 중간 상태에 있는 영혼을 가리키는 불교의 개념이다. 굳이 《정법염처경》 제18권을 거론하지 않더라도 불교에서는 모든 중생이 업력에 따라 출생하고 그 내생이 결정된다고 믿는다. 그런데 중음을 흩어지게 하여 왕생케 한다는 사고는 가당치 않을 뿐더러 산음이란 개념은 불교에 없다. 새남이란 앞에서 누누이 살펴보았듯이 한국 무의 타계관과 관련된 근원적인 재생 관념의 우리말 용어인 것이다.

이능화가 진오기를 귀신에게 길을 지시해 준다는 뜻의 지노귀(指路鬼)의 와전으로 본 것도 억지스럽기는 마찬가지이다. 위에서 본 시조의 '즌호고'와 동해안 지역의 오구굿의 '오구'는 그러면 설명할 방도

가 없게 된다. 유동식은 죽은 지 얼마 안 되었기에 질다는 뜻으로 '진'
을 이해하고, 시로코고로프(S. M. Shirokogoroff)가 보고한 퉁구스인들
의 하계(下界) 개념인 '외르기(örgi)'에서 '오기'가 온 것으로 생각하
였는데, '진'은 그렇다 하고라도 '오기'의 이해에 퉁구스어를 느닷없
이 끌어들인 것은 우선 맥락적으로 어색하다. 우리의 망자천도굿이
도교와 불교의 저승관의 영향으로 형성·전개된 것임을 헤아리면, 지
옥의 '옥(獄)'에서 오기·오구가 나왔을 것이라는 김태곤의 견해가 수
궁할 만하다.

　새남굿은 그 개념의 본질면으로 보아 반드시 부유·상류층만을 위
한 망자천도굿일 수는 없다. 그런데 조선 후기에 들어와 불교의 관련
의례가 대거 새남굿에 수용되면서, 그 의례가 특히 체제의 중심지라
는 지역적 배경 및 성격과 관련하여 정치하고도 화려하게 짜여졌을
것이다. 그에 따라 그런 새남굿을 사회경제적으로 선호하고 감당할
수 있는 계층에서 새남굿이 주로 놀아졌으리라고 여겨진다. 새남굿이
부유층과 상류층의 망자천도굿이라고 인식되어 온 배경이 그렇게 이
해된다. 그러면서 진오기는 일반인들을 위한 덜 체계적이고 비용이
적게 드는 천도굿으로서 새남굿과 구분되어졌다. 요컨대 원래 진오기
새남이던 것이 진오기와 새남굿으로 분화되고 만 것으로 나는 본다.

XVI

　본향(本鄕)을 우리는 편의상 자연과 마음의 두 본향으로 나누어 볼
수 있다. 자연의 본향은 신가에서 말하는 '성(姓) 주고 씨(氏) 준 본
향'이다. 거기에 우리의 조상이 묻혀 있고, 우리가 죽어 또 갈 곳이기
도 하다. 그것은 그러면 바로 한국의 산천이다. 그 본향이 오늘날 과
연 어떠한가. 나라는 남과 북으로 갈려 있고, 우리의 산천은 이른바
개발과 환경의 오염으로 도처에 파괴·훼손되어 있다. 묘지는 날로

늘어 가고, 쓰레기가 온 산과 들에 널려 있는가 하면 산천은 썩어 간다. 한국인은 자연의 본향을 버려 놓았다.

마음의 본향은 그리움과 신화와 상상력의 세계이다. 꽃과 재생이 살아 숨쉬는 새남의 세상이다. 국조(國祖) 단군이 산신이 되어 거기에 살아 있는 곳이다. 그런데 마음의 본향 또한 심히 더럽혀지고 잃어버려졌다. 우리 사회가 조선조 이래 중앙 집권적 체제를 강화·유지해 오다 보니 그곳에는 온통 체제 지향과 고유 명사만 들끓고 있다. 서양화와 산업화의 길로 정신 없이 달려가면서 한국 사람들의 재생의 믿음은 크게 위축·변질되고 말았다. 굿의 이해는커녕 그에 대한 부정적인 태도가 만연해 있는 것은 마음의 본향을 부정하는 상황임을 말해 준다.

한국 무의 저승은 사계절 꽃이 피고지는 우리의 본향 세계인 것으로 밝혀졌다. 거기에 우리 마음의 조상이 산다. 신화가 그러하듯이 그런 본향은 결코 죽어 없어지는 것이 아니다. 우리의 누이인 바리공주 무당에 의해 그것은 오늘도 굿판에서 계속 반복하여 살아나고 있다. 우리가 그것을 그리워하고 그 이름을 부를 때 그것은 언제나 활활히 살아나는 것이다. 그리하여 마음의 본향이 살아나고, 그래서 거기에 꽃과 재생의 상상력이 싹트면 자연의 본향도 그에 따라 금수강산으로 되살아나게 된다. 이것이 우리의 문화 주체성(cultural identity)과 신명을 되찾고 통일을 이루며, 21세기에 한국인의 가치관으로 지구촌에 내세울 길이다.

3

한국 샤머니즘과 세계 종말

I

종교사학자 엘리아데(M. Eliade)는 그의 저술 《영원 회귀의 신화 *The Myth of the Eternal Return*》(1971)에서, 신화적 시간(mythical time)을 역사적 시간(historical time)과 엄밀히 구분하면서 신화적 시간의 회복을 역설하였다. 그에게 있어서 역사적 시간이란 유대-그리스도교 전통에서 만들어진 세계 종말로 치닫는 선형적(linear) 시간이며, 그래서 고통의 시간이다. 반면 신화적 시간은 고대 사회와 원주민 사회의 제반 통과의례에서 두루 확인되는 바 죽음의 상징을 통하여 태초의 혼돈 내지 원형(archetype)의 세계가 시공을 뛰어넘어(in illuo tempore) 현현(顯現)하고, 그리하여 인간이 새로운 삶의 활력을 되찾게 되는 그런 시간을 말한다. 이른바 근대(modern) 사회의 엘리트들이 그들의 체제 내지 이념의 수호를 위하여 영원 회귀의 신화를 신봉하는 시민들, 특히 농업을 비롯한 전통 생업에 종사하는 이들을 그동안 줄곧 억눌러 왔음을 엘리아데는 지적하고 있다.

프랑스 인류학자 뒤랑(G. Durand)의 신화 분석틀에 따르자면, 이들은 주변에 속한다. 서양의 기계론적 세계관과 과학주의가 온 지구촌의 지배적 가치관으로 횡행해 오는 동안 동아시아 종교 문화의 전통적 가치관 또한 사회문화적 지형(地形)의 주변으로 밀려나 비합리적이고도 부정적인 것으로 취급되어 온다. 샤머니즘은 우선 차치하고라도, 음양론(陰陽論)적 사유에서는 종말이 곧 새로운 시작이다. 그리고 어떤 시작도 그 속에 종말을 품고 있다. 그러나 이러한 전통적 가치관이 사회 문화에서 억압받으면서 동아시아 사회에서는 특히 세기와 천년의 말을 당하여 세계 종말에 대한 막연한 불안과 공포가 조성되어 온다.

샤머니즘(巫)은 한국 사회 문화의 기층이자 오늘날 그 주변을 이룬다. 위의 문제와 관련하여 세계 종말에 관한 한국 샤머니즘의 인식을 살펴보지 않을 수 없다. 종교사의 다양한 영역에 두루 걸치는 엘리아데의 수많은 저술은 원형으로서의 신화와 그 전개의 양상 및 의미로 일관해 있거니와, 샤머니즘에서의 신화적 시간과 세계 종말 및 새로운 시작에 대하여 별반 주목치 않고 있는 점이 나로서는 심히 의아스럽다. 명저라 할 그의 《망아경忘我境의 원초적 기술 *Shamanism-Archaic Techniques of Ecstasy*》(1970)에 그에 관한 짤막한 언급은 단지 두 군데에 불과하다. 북미의 유마(Yuma) 인디언들에게서 무당 후보자는 꿈을 통하여 역사적 시간의 종결과 신화적 시간 속에서의 세계의 시작을 경험한다. 다른 하나로 그는 북미 인디언의 유령춤(the Ghost Dance)을 든다. 참여자들은 거기서 집단적 종교 체험을 갖고 현세계의 폐기를 의미하는 사자(死者)들과의 만남, 그리고 현대적 우주 주기의 종말과 새로운 낙원적 주기의 시작을 상징하는 혼란의 지배를 체험한다는 것이다.

유령춤 종교를 그는 전통적 샤머니즘의 범주를 벗어나는 현상으로 보면서도 논의에 포함시키고 있다. 그 저술의 부제가 보여 주듯, 엘리아데는 샤머니즘을 엑스터시에 초점을 맞추고는 원형으로서의 신화의 세계에 이르는 원초적 기술로서 그것을 다루고 있다. 내게 있어 샤머니즘은 신화 그 자체이고, 신화의 종교이다. 그가 샤머니즘을 신화 그 자체로 바라보지 못한 것은 원형이라는 개념에 너무 집착한데다, 잘 알려져 있듯이 샤머니즘에 대한 현지 조사를 수행해 본 적이 없다는 데 기인하는 것이다. 경주 금관총의 금관을 비교 연구한 헨체(C. Hentze)의 논문 한 편에 의거하여 한국 샤머니즘을 전통적 샤머니즘의 타락 형태니 남방계 운운한 그의 오류를 함께 지적하고 넘어간다.

II

샤머니즘의 기본적(원형적) 구조는 같은 것이라 하더라도, 그 내용은 민족과 사회에 따라 다르기 마련이다. 모든 문화가 그러하듯 샤머니즘은 해당 사회의 제반 환경의 산물이기 때문이다. 그런 것을 상상계의 차이라 해도 좋겠다. 우리에게 문제되는 것은 세계 종말과 관련된 한국 샤머니즘의 상상계이다.

한국 샤머니즘의 신가(神歌) 가운데 세계 종말과 관련된 것은 희소하다. 이른바 개벽(開闢) 신화 내지 창세 신화가 두어 개 전해 올 뿐이다. 그런 것으로 흔히 제주도 심방의 〈천지왕본풀이〉 신가와 함경도 함흥 지역의 큰굿에서 불리던 〈창세가(創世歌)〉가 거론된다. 〈초감제〉라고도 불리는 〈천지왕본풀이〉에는 천지창조 과정에 해와 달이 각기 두 개씩 생겨나 낮에는 햇빛이 너무 강해 사람들이 타죽고, 밤에는 달빛이 너무 강해 사람들이 얼어죽는 등 위기 상황이 발생한다. 이에 하늘로 천지왕을 찾아간 두 아들 대별왕과 소별왕은 아버지로부터 활과 화살을 받아 인간 세상에 내려와 각기 해와 달을 하나씩 쏘아서는 일월성신을 오늘날처럼 조정한다.

〈창세가〉에는 미륵과 석가가 등장하여 '세월' 싸움을 벌인다. 끝까지 굴복하지 않고 드디어 속임수로 이긴 석가에게 미륵은 끝내 '세월'을 주면서 석가의 세월은 말세가 될 것이라 저주한다. 그 말대로 타락한 세상이 되어 석가의 제자 3천 명 가운데 고기를 먹지 않은 두 명만 살아남고 나머지는 모두 고기를 먹고 죽는다.

이 두 신가에는 각기 세계 종말의 위기와 말세가 나타난다. 그런 상황은 인간의 역사적 시간과 그 고통을 드러낸다. 거기에 영웅과 성인 (聖人)이 개입하여 신화적 시간이 펼쳐지고, 세계 종말은 새로운 시대의 도래로 전환된다. 그러나 이들 신가에서 세계 종말은 세계 창조와의 관련 아래 다소 부수적으로 편입된 감이 있고, 세계 종말의 원인배경과 새로운 시대로의 전환에 관한 구성이 너무 소략하다. 그리고이들이 각기 제주도와 함흥 지역에 국한하여 전승되어 온 바, 그것을 세계 종말에 관한 한국 샤머니즘의 전형적인 상상계로 파악하기는 곤란하다. 여하간 여기서 우리는 세계 종말에 관한 한국 샤머니즘의 상상력의 일단을 확인한 셈이다.

III

신라 선덕여왕 12년(643)에 창시된 경주 함월산(含月山) 기림사(祇林寺)에는 이 사찰의 연기(緣起)에 관한 다음과 같은 기록(〈古記〉 및 〈寺中古記〉)이 전해 온다.

범마라국(梵摩羅國) 임정사(林井寺)의 광유성인(光有聖人)은 5백 제자를 거느리고 꽃밭 수리의 일을 한다. 서천국(西天國) 사라수대왕(裟羅樹大王)이 자비롭고 보시를 즐겨 한다는 것을 들은 광유성인은 꽃밭 수리에 동참할 사람을 그곳에서 구하기 위해 제자 승열바라문을 보낸다. 대왕은 이에 여러 부인들 가운데 여덟 여인을 뽑아 보낸다. 성인은 다시 바라문을 서천국에 보내서 대왕이 직접 꽃밭 수리의 공덕을 이루라고 한다. 주저하는 대왕에게 왕비 원앙부인(鴛鴦夫人)이 함께 가겠다고 하여 세 사람이 임정사로 향한다.

도중에 임신중인 원앙부인이 발병이 나서 더 이상 동행할 수 없게 된다. 부인은 이에 대왕과 상의하고는 자신과 곧 태어날 아기를 죽림국(竹林國) 자현장자(自現長者)의 집에 종으로 판다. 태어날 아기가 사내일 경우 이름을 안락국(安樂國)이라 지어 준 왕은 부인을 남겨두고 바라문과 함께 떠난다. 떠나는 왕에게 원앙부인은 왕생게(往生偈)를 일러 주고 늘 외우기를 당부한다. 임정사에서 물을 길어 꽃밭에 물 주는 일을 하면서 대왕은 줄곧 왕생게를 왼다.

이후 자현장자는 동침을 거부하는 원앙부인과 그의 아들 안락국에게 온갖 시련을 안기고, 이들은 천녀(天女)의 도움 등으로 그것을 이겨낸다. 성장한 안락국은 어머니를 졸라 아버지가 누구이고, 어디서 무엇을 하고 있는지 알아내고는 아버지를 찾아 도주한다. 장자 집안의 사람에게 잡혀 첫 도주는 실패하나 재차 도주하여 강가에 이르고, 왕생게 덕분에 그 강을 건너 임정사를 찾는다. 안락국이 끝내 아버지를 만나고 부자(父子)는 통곡한다.

안락국이 성인을 뵙자 성인은 어머니가 필연코 장자에게 죽임을 당한 것을 알려 주고 다섯 가지 꽃을 내주며 가서 어머니를 환생시키라 한다. 죽림국에 돌아온 안락국은 집 가까이에서 목동들의 노래를 통해 장자가 어머니를 세 토막내어 죽여서는 대밭에 버렸음을 알게 된다. 그리고 통곡 속에 어머니의 유골을 수습하고는 꽃으로 어머니를 살려낸다.

그러자 천지가 진동하면서 장대 같은 비가 퍼부어 모자(母子)는 나무 위로 올라가 밤을 지샌다. 이때 아미타불이 제천보살과 더불어 용선(龍船)을 타고 내려오고 다같이 임정사로 가 온갖 성자들과 함께 즐겁게 불사를 한다. 한편 자현장자는 그 즉시 무간지옥(無間地獄)으로 떨어진다.

연세대학교 중앙도서관에 소장되어 있는 조선조 후기 국문 소설 《안락국뎐》에는 광유성인이 부처님으로 바뀌어 나오고, 부처님은 서천서역국에서 삼천 제자를 거느리고 우담바라화와 각종 연화 보배꽃 등을 기르는 것으로 되어 있다. 그 꽃들이 7년 큰 가뭄에 이우러지고,

세존은 당신의 얼굴이 그 꽃들처럼 이우러감을 슬퍼한다. 그리하여 그 꽃밭을 수리할 인걸립을 위하여 승열바라문이 강남 땅 대원국 천자 사라수대왕에게로 간다. 안락국이 흩어진 어머니의 뼈를 주워 맞추어 놓는데 손가락뼈 하나가 없어 슬피 울자 까마귀가 그 뼈를 물어다 앞에 놓아 주는 장면도 묘사되어 있다. 그리고 안락국이 환생한 어머니를 모시고 극락으로 가는 모습을 장자의 종놈들이 보고는 장자에게 이르고, 장자가 종들에게 바삐 잡아 오라 하고 종들이 막 잡으러 갈 때 문득 천지가 진동하고 벼락이 내려와 장자집을 두드리니 장자집은 간데없이 사라지고 만다.

IV

이 기림사 연기 설화는 그간 학계에서 제주도 신가 〈이공본풀이〉와 관련하여 간혹 언급만 되었을 뿐 그 구체적 내용이 여태 한번도 밝혀진 바 없는 것이다. 이것과 같은 내용의 것이 조선조 초기 세조 4년(1458)에 간행된 《월인석보月印釋譜》 제8에 나온다. 그리고 앞에서 언급한 국문 소설 《안락국뎐》이 조선 후기에 필사본으로 다수 등장한다. 한편 무당의 신가로는 평안북도의 〈신선세련님청배〉, 경남 김해의 〈악양국왕자노래〉 및 제주도의 〈이공분풀이〉 등이 같은 줄거리를 담고 있다.

나는 얼마 전 발표한 논문 〈한국 지옥 연구—무의 저승〉(1999)에서 기림사 연기 설화를 검토하지 못한 채 《월인석보》 제8의 그것의 전개를 성급히 결론짓는 오류를 범하였다. 불교의 정토 신앙과 주몽 신화를 바탕으로 조선초 《안락국태자경》이 이루어지고, 그것이 민간에 알려지면서 한국 무의 꽃과 재생의 신화 요소가 거기에 들어가 《안락국뎐》으로 전개되었으며, 그것이 다시 제주도로 들어가서는 〈이공본풀이〉로 되어 나왔다고 한 것이 그것이다.

그동안 나는 일본 아오야마문고〔靑山文庫〕에 소장되어 있는 조선조 선조 때의 〈안락국태자경변상安樂國太子經變相〉의 존재와 내용을 확인할 수 있었고, 아울러 〈안락국태자경安樂國太子經〉이 안진호(安震湖) 현토(懸吐)에 의해 《석가여래십지행록釋迦如來十地行錄》(1936)의 부록으로 간행된 것을 구해 보기도 하였다. 안락국전에 대하여 나는 현재 별도의 논저를 준비하고 있으므로 여기서는 논외로 하거니와, 다만 《안락국태자경》이 《월인석보》 이전에 존재하였을 충분한 가능성을 상정해 두고자 한다.

기림사 연기 설화나 여타 안락국 이야기는 불교 설화가 아니다. 거기에 부처와 바라문이 나오고 안락국의 안락이 《무량수경無量壽經》에서 바로 정토(淨土)를 의미하는 등 불교적 윤색을 입고 있으나, 그것은 주로 고유 명사에 한한다. 다음장에서 자세히 살펴보려니와, 그 구조와 내용은 전형적인 한국 샤머니즘의 것이다. 신화에서 고유 명사는 중요치 않다. 한국 샤머니즘의 신화가 버젓이 불교의 옷을 입은 것은 7세기 전반 신라 선덕여왕(재위 기간 632~647) 즈음의 불교 토착화 과정 내지 이른바 신라 불국토설에 기인한다. 한국 샤머니즘의 이 신화는 이후 계속 신가로서 명맥을 유지해 오고 있고, 다른 한편으로는 기림사 연기 설화를 거쳐 《안락국태자경》으로 정착되고, 그것이 《석보상절》과 《월인석보》에 편입되고 나아가 민간에서는 소설 《안락국뎐》과 불교 소설 등으로 전개되어 나갔던 것이다. 하나의 한국 샤머니즘 신화가 그 원형을 간직한 채 이처럼 다양한 장르로 발전한 예를 우리는 달리 찾지 못한다. 이 신화를 한국 샤머니즘의 대표적인 상상계로 잡아 세계 종말에 관한 그 상상을 살펴보려는 소이연이다.

V

《정토삼부경淨土三部經》이 설하는 정토 세계는 우리의 신화에 보이는 그런 꽃밭 세계가 결코 아니다. 한국 샤머니즘에서 꽃밭은 이미 〈바리공주〉 신가를 통하여 잘 알려져 있다. 바리공주가 부모를 살리기 위해서 찾아간 저승의 꽃밭, 그 꽃밭에서 가져온 꽃으로 부모를 환생시킨 일, 그 꽃밭이 우리 산천에 두루 있고 그곳이 바로 한국 샤머니즘과 한국인의 본향(本鄕)인 것, 그리고 애초 단군이 은퇴하여 산신(山神)이 되고 우리의 조상들이 돌아가 묻힌 그곳이 본향인 것 등을 나는 〈한국 지옥 연구—무의 저승〉에서 밝힌 바 있다. 꽃밭으로 이루어진 본향 저승의 예를 나는 아직 세계의 어느 신화에서도 찾아내지 못하고 있다.

우리의 신화는 그 꽃밭의 위기로부터 시작된다. 7년 큰 가뭄에 꽃들이 시들어 간다. 그 꽃밭을 주관하는 신령(성인)의 얼굴도 그에 따라 시들고 있다. 그 꽃은 바리공주가 부모를 살리고 안락국이 어머니 원앙부인을 환생시키는 데서 알 수 있듯이 인간 생명의 원천이다. 성인 곧 부처의 얼굴이 아우러진다는 것은 우주의 법이 빛을 잃고 있음을 상징한다. 이것은 세계 종말의 위기이다.

꽃밭이 시들어가는 원인으로 제시되어 있는 7년 큰 가뭄이란 일종의 수사학이면서도 상징성을 띤다. 성인은 그 위기를 해결하기 위하여 인간 세계로부터 꽃밭 수리를 담당할 사람을 걸립해 오도록 하고 있는 바 꽃밭 상상계에 대한 인간의 지극한 관심이 여기서 문제된다. 꽃밭에 물을 준다는 것은 상상계에 대한 인간의 기도와 정성이다. 7년 큰 가뭄은 꽃밭 상상계에 대한 인간의 기도와 정성이 오랫동안 없었음을 상징한다.

이쯤에서 이 신화에 나타나는 한국 샤머니즘 상상계의 우주(지형적) 구조를 대략 살펴보는 것이 적절하겠다. 세계는 이승 현상계와 저승 상상계로 구분되어 있다. 그 둘 사이를 흐르는 강은 현상계와 상상계를 탯줄처럼 연결해 주면서 왕래의 통로가 된다. 이승과 저승 사이를 가르는 강이란 관념은 시베리아 샤머니즘에 보편적이다. 상상계와 현상계는 상호 보완의 관계에 선다. 어느쪽이나 홀로 존재할 수 없고 서로 다른 쪽에 생명을 준다. 상상계의 꽃으로써 안락국은 현상계의 어머니를 살려내고 현상계에서 간 여덟 부인과 사라수대왕에 의해 꽃밭이, 그리고 특히 원앙부인의 왕생게가 상상계의 꽃밭을 살리고 있는 것이다. 미카엘 엔데(Michael Ende)의 《끝없는 이야기 *Die un-endliche Geschichte*》(1979)에 상상계와 현상계의 그런 관계가 여실히 그려져 있음을 이와 관련하여 밝혀둔다. 한국 샤머니즘의 우주관에서 꽃밭 상상계는 인간의 기도와 정성을 먹고 살고, 현상계는 본향 꽃을 통하여 생명과 구원을 얻고 있다.

꽃밭이 시드는 세계 종말의 위기는 여덟 부인과 사라수대왕을 현상계로부터 구해 옴으로써 해결되나, 이 신화에는 또 다른 두 가지 종류의 세계 종말이 보인다. 자현장자로 대표되는 죽림국의 종말이 그 하나이고, 다른 하나는 원앙부인의 종말이다. 자현장자는 군주에 버금가는 인물로서 수많은 종을 거느리고 부와 권세를 누린다. 그런 그의 나라가 끝내 벼락을 맞고는 세상에서 사라져 버린다. 그리고 장자는 무간지옥에 떨어지고 만다. 자현장자 나라의 종말의 원인을 원앙부인의 살해에서 찾는 것은 근시안적이다. 벼락맞은 죽음에 대하여 우리는 그것을 천벌(天罰)로 여겨 온다. 그가 하늘, 곧 상상계의 원리를 거역한 것이 그 원인이다. 상상계에서는 장자에게 원앙부인과 안락국의 상상계적 중요성과 의미를 여러 사건을 통해 보여 주었건만, 세속적 관심의 소유자인 그는 그런 원리를 끝까지 받아들이지 않고 거역하다가 천벌로서 그의 나라와 함께 세상에서 사라지는 종말을 맞는다.

원앙부인의 종말은 너무나 신화적이다. 그녀는 원래 꽃밭 상상계로 갈 수 없는 운명을 지닌 인물이다. 그러면서 왕생게를 남편에게 가르쳐 상상계의 꽃밭이 활기를 띠도록 하고, 아들 안락국이 왕생게로써 이승과 저승을 왕래토록 해준 이이다. 왕생게가 이떤 내용을 가진 것인지 현재로선 알 도리가 없다. 《삼국유사三國遺事》에 나오는 바 광덕(廣德)이 지었다는 〈원왕생가願往生歌〉와 관련 있음직하고, 오늘날 새남굿에서 아리아(Aria)로 불리는 '사나소서 사나소서'와 깊은 연관을 갖고 있는 것으로도 여겨진다. 여하튼 왕생게를 본디 알고 있었고 누군가에게 가르쳐 줄 수 있다는 것은 그녀의 지모(地母)의 성격을 추정케 한다.

그녀의 종말은 이런 이유에서 개인의 것으로 볼 수 없다. 그녀는 세속적 현상계를 상징하는 자현장자에 의해 몸이 세 토막으로 잘리는 죽임을 당한다. 그것은 천·지·인 삼계(三界)의 해체를 뜻하기도 하고, 과거·현재·미래 삼세(三世)의 종말을 상징하기도 한다. 이제 그녀는 시공(時空)을 벗어났다. 그리고 대숲에 버려진 채 온몸의 뼈가 해체된다. 안락국은 광유성인이 준 꽃으로써 그 뼈들을 다시 맞추고, 살이 돋게 하고, 그녀가 다시 살아나게 한다.

시베리아 샤머니즘의 입무(入巫) 과정에서 무당 후보자는 신령들에 의해 몸과 뼈가 해체되는 체험을 겪기도 한다. 신령들은 그리고 나서 그 뼈를 다시 맞추어 무당 후보자에게 새 생명을 준다. 새로 태어난 무당은 이로써 이승과 저승을 왕래하는 자격과 능력을 얻게 된다. 우리 신화의 경우 원앙부인은 저절로 뼈의 해체를 보이고, 상상계의 성인이 안락국이라는 영웅이자 그녀의 아들을 시켜 꽃으로써 그녀를 재생시키는 특징을 갖는다. 구약성서 〈에스겔서〉에서 예언자 에스겔은 여호와가 말라빠진 뼈들에게 생명을 주고 죽은 자를 부활시키는 장면을 체험한다. "너희 마른 뼈들아…… 내가 너희 위에 힘줄을 두고 살을 입히고 가죽을 덮고 너희 속에 생기를 두리니 너희가 살리라."(〈에스겔서〉 37장 4절~6절) 우리 샤머니즘의 상상계에서 뼈에 힘줄이 뻗치고 살이 돋아나 새로운 생명을 갖게 하는 것은 본향의 꽃이다. 그리하여 원앙부인은 한국의 첫무당(first shaman)이 된다. 원앙부인의 종말은 결국 첫무당의 탄생을 위한 필수 조건인 것이다.

VI

이 신화는 그동안 학계에서 〈안락국태자전〉 내지 〈안락국전〉으로 불리어 온다. 물론 이 신화에서 안락국의 역할이 중요치 않은 것은 아니다. 그러나 엄밀히 따져 그는 영웅일 뿐이다. 전체 구성에서 가장 핵심적인 인물이자 주인공은 역시 원앙부인으로 보아야 한다. 민영규(閔泳珪) 선생은 〈월인석보 제7·제8 영인개제〉(1955)에서 이 신화의 제목을 '원앙부인극락왕생연 鴛鴦夫人極樂往生緣'으로 잡은 바 있다. 앞으로 이 신화를 '원앙부인본풀이'로 하는 것이 적실하다. 새로운 시대에 여성의 신화가 버젓이 서야 한다.

원앙부인의 종말과 환생은 전형적인 입무 과정(initiation)이거니와, 그녀의 행적을 통과의례의 관점에서 보다 폭넓게 조망해 보는 것 또한 흥미롭다. 원앙부인은 사실 남편의 상상계로의 여행에 굳이 동반하지 않을 수도 있었다. 그럼에도 불구하고 그녀는 호의호식할 수 있는 왕비 지위를 버리고 남편과 동행한다. 스스로를 편한 삶으로부터 모질게 격리시키고 있는 것은, 바리공주가 일곱번째 공주이기에 버려지는 것과 좋은 대조를 이룬다. 그리고 그녀는 또 스스로를 자현장자의 종으로 팔아 버림으로써 남편 및 꽃밭 상상계와 격리시킨다. 이러한 격리를 개념적으로 이해해서는 안 된다. 그것은 단순한 격리가 아니고 고귀한 왕비의 신분에서 비천한 종의 자리에까지 스스로를 끝없이 낮추어 가는, 그리고 죽음을 준비하는 그런 신화적 성격의 것이다.

"한 알의 밀이 땅에 떨어져 죽지 아니하면 한 알 그대로 있고 죽으면 많은 열매를 맺느니라."(〈요한복음〉 12장 24절) 예수가 가르친 말씀이다. 원앙부인은 그래서 죽고, 꽃으로서 다시 살아난다. 그러나 그녀는 이제 옛날의 원앙부인이 아니다. 꽃의 재생의 비밀을, 그 원리를 몸소 보였고 사람들을 본향 꽃밭으로 안내할 능력과 자격을 갖춘 이로 새롭게 나타난다.

〈원앙부인본풀이〉는 우주 안에 나타날 수 있는 세 종류의 종말을 치밀하고도 웅장하게 펼쳐 보인다. 꽃밭 상상계와 현상계의 죽림국과 인간, 세 차원의 종말이 종횡으로 얽혀 전개된다. 원앙부인이 살아나자 장대 같은 비가 퍼붓고, 원앙부인과 안락국 모자는 나무 위로 올라가 밤을 지샌다. 노아의 홍수를 연상케 하는 대목이다. 우리 신화는 현상계와 상상계가 맞물려 돌아가는 태극의 구조로 짜여 있다. 거기다 원앙부인의 소우주(小宇宙)가 왕생게를 통해 상상계 대우주의 꽃밭에 연결되어 있다. 그리고 원앙부인 한 개인의 종말과 재생이 상상계를 온통 뒤흔들고 환희로 뒤덮는다. 화엄(華嚴)의 중중무진(重重無盡)을 보는 듯, DNA의 이중나선(二重螺旋) 구조를 보는 듯 현묘하기 그지없다.

구원(救援) 없는 종말은 허망하다. 유대−그리스도교의 선형적 종말론도 구경 천년 왕국의 낙원을 구원으로 삼고 있다. 한국 샤머니즘은 다른 어느 종교와 신화에서 찾아보기 힘든 두 가지 특징을 보인다. 그 구원이 수직적이 아니라 수평적으로 이루어지고 있는 점이 그 하나이다. 기독교에서는 예수가 하늘로 올라가고, 구원은 하늘로부터 내려오는 것으로 되어 있다. 불교의 정토 신앙에서도 서방정토의 용선(龍船)이 하늘로부터 내려온다. 그런데 한국 샤머니즘의 상상계는 현상계에서 강 하나 건너 도달하는 그런 곳이다.

본향 상상계의 꽃을 구원자로 삼고 있는 점이 다른 하나의 특징이다. 이 표현이 썩 어울리지 않는다. 꽃의 구원이란 어색하다. 우리 신화에서는 구원이 아니라 본향 꽃밭으로의 재생이 이루어진다. 재생을 우리 개념으로는 새남(살아남)이라 한다. 한국 샤머니즘에서의 구원론을 새남론으로 부르는 것이 좋겠다.

VII

미상불 엘리아데는 신화의 전도사이다. 그로서는 역사적 시간이 어지간히도 역겨웠던 모양이다. 그러나 역사적 시간은 인류 역사의 산물이고 나름의 일정한 의의를 지닌다. 우리의 신화는 그것을 아울러 가르친다. 세속적 인간의 전형으로 등장하는 자현장자는 천벌을 받아 무간지옥으로 떨어지고 있으나, 그는 원앙부인의 새남을 위해 그녀를 죽이는 의미 있는 악역을 감당하고 있다. 그가 있고서야 우리의 첫무당이 태어날 수 있었던 것이다. 화이트헤드(A. N. Whitehead)는 그의 《열린 사고와 철학 *Modes of Thought*》(1968)에서 "오류를 놓고 두려워할 때 진보는 종말을 맞게 된다. 그렇기에 진리를 사랑하는 일은 오류를 보호하는 일인 것이다"고 말한다. 우리는 이제 역사적 시간이란 오류의 의미를 깨닫고 신화적 시간을 되찾아야 한다.

샤머니즘은 현재 한국의 사회문화적 지형에서 주변에 처하여 있다. 줄잡아 20만을 헤아리는 무당의 숫자와 그들이 매일 벌이는 적어도 수천 개의 굿판은 문자 그대로 살아 있는 신화의 모습이다. 그러하건만 샤머니즘은 비합리적이고도 부정적인 현상으로 취급받고 있다. 뒤랑은 한 사회의 인식 체계를 수호하고 규범화하는 존재로서의 초자아(超自我)가 그와 대립되는 신화적 힘을 야만스럽게 억누를 때 그에 대한 반작용으로 격렬한 반발이 일어나고 위기가 조성된다는 점을 경고한다.

조선조 이래 6백 년이 넘도록 발전해 온 중앙 집권적 체제는 줄곧 샤머니즘을 천대·억압해 온다. 그리하여 한국 사회는 본향 꽃밭의 상상계와 그 새남의 세계를 대거 잃어버렸다. 신화를 상실한 인간과 사회는 불안하다. 바야흐로 패러다임의 거대한 전환과 함께 새 천년의 문화 시대가 열리고 있다. 문화의 생명은 신화이다. 그것이 우리 사회

의 주변에 있다. 주변의 샤머니즘을 따뜻한 눈으로 바라볼 때 상상계
에 대한 우리의 기도와 정성은 되살아나고 우리의 본향 꽃밭에는 생
기가 넘칠 것이다.

4

한국 신령의 체계와 성격

I. 머리말

슐라이어마허(F. Schleiermacher)의 '절대 의존의 감정(the feeling of absolute dependence)'이나 루돌프 오토(Rudolf Otto)의 누미뇌제(das Numinöse)[1]는 신성(神性)에 대한 인간의 정서로서 종교에 접근한 것으로 유명하다. 굳이 이들을 인용하지 않더라도 현대에는 종교를 신앙 대상과 인간과의 관계로 폭넓게 파악하고 있거니와, 신앙 대상을 상정하지 않은 종교를 우리는 생각지 못한다. 신앙 대상에 대한 연구는 종교(인류)학도에게 있어 실로 전율스럽고 매력적이며 두려운 것이기도 하다.

한국 종교의 기층을 이루어 온 무(巫)의 신령에 관하여 그간 국내외 관련학자들의 꾸준한 관심과 연구가 있어 오나 대부분 피상적이거나 기계적인 수준에 머물고 도처에 오류를 보인다. 그런 배경과 원인은 뒤에 살펴볼 것이다. 이른바 전문학자들의 연구가 그러한데 신령에 대한 일반인의 바른 이해를 기대하기는 어렵겠다. 무의 신도인 단골들의 신령 이해는 매우 혼란스러운 형편이다. 거기다 실망을 넘어 경악스럽기까지 한 것은 신령에 대한 무당들의 인식 부족이다. 이것은 한국 무의 세속화 내지 저속화를 반영한다.

이러한 문제 의식으로써 나는 1980년대 중반부터 한국 무의 신령에 관한 연구를 계속해 왔다. 1988년의 〈잡귀잡신雜鬼雜神 연구〉와

1993년의 〈천신天神에 관하여〉가 그것이다.[2] 신령 가운데 잡귀잡신
과 천신을 다룬 것은 굿의 제차를 염두에 둔 데서 기인한다. 굿에서는
맨 첫머리에 굿판을 정화하기 위하여 잡귀잡신을 물리는 부정(不淨)
을 치는 법이고, 굿판이 정화되고 나서는 무의 가장 높은 신령인 천신
을 모셔 놓는다. 서울·경기 지역의 옛법에 따르면 천신을 모시는 불
사(佛師)거리가 또 12거리로 놀아지면서 호구·말명·제장·신장 등
의 신령이 들어오시는 것인데, 천신에 이어지는 이들 신령에 대한 연
구가 늘 잡다한 일에 쫓기는 나의 여러 개인적 사정으로 그동안 이어
지지 못하였다.

   후속의 연구를 늘 머릿속에 의무와 부담으로 가져오던 중 1990년
대 후반 들어 나는 무에 관한 현지 조사를 전국에 걸쳐 수행하면서
심각한 상황을 확인할 수 있었다. 무당들의 신령 이해가 10년 전에
비해 더욱 혼란스러워진 것이다. 무당의 수는 줄어들지 않고 오히려
지역에 따라 약간 늘어난 상황이나[3] 많은 이들이 동자신(童子神)을 모
시면서 무의 신령계에 대하여 제대로 알고 있지 못하다. 이들을 가르
치고 이끌어 줄 전통무가 대거 사라져 버린 것도 한 원인이 되겠으나,
여하튼 이런 현상은 한국 무의 거대한 변화로 눈여겨야 한다. 이러한
상황에 직면하여 나는 한국 무의 전통적 신령 체계에 대한 연구가 매
우 시급함을 느끼게 되었다. 이것이 이 논문의 연구 배경을 이룬다.
   한국 신령이란 이름 아래 무의 신령을 주로 다루는 것이 의아스럽
게 여겨질지 모른다. 물론 한국 신령의 범주는 한국에서 한국인에 의
해 신앙되는 모든 신령을 포괄한다. 그 가운데 유교·불교 및 기독교
등 기성 종교의 신령은 이미 신학적 체계를 통해 잘 알려져 있다. 신
령 체계가 복잡하고 신령이 많기로는 민족 종교를 포함한 신흥 종교
가 있다. 한국 신흥 종교의 숫자는 5백을 넘어 헤아리고, 이들의 역
사가 한국 종교 안에서 상대적으로 일천하기에 한국인의 전통적 신
령 체계와는 다소 멀다. 한국 종교의 구조를 들여다보면 무가 기층을

이루는 가운데 삼국 시대 이래 외국으로부터 종교들이 들어와 정착하거나 소멸·동화[4]되고, 조선조 말기 이래 민족 종교가 일어나고 신흥 종교가 수입 또는 생산되어 신앙되고 있다. 그 역사성이나 기층성 그리고 전통성과 교세 등을 따져 무의 신령을 한국 신령이라 지칭하고, 그것을 대체하여 그리 무리스럽지 않다.

이 범주의 문제와 관련하여 연구 대상인 한국 무의 신령을 시간과 공간의 면에서 제한할 필요가 있다. 문화란 무릇 변화를 속성으로 갖는다. 신령도 인간의 신앙 속에서 변화를 겪기 마련이다. 이에 따라 신령은 시간과 공간 속에서 변화와 차이를 보인다. 삼국 시대의 신령과 조선조 말기의 신령이 꼭 같을 수 없고, 오늘날 호남의 신령이 중부 지역의 신령과 일치하지 않는 것이다. 시간의 차원에서 보자면, 고조선에서 삼국 시대 중엽까지 어떤 신령이 모셔졌던 것인지 정확히 알 수 없고, 우리는 다만 사료(史料)에 전하는 바 신령들의 이름을 통해 그 대강을 이해할 수 있을 뿐이다.[5]

삼국 시대 중엽에 이르러 중국으로부터 유교·불교·도교가 도입되고, 이들이 국가에 공인되면서 한국의 신령은 최초의 거대한 변화를 겪게 된다. 도입된 종교 가운데 유교와 관련하여 삼국이 유교적 제례로서 국가의 제례를 확립한 것이 그것이다. 종래의 전통 신령들은 이로써 중국의 유교적 제례의 신령들과 함께 외형적으로는 유교적 제례 속에 모셔지는[6] 국가 제례의 신령과 민간의 무(巫) 전통에서 신앙되는 신령으로 분화되고 만다. 삼국 시대 일단 국가의 제사로 정착된 신령들은 이래 고려를 거쳐 조선왕조 때까지 단지 약간의 변화를 보이면서 대중소(大中小)의 제사 등급으로 나누어져 계속 모셔진다.[7] 이들은 조선조의 몰락과 운명을 함께 하여 역사 속으로 사라져 버렸다. 이들 신령의 제사는 왕조의 정치 이념과 직결된 것이고,[8] 민중적인 성격과는 거리가 먼 것이다. 그에 따라 이들을 연구 대상에서 제외하였다.

한국의 무는 오랜 역사를 거쳐 오는 동안 지역별로 나름의 무풍(巫風)과 특징적 의례를 형성하여 온다. 한국 무의 그러한 지역별 특성과 차이는 무에 관한 제반 개설서와 보고서에서 확인할 수 있다.[9] 그렇다 하여 무의 원리나 구조가 지역별로 다른 것은 아니다. 애초 나는 지역무의 신령들도 모두 연구 대상에 망라할 계획을 갖고 관련 자료를 수집하였다. 그러나 지역별 내지 지역 무당의 개별적 신령의 수가 워낙 잡다한데다 그런 계획은 한국 신령의 체계와 성격을 규명해 보려는 이 논문의 주제를 오히려 흐리게 할 소지를 안고 있기에, 한국 신령을 공간적으로 제한하지 않을 수 없었다.

나는 그리하여 연구 대상을 서울·경기 지역의 전통무의 신령으로 잡았다. 이 지역은 고려 시대 이래 한국 문화의 중심적 위치를 차지해 온 곳이다. 그에 따라 이 지역의 무에는 각 왕조의 국가 제례에서 모시는 신령과의 관련 아래 전통적 신령에 대한 신앙이 상대적으로 강하였다. 이 지역의 전통무라면 그들의 신(神)부모를 통하여 적어도 조선조 말엽의 전통적 굿과 신령에 대한 이해를 갖추고 있다. 나는 진즉 이 지역의 전통무를 바탕으로 한국 무의 개설서를 서술한 바 있거니와,[10] 그것을 중심으로 하고 시간과 공간을 확대하여 비교해서 무난하다고 여긴다.

끝으로 논의의 전개에 앞서 주제와 관련한 용어·개념의 문제를 따져 본다. 오늘날에야 신령이란 용어가 일반적으로 통용되고 있으나, 한국 무의 신령에 관한 초기의 논저에서는 그렇지 못했다. 거기다 오늘날의 신령 개념이 아직 명확하게 규정되지 못한 채 막연하게, 또는 두루뭉수리로 쓰이는 경향이 있기 때문이다. 신령의 용어 개념이 왜곡되고 오해된 것은 기실 한국 신령에 대한 관심 내지 연구 배경 및 연구사와 관련되어 있다.

비숍(I. B. Bishop)이 1905년대 출판해 낸 여행기는 한국 샤머니즘에 관한 별도의 장을 담고 있는데, 이것이 아마 서양인의 안목에 의한 이 방면의 첫번째 보고서에 해당할 것이다.[11] 제34장의 이름이 숫제 'Korean Daemonism or Shamanism(한국의 마귀 숭배 내지 샤머니즘)'으로 되어 있고, 그 다음장에서는 한국의 신령을 'daemon(마귀)' 또는 'spirit(정령 精靈)'라 표현하고 있다. 비교종교학의 전문학자로서 한국의 종교에 대한 매우 높게 평가받는 저서를 20년대말에 낸 클라크(C. A. Clark)[12]는 한국 샤머니즘을 'spirit worship(정령 숭배)'이라 하고, 그 신령을 경우에 따라서 'gods(신령)'와 'spirits(정령)'로 구분하여 썼다. 19세기말에서 20세기초 샤머니즘에 관한 보고서를 쓴 서양인들이 학자이든 선교사이든 기독교 내지 종교진화론의 관점에 의해 원주민의 신령을 거의 예외 없이 선입견과 편견으로 바라본 것은 이제 잘 알려져 있다. 그런 잘못된 안목이 근자에 와서도 바로잡아지지 않은 채 한국 샤머니즘 내지 종교를 다룬 영어 또는 독일어 저술에 반영되어 온다.[13]

한국 무에 관한 최초의 본격적인 연구라 할 아카마츠 지죠와 아키바 다카시의 1930년대 후반 저술은 무속의 신통(神統)을 서술하면서, 한국의 신령을 천상령(天上靈)·영웅령·시조령·무조령(巫祖靈)·풍신(風神)·방위신(方位神) 등으로 분류하여 영과 신을 혼용하고 있다.[14] 오늘날의 종교인류학이나 비교종교학적 관점에서는 어느 종교든 나름의 의미를 갖는 것으로 존중하고 있거니와, 20세기 전반에는 아무래도 기독교 선교나 서양 중심주의적 또는 식민주의적 안목이 원주민의 신령을 바라보는 데 일정하게 작용하고 있었던 것이다.

무의 신령을 두고 일반인들이 귀신이라 부르는 것은, 조선조 때 유교적 양반들이 그렇게 부른 것을 습용한 데서 기인한다. 그것은 그렇다 하더라도 관련학자들의 신령 개념에 대한 이해가 정확치 않다. "신령들 중에는 악귀도 있다고 믿는데 그 기준이 아주 모호하여 대부분의 신령은 그 선악을 분간하기 어렵다"든가, "무신의 선악은 대접 여하로 좌우되는 경우가 많다"는 등[15]의 이해가 그러하다. 한국 무 신

령의 성격은 뒤에 자세히 살펴보려니와, 나는 그것을 우선 다음과 같
이 정의해 두고 넘어간다. 한국 무의 신령은 한국 무당과 단골이 모
시는 신앙 대상으로서 정신(正神)과 조상과 잡귀잡신으로 구성되고
모두 한국인의 조상의 성격을 갖는다.[16] 악귀를 모신다거나 대접 잘
못했다 하여 신령이 악해진다는 따위의 이해는 실로 어불성설이다.

II. 연구사

한국 무의 신령에 대한 연구는 외국인 학자의 것과 한국인 학자의
것으로 성격면에서 크게 구분된다. 외국인 학자라면 선교사를 포함
한 서양의 관련학자와 일본인 학자를 말한다. 한국 무에 대한 이들의
접근이 처음부터 어떤 저의를 품고 있었음은 여기서 새삼 강조할 일
이 아니다. 기독교 선교의 목적과 식민주의적 관심이 그것이다. 그에
따라 한국 무가 객관적으로 조사·연구될 전망은 애초 기대할 수 없
었다.[17] 특히 신령과 관련해서는 그들의 저의와 관심이 더욱 극명하
게 드러난다. 종교가 신앙 대상을 중심으로 구성된 절대 신념 체계인
점을 헤아리면 그러한 사정은 어쩌면 당연한 것이었는지 모른다.

그런 관심 배경 아래 한국 신령의 성격과 체계가 연구되고 그것이
또 왜곡당한데 비하여, 한국인 학자들은 대부분 신령을 굿거리와 관
련하여 살펴보거나 굿거리의 구조 분석을 통한 굿의 이해를 위하여
그 기능의 이해에 치중하는 경향을 보여 온다. 결국 양측의 차이는 무
를 종교적 현상으로 파악하는가의 여부에서 생겨난 것이다. 전자의
경우 무를 한국인의 기층 내지 전통 신앙으로 파악하고, 그 전체적 내
용과 기본적 성격의 이해에 주력하고 있다. 그러한 작업 위에서라야
어떤 대책이 강구될 수 있을 것이기 때문이다. 반면 한국인 학자들은
그것을 굳이 종교로 보지 않고 민속이나 문화의 일환으로 파악한다.

종교학적 관점으로 무에 접근하는 소수 학자의 경우에 있어서도 그 신앙 대상이나 의례의 종교성 등에는 큰 관심을 보이지 않는다.[18]

이러한 예비적인 이해를 기반으로 연구사의 구체적인 면을 살펴본다. 아카마츠 지죠가 1938년 《조선 무속의 연구》 하권에서 신통(神統)을 다루면서 한국 무의 신령에 관한 선행 연구로 참조한 것은, 랜디스(E. B. Landis)·존스(G. H. Jones)·비숍·헐버트(H. B. Hulbert)·언더우드(H. G. Underwood)·클라크(C. A. Clark)·이능화(李能和)·무라야마 지쥰[村山智順] 등 학자의 논저들이다.[19] 우선 서양인의 연구 가운데 비숍의 것은 랜디스와 존스의 연구를 바탕으로 한 것이다.[20] 그리고 나머지 서양학자 중에서 클라크의 저술이 가장 늦게 나왔다.[21] 이 두 사람의 연구를 살펴보면 당시 서양인의 한국 신령에 대한 관심과 이해를 충분히 파악해 낼 수 있으리라 생각한다.

다른 사람들에게서도 마찬가지이지만, 이들은 한국 무에 관하여 별도의 장을 배려하고는 거기서 신령에 대하여 서술하고 있다. 비숍은 랜디스의 신령 목록에서 오방장군·신장·도깨비·산신령·용신·토지 지신·성주·터주·업주·조왕·제석·걸립 등을 추려 그 성격을 서술하고, 그 끝에다 랜디스에 의한 신령 분류와 신령 이름을 열거하였다. 랜디스는 신령을 높은 계급의 신령(spirits high in rank), 집안 신령(spirits of the house) 및 잡다한 신령(various kinds of spirits)의 세 종류로 나누고, 첫번째 계급의 신령으로 천신(天神)·지신·산신·용신·지역수호신·불교 계통의 신령을 들었다. 집안의 신령으로는 성주·재물신·이씨별상·조왕·조상·군웅·점복신·마마·업·칠성 등과 이름을 알 수 없는 몇몇 신령이 포함되었다. 마지막 계급에는 16종의 잡귀잡신류가 나열되어 있다.[22]

어느 무당을 제보자로 하여 파악하였을 것으로 보이는 랜디스의 이 신령 분류 목록에는 칠성을 집안 신령에다 넣는 등의 오류가 있으나 무 신령의 계급을 막연하게나마 적고 있음이 주목된다. 그럼에도 불구하고 비숍은 "그 악귀들(dæmons)은 성(性)·종류·분류가 없고, 조직도 없는 떼거리로서 불교와 중국의 신화적 전설을 저속화한 가운데 한국의 미신들(superstitions)로부터 만들어진 것이다"[23]라면서 한국 신령을 의도적으로 비하하고 있다.

아시아의 제반 종교에 관한 비교종교학적 훈련을 충실히 거친 클라크는 한국의 신령을 다음과 같이 여섯 계급으로 나누어 설명하였다.

1) 하늘 내지 허공의 신령: 하나님·오방장군·신장
2) 땅의 신령: 터주·산신·성황당
3) 물의 신령: 용·익사자의 영혼·선박의 수호령
4) 집안의 신령: 성주·걸립·업·손각시·제석단지·삼신·부엌신· 홍피귀신
5) 나무의 신령
6) 소속 불명의 신령: 도깨비·뜬신[24]

클라크는 비교종교학의 방법론에 익숙하기에 한국 신령을 요령 있게 분류하고, 각 신령의 성격을 비교·분석하여 서술하고 있다. 그의 분류가 기능적인 점이 두드러진다. 이런 접근으로는 그러나 신령의 체계와 역동적 성격에 대한 이해에는 이르지 못한다. 하늘 신령으로 하나님을 확인해 내고 강조한 것은 주목할 만하나, 이것은 그의 기독교적 신관 및 선교를 저변에 둔 전략적 성격을 띠고 있다. 이 문제는 뒤에 신령의 성격과 관련하여 보다 구체적으로 논의할 것이다. 한국 무의 신령에 대하여 "소수의, 극소수의 신령만이 선하다. 거의 대부분의 신령은 심히 사악하다. 샤머니즘은 공포의 종교인 것이다"[25]라며 매우 부정적으로 성격을 규정하고 있다. 그는 샤머니즘을 다루는 글의 마지막에서 한국 샤머니즘이 한국에서 가능한 한 빨리 사라져 버리기를 빌고 있는데, 여기에 한국 무에 대한 그의 관심과 연구가

어떤 저의에 의한 것이었던지 극명하게 드러난다.

이능화는 클라크의 저술이 나오기 두 해 전에 〈조선무속고朝鮮巫俗考〉를 발표하였다. 이것은 한국인에 의하여 한국 무가 최초로 본격적으로 연구된 것으로 손꼽힌다. 그는 주제에 관한 방대한 문헌 자료를 섭렵하고 나름의 현지 조사를 통하여 무를 정리해 놓은 업적을 남겼다.[26] 신령을 별도의 주제로 하지 않고 무가(巫歌)와 의례, 굿, 성황당(城隍堂), 서울과 지방의 무풍(巫風) 및 신사(神祠) 등과 관련하여 신령을 설명하고 있다.[27] 이러고 보면 한국 무의 신령이 한국 문화의 시간과 공간을 통틀어 모두 포괄되는 셈이다. 국가의 유교적 제례로 모셔지던 신령들만 제외되어 있다. 시공에 걸쳐 범위가 넓다 보니 체계적 분류와 설명이 되지 못하였다. 이 가운데 서울의 무풍과 신사를 다룬 장에서는 부군신(府君神)·군왕신·대감신·망량신(魍魎神)·전내신(殿內神)과 가택신·두신(痘神)·태자귀(太子鬼) 내지 명도귀(明圖鬼) 등을 순서에 따라 서술하고, 가택신으로는 성주신·터주〔土主〕신·제석신·업왕(業王)신·조왕신·수문(守門)신을 설명하였는데, 전체적으로 신령의 체계에 대한 인식이 그에게 부족하였음을 보인다.

서양인 학자와 한국인 학자에 이어 일본인 학자들의 한국 신령에 대한 관심과 연구를 살펴볼 차례이다. 대강 그런 순서로 나타나는 것이 특징적이다. 일본인 학자에 의한 이 방면의 연구 업적으로 거론되는 것은 무라야마 지준의 《조선의 귀신》[28]과 아카마츠와 아키바의 《조선 무속의 연구》이다. 전자는 조선총독부의 민간 신앙 자료총서(1)로 나온 것인데, 그것이 식민지의 효율적인 통치를 위한 자료의 제공이란 성격을 갖는 것으로 잘 알려져 있다.

이 책에는 한국의 귀신에 관한 고금의 모든 자료를 정리하여 있다. 그 가운데 우리의 관심에 해당되는 것은 조선 시대의 이른바 〈무격巫覡의 귀신〉과 오늘날의 귀신을 다룬 것 중의 〈조선의 귀신〉 부분이다.[29] 앞의 것은 이능화의 〈조선무속고〉를 바탕으로 신령을 열거한

것에 지나지 않는다. 뒤의 것에서는 28종의 신령과 잡귀잡신을 아무
런 기준 없이 열거하여 설명하였다. 그 두 부분 다 귀신이란 이름 아
래 분류도 않은 채 마구잡이로 다루고 있어 간행의 어떤 저의만 재확
인할 뿐 논의의 대상으로 삼을 만하지 못하다.

《조선 무속의 연구》 하권에서 신령을 다룬 신통(神統) 부분은 아카
마츠 지죠가 서술한 것인데, 그 체계적 이해와 설명이 그 이전의 어느
것보다 뛰어나다. 그는 우선 존스나 비숍의 설이 너무 피상적임을 지
적하고는 신령의 주소·직능·성질·성별 등에서 막연하나마 고저의
순위가 있고, 특히 유력한 주신(主神)과 그를 수종하는 저급한 신령들
사이에는 계급의 구별이 명확함을 언명하였다. 그러한 분화는 본래
의 잡박한 다신관(多神觀)을 기반으로 하고, 오랜 역사 동안 특히 도
교와 불교의 영향을 강하게 받음으로써 생겨난 것으로 그는 본다. 그
리하여 그 고하(高下)에 따라 신령을 다음의 15계급으로 분류하였다.
천상령(天上靈)·영웅령·시조령·무조령(巫祖靈)·가택신·토지령·
풍신(風神)·방위신·무령(巫靈)·생로병사 등에 관한 귀신·타계령
(他界靈)·성수(聖樹)·영수(靈獸)·유리혼(遊離魂)·수신령(隨身靈) 등
이 그것이다.[30]

이러한 분류는 기능적인 것으로는 돋보이지만, 너무 세분하다 보니
같은 신령을 여러 계급에 소속시키는 오류를 범하여 있고 역동적 이
해에 이르지 못하였다. 신령의 집합적 종류와 그런 집단 안에서의 교
차적 위계 구조 같은 것을 들여다보기도 했던 아카마츠가 위계에 따
른 정밀한 기능적 분류에 너무 치중하여 한국 신령 구조의 독특한 성
격을 파악하지 못한 점이 심히 아쉽다. 여하튼 그의 신령 분류는 이
후의 연구자들에게 하나의 모델로서 받아들여지고 있을 만큼 영향력
이 컸다. 유럽 한국학의 개척자로 알려진 포스(F. Vos)가 그런 예에
해당한다.[31] 김태곤의 무 신관(神觀) 이해와 신령 분류도 기실 아카마
츠의 것을 기반으로 하고 있음을 보인다.

아카마츠의 한국 무 신통에 관한 연구에서 반드시 주목하여야 할 것은 무 신관의 성격에 대한 것이다. 언더우드가 제시한 이른바 교체일신교(交替一神敎; Henotheism)설을 꼼꼼히 분석한 뒤, 그는 한국 무교의 신관을 교체일신교적 경향(Henotheistic tendency)으로 보아야 할 것이라는 견해를 조심스럽게 내놓고 있다.[32] 이 논의는 불행히도 이후 관련학자들에게 이어지지 못하였다. 한국 무 연구의 이론적 취약점 내지 한계를 이런 대목에서 절감한다. 이 문제는 뒤에 신령의 성격을 다루는 장에서 상론될 것이다.

일본인 학자들의 무 신령에 대한 연구는 여기서 끊어지고 일제의 패망 이후에도 이어지지 않는다. 저들의 이 방면 연구란 아무래도 식민주의적 내지 식민지 배경과 관련된 관심에서 나온 성격의 것임을 드러낸다. 해방 이후 우리 주제에 일정한 관심과 연구 업적을 보인 이로는 임석재·김태곤·유동식·조흥윤 정도를 손꼽게 된다. 개별 신령에 대한 민속학 방면의 연구가 여럿 있으나 지속적인 것은 아니었다.

임석재는 신관에 관한 묘한 설을 제기한 바 있다. 이른바 병립(竝立) 신관이 그것인데, 신령계에는 서열적 계층이 없고, 서로 횡적 유대 관계가 없이 신령이 각기 독립되어 대등한 위치에 있기 때문에 그러한 신관의 명칭을 새로운 학설로 제시한다는 것이었다.[33] 그러나 무 신령의 서열 계층이 점차 확인되면서 그의 가설은 반박되고[34] 더 이상 거론되지 않았다. 그에 앞서 김태곤이 해방 이후 처음으로 무신(巫神)의 계통에 관한 논문을 발표하였으나, 이에 관한 구체적인 논의는 다음장으로 미룬다.

유동식의 무 신령에 대한 분석은 굿의 구조와 그 종교적 의미를 규명하는 맥락 속에서 이루어지고 있다.[35] 그의 한국 무 연구는 구조적인 접근을 취하고 있는 바, 굿 구조의 잘못된 이해 내지 무리한 적용으로 인하여 신령의 성격이 이상한 방향으로 이해되는 결과가 생겨났다. 한국 무 신령에 대한 나의 관심 및 연구 배경은 머리말 초두에 밝힌 것을 참조하기 바란다. 그밖에 김인회가 그의 무 관계 저술 속에서 신관과 신통을 다룬 것이 있으나,[36] 앞에 언급한 임석재와 곧 살펴볼 김태곤의 논문을 이 방면의 대표적인 것으로 보고 그것을 중심으로 한 것이다.

Ⅲ. 신령의 분류와 체계

신령의 분류는 신령계의 어떤 위계 인식을 전제로 한다. 한국 무의 신령의 분류를 시도했던 이들이 모두 그러하였다. 예컨대 아카마츠는 무의 신령에 막연하게나마 고저의 순위가 있다 하였고, 김태곤은 무당들의 제보를 종합하여 최고신으로서의 천신(天神) 아래 신령들이 상층·중층·하층·최하층의 네 계층으로 구분된다고 보고하였다.[37] 반면 임석재의 경우처럼 신령의 서열적 계층을 부정하는 이는 신령의 분류를 불필요한 것으로 여기는 듯하다. 이제 아카마츠와 김태곤의 신령 분류의 내용을 살펴보아야겠다. 연구사에서 보았듯이, 아카마츠의 것은 해방 이전 이 관계 연구를 종합하고 방대한 분류를 시도하여 이후 포스와 김태곤의 신령 분류에 기반이 된 것이다. 그리고 김태곤의 연구는 해방 이후 이 방면의 대표적인 것으로 거론될 정도이기에, 이 두 사람의 것만을 검토하여도 충분하다고 본다.

아카마츠의 분류는 다음과 같다.

1) 천상령(天上靈): 하나님·옥황상제·제석천존·불보살·일월성신·칠성신·노인성(老人星)·직성·일월용왕·천궁호구·일월호구·천신장(天神將)·천복(天福)대감·천왕승·강림도령 등 천궁불사님

2) 영웅령: 최영장군·임경업장군·신장군·유장군·배장군·복장

군 ·천총(天聰)장군 ·매당왕신 ·이씨별상 ·소열황제 ·와룡선생 ·관성제
군 ·장장군 ·조장군 ·마장군 ·황장군 ·홍씨별상 ·석존 ·미륵 ·지장 ·팔
보살 ·신승(神僧)님 ·무학(無學) ·서산(西山) ·군웅 ·상산별군웅 ·사살
(射殺)군웅 ·사신(使臣)군웅 ·성조군웅 ·군웅대감 ·곽각 ·이순풍 ·황계
관 등의 맹인신(盲人神)

3) 시조령: 단군 ·김비(金比)대왕 ·태조 ·조상님 ·불사제석님 ·태상노
군 ·강림도령 등

4) 무조령(巫祖靈): 법우(法祐)화상 ·지리산의 성모천왕 ·아왕(我王)
공주 ·바리공주 ·아난존자 ·박사(博士)대신 등

5) 가택신: 성조왕신 ·성조부인 ·성조대도감 ·불사제석 ·대감 ·지
신 ·터주 ·조왕 ·걸립 ·수문장 ·측신(厠神)

6) 토지령: 토지신 ·성황신 ·국사(國師) ·당산(堂山) ·본향신 등의 지
방신 ·산신 ·산신아기씨 ·산륭(山隆)대감 ·산륭아기씨 ·상산별군웅 ·
상산대감 ·수신(水神) ·석신(石神)

7) 풍신(風神): 연등할머니

8) 방위신: 칠성신 ·오방신장 등

9) 무령(巫靈): 몸주대감

10) 생로병사 등에 관한 귀신: 삼신(三神) ·두신(痘神) ·맹인귀 ·살(殺)
류 ·동법귀 ·동토귀 ·일직사자 ·월직사자 ·강림도령 ·원앙신 등

11) 타계령(他界靈): 지부왕(地府王) ·시왕(十王) ·조령(祖靈) ·부군(府
君) ·말명(萬明) ·제장 ·창부 ·상문(喪門) ·영산(靈山)[38]

12) 성수(聖樹)

13) 영수(靈獸)

14) 유리혼(遊離魂): 도깨비 ·등신(等神) ·살귀(殺鬼) 등

15) 수신령(隨身靈): 수비 ·걸립 등

이 분류의 기준은 명확하지 않다. 다만 위계가 높은 신령에서 낮은

신령으로 내려가면서 대표적 집단별로 묶어 설명하고 있다. 아카마츠는 한국 신령계의 전모를 다 포괄한 것으로 자신하였는데, 미상불 무의 온갖 신령이 다 동원된 느낌이다. 신령의 면면을 살펴보면 그가 주로 신가(神歌)에 나오는 신령과 각 지역별 신령을 중심으로 하였음을 알 수 있다. 개별 신령의 이름과 성격의 이해에 많은 오류가 있는 것은 일본인으로서 충분한 현지 조사를 통하지 못한 데서 기인한다고 보아 주더라도, 분류 자체에 무리가 있는 것은 그냥 넘어갈 일이 아니다. 너무 많은 신령을 대상으로 하고 위계에 따라 묶어 나가자니 그렇게 많은 계층을 설정할 수밖에 없었던 그의 고충은 실히 느낀다.

천신 계통이 최상위에 오고 잡귀잡신류가 뒤쪽으로 분류된 것은 타당하나, 이른바 영웅령에서 성수 · 영수에 이르는 신령 집단의 설정은 도저히 용납하기 어렵다. 방위신은 마땅히 천상령에 분류했어야 하고, 영웅령 · 시조령 · 무조령의 순서는 그렇게 잡아서는 아니 된다. 성수와 영수는 신령 개념에 어울리지 않는다. 신령 집단의 성격을 기능적으로 파악한 데서 그런 혼란이 생겨난 것이다. 일월용왕과 일월호구 같은 것은 각기 일월이라는 신령에게 소속된 용왕과 호구를 이르는 것인데, 무 신령의 이 복잡 미묘한 체계의 이해는 그에게서 기대하기 어려웠던 것일는지 모른다. 이쯤에서 검토를 접고 김태곤의 신령 분류로 넘어가 본다.

김태곤은 굿 제차상의 주제신(主祭神), 무신도로 봉안된 신, 동제신당의 제신(祭神)과 이른바 가신(家神)을 대상으로 삼고 있다. 그리고는 총 2백73종에 계통별로는 33계통이 넘는 실로 방대한 분류를 감행하였다.[39] 여기서는 계통별 분류만 살펴볼 도리밖에 없다. 그것을 아카마츠의 것과 비교해 본다.

1) 자연신 계통(이하 계통은 생략)

천상신: 천신 · 일신(日神) · 월신 · 성신(星神) · 지신 · 산신 · 노신(路

神) ·수신(水神) ·화신 ·풍신 ·수목신 ·석신(石神) ·방위신 ·문신(門神) ·
신장신 ·사귀신(邪鬼神) ·명부신(冥府神) ·역신(疫神) ·동물신 ·농신(農
神) ·산신(産神)

   2) 인신(人神: 영웅신)

   왕신(王神): 왕신 ·왕녀 ·왕비

   장군신: 장군신 ·장군부인과 장군녀

   대감신 ·부인신 ·각씨신 ·무조신 ·불교 계통신 ·도교 계통신 ·일반
인신

   3) 기 타

이 분류에도 그 기준 내지 근거가 명시되어 있지 않다. 그저 막연
히 자연신과 인신(영웅신) 및 기타로 크게 나누었을 뿐이다. 김태곤
은 무당들의 제보를 통해 신령들 사이에 계층적 격차가 있음을 확인
했음에도 불구하고 그 결정적 단서를 분류에 반영하지 않았다. 이 분
류를 아카마츠의 것과 비교해 보면, 아카마츠의 신령 계통들이 김태
곤의 것에 거의 대부분 재편성되고 있음을 알 수 있다. 분류의 기준
없이 거칠게 대별하고 신령 계통을 편성하다 보니 억지스러운 것이
되고 말았다. 자연신이란 개념도 문제지만, 천신 계통을 거기에 소속
시키고 있는 것은 신령 개념의 이해 부족이라 아니할 수 없다. 천신
은 우리가 보는 자연 현상으로서의 하늘의 신령이 아니라 우주만물
의 주재자로서의 신령으로 믿어지고 있는 것이다. 불교 계통신이 어
떻게 인신 내지 영웅신이 되는지도 이해할 수 없다. "성격상 구체성
이 없어 분류 없이 세분할 수 없는 성질의 것"이라며 가신(家神) ·삼
황신(三皇神) 등 수십 신령을 기타에다 몰아넣고 있는 것도 그렇다.
그 오류와 문제점을 일일이 지적할 필요는 없겠고, 여하튼 이 분류는
신령에 대한 혼란만 조성할 뿐 더 이상 용납되기 곤란하다.

   두 연구자의 신령 분류에 있어 결정적인 문제점은 한국 무의 신령

체계를 제대로 이해하고 있지 못한 것이다. 이들은 무속을 동제(마을 굿)나 가신 신앙과 구분되는 것으로 알고,[40] 동제 및 가신 신앙의 신령을 별도로 신령 계통에 포함시켜서는 그런 신령의 이해와 편성에 부심한 것으로 드러났다. 한국 무를 원시 신앙의 일종이나 민간 신앙으로가 아니라 하나의 종교로서 파악하고 접근하였더라면 그런 오류와 혼란이 일어나지 않았을 것이다.

마을굿과 이른바 가신 신앙은 모두 무의 종교적 표현이다. 가신 신앙은 무의 신도들이 집에다 신령을 모시고 때와 사정에 따라 믿고 행하는 의례를 말한다. 마을굿은 마을 사람들이 1년이나 2년에 한 번 무당의 주재 아래 벌이는 마을 단위의 대규모 의례이다. 그것이 조선조의 억무(抑巫) 정책으로 대다수 정숙형(靜肅型)의 유교식 의례나 무유(巫儒) 혼합형으로 바뀌는 바람에 동제라 하면 제관을 연상하게 되어 버렸지만, 그것은 마을굿 전통의 변화의 한 양상일 뿐이다. 마을 굿은 무의 체계와의 관련 아래서 무의 마을 의례로 보아져야 한다.

이들 의례는 요아힘 바흐(Joachim Wach)가 제시한 종교의 행위적 표현[41]의 틀에서 체계적으로 이해된다. 종교의 행위적 표현이란 곧 제의(祭儀)를 말하는데, 무에서는 굿이 그것이다. 굿은 일반적으로 단골 가정의 문제나 정기적 의례와 관련하여 베풀어지고, 그것이 마을 단위로 확대되면 마을굿이 되며, 단골 집안의 가신 신앙과 연관되어서는 치성이라는 작은 규모의 의례로 거행된다.[42] 그리고 그 의례들은 무의 신령 체계 아래 단골의 개인적 치성을 제외하고는 무당의 주재로 벌여진다.

제의는 어느 종교에나 있는 것이지만 무의 의례는 남다르다. 기성 종교의 제의가 정형화되고 외형화(externalization) 및 물질화(materialization)의 강한 경향을 보이는 데 비하여, 무의 의례는 신들림을 위주로 하여 무당의 중재로 인간이 신령과 만나는 종교 체험이 강렬한 특징을 갖는다.[43] 굿이란 제의는 순연히 신령을 모셔 노는 것이다. 굿에서는 무의 모든 신령 체계가 일정한 거리 구조와 신령 위계를 통해 표현된다. 따라서 한국 무의 신령을 바로 이해하기 위하여는 굿의 이해가 필수적인 조건이 된다.

아카마츠와 김태곤은 무의 신령을 분류하고 그 계통을 파악하기 위하여 무에 관련된 모든 신령을 일단 목록화하는 방식을 취하였다. 무당을 일러 만신(萬神)이라 하는 바, 무당의 신령이 그 한자의 표현처럼 수를 헤아릴 수 없으리만큼 많다는 인식[44]에 그들이 사로잡혀 있었던 듯하다. 김태곤은 한국의 무신 가운데 자연신 계통의 비율이 63.6퍼센트에 달한다며, "무속에서 자연 만물이 그대로 신앙 대상이 된다는 막연한 추정은 일단 그 한계가 잡혀져 무속에서 어떤 신을 신망하고 있다는 그 구체적 대상이 밝혀진 것"이라고 자신의 연구 의의를 부여하고 있지만[45] 그의 분류 자체가 용납되기 어려움은 이미 앞서 언급하였다. 무의 종교적 체계와 그 의례인 굿의 체계를 저들은 몰랐던 것이다.

이제 굿의 체계를 통해 신령 체계를 살펴보고 신령을 분류해 보려 한다. 굿 종류는 다양하고[46] 그것도 지역에 따라 특징적인 것과 편차가 있지만, 나는 서울·경기 지역의 천신(薦新)굿을 대상으로 삼는다. 이것은 재수굿과 같은 종류의 굿인데, 상류층이나 부유층이 계절의 새로운 소산을 신령에게 바치고 놀 경우 그렇게 불렀던 것이다. 한민족이 오랜 역사 동안 농업을 위주로 살아왔음을 헤아리면 천신굿이 한국 무의 기본적인 굿임을 알 수 있다. 무당들은 이 굿을 기본적인 굿으로 하고, 다른 굿이란 이 굿을 줄이거나 늘이고 특징적인 거리를 넣어 편성하게 된다.[47]

종래 천신굿이 열두거리로 짜여 있다고들 막연히 알아 온다. '한양 열두거리'란 말이 무당들 사이에도 이야기되고, 조선조 말기에 나온 《무당내력巫黨來歷》이라는 책에 굿이 열두거리로 나뉘어 그려져 있다.[48] 그러나 전통무의 천신굿의 실제 거리수는 그것을 훨씬 넘는다. 유동식은 굿의 구조 분석에 열두거리를 잡고 있음에도 불구하고 열두거리가 실제 제차의 정확한 수효를 뜻하는 것이 아니라 한 해 열두 달을 상징하는 것이라고 풀이하였다.[49] 따라서 열두거리의 구조를 분석한 유동식의 굿 체계 이해는 여기서 논의할 필요가 없겠다.

나는 진즉 전통 천신굿의 복원에 관심을 갖고 1976년 5월 서울 국립극장 소극장에서 전통무에 의한 천신굿 공연을 올린 바 있다. 거기서 4준비 제차와 16거리에 여러 부속거리(곁거리)가 확인되었다.[50] 당시 주무(主巫)는 이지산(李芝山)이다. 이후 계속된 조사의 결과 사흘짜리 옛 천신굿의 거리로 5준비 제차에 18거리 및 27부속거리가 놀아졌음을 알아내고 1983년 독일어로 발표하였다.[51] 그 거리 이름만 순서대로 적는다. 0-1 주당(周堂)물림, 0-2 부정, 0-3 청배, 0-4 가망, 0-5 진적, 0-6 상산노랫가락, 1 불사가망거리(또는 천존(天尊)굿), 1-1 불사말명거리, 1-2 불사제장거리, 2 불사거리, 2-1 호구거리, 3 천존대감거리, 3-1 천존뒷전, 4 가망거리, 4-1 말명거리, 4-2 대신말명거리(또는 대신거리), 5 산바레기거리(또는 본향따지), 6 산대감거리, 6-1 본향호구거리, 6-2 본향말명거리, 6-3 본향제장거리, 6-4 산바레기 본향뒷전, 7 전안거리, 8 신장거리, 9 작두거리(또는 장수거리), 10 춘방대감거리, 11 상산마누라거리, 12 별상거리, 13 대감거리(안대감), 13-1 바깥대감거리, 13-2 무관, 14 조상거리, 15 제석거리, 15-1 안당호구거리, 16 성주받이거리(또는 성주거리, 성주군웅거리), 17 창부거리, 17-1 계면각시거리, 18 뒷전거리, 18-1 걸립대감거리, 18-2 지신할머니거리, 18-3 수광대(首廣大)거리, 18-4 서낭거리, 18-5 맹인거리, 18-6 하탈거리, 18-7 말명거리, 18-8 객귀거리, 18-9 상문(喪門)거리, 18-10 잡귀거리, 18-11 뒷물림.

이렇게 확인된 내용은 천신굿의 거리를 얼마나 늘릴 수 있는가를 파악하는 데 의의가 있을 뿐, 그것을 천신굿의 표준적인 구성으로 보아서는 안 될 것이다. 굿에 관한 관심과 연구를 지속해 가면서 나는 전통무의 유파와 몸주신령에 따라 천신굿의 거리가 달리 구성됨을 알게 되었고, 굿을 거리의 기계적 편성으로 보아서는 굿의 역동성 내지 본질을 결코 이해할 수 없다는 사실을 깨닫게 되었다. 전안(殿內) 거리는 관성제군(關聖帝君) 또는 줄여서 관제(關帝)로 통하는 중국 삼국 시대 촉한(蜀漢)의 명장 관운장(關雲長)과 유비·장비 등 그의 의형제와 제갈량(諸葛亮) 및 오호대장(五虎大將)을 모셔 노는 거리인데, 이른바 전내 계급의 무당이어야 이 거리를 놀고 또 신장거리도 이 계급의 무당만 할 수 있었다.[52]

굿 연구는 종래 거리를 독립된 것으로 보고 굿의 기계적 구조의 이해에 주력해 온다. 유동식의 굿 연구가 전형적으로 그러하다.[53] 한국무의 연구자는 대개 예외 없이 굿의 거리에 대한 설명을 붙이고 있는데, 거기서도 굿거리를 평면적 내지 기계적으로 보고 있음을 알 수 있다. 그런데 위에 제시한 사흘짜리 옛 천신굿의 거리 구성에는 하나의 거리에 부속거리가 딸려 있고, 몇 거리들은 서로 연관을 갖고 있는 것으로 드러난다. 호구거리(2-1)가 불사거리(2)의 부속거리이다. 불사가망거리(1)·불사말명거리(1-1)·불사제장거리(1-2)·불사거리(2)·천존대감거리(3)·천존뒷전(3-1) 등은 불사와 천존에 관한 거리인데, 불사와 천존은 각기 불교와 도교의 이름을 취하고 있으나 기실 한국의 천신(天神)인 제석신의 다른 이름일 뿐이다.[54]

서울·경기 지역의 전통무인 김유감은 옛 천신굿의 구성으로 다음과 같은 것을 제보해 주었다.

1-1 부정, 1-2 가망(청배), 1-3 진적, 1-4 노랫가락

2-1 불사, 2-2 천궁(天宮)호구, 2-3 천궁말명, 2-4 천궁제장, 2-5 천궁신장, 2-6 천궁대감, 2-7 천궁창부, 2-8 천궁걸립, 2-9 천궁서낭, 2-10 천궁영산, 2-11 천궁상문, 2-12 천궁수비

3-1 본향(산신), 3-2 본향조상, 3-3 본향가망, 3-4 대신할머니,

3-5 도당말명

　4-1 상산, 4-2 별상, 4-3 대감

　5-1 제석, 5-2 호구

　6-1 성주, 6-2 군웅

　7 창부

　8 계면

　9-1 걸립, 9-2 터주, 9-3 뒷전

　이러한 거리 구성은 굿거리들의 연관성을 염두에 둔 나의 면접 조사 결과인데, 종래의 굿 구조 이해와는 전혀 다른 것으로 드러난다. 이것을 통해 굿의 체계를 먼저 살펴보면, 1이 준비과장, 9가 종결과장, 그리고 2~8이 이른바 거리과장 또는 본(本)과장을 이룬다. 2의 불사거리는 그 자체 열두거리로 구성되어 있다. 앞서 제시한 사흘짜리 옛 천신굿의 거리 구성에서 불사거리와 천존거리가 같은 신령에 걸리는 연관된 거리일 것으로 짐작만 하고 있었던 터에 이로써 그것이 분명해졌다. 제석은 한민족의 천신(天神)으로서 불사의 신격과 동일시되기도 하는데, 여기서는 5-1로 중간쯤 놀아진다. 나는 이것을 조선조의 사회경제적 배경과 관련하여 양반의 아성인 이 지역에서 제석본풀이의 내용이 유교적 안목에 비추어 비윤리적이기에 금압되고 굿의 중간으로 밀려난 것으로 추정한 바 있다.[55]

　굿의 거리가 또 하나의 굿을 이루고 있음이 눈여겨진다. 불사거리가 그러하고, 본향거리도 그런 경향을 보인다. 사흘짜리 옛 천신굿에서 불사가망거리를 천존굿이라고도 한 것을 보면 굿 안에 또 하나의 굿이란 인식이 이미 있어 옴을 알 수 있다. 굿의 거리를 각기 굿이란 이름으로 부르는 것은 기실 한국 무의 어느 지역에서나 있는 일이다. 예컨대 영남 지역에서 정초에 일종의 안택(安宅)굿으로 벌이는 논부굿은 부정굿·조상굿·산신굿·세존굿·성주굿 등으로 이루어져 있다.[56] 나는 이런 것을 굿의 중층적(重層的) 구조라 명명한 바 있거니와[57] 굿이 평면적·기계적 구성이 아니라 우주적·다차원적 성격의 것임을 일러 준다.

신령을 모셔 노는 굿의 구조가 그렇다면 신령의 체계가 또한 그러하여야 마땅하다. 대감·창부·걸립 등이 독립된 거리에서 따로 모셔짐에도 불구하고 천신으로서의 불사를 모시는 거리에는 그 아래로 천궁호구·천궁대감·천궁창부·천궁걸립 등이 또 놀아진다. 여기서 천궁이란 불사신령이 거주하는 하늘궁전을 가리키는 것이고, 천궁대감이라면 그곳의 대감신인 셈이다. 신령계의 이런 성격은 다음장에서 구체적으로 살펴보겠고, 여기서는 신령 체계의 그 성격만 확인하고 넘어간다.

다음으로 주목되는 것은 신령의 위계와 관련된 것이다. 부정 이하 노랫가락까지는 주지하듯 굿판을 정화하여 신령을 모시는 준비과장이고, 그리하여 처음으로 모시는 신령이 지고신(至高神) 천신인 불사(또는 천존·제석)이다. 그리고 끝으로 9에서는 1에서 굿판 밖으로 물려 놓았던 잡귀잡신을 종류별로 놀린다. 창부와 계면은 어느 굿에서나 뒷전 가까이 놀아지는데 하위 신령에 속한다. 이러고 보면 위계가 가장 높은 신령으로부터 그 위계에 따라 신령 집단이 모셔지는 굿의 구조를 알 수 있고, 거기서 신령의 위계의 이해와 분류가 가능해진다.

불사 계통이 최상위를 차지하고 본향산신 계통이 그 다음이고, 이어 상산거리의 신령 계통이 있으며, 성주 계통이 그 뒤를 잇는다. 창부와 계면은 별도의 계통으로 잡기가 미약하다. 끝으로 최하위에 뒷전의 잡귀잡신 계통이 자리한다. 불사는 제석·천존과 동일한 신격이므로 천신계라 하는 것이 타당하겠다. 본향산신을 산신계로 파악한다.

상산거리에서는 최영장군과 한라산 여장군을 위시하여 임장군·신장군 등을 모신다. 그 부속거리로 놀아지는 별상거리는 왕위에 오르지 못하고 비극적인 최후를 맞은 연산군·광해군 및 사도세자를 위한 것이다.[58] 그리고 대감이란 제가집안에 관련된 제반 대감신령이다. 이 상산·별상의 신령을 아카마츠는 전내 계통의 신령·불교신령·군웅·점복신 등과 함께 영웅신 계통으로 분류하였는데,[59] 혼란스러운 점을 차치하고라도 한 계통을 이루고 있는 상산·별상·대감의 계통 이름으로 영웅계는 좀 미흡하다. 별상과 대감거리의 복식이 협수·전복에 벙거지 차림으로 장군의 모습이기에 나는 이것을 장군신계라 부르려 한다.

다음으로 제석을 굳이 단골 집안에서 제석단지 등의 형태로 모시는 이른바 가신(家神)으로 용납한다면, 여기서부터 성주를 당연히 포함하고 계면거리[60]까지 가택신(家宅神)계가 된다. 끝으로 걸립 이하는 잡귀잡신계이다. 여기에다 사흘짜리 옛 천신굿에 제시한 전안거리·신장거리·작두거리를 한 계통으로 잡아 편입해 넣으려 한다. 이것은 전내신(殿內神)계가 된다. 서열은 산신계와 장군신계 사이에 든다. 이제 한국 무의 신령 계통을 서열별로 분류·정리하면 다음과 같다.

1) 천신계: 제석(또는 불사·천존)·천궁호구·천궁말명·천궁제장·천궁신장·천궁대감·천궁창부·천궁걸립·천궁서낭·천궁영산·천궁상문·천궁수비·일월성신·칠성 등

2) 산신계: 본향산신·본향조상·본향가망·대신할머니·사해용장군·도당호구·도당신장·도당대감·도당말명·도당제장·도당걸립·사해용신·도당서낭·도당영산·도당상문·도당수비 등[61]

3) 전내신계: 관성제군·유비·장비·제갈량·오호대장·오방신장·육정육갑신장·중국장수 등[62]

4) 장군신계: 최영장군·여장군·임장군·신장군·이씨별상·조상대감·몸주대감·업대감·복대감·재물대감 등

5) 가택신계: 성주·(안당)제석·(안당)호구·성주군웅 등

6) 잡귀잡신계: 계면 ·걸립 ·터주 ·지신할머니 ·수광대 ·서낭 ·사신 ·
맹인신 ·하탈 ·말명 ·객귀 ·상문 ·잡귀 등

이것이 한국 무 신령의 일반적이고도 개략적인 계통 분류이다. 개
략적이라고 제한한 이유는, 신령 체계가 중층적이어서 여러 다른 기
준 내지 시각에 따라 또 다른 분류가 가능하기 때문이다. 예컨대 나
는 진즉 일제 때까지만 하더라도 전해지던 서울 ·경기 지역의 무당
계급에 따른 신령 분류를 조사 ·발표한 적이 있다. 1) 선관 ·보살 계
급의 신령, 2) 전내 계급의 신령, 3) 박수 · 만신 계급의 신령, 4) 뒷전
무당 계급의 신령, 5) 넋대신 계급의 신령 등 다섯 가지의 분류가 그
것이다.[63] 이 가운데 4) 뒷전무당 계급의 신령까지는 그 개략적 계통
분류에 대부분 들어 있는데 5) 넋대신 계급의 신령만이 제외되어 있
다. 넋대신 또는 넋무당이라 불리는 이들은 주로 죽음 내지 망자천도
와 관련된 십대왕(또는 시왕) ·사재〔使者〕 ·넋대신 ·시왕군웅 ·삼대
신 · 걸립 등의 신령들을 모신다. 이들 신령은 망자천도굿류에서만 놀
려지지만 엄연히 한국 무에서 모셔지므로 잡귀잡신계 아래로 7) 저승
계라 하여 또 하나의 계통으로 파악해도 좋다.

무당들이 신령을 성격에 따라 크게 나누는 것을 또 언급해야겠다.
정신(正神)과 조상과 잡귀잡신의 삼분법이 그것이다.[64] 잡귀잡신은
억울하고 원통하게 죽은 넋이나 사회에서 천대받던 계층의 넋, 그밖
에 집안과 마을에 흩어져 있는 잡다한 수호령 ·기운 등 하위신들이
다. 굿의 부정거리에서 정신과 조상을 모시기 위하여 굿판 밖으로 물
려졌다가 막판 뒷전거리에서 종류별로 놀려진다. 조상은 제가집의
조상을 말하나 구체적으로는 친가와 외가의 4대 조상까지가 포함된
다. 아기 때 죽은 넋이라도 조상으로 친다. 그러면 정신은 자명해진
다. 굿의 본과장에서 모셔지는 신령들이 그들이다.

위에서 나는 무의 신령을 저승계까지 포함할 경우 일곱 계통으로

분류하였거니와, 그 타당성은 굿의 신가(神歌)나 젯상 등 신령을 위한 차림에서 확인할 수 있다. 젯상[65]만 살펴보면, 옛 천신굿에서는 불사상·본향상·상산상·복식·조상상·공상이 차려지고 방에는 안당제석상, 마루대청에는 성주시루 등이 놓인다. 공상은 하졸(下卒), 즉 잡귀잡신류를 위한 상으로 뒤에 뒷전상으로 쓰인다. 이밖에 대감시루·수문장대감시루·조왕상 등이 준비되는데, 이들은 안당제석상·성주시루와 함께 가택신 계통의 신령 몫이다. 불사상은 천신계, 본향상은 산신계, 상산상은 장군신계의 신령을 위한 것이다. 이렇듯 계통별 신령 개념이 젯상 차림에도 여실히 드러난다.

IV. 신령의 성격

산신을 기능적으로 이해하자면 이 신령은 산의 신령일 뿐이다. 그러나 산신을 연구하면 할수록 그 복잡한 체계며 다양한 기능과 관계망 등에 아연하게 된다. 우리는 조상을 산에다 묻어 산으로 돌려보내고, 이들은 본향의 조상으로서 산신의 일종이 된다. 한민족의 시조인 단군이 은퇴하여 아사달에 들어가 산신이 되었다는 신화는 잘 알려져 있다. 왕조 시대 때 산신은 국가 제례에서 단독으로 모셔지는 것이 아니고, 산천제(山川祭)로서 용신(龍神)에 대한 제사를 수반하였다.[66] 또한 도당굿에서는 산신을 놀면서 도당산신의 공수를 내린 다음 무조(巫祖)로서의 대신할머니를 모셔 놓고는 이어 사해용장군·도당호구·도당신장 등의 산신 계통 신령 체계를 일일이 모신다. 이러고 보면 산신은 천신·용신·조상신과 연결되고, 다양한 기능을 가지며, 그 자체 하나의 신령 세계를 형성하고 있음이 드러난다.

다른 신령 계통도 대개 마찬가지이다. 가택신계의 성주를 좀 다른 면으로 보자. 성주는 일반적으로 가택을 관장하는 신령 정도로 알고

있으나, 확대하면 마을의 성주는 마을의 최고 어른이고, 나라의 성주
는 임금이 되며 업성주·복성주 등으로 나아간다. 그리고 성주는 수명
장수·부귀공명·관재구설 제거 등등 인간 생활의 모든 방면에 관여
한다. 한국 무 신령의 이러한 묘한 성격을 나는 '중층성(重層性)'으로
규정하였거니와, 이것을 우선 한국 신령의 특성으로 파악코자 한다.

　중층성은 대뜸 불교의 화엄(華嚴) 세계를 연상시킨다. 광대하게 장
식된 탑(塔) 안에 또한 수백수천의 탑들이 있는데, 그 하나하나의 탑
도 원래의 탑만큼이나 정교하게 장식되어 있고 하늘처럼 광대하다는
인식이 그것이다. 헤아릴 수 없을 정도로 많은 이 모든 탑들은, 그러
나 전혀 각기의 방식으로 서 있는 것이 아니라 각각의 탑들이 나머지
모두와의 완전한 조화 속에서 그 나름의 개별적 존재성을 보유하고
있는 것이다.[67] 화엄의 《법계도기法界圖記》에는 그것이 '중중무진(重
重無盡)'이라 표현되어 있다.[68] 이것은 또한 현대 물리학이 파악한 세
계의 이해와 상통한다. 오늘날 생태학이나 체계 이론 연구자들이 밝
혀내고 있는 모든 체계에서의 그물망(network) 개념이 점차 확대·통
용되고 있는 바[69] 한국 신령 세계의 구조가 그와 일치하는 것을 확인
하면서 나는 한국 무에 대한 새로운 인식을 하지 않을 수 없다.

　다음으로 한국 무 신령의 특성으로 조상성(祖上性)을 들게 된다. 나
는 전통무들의 제보를 바탕으로 한국 무의 신령이 넓은 의미에서 조
상의 성격을 가짐을 주장하여 온다.[70] 그것이 잡귀잡신이건 중국에서
유입된 중국계 신령이건, 모두 우리 나라와 사회를 오늘에 이르기까
지 이만큼 이루어 준 신령이라는 믿음이 전통무들 사이에 있어 온 것
이다. 유교적 조상 개념에 비하여 그 사고 방식이나 신앙 체계가 사
뭇 넓고 깊다. 그런데 이 논문과 관련하여 연구하면서 나는 무 신령의
조상성을 다른 각도에서 이해할 수 있었다. 이른바 단군 신화의 내용
을 재해석하는 것이다.

　한민족 역사의 출발인 고조선의 종교가 무(巫)인 사실은 이제 학계

에 두루 인식되어 있다. 그 개국 신화인 단군 신화는 한민족의 하느님인 환인제석(桓因帝釋)의 허락을 받아 환웅이 무리 3천 명을 이끌고 태백산 신단수 밑에 내려와 그곳에 신시(神市)를 열었음을 일러 준다. 여기서 주목할 것은 환웅이 풍백(風伯)·우사(雨師)·운사(雲師)를 거느리고 곡(穀)·명(命)·병(病)·형(形)·선(善)·악(惡) 등 무릇 인간의 3백60여 가지 일을 맡아 다스리고 교화하였다는 내용이다. 이것은 신령 체계가 아예 하강하였음을 말한다. 그리고 단군은 천신 환웅과 웅녀 사이에 태어난 반신반인(半神半人)의 존재로서 뒤에 아사달에 은퇴하여 산신이 된다.

고대 사회에 들어오면 각 나라들은 제천(祭天) 의례를 매년 정기적으로 거행한다. 제천 또는 천제(天祭)란 한자식 표현이고 우리의 무로 부르자면 하느님굿이 될 터인데, 여하튼 이 의례는 고려말까지 국행제로서 임금의 주재로 계속 지켜졌다. 역대 왕들이 천제를 친행(親行)으로 거행한 것은 천제(天帝)의 자손(子孫)이라는 인식 때문이었다. 고구려 왕가(王家)는 천제지자(天帝之子)로서 시작된다. 소위 광개토대왕비(廣開土大王碑)의 서두에는 추모왕(鄒牟王)이 천제의 아들 곧 천자(天子)임을 거듭 강조하고, 그 19세손 광개토왕 역시 천제의 자손임에 과부족(過不足)이 없음을 과시하고 있다.[71]

이 천제 전통과 천자 내지 천손(天孫) 의식은, 조선조에 들어와 유교의 예(禮)를 추종하여 중국의 천자만이 천제를 거행할 수 있다는 양반 관료층의 끈질긴 반대로 결국 그 맥이 왕실에서는 끊어지고 만다.[72] 그러나 민간에서는 일반굿과 마을굿을 통하여 제석을 모시고, 또 이른바 가신(家神) 신앙 속에서 제석에게 치성을 드리는 등 천신 신앙을 지켜 온다. 이것은 천손 의식이 위축된 형태로나마 무의 의례를 통해 민간에 전승되어 옴을 가리킨다. 이렇듯 단군 신화와 무의 역사로 보건대 천신은 우리의 조상이고, 그를 정점으로 하는 모든 신령 체계가 아울러 조상으로서 믿고 받들어져 온 것이다.

이 대목에서 우리의 천신을 '게으른 신(Deus Otiosus)'으로 보아 온 잘못된 견해를 언급하고 넘어간다. 문상희는 우리 나라 무의 신관(神觀)에 창조주로서의 천신(하느님) 관념이 드러나지 않는다 하고, 샤머니즘에서 천신은 대개 여러 하위신에게 직분을 분담시킨 뒤 뒷전에 물러나서 별로 간섭하지 않는 것으로 믿어진다 하였다.[73] 이러한 최고신을 종교사가들이 '게으른 신'이라 부르고 있다. 그의 견해는 이은봉(李恩奉)에게 계승되어 일본종교학에서 번역한 격절신(隔絕神)으로 표현되었다.[74] 그러나 위에서도 언급하였듯이 환인제석은 천제와 마을굿과 일반굿에서 엄연히 최고의 신령으로 모셔져 오고 가신 신앙에서도 숭앙되어 오거니와, 우리의 하느님은 결코 뒷전에 물러난 '게으른 신'이 아니다.[75]

끝으로 무의 신관에 관한 이른바 교체일신교(交替一神敎: Henotheism) 내지 교체일신교적 경향(Henotheistic tendency)의 설을 검토해 본다. 한국 무의 신관으로 제일 먼저 제시된 것은 헐버트의 원시적 유일신교(Urmonotheismus)이다. 그는 조야한 자연 숭배와 구분되는 무의 하나님 신앙에서 그런 신관을 찾은 것인데, 클라크는 뒤에 대체로 이 설을 계승하였다.[76] 한편 언더우드는 하나님 신앙을 다신(多神) 가운데 존재하는 지고신(至高神)의 관념으로 보고 그것을 교체일신교로 고쳐 불렀다. 이에 대하여 아카마츠는 한국의 무에는 절대적으로 독립된 최고신의 관념이 없고, 단지 상대적으로 유력한 한 신령을 경우에 따라 다른 신령들보다 비교적 상위에 두어 교체적인 관계를 용인한다고 파악하고는 그것을 잠정적으로 교체일신교적 경향이라 이름하였던 것이다.[77]

교체일신교는 원래 셸링(F. W. J. Schelling)이 신화학 연구에서 '상대적이고도 초보적인 일신교'를 지칭하는 용어로 처음 제기한 것이다. 그뒤 막스 뮐러(F. Max Müller)는 베다(Vedas)의 신령들을 연구하면서 각 신령이 다른 신령들의 권능에 어떤 제한도 받지 않은 채 지고신(至高神)이자 절대자인 것을 인식하고, 이러한 개별 신령에 대한 교체적인 신앙을 헤노시이즘이란 용어를 빌려 표현하였다. 그는 베다의 모든 신령이 동일한 한 신격의 다른 이름을 가지고 있을 뿐이라 보았던 것인데, 교체일신교에 관한 뮐러의 관념은 종교 진화를 염두에 두면서도 인간의 종교 인식을 다룬 사변적인 것으로 비판받는다.[78] 이같은 신관을 한국 무의 신령 체계에 적용하는 데는 문제가 있다. 앞에서 살펴보았듯이 이 관련학자들의 한국 무 신령의 신통 이해는 다소간 일정한 선입견 아래 혼란스러운 것이다. 내가 조사한 바 무 신령의 위계나 체계는 엄연하여 교체일신교 운운의 설은 더 이상 용납될 수 없다.

V. 맺음말

한국 신령에 관한 종래의 잘못된 이해에는 관련 연구자나 그들을 몸주로 모시고 그들의 대리자 내지 매개자 역할을 하는 무당이나 양측이 책임을 져야 한다. 연구자들 가운데 초기의 선교사나 일본인 학자들이 다소간의 선입견과 전제 아래 저의 있는 연구를 수행한 것을 우리는 살펴보았다. 저들은 그렇다 하더라도 해방 이후 이 방면의 한국 학자들의 연구는 기실 저들의 것을 추종하거나 저들의 열의와 수준에 미치지 못한 감이 크다. 그 이유를 나는 이해할 수 있다. 초기의 선교사나 일본인 학자들은 한국 종교 및 문화에서 무가 차지하는 비중, 곧 무의 기층 종교 및 기층 문화의 성격을 잘 파악하고 있었기 때문에 그 신령에 대하여 그토록 관심을 보였던 것이다. 반면 해방 이후의 관련 한국 학자들은 대부분 무를 민속의 일환으로 취급하면서 신령계에 대한 관심이 그만큼 줄어들고 말았다.

해방 이후 한국 사회가 이른바 서양화의 길에 본격적으로 접어든

것이 한국 학자들의 무의 성격 이해에 결정적으로 영향을 끼쳤다. 한
국 무를 연구하던 그 이전의 학자들도 무(샤머니즘)를 종교진화론의
관점에서 원시 신앙 정도로 보았던 것이지만, 해방 이후 서양 기독교
내지 합리주의적 사고 방식이 팽배한 가운데 무는 사회에서 비합리
적인 귀신 신앙으로 취급되고 관련학자들은 그런 분위기 속에서 무
를 민속 연구의 대상으로 파악하여 온다. 이른바 무속(巫俗)이라는 주
제 아래 주로 민속학자들이 이 방면 연구를 주도하고 있는 것이 그런
연구 경향 내지 성격을 잘 반영한다. 신령에 관한 연구가 그에 따라
별로 이루어질 수 없었다.

한국 무의 연구사에서 샤머니즘을 종교 현상으로 보고 종교학적으
로 접근하는 이로 흔히 문상희와 유동식이 대표적으로 손꼽히는데,[79]
두 학자는 실은 개신교의 목사이고 신학대학의 교수로서 애초 무 연
구에 한계를 갖고 있었다. 유동식의 경우 그의 무 연구는 종교문화학
내지 종교사적 접근으로 보는 것이 타당하리라 여긴다.

한편 무당은 종교인류학의 안목에서 보아 무의 종교적 사제인데,
실제 이들의 사제 의식은 미약하다. 그뿐 아니라 신령에 대한 인식이
심히 불분명하고 불투명하다. 이름난 무당이라도 영험한 사례를 들
먹이며 신령이 없다고는 못한다는 투이다. 신령의 존재를 확신하며
신령 모시기에 정성을 기울이는 무당은 매우 드물다. 심지어 영남·
호남의 이른바 세습무로서 명성을 떨치는 어떤 이들은 스스로를 전
통 예술인으로 자처하면서 신령과 관계 없는 듯 이야기해댄다. 세습
무든 강신무든 이들은 신령의 이름으로 굿을 하고 점복을 행하여 먹
고 사는 종교인들이다. 그럼에도 불구하고 신령에 대해 그런 모호한
태도를 보이는 무당들의 태도에는 오랜 역사적·사회적 배경이 있다.

주지하듯 무당은 조선조 때 천민으로 규정되어 온갖 사회적 천대
를 받았다. 일제 시대에는 무가 통제를 받으며 존속하였으나, 무당은
미신업자로 왜곡되었다. 해방 이후 종교의 자유가 헌법에 보장된 서

양식 민주주의 사회가 이 땅에 펼쳐졌건만 서양 기독교 내지 합리주의의 가치관이 학교와 사회에서 교육되고 횡행하면서 무당은 또다시 미신업자나 귀신숭배자로 치부되고 사회적 핍박의 대상이 되었다. 그런 가운데서도 무에 대한 민중의 종교적 수요는 줄지 않고 무당은 계속 신들려 태어났다. 6백 년이 넘도록 온갖 억압과 왜곡을 받아 오면서 무당은 사회의 음지에서 그 전통 신앙을 지켜 오지만, 그것은 이미 대거 세속화한 것일 수밖에 없다. 거기서 신령에 대한 확고한 믿음이나 어떤 종교적 확신 같은 것을 기대하는 것은 애초 무리한 발상일지 모른다.

나는 방금 무에 대한 민중의 수요가 줄지 않는다고 표현하였다. 어떤 종교나 문화든 민중의 수요가 없으면 사라져 버릴 운명에 처하게 된다. 무당의 수효가 현재 대략 20만 명으로 추정되고, 그것은 결코 감소의 추세를 보이지 않고 있는 사실에 주목해야 한다.[80] 그 현상의 원인을 단순히 사회적 불안의 증대에 돌리는 것은 사회학적 단견에 불과하다. 무는 사회적 현상으로 볼 수도 있지만, 우리 나라의 경우 고조선 이래 오랜 전통을 갖는 역사적 현상이기도 하다. 무는 한국 종교의 기층이고, 한국 문화의 기반이다.[81] 그리하여 무는 한국 문화와 한국인 심성의 형성에 결정적으로 기여해 왔다.[82] 한국 무의 상황과 특히 신령에 대한 잘못된 이해가 문제되는 것은 바로 이 때문이다.

무는 신명과 조화(調和)를 원리로 하는 한국인의 전통적 조상 숭배 신앙이다.[83] 여기에 바탕하여 한국 문화와 한국인은 신명과 조화를 생체 리듬으로 삼아 온다. 특히 조화성은 한민족사의 스승들이 어김없이 강조해 온 바 한국인의 내면적인 가치관을 이루어 왔던 것이다. 무의 신령들이 모두 넓은 의미의 조상인 것을 살펴보았거니와, 무는 조상 숭배 없이는 존속의 의미를 잃는다. 그런데 무는 조선조 이래 체제의 외래적 가치관에 짓눌려 왜곡·천대되고, 오늘날 심히 위축·세속화되어 있다. 이것은 작금의 가치관 혼란 내지 부재의 상황과 직결된다.

  90년대에 들어와 경제 발전 및 경제 위기와 관련하여 신명나는 사회의 구현 및 조화 기운의 발휘가 심심찮게 제창되어 오나 하나같이 탁상공론에 그치고 신명과 조화의 기운이 살아나지 못했다. 신명과 조화의 실체가 무엇인지 바른 이해가 없었기 때문이다. 조상 숭배 신앙인 무가 떳떳이 신앙되지 못해서는 신명과 조화의 회복은 기대하지 못한다. 21세기 문화의 시대에 한국이 지구촌 사회에 제시할 문화는 바로 우리 무의 신명과 조화의 문화이어야 한다.

5

화랑의 종교 문화

머리말

김범보(金凡父)는 〈풍류 정신과 신라 문화―풍류론 서언〉에서 '중심 문화'의 개념을 제기하고, 화랑 정신의 바른 이해를 위하여 그것이 필수적 관건임을 다음과 같이 강조한 바 있다.

"무릇 시대란 것은, 그 시대의 정신이라는 것이 각자의 특색이 있기 때문에 언제나 역사를 관찰하는 때는 그 시대의 정신인 그 시대의 정신 문화에 착안하지 않으면 그 시야에 들어선 사상(史相)은 벌써 그 시대의 사실이 아니고 관찰자의 소주관적(小主觀的) 허구에 불과한 것이다. 그러므로 현대는 현대의 중심 문화가 있는 것처럼 중고(中古)는 중고의 그것, 상고(上古)는 상고의 그것이 있는 법이다. 그래서 각대(代)의 특색은 제대로 한 개의 성격을 엄존한지라 그것이 얼마만한 가치를 가졌는가는 우선 별문제로 하고, 각대각목(各代各目)의 성격을 중시하는 그것이 첫째 역사 연구의 요령이 되는 것이다."[1]

범보의 중심 문화 개념은 짧은 서술에 그치고 있어 오해의 소지가 있다. 그러나 그것을 역사가는 다만 과거의 사실 그 자체로 하여금 말하도록 하는 데 그쳐야 하고, 역사가의 임무는 과거에 일어난 그대로의 사실을 밝히는 것이라고 한 19세기 역사가 랑케(L. von Ranke)

류의 역사주의와 같은 것으로 이해해서는 곤란하다. 범보의 주된 관심은 주지하는 바 일제와 해방 이후의 민족사적 암흑기를 거치면서 잃어진 한국 문화 전통 및 정신을 시대에 걸맞게 되살려 내는 데 있었다.

범보가 신라 문화 및 풍류 정신의 이해와 관련하여 중심 문화의 개념을 강조한 것은, 기실 근대적 과학 정신의 전횡과 그 방법론적 오류 때문이다. 근·현대의 중심 문화는 물론 과학 정신이다. 그러나 신라 시대의 중심 문화는 과학 정신이 아니다. 오늘날의 중심 문화인 과학 정신, 그리고 그 분화 및 전문화된 분석틀로써 신라 문화에 접근하는 것이 어불성설임을 범보는 가르친 것이다.

크로체(B. Croce)는 과거와 현재와의 관련을 깊이 인식하여 '모든 역사는 동시대의 역사(All histoty is contemporary history)' 라는 명제를 남겼다. 카(E. H. Carr)도 그와 같은 인식에서 '역사는 현재와 과거와의 대화' 라 하였거니와, 화랑 정신에 대한 우리의 오늘날의 관심은 현대적 안목에서 출발한다. 해방 이후 한국 사회는 이념 투쟁·분단·동족상잔·독재·부정부패·군사 정권 등의 험난한 역경을 거치며 서구화·산업화의 길을 달려온다. 그 과정에서 전통적 가치관은 무시되고, 서양의 제반 가치관이 막연히 추종되면서 도덕성 함몰의 위기 의식이 고조되고 있다.[2] 특히 21세기 우리 사회를 이끌어 갈 청소년들의 이른바 신세대 문화의 돌풍을 보면서 청소년을 위한 전통적 가치관의 회복 내지 정립이 시급함을 절감하게 된다. 화랑 정신·문화에 대한 연구는 마땅히 그러한 역사 의식에서 출발하고 그것을 견지해야 한다.

이 논문의 제목으로 화랑의 종교 문화를 잡았으나, 그것은 화랑의 제반 문화 양상 가운데 하나로서의 종교 문화를 가리키는 것이 아니다. 종교 문화는 여기서 신라 문화의 중심 문화이자 화랑 정신의 본질적 성격으로 사용된다. 화랑이나 신라 문화나 그 중심 문화를 종교

문화로 파악하여야 한다는 뜻이다. 화랑의 종교 문화 전모를 다루는
일은 이 논문으로써 감당키 어렵다. 이 글은 화랑의 종교 문화의 성
격을 파악하고, 그 특성을 규명하는 일종의 시론(試論)이 될 것이다.

I. 접근 방법

화랑에 관한 연구는 1930년대 이래 한국과 일본의 학자들에 의해
부단히 진행되면서 그간 엄청난 양의 논저로 발표되어 온다. 흔히 무
사도(武士道)의 정화(精華), 혹은 신라 시대의 중심 사상이라고까지 평
가되고 있는 화랑도와 그 단체 이념의 본질을 추구하는 일은 신라사
뿐 아니라 나아가 한국 고대사 연구에 있어 매우 긴요한 과제가 아닐
수 없다.[3] 인문 · 사회과학의 여러 학문 분야는 그리하여 다양한 안목
으로 화랑을 분석해 오는데, 화랑이라는 문화복합체를 각자의 일정한
시각으로 조망해 온 작업들을 여기서 일일이 검토하는 것은 무모하
고도 무의미하다.

이기동(李基東)은 최근 화랑도에 관한 종래의 다양한 연구 방향을
정리하여 단체사적(團體史的) 관점과 사상사적(思想史的) 관점의 두
접근 방법으로 요령 있게 파악한 바 있다.[4] 전자는 화랑 집단의 내부
조직과 그 사회적 역할을 구명하는 작업이고, 후자는 화랑의 사상적
원류 내지 그 본질로서의 이념에 관심을 기울이는 접근 방법을 말한
다. 단체사적 관점에서는 화랑의 기원 내지 원류, 화랑 집단 구성원
의 신분 구성, 그 조직면의 특성, 골품제 사회 안에서의 정치 · 사회적
기능 등이 연구되어 오는데, 사회학 · 사회인류학 · 사회사 · 제도사 방
면의 연구가 주를 이룬다.

한편 풍류도(風流道)로서의 화랑도의 원류와 그 특성을 규명하려는
사상사적 관점은 대개 예외 없이 최치원(崔致遠)의 기록에서 출발하

고, 유교·불교·선(仙)교적 성격과 그 영향 관계를 따져 온다. 나아
가 무교(巫敎; 샤머니즘)가 화랑도의 사상적 연원임을 주장하는 이론
도 다수 제시되어 있다. 이기동은 그밖에 화랑도를 지주적 신흥 세력
에 기반을 둔 무장(武裝) 단체 내지 동족상잔을 일삼던 반동적인 귀족
무사 집단으로 혹평해 온 북한 역사학계의 마르크스주의적 관점도 아
울러 정리해 놓고 있다.

　화랑 연구는 그간 이외에도 향가 분석과 관련하여 그 시대 배경으
로 화랑도의 변질 문제를 언급한 국문학적 연구[5]와 화랑의 체육 사
상 연구[6] 등도 나와 있어 연구 범위의 확대를 보여 준다. 여하튼 크게
구분되는 단체사적 관점과 사상사적 관점은 기실 그렇게 꼭 떨어지게
나누어진 성격의 것은 아니다. 우리 학계에는 사상사를 학문의 높은
수준인 양 여기는 관념적 경향의 고질적 병폐가 만연하여 오는 반면,
사회경제사적 관심과 연구는 제대로 형성되지 못한 형편이다. 양자가
상호 보완의 관계에 서는 것임은 이제 두루 인식되어 있다. 사회경제
사적 기반 없는 사상사의 이해는 공허하고, 사상사적 이해를 결한 사
회경제사 연구는 잡다한 양상의 나열에 그치고 만다.

　종래의 그 두 대별되는 관점은 방금 언급한 문제점과 함께 서양 학
문의 분화·전문화된 학문 분야별 관점 내지 이론의 적용이라는 성격
을 강하게 지닌다. 서양의 기계론적 세계관에서 기인한 분화·전문화
된 관점은 기계적일 수밖에 없고, 역사나 현상의 구조와 기능을 따지
는 한계를 갖는다. 이러한 접근 방법에서는 어떤 역사적 사실이나 문
화에 대한 무한한 분석이 가능하고 세부적 사항에 대한 끝없는 해석
에 빠질 뿐 그 전체의 성격 규명에는 결코 이르지 못한다. 화랑도의
바른 이해를 위하여는 우선 총체론적(總體論的) 관점(wholistic view)이
요구된다. 문화인류학의 특징적 관점으로서의 총체론은 어떤 사물의
부분도 총체를 떠나서는 충분하고도 정확하게 파악될 수 없다는 사실
을 기본 명제로 삼는다.[7] 이와 함께 어떠한 총체도 그것을 구성하는

부분들에 대한 치밀하고도 전문적인 지식 없이는 정확하게 인식될 수 없다. 이러한 총체론적 관점은 주로 현상으로서의 문화 연구에 유효하다. 역사상에서의 문화 현상의 연구에 있어서도 기본적으로는 이 관점의 견지가 필요하나, 역사 현상으로서의 화랑도의 생성·변화를 파악하기 위하여는 보충적인 접근 방법이 강구되어야 하겠다.

그것은 요컨대 시대 변화와 역사적 인과에 관한 문제이다. 화랑도는 한국 역사의 흐름 속에서 형성된 역사 및 문화 현상이다. 그것이 형성된 배경과 역사 속에서의 의미, 그리고 역사 진행 가운데의 변화 내지 전개 등이 마땅히 역사적 인과 관계 속에서 해명되어야 하고, 역동적으로 파악되지 않으면 안 된다. 종래 여러 학문 분야의 화랑 관계 연구가 부분의 해석에 있어 주목할 만한 결과를 내놓았음에도 불구하고 대부분 이러한 역사학적 접근 방법을 알지 못하거나, 그에 미숙하여 엉뚱한 화랑도를 그리고 말았다.

끝으로 종교 개념의 문제를 거론하지 않을 수 없다. 화랑도의 종교적 성격은 이미 자명하여 한국사의 대표적인 개론서에도 그것이 밝혀 있다.[8] 그러나 이기백(李基白)은 화랑도의 가장 중요한 기능으로 군사적 기능을 꼽고, 그 종교적 성격을 이차적인 것으로 규정하고 있다. 이 경우 종교는 군사 등과 함께 기능주의적인 개념으로 사용되고 있음을 본다. 오늘날처럼 세속화되고 개념이 기계적으로 분화된 사회에서 종교는 흔히 이렇듯 사회·문화의 한 부분으로 취급되고 있으나, 그래서는 문화를 역동적으로 이해할 수도 없거니와 그런 자세는 과거 사실의 이해에 있어서 지극히 곤란하다.

틸리히(P. Tillich)는 종교를 문화의 어머니라 하였다. 종교는 주지하듯 절대 신념 체계이기에 인간 삶의 세계관을 규정해 주고, 그에 따라 문화는 형성되어 가는 것이다. 이 점은 특히 사회와 인간 의식이 덜 분화된 고대로 올라갈수록 여실하다. 우리에게 화랑도에 관한 최초의 귀중한 자료를 남긴 최치원은 그래서 화랑도를 굳이 유불선

삼교(三敎)의 거론으로써 설명하였던 것이다. 총체론적으로 보아 화
랑도는 종교로서 파악되어 마땅하고, 그것이 당시 사회에서 그밖에
어떠한 사회적 기능을 수행하였는지, 나아가 어떤 역사적 의미를 가
진 것인지 살펴보는 것이 정당한 접근 방법이다. 뒤에 다루어지겠으
나, 화랑도가 신라 이후 역사상에서 어떻게 전개·변화되어 갔는지를
고려하면 그 종교문화적 성격은 명백하다.

II. 사료의 검토

　화랑에 관한 사료는 많지 않은 편이다. 《삼국사기三國史記》와 《삼
국유사三國遺事》가 그에 관하여 가장 많은 기록을 전하여 대표적인
사료로 이용된다. 전자는 특히 김대문(金大文)의 《화랑세기花郎世紀》
와 최치원의 저 유명한 〈난랑비서문鸞郎碑序文〉을 인용 또는 언급하
여 화랑도의 기원 및 성격에 관한 귀중한 자료를 제공해 주고 있다.
후자는 화랑의 구체적 삶의 모습을 다수 기록으로 남기고 있어 그 구
체적 이해와 함께 화랑도의 시대적 변화 양상의 연구에 결정적으로
중요하다. 이밖에 《파한집破閑集》·《해동고승전海東高僧傳》·《동유
기東遊記》·《동국통감東國通鑑》 등에 화랑의 전기와 사적이 수록되
어 있다.
　이들 사료를 일일이 검토하는 일은 이 글의 성격상 불필요하다. 그
동안 《화랑세기》 필사본이 발굴되어 학계의 비상한 주목을 받았으나
그 진위를 둘러싼 논쟁이 아직도 끝나지 않았기에 그 검토는 여기서
삼간다. 다만 필요에 따라 약간 언급할 생각이다. 여기서는 주로 《삼
국사기》의 내용을 화랑의 종교적 성격과 관련하여 검토해 본다. 《삼
국유사》의 화랑 관계 사료는 뒤에 관련된 논의에서 경우에 따라 언급
된다. 화랑 연구의 주된 기록으로 예외 없이 언급되는 《삼국사기》 기

재의 내용을 먼저 제시한다.

　　진흥왕(眞興王) 37년(576) 봄 비로소 원화(源花)를 받들었다. 처음에 군신이 인재를 알지 못하여 근심한 끝에 무리를 모아 떼지어 놀게 하고 그 행실을 보아 등용하려 하였다. 이에 두 미녀를 뽑았는데, 하나는 남모(南毛)이고 다른 하나는 준정(俊貞)이었다. 이들에게 모인 무리는 3백여 명. 두 여자가 차츰 그 아름다움을 다투어 서로 질투하게 되었다. 준정이 남모를 자기 집으로 유인하고는 술을 권하여 취하게 한 다음 끌어다가 강물에 던져 죽였다. 준정은 이에 사형받고 그 무리들은 화목을 잃고 흩어지고 말았다. 그후 다시 아름다운 남자를 뽑아 곱게 단장하고 화랑이라 이름하여 이를 받들게 되니, 그 무리가 구름같이 모여들었다. 이들이 서로 도의(道義)를 연마하고 혹은 가락(歌樂)을 즐기고 산수를 찾아다니며 놀았는데, 먼 곳이라도 가지 않는 데가 없었다. 이로 인하여 그 사람의 옳고 그름을 알게 되어 그 중에서 좋은 사람을 가려 조정에 추천하게 되었다. 이에 김대문의 《화랑세기》에는 "어진 재상과 충성된 신하가 여기서 나오고, 뛰어난 장군과 용감한 군사가 이로부터 나왔다"고 하였다.

　　최치원의 〈난랑비서문鸞郎碑序文〉에는 "나라에 현묘한 도(道)가 있어 풍류(風流)라 한다. 이 교(敎)를 포함하고 설치한 근원은 선사(仙史)에 자세히 갖추어 있거니와, 이는 실로 삼교(三敎)를 포함하고 여러 백성을 교화하였다. 그들은 집에 들어가서는 부모에게 효도하고 나와서는 나라에 충성하였으니 노(魯)나라 사구(司寇)의 취지이고, 하는 일이 없는 것을 하고 말없는 가르침을 실행하니 주(周)나라 주사(柱史)의 종지(宗旨)이며, 악한 일을 하지 않고 착한 일만 받들어 행하니 축건태자(竺乾太子)의 교화(敎化)이다" 하였다.

　　당(唐)나라 영호징(令狐澄)의 《신라국기新羅國記》에는 "귀인(貴人)의 자제로 아름다운 자를 뽑아 분을 바르고 곱게 단장하여 화랑이라 이름하였는데, 나라 사람들이 모두 존경하여 섬겼다"[9] 하였다.

편의에 따라 원문을 세 부분으로 나누어 옮겼다. 이 가운데 최치원 (857~ ?)의 글이 김부식(金富軾; 1075~1151)의 《삼국사기》 저작 연대보다 근 2세기 반이나 앞서고 화랑도의 성격과 관련하여 매우 긴요한 것이기에 먼저 언급된다. 최치원이 당나라에 유학하여 벼슬하고 그 이름을 천하에 떨쳤음에도 불구하고 신라인으로서의 주체성(主體性)이 당당하였음은 그의 사산비명(四山碑銘) 도처에 역연하다.[10] 예컨대 〈지증대사적조탑비명智證大師寂照塔碑銘〉에는 지증대사가 당에 유학하지 않았어도 다녀온 사람들보다 훌륭하다고 칭송하여 있다. 지증비문(智證碑文) 가운데 〈피혹원학래포복 아능정좌강마적彼或遠學來匍匐 我能靜坐降魔賊〉은 종래 관련학자들이 전고(典故)에 관심없이 마구 번역했기에 그 바른 뜻이 우러나지 않았다. 〈래포복來匍匐〉의 전고가 《장자莊子》〈추수편秋水篇〉의 〈한단지보邯鄲之步〉인 것을 최근 김지견(金智見)이 밝혔다.[11]

최치원의 주체 사상이 가장 여실하기로는 역시 〈난랑비서〉에서이다. 그는 대뜸 다른 나라 아닌 신라국에 현묘한 도(道)인 풍류도가 있음을 밝힌다. 이어 그것이 유교·불교·선교 세 교의 취지·종지·교화를 포함한 것임을 설명한다. 종래 이 대목을 두고 각 종교별·학자별로 제 나름의 각종 해석이 내려져 왔으나, 먼저 있어 온 고유한 풍류도가 삼교의 성격을 포함하고 있다는 의미로 해석하는 것이 바르다.[12] 그 해석에서는 한 자(字) 한 구(句)에도 엄밀하던 당시 중국 병려문(騈儷文)의 대가로서의 최치원과 그의 깊고 넓은 학문 세계, 그리고 앞서 언급한 그의 주체 사상을 염두에 두어야 할 것이다. 이 단편적 비문을 더 확대해서 해석할진대, 고유의 풍류도는 유불선의 성격의 각 면을 내포한 동시에 유불선이 소유하지 않은 오직 풍류도만의 특색을 가진 것으로 드러난다.

그러한 풍류도가 구체적으로 어떠한 것이었는지는 〈난랑비문〉의 전부가 전하지 않아 정확히 알 수 없다. 그러나 그것이 종교적 성격의 것임은 분명하다. 최치원이 그것을 굳이 현묘한 도(道)라 표현한 것도 그렇고, 또한 유불선 세 종교를 빌려 그것을 설명하고 있는 데서도 그 점을 충분히 읽어낼 수 있다. 최치원은 신라말 최대의 학자로서 유불선에 걸쳐 두루 정심한 이해를 갖추고 있었다.[13] 그가 유불선 삼교를 내포한 것으로서의 풍류도를 논하였으니 풍류도는 종교 이외의 것이 될 수가 없다.

근년 발굴된 필사본 《화랑세기》의 첫머리에는 "화랑은 선도(仙徒)이다"고 그 성격을 규정하여 있다.[14] 최치원이 풍류도를 현묘한 도라 하였고, 그 교(敎)를 설치한 근원이 내용 미상의 선사(仙史)에 자세히 갖추어 있다고 한 바, 이 모든 것을 감안하여 화랑도를 흔히들 도교적 색조가 강한 것으로 본다.[15] 화랑도의 선적(仙的) 성격의 문제는 다음장에서 보다 구체적으로 다루어지겠지만, 이런 견해는 궁여지책에 불과하다. 최치원은 도교 내지 선도가 유교·불교와 함께 풍류도에 포함되고 있다 하였으니, 기초적 논리로 따지더라도 풍류도는 결코 도교적 성격이 강한 것으로 보아져서 아니 된다.

결론을 미리 말하면 풍류도는 고신교(古神敎), 곧 무(巫)의 신라 시대적 전개이다. 《화랑세기》에는 첫머리에 화랑은 선도(仙徒)라 하고, 이어 "우리 나라는 신궁(神宮)을 모시고 하늘에 제사 지내기를……"이라 적혀 있다. 삼국 시대에 유불도가 이 땅에 들어오기 전 한국 고유의 종교는 무(巫; 샤머니즘)라는 것이 이제 한국사와 한국 종교사의 정론이다. 신궁을 모시고 하늘에 제사 지냈다는 것은 고대 무의 전형적인 모습을 말해 주는 것이다.

화랑에 선행하여 여성 원화가 존재했다는 기록에 대한 해석은 실로 난제에 속한다. 비로소 원화를 받든 것이 진흥왕 37년(576)이라 하나 화랑 사다함(斯多含)이 15,6세의 나이로 이찬(伊飡) 이사부(異斯

夫)의 가야국 공격 때 종군하여 공을 세운 것이 진흥왕 23년의 일이다. 거기다 사다함이 최초의 화랑은 아니라 여겨지므로 화랑도의 설치 시기는 최소한 진흥왕대 초로 거슬러 올라갈 가능성이 있다.[16] 그러고 보면 화랑의 존재 시기가 원화보다 더 올라가게 되는데, 그것이 언제인지 지금으로서는 알 도리가 없다.

화랑 연구가들은 이와 관련하여 대개 당시 신라의 사회적 배경에 주목한다. 경주 분지의 조그만 성읍 국가로 출발한 신라가 연맹 왕국의 체제를 견지해 왔으나, 6세기 전반에 이르면 중앙 집권 체제를 정비하지 않을 수 없게 된다. 그 노력의 일환으로 법흥왕(法興王) 7년(544)에는 중앙 군단의 중핵이 되는 대당(大幢)의 편성이 이루어진다. 6세기 전반 전 국가에 걸친 지배 체계를 유기적으로 작동시킬 수 있는 전반적인 법제화·조직화 작업이 추진되면서 화랑도도 같은 시대 배경에서 조정에 의해 제정된다.[17]

이러한 시대 배경과 원화 및 화랑 제도 설치에 관한 사료 등을 고려하면, 원화류(類)와 화랑은 이미 그 이전부터 신라에 풍류도로서 존재해 오던 것인데 진흥왕 37년에 이르러 비로소 법제화된 것으로 보는 것이 합리적이다. 풍류와 관련된 원화와 화랑의 본디 성격은 뒤에 살펴보기로 하고, 이때에 이르러 국가의 인재 등용의 필요성에 의하여 원화 제도를 새롭게 정비하고 그것이 여의치 않자 화랑 제도로 바꾸었던 것이다.

III. 화랑의 무(巫) 또는 선(仙)적 성격의 문제

풍류도로서의 화랑도가 한민족 고래의 무적 성격의 것이라는 견해를 나는 이미 앞에서 밝혔거니와, 이 장에서는 화랑의 무 또는 선적 성격이라는 미묘한 문제를 좀더 집중적으로 검토하고자 한다. 화랑이 선교(仙敎)적 성격의 것이라는 주장이 최근 고조되고 있는데다, 유불도 유입 이전의 한국 고대 사회의 종교가 무(샤머니즘)가 아니라 선도(仙道) 내지 신선 사상이라는 견해도 계속 제기되어 온다. 이것은 화랑도뿐 아니라 한민족의 고유 신앙의 성격 파악과 관련된 중요한 문제이다.

화랑도를 선도 내지 신선 사상 계통의 것으로 보는 사람들은 대체로 다음의 몇 가지 사실 또는 가설에 근거하여 있다.[18] 첫째 화랑의 별칭에 선자(仙字)가 따라다니는 사실을 들고, 둘째 화랑을 중심으로 한 낭도들의 단체가 산수(山水)를 찾아다니며 놀았다는 것이 영랑(永郎)을 비롯한 신라 사선(四仙)의 작풍을 이어받은 것으로 여긴다. 셋째 최치원의 〈난랑비서문〉을 통해 풍류도가 한국 고유의 신선 사상에서 유래했음을 알 수 있다 한다.

최치원의 풍류도 성격 규정을 여기서 다시 언급하지 않을 수 없다. 그는 풍류도가 한국 고유의 도로서 유불선 삼교를 포함함을 밝혔다. 이것을 논리적으로 풀어 보면 한국 고유의 풍류도에는 선교 내지 도교적 성격이 내포되어 있는 것이 된다. 그러므로 풍류도가 선도와 관련을 갖고 있다는 표현은 가당하나, 풍류도를 선도 또는 신선 사상과 동일시하는 것은 틀린 생각이다. 화랑의 별칭에 선(仙)자가 따라다니는 것은 그런 점에서 당연하고도 자연스럽다. 화랑 가운데 불교 승려가 있는 것도 마찬가지로 이해된다.

다음으로 화랑의 별칭에 들어 있다는 선(仙)자의 선의 성격 해명이 그리 간단치 않다. 풍류도를 설치한 근원이 자세히 갖추어 있다는 선사(仙史)를 두고서도 화랑도의 신선사상설을 주장하는 이들은 대뜸 그것을 정확한 증거인 양 들먹이고 있으나, 이것도 같은 논리에서 받아들이기 어렵다. 글자 한 자의 선택에도 고심하던 당시 병려문의 대가 최치원은, 그래서 그 대목에 이어 풍류도가 삼교를 포함하는 것임을 명확히 해두고 있는 것이다.

필사본 《화랑세기》에 화랑을 선도(仙徒)라 하였다. 그리고 그 성격을 일러 주는 기록이 바로 그 다음에 나온다. 신궁(神宮)을 모시고 하늘에 제사 지낸다는 것이 그것이다. 신궁이 신라에 처음 세워진 것은 소지왕(炤知王) 9년(487). 이해 봄 2월에 신궁을 시조(始祖) 탄생지인 나을(奈乙)에 두고 있다.[19] 시조에게 제사를 올리던 전통은 제2대 남해왕(南解王) 때 시작되어 내려오나 신궁을 세우기 이전에는 시조묘(始祖廟)에서 그것이 행하여졌다. 시조묘를 처음으로 세운 남해차차웅(次次雄)이 무당임은[20] 이제 두루 알려져 있거니와, 남해왕은 시조묘를 세워 놓고는 그 여동생 아로(阿老)로 하여금 제사를 주재케 하였다. 이로써 미루어 보아 신라의 시조는 일단 무군적(巫君的) 성격의 신인(神人)으로 이해하는 것이 타당하다.[21] 김택규는 그러나 이 신인으로서의 시조신이 민속 신앙과 씨족 전승 속에서 형성된 것이라며, 그 종교적 배경을 굳이 민속 신앙으로 잡고 있다.

이러한 시조신(始祖神)을 유교적 제사 개념에서처럼 단순한 조상으로 이해해서는 곤란하다. 《화랑세기》에 명확히 표현되어 있듯이 신궁의 제사는 제천(祭天)적 성격의 것이었다. 제천 의례는 주지하듯 한국 고대 사회의 전형적이고도 전통적인 무의 의례이다.[22] 요컨대 최치원이 말한 민족 고유의 풍류도로서의 선(仙)이란 유불선의 선교와 구분되는 것으로 무(巫)에 다름 아니다.

화랑이 명산대천을 찾아다니며 놀았다는 것을 영랑을 비롯한 신라 사선의 작풍을 이어받은 것으로 보는 견해도 무리스럽다. 화랑도가 선교의 성격을 내포하고 있으니 화랑의 명산대천 유오(遊娛)가 신선들의 작풍과 전혀 무관하지 않을 것이다. 그렇더라도 명산대천에서의 유오라는 하나의 면만을 보고 양자를 같은 계통의 것으로 여기는 태도는 아무래도 견강부회에 지나지 않는다. 화랑을 신선 사상의 일환으로 미리 확정해 놓고 거기다 비슷한 요소를 찾아 맞춘 셈이다.

이것은 한국 종교사의 맥락에 관한 문제이기도 하다. 화랑도가 어떤 문화적 뿌리 또는 배경 없이 어느 날 하루 아침에 불쑥 생겨날 수는 없다. 화랑의 신선사상설은 한민족의 고유한 신앙이 신선 사상이라는 인식에서 출발한다. 그것이 《환단고기桓檀古記》·《규원사화揆園史話》 등의 단군 관계 문헌이나 《청학집靑鶴集》을 비롯한 선가서(仙家書)를 근거로 전개되고 있는데, 이들 문헌은 그 종교적 내용에서 참고할 것이 있겠으나 사료로서는 여러 면에서 한계를 갖는다. 그런 문헌 자료에 대한 충분한 사료 비판도 없고, 또 단군의 무당설이나 한민족 고대 신앙으로서의 무에 대한 이론을 정면으로 논박함도 없이 일방적으로 신선사상설을 내세워서야 그것은 아무래도 학문적 이론으로 받아들이기 곤란하다.

단군 및 한국 고대 사회의 종교적 성격 이해에 혼란을 조성한 이로 이능화(李能和)를 들게 된다. 그는 진즉 〈조선무속고朝鮮巫俗考〉에서 단군 왕검을 하늘로부터 내려온 신령이자 신격(神格)의 사람이라 하고, 옛날에는 무(巫)가 제천(祭天)하고 신령을 섬겨 사람들의 존경을 받았다고 서술하였다. 그리고 백제의 소도(蘇塗), 부여의 영고, 고구려의 동맹 등이 단군 신교(神敎)의 유풍 여속(餘俗) 아닌 것이 없다 하였다.[23] 한편 그는 1959년 《조선도교사朝鮮道敎史》를 정리해 내면서 이번에는 단군을 도가(道家)의 인물로 파악하였다.[24] 그는 또한 "생각건대 신라의 화랑은 국선(國仙)으로 불리는데 대체로 영랑·술랑·남랑·안상 등 사선의 연원을 이은 것 같으며, 기타에는 이적(異蹟)을 남긴 사람이 다소 있으니 이를 모두 선파(仙派)라고 부르는 것이다"[25] 하여 화랑의 선파설(仙派說)을 처음으로 내놓기도 하였다. 그 뒤로 이 설이 비판 없이 답습된 것은 물론이다.

한편 단군 이래 고대 사회의 종교가 무(巫)라는 설은 주로 유동식과 필자에 의해 제기되었는데, 대체로 다음의 몇 가지 논거에 바탕한 것이다. 첫째, 고대 사회 동아시아·시베리아의 보편적인 종교가 무라는 사실이다. 일반적으로 샤머니즘(Shamanism)으로 알려져 있는 이

종교는 종교진화론에서 인류의 초기 원시 종교 단계로 이해되어 오
거니와, 한반도와 만주 지역을 포함한 동아시아와 시베리아에 청동기
시대까지 두루 퍼져 있었다. 이러한 인식 때문에 대부분의 한국사 또
는 고고학 개설류에서 무를 한민족의 기원과 관련하여 언급·서술하
고 있다.[26]

둘째, 단군 신화는 무(巫)적 성격의 것이다. 단군 신화가 천신(天神)
신앙을 반영하고 있음은 신선 사상의 고유설을 주장하는 사람들도 동
의한다. 단군은 제정일치(祭政一致) 시대에 종교권과 정치권을 한몸
에 지니고 행사한 사제왕(司祭王; priest-king) 내지 무왕(巫王; shaman-
king)이다. 신선 사상 고유설에서 단군의 선맥이 선파(仙派)의 인물로
계승된 것으로 보지만, 《삼국유사》에는 그가 은퇴 후 산신(山神)이 된
것과 함께 제석환인(帝釋桓因)의 기사가 여럿 보인다.[27] 그리고 단군
신화의 천신 신앙은 고대 사회의 하늘굿(天祭) 전통을 거쳐 한국 무에
서 오늘에 이르기까지 제석 신앙으로 그 맥을 면면히 이어 온다.[28]

셋째, 한국 고대 사회의 특징적인 제천 의례가 천신 신앙을 계승한
무의 하늘굿이라는 사실을 들 수 있다. 고구려·부여·동예 등 고대
사회에서 매년, 특히 수확이 끝나는 가을 온 나라가 크게 모여 하늘
굿을 올리고 연일 음주가무하였다는 사실은 중국의 역사서 《삼국지
三國志》에 전한다. 그것이 다른 사회에서는 찾아볼 수 없는 한국 고
대 사회의 특징적인 전통임을 잘 말해 주는 것이다. 이 하늘굿의 전
통은 제정의 분리, 고대 국가의 성립, 유불도의 전래 및 수용 등을 거
치면서 약화·변모되지만 고려 시대의 팔관·연등회, 조선조의 산천
제·성황제를 거쳐 마을굿으로서 오늘에까지 이어져 내려온다.[29]

고대 사회의 무는 물론 오늘날의 그것과는 같지 않다. 오늘날의 무
는 오랜 역사를 거치면서 변모를 겪고, 특히 조선왕조 이후 천대·억
압받고 왜곡되면서 심히 세속화된 모습을 보인다. 무당이 왕으로서
막중한 기능을 수행하고, 또 제정 분리 이후 유불도와의 경쟁 관계 속

에서도 왕실과 국사에서 상당한 권한을 행사할 수 있었던 고대 무와 오늘날의 현대 무는 그 기능과 권능 및 종교적 내용에서 큰 차이를 보일 것이 당연하다. 여하튼 한민족의 초기 고대 사회의 종교가 무엇이던가의 문제는 역사적 안목을 갖고 그 전체적 흐름 속에서 보지 않으면 안 된다. 그 시대의 한반도를 비롯한 동아시아·시베리아 지역의 종교적 상황과 성격, 단군 신화의 내용, 한국 고대 사회의 특징적 제천 의례의 성격, 한국 역사에서의 이들의 전개 등을 종합적으로 고려하면 그것은 다름 아닌 무이다. 일찍이 청동기 시대에 들어가 거대한 연맹 왕국을 형성한 고조선의 무는 그렇지 못한 만주·시베리아 지역의 무(샤머니즘)와의 외형에서 크게 구분된다. 선도란, 그런 사정을 감안하여 보자면 고대 무에 내포되어 있던 심신수련의 정신 내지 방법 정도로 이해된다.

한국의 고대 무에 관한 자료가 적잖고 그 맥락이 엄연하건만 관련 학자들이 굳이 그것을 무로 보지 않으려 애쓰는 경향이 있다. 무에 대한 편견과 선입견이 크기 때문이다. 조선왕조 이래 무당은 천민으로 취급되고, 무는 혹독한 사회적 억압을 받았다. 특히 일제와 해방 이후 서양의 종교진화론이 통용되고, 서양의 기독교 내지 합리주의적 사고 방식이 한국 사회에 만연하면서 원시 종교로서의 무는 비합리적인 귀신 신앙으로 치부되었다.[30] 이러한 배경에서 무에 대한 학자들의 선입견은 형성·강화되어 갔다. 이것이 화랑의 종교 문화 및 한국 고대 사회의 종교의 객관적이고도 역동적인 이해를 저해해 온 요인이다.

IV. 신라 무의 상황

한국 고대 사회가 매년 하늘굿을 올리는 무 신봉의 사회이고, 제정 일치의 사회라는 배경 인식으로 신라 무를 바라보아야 한다. 이것은 앞에서 누누이 강조하였듯이 역사·문화적 맥락의 문제이다. 주지하듯 신라를 포함한 삼국은 4세기 후반 이후 앞서거니 뒤서거니 고대 국가로의 체제를 갖추어 가고, 그것을 위해 중국으로부터 유교·불교·도교 등을 수용하여 새로운 정치 이념을 확립해 간다. 이 가운데 신라가 그 면에서 비교적 늦은 것은 잘 알려져 있다. 이 과정에서 전통 종교로서의 무가 많은 변화를 입게 될 것은 자명하다. 나는 그것을 제정 분리에 따른 무의 기능 분화로 보아 오거니와,[31] 여기서는 이 과정을 중시하면서 그 전후를 나누어 살펴보려 한다.

신라 시대 무의 성격과 양상에 관하여는 유동식이 진즉 《한국 무교의 역사와 구조》에서 한 장(章)을 할애하여 정리한 바 있다.[32] 그는 《삼국사기》 권32, 제사(祭祀)조에 기록된 신라의 제사 풍속을 무교의 제천 의례의 양성적(陽性的)인 단순 전승 현상으로 파악하고, 그것을 시조제(始祖祭)·농신제(農神祭)·산천제(山川祭)의 세 유형으로 나누어 고찰하였다. 그리고 그렇게 세 가지 양상으로 나타난 것을 제천 의례의 내용이 기능적으로 분화되어 전승된 탓으로 보았다.

고대 제천 의례는 중국의 《삼국지》에 의해 기록으로 전한다. 따라서 삼국 시대 초기까지의 고대 제례의 내용을 담고 있다. 신라의 무가 고대 제천 의례를 계승한 것임은 당연하다. 신라 제사 풍속에 관한 《삼국사기》의 기록은 신라 전체 시대에 걸친 것이다. 신라가 고대 국가의 체제를 정비하고 삼국을 통일한 뒤 발전해 나가는 과정에서 초기의 제천 의례는 자연히 여러 제사 양상으로 기능적 분화를 일으켰음에 틀림없다. 그렇다 하여 신라 무의 국가적 제례를 제 유형으로 나누어 보는 것은 무리스럽다.

시조제가 천제 성격의 것임은 유동식도 밝히고 있다.[33] 농신제로서는 기우제(祈雨祭)와 농제가 거론되었다. 기우제가 농사와 관계 있는 것은 확실하나, 그 대상 신은 어디까지나 천신(天神)이다. 농제가 이미 고대 사회 때부터 음주가무로써 지내는 천제〔하늘굿〕를 겸한 부족적 제전인 점도 그는 언급해 두었다. 그리고 산신제 또한 산에 깃들인 천신에 대한 제사로 파악하고 있다. 이렇듯 유동식은 그 세 유형이 모두 천제의 성격을 가지고 있음을 알면서도 굳이 그렇게 기능 분화에 따른 유형으로 분류하였는데, 그래서는 각 제사의 성격이 지나치게 전문화된 기능적인 것으로 오해될 소지가 크고 신라 제사의 총체적 성격인 천제가 역동적으로 이해되지 못한다.

경주를 중심한 조그만 성읍 국가로 출발하여 연맹 왕국을 형성하고 일어선 신라는 초기에 정치권과 제사권이 통합된 상태에 있었다. 왕이 사제의 권능을 공유하고 있었던 것이다. 《삼국사기》 신라본기에는 제2대 남해차차웅(南解次次雄)이 무당이었음을 전하는 바, 그런 사정을 확인하게 된다. 남해왕 3년(6) 왕은 처음으로 시조 혁거세묘(赫居世廟)를 세우고 사시(四時)로 제사를 지냈는데, 친누이동생 아로(阿老)로 하여금 제사를 주관하게 하였다.[34] 이로써 남해왕의 누이동생 아로 또한 무당이었음을 알 수 있다.

《삼국사기》 권32, 제사조에 언급되어 있는 신라의 제사 종류는 다음과 같다. 시조제·오묘제(五廟祭)·사직제(社稷祭)·팔사제(八蜡祭)·농제(農祭)·풍백제(風伯祭)·우사제(雨師祭)·영성제(靈星祭)·대중소사(大中小祀)의 명산대천제(名山大川祭)·성문제(城門祭)·부정제(部庭祭)·천상제(川上祭)·일월제(日月祭)·오성제(五星祭)·기우제(祈雨祭)·대도제(大道祭)·압구제(壓丘祭)·벽기제(壁氣祭) 등 그 종류가 시조제를 위시하여 18종에 달한다.

오묘제는 제36대 혜공왕(惠恭王; 재위 기간 765~779) 때 처음으로 정해졌고, 사직제는 그 다음 대인 선덕왕(宣德王) 때 세워진 것이다. 그밖의 것의 제정 연대는 미상이나, 그 두 제사를 비롯한 다수의 제사가 유불도의 수용 이후 그 영향 아래 삼국 통일 이후 설립된 것으로 여겨진다. 고대 천제의 전통을 계승하여 삼국 통일 이전에 지켜진 제사로는 시조제·풍백제·우사제·기우제·명산대천제·농제 등을 손꼽아 본다. 명산대천제를 대·중·소의 세 제사로 분류하여 거행한 것도 중국 고대의 사전(祀典)을 모방한 것이지만, 신라의 산천제에는 그 나름의 전통적 내용이 있어 중국의 것과는 차이를 보인다.[35] 그 점 풍백제·우사제의 경우에 있어서도 마찬가지인데, 풍백·우사·운사 등은 단군 신화에서 환웅을 모시고 있던 것을 헤아려야 할 것이다.

신라의 제사 가운데 고대 천제의 성격을 두드러지게 안고 있는 것은 역시 시조제이다. 남해왕이 처음 시조묘를 세운 뒤, 역대 왕은 즉위하고 새해를 맞이하면 우선 시조제를 지냈다. 시조는 원래 하느님의 아들로 여겨졌거니와, 이것은 천제로서의 시조제를 올림으로써 그가 하느님의 아들로서 왕위를 계승했다는 사실을 하늘에 고하고 세상에 선포하는 의식이었던 것으로 이해된다.[36] 소지왕 9년에 이르러 시조묘가 신궁(神宮)으로 바뀐 사실은 앞에 언급하였다. 이후 중간에 몇 대에 걸친 생략이 보이나, 제55대 경애왕(景哀王) 원년(924)에 이르기까지 왕들은 친히 신궁에서 제사를 올렸다.

시조묘 제사의 성격을 두고 김택규는 신왕 즉위를 시조의 영전에 고하는 고유 의식(告由儀式)으로서의 기능, 그리고 수한호조(水旱好調)와 오곡풍양을 기원하는 농경 생산의 축원(祝願) 의례의 기능이 겸했을 가능성을 제기하였다.[37] 농경 생산의 축원 의례적 기능은 당연한 것으로 보아야 한다. 당시의 농경은 오늘날과 같은 산업의 한 부분이 아니고 백성의 생존의 바탕이자 국가 재정의 근원이었다. 그러므로 국가의 안녕과 번영을 비는 제사에서 농경 관계의 축원은 필수적이었을 것이다. 그러나 시조제의 원래 목적은 역시 하느님의 아들로서 왕위를 계승했다는 사실의 고유이다. 하느님 아들의 의식이 여기서 가장 중요한 요소이고 농경의 축원 기능은 필수적이나 그에 따른 부수적인 것으로 이해된다.

신라의 제반 제사를 누가 주재한 것인지는 불명하다. 시조제는 맨 처음 남해왕이 세워 놓고 그 누이동생 아로로 하여금 주재하게 한 것을 제외하고는 예외 없이 왕이 친히 모시고 있다. 남해왕과 아로가 무당인 점을 고려하면, 이후의 시조제도 왕과 시조묘 또는 신궁 담당의 무당에 의해 치러졌을 것으로 짐작된다. 왕이 직접 제사를 지낸 예로 그밖에 기우제의 경우가 눈에 띈다. 첨해니사금(沾解尼師今) 7년 (253) 왕이 조묘(祖廟)와 명산에 기우제를 지내고,[38] 제5대 파사니사금(婆娑尼師今)은 황재(蝗災)로 인한 곡식 피해가 심해지자 널리 산천에 제사를 올렸으며,[39] 제38대 원성왕(元聖王)은 북천신(北川神)에게 제사드리고 나서 궁(宮)에 들어가 즉위할 수 있었던 것[40] 등이 그것이다. 신라 제사에 관한 기록이 사료에 적잖은 편이나 왕을 언급한 것은 몇 사례에 불과하다. 나머지 대부분은 왕과 무당 또는 왕명에 따른 무당에 의해 주재된 것을 미루어 알 수 있다.

시조제를 왕과 무당이 함께 모시고, 왕이 무당의 기능을 다분히 갖고 있던 전통은 5세기말 이후 점차 성격상의 변화를 겪는다. 그것을 이 글의 주제에 맞추어 표현하자면 신라 무의 변화를 말하는 것이다. 그러한 변화의 시작으로 나는 소지왕 9년(487)의 신궁 설치를 주목한다. 시조묘로부터 신궁으로의 변화가 어떤 의미를 갖는 것인지에 관하여 그동안 일본인 학자들을 위시하여 논란이 있어 오나, 나는 김택규의 견해에 동의한다. 그는 신궁 설치에 2년 앞서 왕이 시조묘에 친히 제사하고, 그것을 수호할 20가(家)를 증치(增置)하였다는 사실과 신궁을 시조 탄생의 땅인 나을(柰乙)에 세웠다는 기록에 착안하여 다음의 결론을 내리고 있다.

"아무런 건조물도 없던 시조 연고지에 처음에는 소규모의 사우(祠宇)를 짓고(南海王) 수호인도 소수였겠으나, 직·간접으로 들어온 중국 문물의 영향을 받아 그 규모를 확대하여 대규모의 궁(宮)이 되고, 따라서 수호인도 증치하여 민족의 성소로 삼았던 것으로 생각할 수 있을 것이다."[41]

한국사에서는 종래 신라 중고 시대인 법흥왕·진흥왕대를 율령에 의한 통치 체제 정비의 시대로 잡아 사회 변화의 전기로 파악해 오나, 거기서는 제도와 정치에 주로 관심을 집중한 반면 신라 상고 사회의 성격 내지 종교 이념이 고려되지 않았다. 신라의 시조제가 후대의 유교적 시조제와는 성격을 본질적으로 달리함은 앞서 살펴보았거니와, 제정이 분화되지 않았던 당시 신라에서 시조제는 사회의 주체성(主體性)과 직결되는 기본적이고도 중차대한 민족 의식이었다. 그 시조 묘에 상당한 수의 수호인을 더 붙이고 시조 탄생지에 대규모의 신궁을 세웠다는 것은, 민족 의식의 위기감을 상정하지 않을 수 없고 그 자체 민족 의식의 커다란 전환이라 하여도 과언이 아니다.

불교는 고구려에 372년, 백제에 384년 전래된다. 두 나라의 경우 유교 문화의 수용도 때를 같이하여 372년 고구려에 태학(太學)이 세워져 유교 경전이 중심 교과목으로 되고, 백제에서는 375년 박사 고흥(高興)이 《서기書記》라는 역사서를 기록한다. 이 모두 고대 국가의 체제를 정비하기 위한 중요한 움직임이었다. 전통적 종교로서의 무를 고집하는 신라도 이웃 나라의 이러한 변화 추세를 지켜만 보고 있을 수는 없었을 것이다. 제19대 눌지왕(訥祇王; 재위 기간 417~457) 때 고구려에서 사문(沙門) 묵호자(墨胡子)가 포교의 목적으로 이미 신라의 일선군(一善郡)에 들어와 있었다. 이러한 대내외 사정의 변화에 직면하여 소지왕은 중국 문물을 수용하면서 그것을 주체적 무 신앙의 정비·강화를 위한 신궁 건립에 나선 것으로 여겨진다.

그러나 고대 국가의 성립이라는 대세는 전통적 신앙의 고수를 허락하지 않는다. 새로운 정치 이념의 수용이 거기에 요구되고 있었다. 신궁 건립 이후 40년간 신라 왕실과 조정에서는 전통 종교의 고수와 새로운 정치 이념의 수용 사이에 갈등이 있었던 것으로 보인다. 이차돈(異次頓; ?~527) 순교의 사건이 그런 배경을 증언한다. 법흥왕은 왕권의 강화라는 면에서 불교의 공허(公許)와 그 국교화를 강행하려하지만, 전통 신앙의 지지자인 중신과 호족 세력의 반대가 극심하였다. 호족 세력의 약화가 왕권 강화의 전제가 됨은 물론이다. 《삼국사기三國史記》에는 이차돈이 이에 왕과 사전에 모의하고는 모든 신하들의 반대를 무릅쓰고 불교의 공인을 주장하다가 각본대로 청참(請斬)되는 과정이 극적으로 묘사되어 있다. 불교는 여기서 무에 대한 승리를 기록하고 있으나, 그것은 무와 불의 공존을 의미하는 것이다. 그리고 불교는 민중에 뿌리내리기 위하여 무와의 습합을 거치지 않으면 안 되었다. 한국 불교가 무의 신령을 받아들여 거의 모든 사찰에 산신각·삼성각 등을 갖추어 있는 모습이 그 사정을 잘 보여 준다.[42]

불교의 공인에 앞서 지증왕은 국호를 신라로 결정하고, 중국식 왕호(王號)를 사용하기 시작하는 등 중국의 발전된 정치 조직을 받아들이고 있었다. 이어 법흥왕은 그 7년(520) 율령을 반포하고, 불교의 공인을 통해 국가 통일을 위한 사상적 뒷받침은 물론 왕권의 강화를 이루었다. 이러한 일련의 개혁을 거치면서 신라는 중앙 집권적 귀족 국가로서의 통치 체제를 갖추게 되었다. 그러나 진즉 왕권의 강화를 통해 막강한 국력을 축적한 백제·고구려의 융성을 보면서 신라는 시대에 걸맞는 새로운 역군의 양성을 절감하게 되었다. 화랑 제도가 그리하여 진흥왕 37년에 성립된 것이다. 최치원이 증언한 바 풍류도는 그 이전부터, 아니 고대 사회로부터 한민족 고유의 종교로 존속해 왔었다. 《화랑세기》는 이른바 선도(仙徒)라는 화랑이 신궁을 모시고 하늘에 제사하며 신을 받드는 일에 주력하는 존재라 하여 있다. 화랑은 천제를 위시한 제사를 담당하는 사제인 무당의 조직에 속하여 사제 후보자의 성격을 갖는 이들이었는데, 진흥왕은 이들을 보다 제도화하여 인재 양성과 등용에 활용코자 했던 것이다.

중앙 집권적 통치 체제의 확립과 그에 따른 유불도의 수용, 화랑제의 도입, 그리고 드디어 삼국 통일의 완수 등의 과정을 거치면서 무는 점차 종래의 막강한 종교적 영향력을 타종교에게 양보하고 기능의 분화를 일으키며 변화를 겪게 된다. 타종교와의 공존은 자연히 다소 간 저들과의 경쟁 관계를 조성하고, 독점하고 있던 권한의 공유를 초래하기 마련이다. 그것은 기능의 제한 내지 분화로 나타난다. 삼국 통일 후 신라의 중앙 집권적 왕권은 한층 강화되거니와, 무는 당연히 왕권에 복속하면서 각종 제사 의례의 주재를 담당하는 존재로 제한된다. 물론 그밖의 무의 전통적 기능인 점복·예언과 치병 및 음주가무 등을 여전히 수행하였을 것이나, 그것도 타종교와의 분담으로 약화되었음에 틀림없겠다.

시조제의 내용 변화가 그 전형적인 보기를 제공한다. 제36대 혜공왕(惠恭王; 재위 기간 766~779)은 처음으로 오묘(五廟)의 제도를 정하였는데, 김성(金姓)의 시조 미추왕(味鄒王)과 삼국을 평정한 태종대왕 및 문무대왕을 세세불천(世世不遷)의 신위(神位)로 삼고, 거기다 조(祖)와 부(父)의 친묘(親廟) 2위를 합해 오묘로 한 것이다. 이것은 중국 예기(禮記)의 왕제(王制)에 천자는 7묘, 제후는 5묘로 한다는 규정에 따른 것이다.[43] 신궁에서는 여전히 왕의 즉위초 하늘의 아들로서 왕을 계승한 것을 천제 의례로 고유해 오면서 유교식 예를 수용하여 제후로서의 예를 갖추고 있었다. 이러한 유교식 제사가 왕과 군신에 의해 유교식으로 거행되었을 것으로 추정된다.

V. 화랑과 무당의 기능 비교

기능의 기계론적 성격을 잘 알고 있으나 화랑과 무당을 비교함으로써 화랑의 종교문화적 성격을 보다 구체적으로 이해할 수 있을 것으로 생각되어 양자의 기능 비교를 시도해 본다. 최남선(崔南善)은 일찍이 반자로프(D. Banzarow)의 견해를 수용하여 무당의 직능을 사제(priest)·의무(醫巫; medicine-man)·예언자(prophet)의 세 가지로 소개한 바 있다.[44] 한편 북유라시아 민족들의 샤머니즘을 현지 조사한 핀다이젠(H. Findeisen)은 무당이 사제·예언자·치병자일 뿐 아니라 시인·작곡가·가수·연희자·무용가이고, 나아가 투시안(透視眼)의 소유자·재판관이자 씨족 또는 부족의 부족장임을 밝혔다.[45] 무당이 정치권을 공유하는 미분화된 원주민 사회에서는 그 기능이 정치·사법·종교·문화 등 전반에 걸치게 될 것은 이해되나, 핀다이젠의 무당 기능 파악은 아무래도 좀 서술적이다.

나는 조선 전기의 무를 개관하는 논문에서 무당의 기능을 주로 사제·치병·예언 및 점복·가무오락의 넷으로 나누어 살펴본 바 있다.[46] 무당은 천제를 위시한 각종 굿을 주재하는 사제이고, 또 그 강신(降神)의 권능으로 예언·점복을 전문으로 한다. 신을 모시고 신과 통래하는 존재로서 그는 병의 원인을 파악하여 귀신을 제거하는 등 치병의 능력을 갖는다. 세계의 모든 원주민 사회의 무당이 의술사(medicine-man)로 불리거니와, 조선조에서는 천민으로 규정된 무당을 국립의료원격인 동서활인원(東西活人院)에 소속시켜 전염병 치료를 전담시킬 정도였다. 무당은 그리고 전통 가무의 계승자로서 굿판에서 가무 오락을 베풀어 사람들에게 신명을 올려 주는 능력을 소유한다. 이 네 기능은 무당의 속성 내지 본질에 직결된 가장 기본적인 것이다. 앞장에서 신라 무의 상황을 다루어 보았으나, 사제의 기능 이외에 무당의 이들 기능이 제대로 드러나지 못하였다. 그렇더라도 이 기본적인 기능이 수행되고 있었음은 의심의 여지가 없다. 나는 화랑도를 역사·문화적 맥락에서 전통·고유 신앙인 무의 계승 내지 전개로 보고 있으므로 화랑의 기능을 무당의 그것과 대비하여 검토하려 한다.

들어가기에 앞서 한 가지 이해하고 넘어갈 것이 있다. 무당의 기능을 넷으로 구분한 것은 어디까지나 학문상 편의적인 것이다. 이들 기능은 결코 독립된 것이 아니고, 실제 상황에서는 여러 기능이 중복되어 나타난다. 예컨대 하나의 굿에서 무당은 사제의 기능과 함께 점복·예언과 가무 오락의 기능을 수행한다. 경우에 따라 치병의 것이 포함되기도 한다. 이렇듯 기능들이 서로 상호적 관계를 갖고 있음을 염두에 두어야 한다.

순서에 따라 먼저 사제의 기능을 살펴본다. 화랑이 국가의 제사나 어떤 종교적 행사를 주재하였다는 기록은 찾아볼 수 없다. 다만 사제적 성격을 유추할 수 있는 것이 없지 않다. 화랑 제도 형성에 관한 《삼국사기》의 기록 가운데 화랑이 무리를 거느리고 명산대천을 찾아다니며 유오(遊娛)했다는 대목은 흔히 인용·거론된다. 그것을 종래 화랑의 전형적인 수련 방법으로 해석해 오는데, 이러한 안목은 심히 현대적이고도 세속적이어서는 곤란하다. 이른바 광개토왕비(廣開土王碑)의 전렵이환(田獵而還)이란 대목을 당시의 의례적인 성격을 모르고, 젊은 왕이 원정의 승리에 도취한 나머지 수렵에 나섰다고 현대적 사고 방식으로 해석하여 어처구니없는 오류를 범하는 것[47]과 같다.

화랑이 무리를 거느리고 명산대천을 찾아다니며 놀았다는 것은 의당 의례적인 내용의 것이다. 신라의 명산대천은 《삼국사기》 권32, 제사조에 밝혀 있듯이 제사와 관련된 성지(聖地)들이다. 거기서 화랑이 놀았다면 말이 되지 않는다. 화랑은 그런 곳에서 무리와 함께 당연히 어떤 의례를 올려야 한다. 화랑이 그런 의례를 주재하였을 것이고, 그것은 고대 이래 무의 사제 기능의 계승이 되는 것이다.

비슷한 상정이 월명사(月明師)의 도솔가(兜率歌)와 관련하여 가능하다. 경덕왕(景德王) 19년 4월 해가 둘이나 나타나 열흘 동안 없어지지 않자, 왕은 일관(日官)의 자문에 응하여 중을 기다리고 마침 국선(國仙)의 도(徒)인 월명사가 지나가다가 왕의 명에 따라 기도문으로 향가(鄕歌) 도솔가를 지어 바친다. 조금 있다가 해의 괴변(怪變)이 사라졌다 한다.[48] 신라 향가의 대부분이 제사와 관련된 주가(呪歌)로 여겨지거니와,[49] 이같은 주가가 그것도 해의 괴변을 놓고 의례 없이 불려졌으리라고는 상상할 수 없다. 월명사가 거기서 그 의례를 주재하거나 적어도 그것에 참여하였을 가능성이 높다.

화랑의 치병과 점복·예언의 사례를 보여 주는 기록도 거의 발견되지 않는다. 진평왕 때 거열랑(居烈郎)·실처랑(實處郎)·보동랑(寶同郎) 등 세 화랑이 동해변 풍악(楓岳)에 놀러 가다가 혜성(慧星)이 심대성(心大星)을 침범하는 것을 목격하고, 그것을 왜군의 침입의 징조로 파악하는 사례[50]가 있을 뿐이다. 이 사례는 화랑의 점복 능력을 일러 주나, 유일한 사례이기에 기능으로서 논의하기에 미흡하다. 신을 모시는 강신(降神)의 전문가가 아니면 사제의 기능을 감당하기 어렵지만, 치병과 점복·예언의 두 기능은 특히 더 그러하다. 그에 비하여 가무 오락은 반드시 그렇지만은 않다. 무에서의 가무 오락은 그 범위와 성격이 넓어, 무당이 굿에서 신령을 모시기 위해 하거나 신령에 씌어 그 임재(臨在)를 표현할 때, 그리고 신령을 돌려보낼 때 가무를 행하지만, 입무(入巫)의 준비 과정으로도 그것은 요구된다. 고대 사회에서의 가무는 신령과 통하고, 개인의 신명을 높이기 위한 종교적 성격의 것이다. 이러한 의미에서 화랑의 가무 오락의 면모를 보여 주는 자료는 적잖다.

화랑 제도 형성을 서술한 《삼국사기》 관련 부분에 화랑이 가락(歌樂)을 즐기고 명산대천에 놀았다 하였다. 가무는 평소에 즐기는 필수적인 사항이다. 명산대천에서 논다는 것이 사제적 기능의 수련 성격을 가지는 것이라 앞에서 언급하였거니와, 그것이 또한 가무의 수련도 겸한 것임을 미루어 알 수 있다. 월명사 도솔가의 기사는 노래를 지어 의례에 임했음을 보이는데, 거기서 가무의 장면은 안 보아도 역연하다. 진평왕대의 세 화랑이 혜성(慧星)의 심대성(心大星) 침범을 목격하고, 융천사(融天師)가 혜성가(慧星歌)를 지어 노래함으로써 혜성이 사라지고 오군이 물러갔다는 기사에서도 그 점 마찬가지이다.

가무 오락의 기능과 관련하여 나는 《고려사高麗史》에 보이는 의종(毅宗) 22년 3월의 신령(新令)에 주목한다. 그 가운데 다음과 같은 항목이 들어 있다.

　"선풍(仙風)을 숭상할지니 신라는 선풍이 크게 행하여져 이로 말미암아 용천(龍天)이 기뻐하고 백성과 만물이 안녕하였다. 까닭에 조종(祖宗) 이래로 그 기풍을 숭상한 지 오래다. 근래 양경(兩京)의 팔관회(八關會)가 날로 옛 격조를 잃어가고, 유풍(遺風)이 점차 쇠퇴해 간다. 앞으로 팔관회는 양반 가운데 재산이 넉넉한 자를 미리 뽑아 정하여 선가(仙家)로 삼고, 옛 풍도를 행함으로써 사람과 하늘이 다 기뻐하게 할지니라."

　팔관회는 진흥왕 때 시작되어 고려말에 이르기까지 대략 8백 년간 거행된 것으로 불교의 이름을 빌려 있지만, 내용은 기실 한국 고대 사회의 천제[하늘굿]를 계승한 것이다. 고려 태조의 훈요십조(訓要十條) 가운데 팔관이 천령(天靈)·오악(五嶽)·명산대천·용신(龍神)을 섬기는 것이라 밝혀 있다. 이로써도 그것이 전통적인 무의 의례임을 알겠거니와, 인종(仁宗) 때 고려에 사신으로 온 서긍(徐兢)은 직접 팔관회를 참관하고는 그것이 고구려의 제천 의례인 동맹(東盟)과 조금도 다르지 않음을 기록으로 남겼다.[51]

　이러한 성격과 전통의 팔관회에 선가(仙家)를 뽑아 충당시킨다 하였는데, 선가는 그러면 거기서 보조 사제의 역할을 하면서 주로 가무오락의 기능을 수행하게 된다. 이것이 신라 선풍(仙風)의 전통임을 그 신령(新令)은 알게 한다. 여기서 선풍이란 화랑도에 다름 아니다. 팔관회가 신라 진흥왕 12년 고구려 침공 때 데려온 승 혜량(惠亮)에 의해 처음으로 설치되고, 같은 왕 33년(572) 10월 전사한 장병을 위해 외사(外寺)에서 7일간 팔관연회(八關筵會)가 열렸음은 《삼국사기》에 전한다.[52] 그 구체적 내용이 어떠하였는지 알 수 없으나 위의 기록을 감안하면 신라 팔관회에 화랑의 참여를 유추할 수 있다. 팔관회 같은 국가적 제의가 무당에 의해 주재되었을 것이고, 화랑은 그 무리들과 함께 참여하여 그 의례의 웅장·성대함을 조성하였을 뿐 아니라 가무 오락의 기능을 담당하였으리라 짐작된다.

화랑의 기능을 무당의 것과 비교하여 대충 살펴보았다. 그 가운데 보조 사제적 성격과 가무 오락의 기능은 두드러지게 나타나지만, 점복·예언의 기능은 미약하고 치병의 것은 전혀 보이지 않는다. 그 비교로써 화랑의 기능이 무당의 그것과 연관 있음을 알 수 있으나 화랑을 무당으로 보기는 어렵다. 무당은 강신을 받아 신을 모시는 전문가이고, 그래야 점복·예언 및 치병의 권능을 공식적으로 펼칠 수 있게 된다. 《화랑세기》에 "전에는 신도들이 다만 신을 받드는 것만을 주로 삼았다" 하였으니, 화랑이 원래 신교(神敎)의 일원으로 존재한 것으로 이해된다. 그러다 신라 사회의 시대적 배경에 부응하여 화랑이 인재 양성의 제도로 되면서, 그 본디의 무당적 기능이 약화된 것으로 풀이된다.

김유신(金庾信)은 화랑 가운데 명성을 가장 크게 떨친 삼국 통일의 장군이다. 그에 관한 사료의 신이한 기록은 차치하고라도 그가 산 속 석굴(石窟)에 들어가 고행하며 기도하다 산신(山神) 할아버지를 만나 비법(秘法)을 전수받은 것, 또 기도하여 보검(寶劍)에 영(靈)이 강림한 것 등은 화랑의 수도와 강령(降靈) 체험이 무의 강신 체험에 속한 것임을 잘 보여 준다.[53]

VI. 화랑도의 전개

김대문(金大問)의 말처럼 어진 재상과 충성된 신하가 화랑에서 나오고, 뛰어난 장사와 용감한 군사가 이로 인해 생겨났음은 주지의 사실이다. 화랑이 신라의 삼국 통일에 결정적으로 기여한 것도 잘 알려져 있다. 이 화랑 제도가 이후 어떻게 변천되었는지는 정치·제도사의 관심이 될 터이다. 이 글의 관심은 종교문화적 맥락에서 화랑도의 종교적 성격이 이후 어떤 변화를 겪으며 전개되었는지에 있다.

화랑 제도가 시대적 요청에 의하여 민족의 주체성 강화와 인재 배출의 목적으로 진흥왕대 설립된 이후 삼국 통일에 지대한 기여를 하였으나, 삼국이 통일되고 소기의 목적이 충족됨에 따라 화랑도도 어떤 성격의 변화를 겪었을 것이라 생각된다. 통일신라의 사회적 성격은 왕권의 전제화, 불교의 융성 등으로 그 이전과는 크게 변하였기에 그러한 변화 속에서 화랑의 성격도 자연스럽게 변하지 않을 수 없었을 것이다. 신라 하대에 중앙에는 왕위 계승전이 벌어지고, 지방에서는 세력의 성장을 이룬 호족들의 반란이 일어난다. 호족 반란의 진압에 화랑이 종군을 청하여 허락받고 출전하였는가 하면,[54] 화랑이 왕의 사위가 되었다가 뒤에 왕위에 오르고 화랑의 아들이 왕이 되기도 한다. 이것은 화랑의 정치·사회적 지위의 변동을 보여 주는 것이지만,[55] 종교 문화면에서 보아 화랑의 세속화를 가르쳐 준다.

화랑의 성격 변화에 가장 큰 영향을 끼친 것으로는 역시 불교를 손꼽아야 한다. 전통 종교로서의 무의 기반 위에 새로운 정치 이념으로 수용되어 들어온 것이 불교이고, 화랑과 불교와의 관련을 전하는 기록이 다수 전한다. 앞장에서 살펴본 팔관회도 무·불의 깊은 연관을 시사한다. 그리고 무엇보다 불교가 통일신라의 지배적인 사상으로 이야기되기 때문이다. 미륵(彌勒) 신앙이 화랑도와 어떤 사상적 관련을 갖고 있음은 《삼국유사》의 미륵선화(仙花) 미시랑(未尸郎)전에 역연하다.[56] 그밖에 화랑 죽지랑(竹旨郎)이 석(石)미륵과 그 영험에 의해 태어났다는 것, 낭도 월명사가 미륵존(尊)에게 도솔가를 지어 바친 것 등도 그런 사정을 반영한다.[57] 원광(圓光)이 화랑도를 위해 지었다는 이른바 세속오계(世俗五戒)는 그동안 많이 논란되어 오지만 불교와 화랑도와의 연관은 부인하지 못한다.

불교가 화랑 제도 및 정신의 형성에 끼친 구체적 영향 내용을 검토하는 일은 이 글의 범위에서 벗어나고 별도의 논고를 요한다. 여하튼 화랑도에 끼친 불교의 영향은 그동안 과대 평가되어 오거나 잘못 이해되었다고 나는 본다. 화랑도의 근본 성격에 대한 이해가 갖추어지지 못하고, 종교문화적 맥락에서 화랑도를 바라보지 못한 점을 그 원인으로 지적한다. 불교가 특히 통일신라에서 융성하고 다량의 고승이 출현하여 사회·사상적으로 신라 사회에 큰 영향과 감화를 준 사실에 학자들이 지나치게 경도되어 온 것이 아닌가 생각된다. 팔관회의 성격에서 그 점을 확인할 수 있다.

앞장에서 팔관회의 성격에 관하여 언급하였거니와, 그 개설 동기나 명칭은 비록 불교적인 것이지만 그 실제 내용은 금욕적 불교 법회가 아니라 전통적 무의 신령을 섬기고 음주가무와 백희(百戱)를 위주로 하는 것이었다. 그것이 곧 고대 사회의 제천 의례를 계승한 무 전통의 의례였다. 화랑도의 무 성격을 인정하는 학자들은 화랑도의 사상적 배경을 샤머니즘과 불교로 파악하거나,[58] 무교(巫教)가 불교와 영합함으로써 화랑의 기본 사상을 형성했다고 보고 있다.[59] 이들 견해로써는 팔관회의 그런 성격이 온전히 설명되지 않는다.

그 관계 구조를 다음과 같이 파악하는 것이 타당하다. 왕권의 강화를 위해 불교의 수용이 불가피하였으나, 그렇다 하여 고대로부터의 전통 신앙을 포기할 생각을 신라 왕실은 가지고 있지 않았다. 오히려 그 정신을 계승하여 인재를 양성할 목적으로 화랑도를 양성적인 제도로 만들어 후원하였다. 신라 왕실은 불교의 수용과 무 전통의 화랑도의 확립을 동시에 추진한 것이다. 그에 따라서 불교적 내용이 화랑도 속에 자연스럽게 부분적으로 수용되었다. 비단 불교뿐 아니라 유교 및 선교(仙敎)의 요소도 마찬가지로 화랑도에 수용될 수 있었으니, 최치원이 규명한 화랑도의 유불선 삼교 포함은 바로 그런 사정과 관계 구조를 명확하게 일러 준다.

　신라 하대 정치·사회·문화의 상황 변화에 따라 화랑도는 점차 세속화의 길을 걷고 있다. 신라가 망하면서 제도로서의 화랑도도 그 운명을 함께 할 수밖에 없었다. 그러나 전통 신앙의 기반 위에 한 번 제도화되어 다듬어지고, 신라 사회의 발전에 지대한 공헌을 한 화랑도의 정신은 그냥 사라져 버릴 성질의 것이 아니었다. 신라말 미륵을 자처하며 태봉(泰封)을 세운 궁예(弓裔)는 898년 팔관회를 열고 있고,[60] 고려 태조 왕건도 즉위한 해(918) 11월 팔관회를 열고는 거기에 참관하였다. 팔관회는 그로부터 해마다 상례(常例)로 행하여지거니와, 태조는 만년 그의 자손들이 반드시 지켜야 할 훈요십조(訓要十條) 가운데 앞으로도 대대로 팔관회를 엄수할 것을 간곡히 당부하고 있다. 팔관회가 신라 때의 선풍(仙風), 곧 화랑도의 숭상과 직결된 것임은 앞에서 살펴본 의종(毅宗) 22년(1168)의 교령(教令)에 잘 표현되어 있다. 의종은 당시 쇠퇴해 가는 팔관회를 되살리기 위해 양반 가운데 가산(家産)이 요족한 자를 뽑아 선가(仙家)로 정하고, 옛 풍도에 따라 행하도록 명하였다.

　팔관회도 고려의 멸망과 함께 그 명운을 다하고 만다. 성리학(性理學)을 정치 이념으로 내세운 조선왕조는 유교적 가치관에 충실하면서 처음부터 무와 불교의 억압에 나서고, 무당과 승려는 천민(賤民)으로 규정된다. 한편 조선왕조는 중국의 천자(天子)만이 천제를 지내고, 제후는 종묘·사직에 제사할 뿐이라는 유교적 이념에 따라 천제를 폐기하였으니, 고조선으로부터 고려말까지 역대 왕들이 천제(天帝)의 아들을 자처해 온 전통의 맥이 여기서 끊어져 버린다.[61] 천령(天靈)을 비롯한 신령을 섬기는 팔관회가 그 터전을 잃어버린 셈이고, 화랑도 정신도 그에 따라 쇠퇴 또는 변질될 수밖에 없었다.

　조선조에서의 풍류도의 맥을 선비 정신에서 찾는 이들이 있다. 그들은 대개 유학 전공자인데, 그러한 안목은 도저히 용납될 수 없다. 풍류도의 핵심되는 종교문화적 성격을 무시한 채 명산대천에서의 유오와 같은 그 지엽 또는 외형적인 면만 따지고 있기 때문이다. 한편 조선조에 있어서의 화랑의 유제(遺制)·변천으로서 남무(男巫)에 대한 호칭인 화랑(花郎)이 논란되어 온다. 이수광(李晬光)은 단지 남무를 화랑이라 부르는데 그 본디 취지가 잃어진 것이라 하고, 정약용(丁若鏞)도 무부(巫夫)나 창희(倡戲)같이 천한 무리를 화랑이라 부르는 것은 잘못된 것이라 지적하였다.[62] 이들 유학자들은 화랑이 본시 신라 귀유(貴遊)의 이름인데 어찌 천한 무당의 이름이겠느냐는 것이다. 화랑이 고대 이래 전통 신앙인 무를 계승한 사실을 저들 유학 신봉자들은 이해할 수 없었고, 무당은 그들에게 단지 천민이자 귀신 숭배자일 뿐이었다.

최근에도 정다산(丁茶山)의 견해를 무조건 추종하는 반면, 조선 시대 남무의 별칭인 화랑이 옛 유제(遺制)라는 일인학자들의 주장을 저의 있는 견강부회라고 싸잡아 버리는 이가 있다.[63] 일인학자들의 주장에 저의가 전혀 없는 것은 아니나, 그런 이들은 무에 대한 지독한 선입견에 빠져 있고 한국 종교사 및 화랑의 종교문화적 성격에 대한 기본적 이해를 전혀 갖추고 있지 않다. 무는 조선조의 천대·억압 정책으로 인하여 세속화의 길을 걷지 않을 수 없었다. 그러면서도 왕실에서는 그 전통적 기능을 인정하여 나라무당[國巫]을 두고 있었고, 조선 정부는 무당을 필요에 따라 국가 기관에 배치하여 활용하였다. 조선조 남무에 대한 별칭인 화랑은 옛 화랑도의 유제임에 틀림없고, 그것은 또한 화랑의 무적 성격을 반증한다.

끝으로 근세의 동학(東學)을 화랑도의 부활로 보는 견해[64]에 의하면, 유불선 삼교를 종합한 동학의 근본 취지와 이론 체계가 화랑도와 같다고 한다. 삼교합일적 사상은, 삼교가 진즉 한국에 들어와 한국 문화 형성에 일정한 공헌을 한 것과 한국 종교의 다종교 공존의 특성[65]을 헤아리면 한국 종교의 특징이 된다. 나는 동학의 한울님 사상을 고래로 한민족을 천손(天孫)으로 자처해 온 무의 전통 위에서 종교문화

적으로 파악한 바 있다.[66] 같은 뿌리에서 나왔다는 점에서 화랑도와
동학은 비교할 만하겠으나 동학을 화랑의 부활이라 보기는 어렵다.

맺음말

　종교문화적 맥락에서 화랑의 실체를 규명해 보았다. 화랑도는 한
민족 고래의 전통 신앙인 무의 바탕 위에 신라의 시대적 상황에 부응
하여 제도화된 것으로 드러난다. 불교가 화랑도의 사상적 형성에 지
대한 공헌을 하였다는 인식은 재고되어야 한다. 중국의 문물을 받아
들여 제도를 정비하고 불교의 수용으로 왕권을 강화하는 한편, 신라
왕실은 민족주체성을 동시에 확립하고 인재를 양성하기 위해 화랑도
를 설립한 것이다. 팔관회의 성격 규명에서 특히 그것이 확인되었다.
그리고 화랑도의 정신은 고려말까지 팔관회의 개최를 통해 계승되었
고, 조선조의 성리학적 정치 이념 아래 무가 천대·변질되면서 그 전
통도 단절되었음을 살펴보았다.
　화랑의 종교 문화의 실체를 그동안 바르게 이해하지 못한 데에는
두 가지 원인이 있다고 생각한다. 하나는 그에 관한 사료가 각기 유
교·불교·도교의 성격을 강하게 띠고 있는 점이다. 다른 하나로 한
국 종교사의 역동적 이해와 무의 전통 신앙성 및 역사에 대한 인식이
바로잡혀 있지 않은 사실을 지적할 수 있다. 종래 화랑 연구에 동원
된 사료가 유교·불교·도교의 각기 입장에 따라 한쪽으로 치우쳐 해
석되어 온 사실을 부인하기 어렵다. 반면 화랑도의 무 성격을 직접적
으로 전해 주는 기록은 거의 없다. 최치원이 가르친 바 화랑도의 삼
교 포함의 내용은 그에 따라 총체적이고도 역동적으로 이해될 수 없
었다.
　두번째 원인은 첫번째의 것과 표리를 이룬다. 한국 종교사는 다종

교 공존의 특성을 보인다. 무가 전통 신앙으로서 그 기반을 이루고 그 위로 유불도가 중국에서 도입되어 이 땅에 토착화한다. 이들은 각기 상호 영향을 주고받으며, 한국 문화의 형성에 각기 일정한 역할을 감당하여 온다. 한국 종교연구가들은 이러한 구조와 특성을 도외시하고서 근대 서양 학문의 분화·전문화된 안목으로써 각기 그 관련 종교 위주로 한국 종교사를 바라본다. 그리고 조선조 이래의 무에 대한 선입견과 서양 내지 기독교적 관점에 따라 무를 부정적인 귀신 신앙 또는 미신 정도로 치부한다. 그러하기에 한국 종교사가 제대로 이해되지 못하였고, 화랑의 종교 문화의 실체가 규명될 수 없었던 것이다.

화랑도는 유·불·도 삼교를 포함한 실로 현묘한 도(道)이다. 그것이 신라에서 제도화되고서는 어진 재상과 충성된 신하, 뛰어난 장수와 용감한 군사를 배출하였다. 삼국 통일의 위업 달성과 신라 문화의 고도한 발전에도 막대한 기여를 하였다. 이러한 현묘한 도가 고려 때 위축·변모된 상태로나마 계승될 수 있었으나, 조선조 성리학 일색의 사회에서는 더 이상 명맥을 이을 수 없었다. 조선조는 다종교 공존의 한국 종교 특성이 제대로 발휘되지 못한 사회였다. 그리고 그때로부터 외래 사상의 지배로 주체적 종교 문화가 펼쳐지지 못하였다. 오늘날 한국 사회는 세계화의 경쟁 속에서 생존과 번영을 위해 온갖 노력과 정성을 쏟고 있고, 남북 통일이라는 민족적 과제를 목전에 두고 있다. 화랑도의 실체 규명과 함께 그 정신의 회복 및 계승이 절실한 때이다.

한국의 넋건지기 ─
삼천궁녀제와 관련하여

I

삼천 궁녀라 하면 백제가 망할 때 왕족과 더불어 낙화암에서 백마강으로 투신하여 죽었다는 궁녀인 줄 다들 알고 있다. 이들 삼천 궁녀의 넋을 달래는 축제가 전통민속문화보존회에 의하여 매년 백마강 낙화암 일원에서 여러 해째 벌여져 오고 있거니와, 삼천 궁녀에 대하여 종래 잘못 이해하는 것이 있기에 그것을 먼저 따지면서 이 글을 시작한다.

우리 사회에는 삼천 궁녀의 수가 그렇게 많음을 두고 백제의 마지막 왕 의자왕이 여자를 밝히고 황음무도하였으며, 그래서 백제는 멸망할 수밖에 없었다는 투의 이야기가 돌아다닌다. 속담에 며느리 흠잡을 것 없으면 발뒤축이 계란 같다 한다는 것이 있다. 삼천 궁녀에 대한 그런 이야기는 이 속담을 생각하게 한다. 나라의 멸망을 목전에 두고 강에 투신한 삼천 궁녀의 장렬하다 못해 아름답기까지 한 죽음은 아랑곳없이 그것을 부정적인 것으로 보고 사람들의 안목을, 또 그리로 몰아간 고도의 어떤 흉계를 여기서 감지하게 된다.

그런 것이 백제의 유민들에게서 나왔을 리는 만무하다. 짐작컨대 그것은 백제에게 늘 시달림을 받아 오다가 당(唐)과 결탁하여 끝내 백제를 멸망시킨 신라 쪽에서 만들어졌을 가능성이 높겠다. 국가 존망의 위협이 되던 나라를 영원히 제거해 버린 승자의 기고만장한 모습을 충분히 헤아릴 수 있다. 한편 백제 멸망 후 나라를 다시 회복하려는 백제 부흥군(復興軍)의 활약으로 당군(唐軍)과 신라군은 한동안 패배와 괴로움을 겪는다. 이때 백제 유민의 민심을 부흥군으로부터 떼어 놓기 위해 백제 왕실의 부정적인 면모를 그렇게라도 조작할 필요성이 신라측에 있었을 것으로도 여겨진다. 여하튼 우리는 삼천 궁녀 말만 들으면 부패한 백제 왕실을 떠올리게 되는 심히 잘못된 인식을 가져오는 터이다.

우리 나라에 궁녀의 제도가 중국으로부터 처음 도입된 것은 삼국 시대 때 일이다. 그것이 발전하여 고려와 조선조에서는 3백 명쯤의 궁녀를 내명부(內命婦)로 두었다. 중국의 경우 3천의 궁녀란 말은 들어 본 적은 있으나, 한국에서 3천 궁녀란 애초 어불성설의 이야기가 된다. 그러면 도대체 3천이란 수가 어디서 온 것인지 궁금해진다.

조선조 민간에 유포되어 있던 《안락국전》이란 국문 소설에는 삼천이란 수의 용례가 보인다. "과거 전에 석가세존님이 삼천 제자를 거느리시고 삼국설법 도량에 우담바라화연을 색색이 심어두시고 즐겨하시더니……"가 그것이다. 삼천의 용례는 기실 이것말고도 많다. '삼천갑자 동방삭' '백발삼천척(白髮三千尺)' '식객 삼천(食客三千)' 등이 그에 해당한다. 어느것이나 수의 많음을 과장하여 표현하고 있다.

위에서 언급한 조선조 국문 소설의 예에 드러나거니와, 삼천은 불교에서 온갖 것을 다 망라하였다는 뜻으로 두루 통용된다. 삼천제법(三千諸法) · 일념삼천(一念三千) · 삼천세계(三千世界) · 삼천위의(三千威儀) 등이 그러하다. 천태종(天台宗)에서는 만유(萬有)를 통틀어 삼천(三千)이라 한다. 지옥 · 아귀 · 축생 · 아수라 · 인간 · 천상(天上) · 성문(聲聞) · 연각(緣覺) · 보살 · 불(佛)을 십계(十界)라 하는데, 원융(圓融) · 호구(互具)의 이치에 의해 십계가 십계를 갖추었으므로 백계(百界)가 되고, 각 백계마다 성(性) · 상(相) · 체(體) · 역(力) · 작(作) · 인(因) · 연

(緣)·과(果)·보(報)·본말구경(本末究竟) 등 십여시(十如是)의 뜻이 있으므로 천여(千如)가 되고, 다시 천여에 삼종세간(三種世間)을 곱하여 삼천이 된다는 것이다.

나아가 고대 인도인의 세계관이 불교에 수용되어 전우주(全宇宙)를 가리키는 삼천대천 세계(三千大千世界)가 있다. 그것에 따르면 수미산(須彌山)을 중심으로 하여 일(日)·월(月)·사대주(四大洲)·육욕천(六欲天)·범천(梵天) 등이 소세계(小世界)를 이룬다. 이것을 1천 배한 것을 소천(小千) 세계, 소천 세계를 1천 개 모은 것이 중천(中千) 세계, 중천 세계를 1천 배한 것을 대천(大千) 세계라 한다. 이 모든 것을 합하여 삼천대천 세계가 된다. 그것은 있는 모든 세계를 가리키면서 일불(一佛)이 교화하는 광대무변한 한 범위를 이룬다.

불교에서의 의미까지 살펴보면서 삼천을 좀 장황하게 구명한 감이 없지 않으나, 우리의 논의 대상인 삼천 궁녀의 의미를 명확히 하기 위하여 그것은 불가피한 일이었다. 삼천 궁녀는 이제 백제의 멸망과 관련하여 왕실에 직·간접으로 관계 있는 여인들로서 백마강에 투신한 이들 전체를 가리키는 것으로 넓게 이해되어야 한다. 저들은 구차히 목숨을 보존하지 않고 망국의 여인으로서 몸과 마음을 욕되게 하지 않으려고 결연히 죽음의 길을 택한 이들이다.

II

물에 빠져 죽은 이의 넋을 건져 천도하는 굿은 각 지역마다 거행되어 온다. 김동리의 초기 작품인 〈무녀도巫女圖〉는 한국 문학에서 무(巫)를 다룬 대표작으로 흔히 거론되는데, 거기에는 애기소에 몸을 던진 어느 부잣집 며느리의 넋을 천도하는 영남 지역의 수망굿이 묘사된다. 호남 지역에서는 넋건지기굿이 있고, 서울·경기 지역에서는 용신굿으로써 넋을 건진다. 충청남도에는 법사들에 의해 나름의 넋건지기가 행하여진다. 각 지역의 것을 다 거론할 필요는 없겠고, 몇 개의 예를 들어 그것을 좀 구체적으로 살펴본다.

먼저 전남의 넋건지기굿을 보면, 망자가 익사한 바다나 강에 배를 타고 나가거나 물가 육지에서 그 굿이 벌어진다. 망자가 생전에 사용하던 식기를 준비하였다가 거기에 쌀을 가득 담고 뚜껑을 덮은 다음 그것을 백포(白布)로 칭칭 감는다. 그리고는 백포의 한 끝을 손에 쥔 채 그 식기를 물 속에 던져넣고 굿을 한다. 그러다 망자의 넋이 식기 안에 들어간 표징이 나타나면 식기를 건져올린다. 식기 안에 머리카락이나 손톱이 들어 있으면 그런 것을 망자의 넋이 실린 것으로 믿고, 그 식기를 집으로 가져와 씻김굿을 논다. 굿을 마친 뒤 식기 안에서 건진 넋을 관에 넣어 매장하고는 분묘까지 축성한다.

같은 전남 지역 안에서도 넋건지기에 편차를 보인다. 백지로 15센티미터 정도 길이의 인체 모양을 오려 만들어 넋전이라 하고, 그것을 망자의 생년월일·주소·성명을 적은 종이와 함께 밥주발에 넣어서는 넋식기라 부른다. 이 넋식기를 질베의 끝에 싸서 물 속에 던져넣고 한 끝은 신대에 묶은 채 놀기도 한다.

영남의 수망굿에서는 가족들이 통곡하는 가운데 주무(主巫)는 서낭대 끝을 바다에 담근 채 초혼(招魂)의 노래를 부른다. 노래에 이어 흰 헝겊으로 묶은 밥주발과 한쪽 다리를 끈으로 묶은 닭을 바다 멀리 던진다. 주무가 염불을 하는 동안 다른 무당은 주발을 끌어올리고는 주발에 망자의 혼이 따라 나온 것으로 여긴다. 수망굿에서는 넋건지기에 앞서 골매기서낭굿을 논다. 마을의 수호신인 골매기서낭님이 문을 열어 주어야 죽은 이의 넋(영가)이 굿을 받으러 굿당까지 올 수 있다고 믿기 때문이다.

충청도의 법사들은 용왕님이 죽은 이의 넋을 내주도록 먼저 바닷가에서 용왕제를 지낸다. 쌀을 가득 담은 주발을 질베로 싸서 물 속에 집어던졌다가 나중에 그것을 꺼내 거기에 담긴 머리카락이나 쌀의 변화 모양 등을 통해 망자의 넋이 건져졌음을 확인한다. 그것을 집으로 모셔 젯상을 차려 놓고는 해원경(解冤經)을 읽은 다음 길을 갈라 천도한다.

　서울·경기 지역과 이북의 무당 가운데는 용신굿과 관련하여 가공할 만한 이야기를 말하는 이들이 있다. 배를 타고 나가 굿을 하다가 신이 들리면——이 경우 망자의 넋이 되겠지만——준비해 온 무명 필목의 한 끝을 허리에 동여매고는 무당이 물 속에 뛰어들어 한참이나 있다가 한 움큼 망자의 머리카락을 손에 쥔 채 올라온다는 것이다. 현지 조사를 하면서 나는 여러 만신들에게서 그런 이야기를 들었으나 눈으로 직접 확인한 바는 없다. 그런 영험한 신화적인 만신이 있었을지는 모르나, 대개 영험의 과장이 심한 면도 충분히 느낀다.

　실제 서울·경기 지역에서 행해져 온 용신굿은 그렇지 않다. 해당 물가에 굿판을 차리고 용장군을 놀린 다음 암탉과 작은 병을 물 속에 던져넣는다. 작은 항아리는 목에다 끈을 묶어 나중에 다시 건져낼 수 있게끔 한 것이다. 닭과 병을 물 속에 던져넣을 때 망자의 주소·사주(四柱)·성명을 무당이 부르면서 천도할 것을 종용한다. 일종의 초혼(招魂)이다.

　망자의 넋이 건져지는 것은 닭의 죽음과 관련된다. 그것이 죽으면 넋이 병에 오른 것으로 여겨진다. 닭은 여기서 망자를 대신하는 이른바 대수대명이 된다. 죽은 닭은 거기다 던져둔 채 병만 건져낸다. 병 속에는 그러면 머리카락이 들어 있음을 보게 되는데, 그것이 망자의 것으로 여겨지고 또 가족들에 의해 확인된다. 혹여 무당의 장난이 개입될까 봐 병은 제가집에 의해 끈에 묶여 물 속에 던져지기도 한다. 이 의례에서 무당이 영실(망자의 넋)에 씌어 물 속에 뛰어드는 수가 있으므로 다른 무당들은 무명 필목을 준비했다가 이때 그 무당의 허리를 그것으로 동여매고는 단단히 쥐고 놓지 않는다. 물에서 건져낸 망자의 넋을 저승에 천도하기 위해 이어 진오기굿이 베풀어진다.

한국 무의 넋건지기는 그러고 보면 꼭 같은 기본 구조를 갖고 있는 것으로 드러난다. 무당이 해당 물가 내지 물에 가서 초혼을 하고, 밥 주발이나 적당한 용기를 이용하여 그 물 속으로부터 망자의 넋을 대개 머리카락의 형태로 건져내는 것이 그것이다. 대수대명으로서의 닭을 물에 던져 제물로 삼는 것, 용기에 쌀을 담는 것, 넋전을 쓰는 것 등은 지역에 따라 달라 편차를 보이고 부수적인 것으로 여겨진다. 넋을 건져내기 위해서, 그리고 천도하기 위해서는 물론 그 해당 신령에게 빌어야 한다. 우리가 알아본 바로는 그분이 용왕·용신·용장군 등으로 나타나는데, 그것은 물을 주관하는 용신의 다른 이름들일 뿐이다.

III

나는 2년 전 〈삼천궁녀진혼제〉 팜플렛(1998. 4. 25)에 넋건지기에 관한 글을 쓴 적이 있다. 거기서 나는 충청 지역과 영남 지역의 넋건지기에 해당 신령이 달리 모셔진다는 점에 주목하였다. 전자에서는 용왕님, 후자의 경우 넋건지기에 앞서 골매기서낭님에 큰 비중을 두고 있다 하였는데, 여기에 오해의 소지가 있다. 그것은 어차피 제대로 짚고 넘어갈 문제이기도 하다.

이 문제는 굿의 전체 구조에 걸린다. 그것을 넋건지기의 맥락적 문제라 하여도 좋다. 먼저 굿의 전체 구조라는 관점에서 그것을 살펴보자. 넋건지기는 억울한 원혼을 천도하기 위하여 행해진다. 망자를 천도하는 굿을 한국 무 학계에서는 흔히 망자천도굿 또는 사령제(死靈祭)로 이름한다. 이런 유의 굿은 그러나 그에 관련된 거리로만 이루어지는 것이 아니다. 모름지기 한국의 굿이란 천신(天神)을 비롯하여 여러 계층·부류의 신령과 조상, 그리고 잡귀잡신을 모두 일일이 일정한 구조의 거리 속에서 모셔 놀면서 천지인의 조화 가운데 문제를 푼

다. 특수한 목적을 갖는 굿, 예컨대 내림굿·병굿·망자천도굿 등은
이 보편적 구조에다 관련된 특수 목적의 거리를 덧붙여 일정하게 편
성하여 진행된다. 한국 굿의 이러한 보편적 구조는 지역과 굿에 따라
약간씩 다르게 나타나나, 그것은 전승 과정에서의 와전이나 지역적
정서 또는 문화 배경에 따른 특수한 거리의 강화·발전 등에서 기인
하는 것으로 나는 본다.

굿의 구조에 관한 이해를 바탕으로 다음에는 넋건지기의 맥락적
이해가 요구된다. 나는 지금 넋건지기를 두 가지 의미로 혼용해서 쓰
고 있다. 호남 지역 굿의 고유 명사로서의 넋건지기굿과 넋을 건진다
는 의미의 일반 명사로서의 넋건지기가 그 둘이다. 어느쪽이든 그것
은 그 자체로 의례가 종결되지는 않는다. 그런 의례의 앞에는 굿의
보편적 구조로서 일정한 거리가 선행되어야 하고, 넋건지기 뒤에는
건져낸 넋을 천도하기 위한 다른 의례가 뒤따라야 한다. 이것이 넋건
지기의 맥락적 이해이다. 이 관점에서 보면 명확하거니와, 용왕님은
넋건지기의 해당 신령이고 수망굿의 골매기서낭님은 지역 수호신으
로서 건져진 굿이 굿당에서 굿을 받기 위해 미리 하나의 거리로서 모
셔 놀아지는 것이다. 후자의 경우 영남 지역의 지역 신당으로서의 골
맥이 서낭당이 있기에 그런 것이다.

이 문제는 이쯤 접고, 이 글에서 내가 주제와 관련하여 역사적 접
근을 가능한 한 회피하는 이유를 잠시 언급해 두고자 한다. 우리의
관련학계에는 이런 주제를 흔히 통시적 관점에서 다루는 경향이 강
하고, 나 또한 처음에는 그런 것을 염두에 두었다. 그러나 우리의 주
제는 무(巫)와 굿에 관한 것이고, 넋을 건져 천도하며 제반 신령과 관
계되는 민중의 신앙·관념·상상계에 직결되어 있다. 따라서 그것은
신화적 성격의 것이다. 신화의 전문가들이 누누이 강조하였듯이 신화
는 시간과 공간을 뛰어넘어 영원히 반복하여 펼쳐진다. 인과 관계를
따지는 통시적 관점은 신화의 그런 본질적 성격을 무미건조한 것으

로 만들어 버리게 된다. 넋건지기와 삼천궁녀제를 나는 신화적으로
접근하려는 것이고, 그래야 그것을 지금 여기서 넉넉히 천도하고 생
생히 살려낼 수 있다고 여긴다.

IV

넋건지기와 관련하여 이즈음 망자혼례식의 거행이 도처에서 행해
지고 있음을 주목하게 된다. 총각이나 처녀의 넋을 건져내면 신랑과
신부의 인형을 만들어 들고는 산 사람과 마찬가지의 혼례를 치러 준
다. 잔치도 벌어진다. 망자의 넋을 그렇게라도 위로하려는 인간의 정
성이 사뭇 지극하다.

이들 망자는 예외 없이 물에 빠져 죽은 이들이다. 영남·호남·제
주도나 충청남도 등 해안가 마을에서는 바다를 일터로 삼고 생업에
종사하는 이들이 많다. 바다는 인간에게 풍성한 먹거리를 제공하고
삶의 터전이 되나, 인간은 부주의하고 실수하고 그것을 공경하지 않
고 고마워하지 않으며 때로 거기서 오만방자하게 군다. 그러다 인간
은 물에 빠져 죽는다. 용신 또는 용왕의 노여움을 산 것이다.

그것이 바다가 아니고 강이나 개천·연못·우물이라도 마찬가지다.
그런 물은 인간에게 교통로가 되고, 농사를 지을 물·먹을 물을 제공
한다. 어른·아이 할 것 없이 멱을 감고 놀 수 있고, 여인들이 빨래를
하며 아름다운 경관과 시원하게 흐르는 물소리로써 인간의 심신을 달
래 주고 즐겁게 해준다. 따지고 보면 물은 인간만이 아니라 모든 생
물에게 생명을 주는 원천이 된다. 그런 곳에서도 멱을 감다가, 물을
건너다가, 또는 스스로 뛰어들어 죽는다. 홍수가 나서 물이 넘쳐 그
도도한 물살에 휩쓸려 죽기도 한다.

인간의 상상계에서는 그런 물을 신령이 사는 곳으로 여긴다. 상상
계의 실재란 면에서 그런 신령은 실재한다. 한국 무에서 그 신령은

용신·(사해)용왕·용장군 등으로 믿어진다. 이 신령에게는 동서남북 각 방위별 용신과 용왕부인 등이 있고, 그 아래로 또 수많은 직능별 신령이 있어 하나의 신령계를 이룬다. 이(들) 신령이 물과 관련되기에 관련학자들이 흔히 수신(水神)으로 분류하는 것을 보게 되는데, 그것은 참으로 곤란한 오류이다. 인간과 그 문화가 기계가 아닌데, 하물며 신령계가 어찌 기계적으로 분류될 수 있겠는가.

물은 증발하여 하늘로 오르고, 그것이 비·눈이 되어 내리고 산에서는 그것을 받아 흘러내려 인간의 생명을 유지할 수 있게 한다. 따라서 용신은 산신과 직접 연결되어 있고, 모두들 천신(天神)의 성격을 갖는다. 천신에 관하여도 잘못된 이해가 통용되고 있다. 천신을 하늘 저 높이 존재하는 지고신(至高神)으로 상정하는 것은 서양의 일신교적 천신 개념에 오염된 것이다. 우리의 본디 천은 뒷동산 내지 산에 다름 아니고, 그곳이 천의 세계요 천신이 사는 곳으로 믿었던 것이다.

천신의 성격을 갖는 용신은 인간에게 생명의 원천과 삶의 풍요를 주나, 늘 너그럽기만 한 것은 아니다. 인간이 용신에 대하여 잘못하고 무시하고 오만방자히 굴면 용신은 그런 인간의 목숨을 빼앗아 간다. 그렇게 죽은 망자에 대하여 인간의 상상계에서는 다른 죽음의 형태보다 더 끔찍한 죽음으로 여긴다. 물은 그렇게 차가울 수 없고, 물속은 외롭고 고통스럽기 그지없다. 수중고혼(水中孤魂)이란 말은 그런 뜻을 담고 있다. 한국 무에서——그 기학(氣學)으로 보자면——가족과 그 조상은 모두 꼭 같은 기를 갖고 있는 일신동기(一身同氣)들이다. 가족들은 그래서 익사한 망자를 두고 서러움과 고통을 견디지 못한다. 어찌하든 그 넋을 건져 천도해야 하는 이유가 거기에 있다.

V

한국 무 넋건지기의 대상이 되는 망자와 그 죽음의 의미를 대충 살펴보았거니와, 그러면 삼천 궁녀의 죽음을 어떻게 보아야 할 것인지가 문제된다. 그것도 물론 결과적으로는 익사의 형태를 취하지만, 그것을 그렇게 단순히 치부할 것은 아니다. 그 죽음의 성격의 이해에 따라 우리의 삼천궁녀제의 방향이 바뀔 수도 있는 문제이다.

이 글의 첫 장에서 우리는 삼천 궁녀에 대하여 종래 잘못 이해되고 있는 점을 알아보았다. 위의 문제도 그런 관점과 연관된다. 삼천 궁녀를 의자왕의 황음무도를 증언하는 것으로 여기는 안목에서는 삼천 궁녀는 결코 아름답고 청순한 이미지를 주지 못한다. 그런 안목에서 저들은 다소 주연(酒宴)과 향락에 찌든 여인들로 비치고, 사비성 함락의 와중에서 어쩔 수 없이 백마강에 몸을 던질 수밖에 없었던 억울한 망자가 될밖에 없다. 그러나 백제 문화의 주체적 관점에서 보고 또한 삼천이란 숫자의 상징적 의미를 함께 헤아린다면, 삼천 궁녀는 망국의 여인으로서 몸과 마음을 조국과 함께 한 충절과 순결의 여인으로 우뚝 선다. 그 여인들을 모름지기 그렇게 보아야 한다.

삼천 궁녀의 넋은 이제 충절과 선미(善美)의 것으로 드러났다. 그러한 넋은 한스러운 넋이 아니다. 그 넋은 그러면 어떻게 되는 것인가, 그럼에도 불구하고 건져내어 천도해야 하는가? 이 물음과 관련하여 한국 종교의 상상계를 참조해 볼 필요가 있다. 여기서 한국 종교의 상상계라 하였는데, 그것은 한국인의 전통적 저승관의 형성에 기여하고 무와 깊은 영향을 주고받아 온 불교와 도교의 저승관을 염두에 둔 것이다.

민중 도교의 《옥력경세편玉歷警世篇》은 우리 나라 조선조말까지도 필사본을 내고 있을 정도로 꽤나 알려져 있던 민중 도교의 저승 관련

책인데, 거기서 풍도대제(酆都大帝)는 이렇게 말한다. "……만일 충의 효열한 사람과 몸을 버려 나라를 갚은 군병은 혹 죽어 즉시 신령이 되고, 혹 즉시 신체를 완전히 하여 복지(福地)로 보내어 투생(投生)케 하나니……." 삼천 궁녀는 여기서 충의효열한 사람의 범주에 포함되어서 좋다. 이 민중 도교의 세계에서 삼천 궁녀는 즉시 신령이 되거나 복지에 태어나게 된다. 나는 그곳이 용궁이고, 저들은 다시 궁녀나 선녀로 투생하였으리라 상상해 보기도 한다.

충의효열한 사람을 위한 유사한 저승관은 《인왕호국경仁王護國經》 유의 민중 불교에도 확인된다. 그런 관념이 한국의 이른바 호국 불교 사상의 형성과 전개에 지대한 영향을 끼친 것은 두루 알려져 있다. 그러나 불교나 도교의 본디 관점에서 자살은 어떤 형태이거나 주어진 업을 다 채우지 못한 죄목으로 규정되고, 죄인은 그에 상응하는 가공할 형벌을 지옥에서 치러야 한다. 삼천 궁녀가 자살자임은 부정하지 못한다. 그리고 보면 우리는 민중적인 도교 및 불교와 정통적 불교·도교의 두 상상계 사이에서 판단을 두고 기로에 선 셈이 된다.

VI

한국 종교는 다종교 공존의 특성을 갖는다. 여러 종교가 오랜 역사 동안 우리 사회 안에서 공존하여 오기에 우리는 여러 개의 저승관을 갖고 있다. 그것은 달리 말하자면 저승관에 대한 한국인의 혼란감을 조성하여 온다. 나는 그래서 〈한국 지옥 연구—무의 저승〉(1998)에서 그 상상력의 실체에 접근한 바 있다. 이것을 통해 무(巫)의 저승에 두루 보이는 도교와 불교의 저승 관념은 단지 표층적인 것이고, 무의 원형적 저승은 천국과 지옥으로 이분화된 것이 아니라 우리 금수강산 뒷동산에 즉자적으로 펼쳐져 있는 꽃밭의 세계임이 밝혀졌다. 뒷동산이 바로 우리의 본향(本鄕)이고, 그곳의 꽃밭이 본향임을 나는 찾아낼 수 있었다.

앞장에서 제기한 물음과 관련하여 우리는 무의 상상계로 돌아오지 않을 수 없게 된다. 우리 사회에 넋건지기·천도·축제나 무슨 제(祭)에 보면 불교·도교적 요소가 많이 들어 있고 그런 요소들이 학계와 지식인들의 관심을 끌고 있으나, 한국 종교·문화의 구조에서 무가 엄연히 기반을 이루고 불교·도교 등은 그 위로 들어와 한국 토양에 뿌리를 내린 것임을 알아야 한다. 무는 한국인의 저승관을 위시한 제반 가치관에서 그 원형이 되는 것이다.

〈바리공주〉나 〈원앙부인본풀이〉 신가에는 우리 무의 첫무당의 탄생이 신화적으로 표현되어 있다. 바리공주나 원앙부인은 첫무당으로서 망자를 상상계의 꽃으로 살려내고, 본향 꽃밭으로 천도하여 새남(재생)하고 있다. 그러므로 삼천 궁녀를 천도하는 것은 마땅하다. 저들이 죽음의 형태 때문에 지옥에 갈 필요는 전혀 없다. 이제 우리는 다시 그 선결 과제로서의 삼천 궁녀의 넋건지기 문제로 되돌아온다. 이것도 우리 무의 상상계에 따라 접근하는 것이 적절하겠다.

한국 무에서는 정상적인 죽음을 겪고 일정한 상장례(喪葬禮)를 받은 망자는 천도되고 조상으로 모셔져 온다. 조상은 굿에서도 모셔 놀려지는 한국 무의 넓은 의미에서의 신령이다. 다른 말로 표현하자면 집안에서 제사를 받아 잡숫는 혼이라야 조상이 된다. 이것과 상대되는 개념이 잡귀잡신이다. 잡귀잡신은 집 밖에서 억울하고도 비참하게 죽어 집안의 제사를 받지 못하는 넋들을 총칭하여 가리킨다. 넋건지기에서 여러 다양한 원인과 형태로 물에 빠져 죽은 넋들을 살펴보았거니와, 이들이 잡귀잡신에 해당한다. 그 해당 집안의 노력으로 넋건지기의 굿판이 이루어지고 천도될 때 이들은 비로소 각기 조상의 일원으로 용납되어진다.

삼천 궁녀의 넋건지기는 그러면 행해졌고, 우리의 조상 내지 신령으로 떳떳이 자리잡아 오는가? 이 물음에 대해 자신 있게 긍정적으로 대답하기 어려운 면이 있다. 삼천 궁녀는 백제의 멸망과 함께 그들의 집안과 나라를 잃었다. 그들에게는 그들의 넋을 건져 천도시켜 줄 집안과 나라가 없었다. 그리고는 오랜 역사 동안 잘못된 이해를 감수해야 했다. 이들은 충절과 선미의 넋이었기에 주변 사람들에게 해를 끼치는 잡귀잡신은 아니었을 것이다. 이들이 백마강의 고혼이 된 이래 인근 무당들의 개별적인 넋건지기가 끊임없었을 것임은 충분히 헤아릴 수 있다. 그러나 그것이 이들의 넋을 천도할 만큼 강력하고도 충분한 것이었다고 보아지지는 않는다. 역사의 흐름 속에서 뜻 있는 지방관이 제사를 올려 그들의 넋을 기렸을지 모르나, 그것이 적절한 천도 의례였는지에 대하여 나는 회의적이다.

삼천 궁녀의 넋건지기와 천도가 본격적으로 문제되고 시도된 것은 실로 근년의 일이라고 나는 본다. 전통민속문화보존회가 1998년부터 거행해 오는 삼천궁녀진혼제가 그것이다. 여기에는 전국 각지의 회원 만신들이 대거 참가하여 그 기도의 힘이 엄청나다. 1300여 년 긴 세월을 망국의 고혼으로 백마강에 깃들여 있던 넋들이 이제 보존회와 만신들의 굿소리에 서서히 천도할 차비를 차리고 있는 듯하다.

VII

무의 상상계는 저승 신령계로 보아도 좋다. 신령계는 인간계로서의 이승 현상계와 맞물려 상호 의존 관계에 있다. 저승 상상계는 현상계의 인간의 기도와 정성으로 유지되고, 현상계의 인간은 저승 상상계의 꽃에 의해 구원과 재생을 얻는다. 한국의 원형 신화라 할 원앙부인본풀이의 연구를 통해 밝혀진 무 상상계의 구조이다. 여기서 무당은 그 어느곳에도 속하지 않은 채——그래서 양쪽에 다 속한 채——두 세계를 왕래하며 인간을 본향 꽃밭 세계로 천도하고 있다.

한 개인의 넋을 천도하는 데는 그 집안의 기도와 정성이 있어야 한다. 그러나 삼천 궁녀의 경우는 다르다. 이들은 개인이 아니고, 역사 속에서 멸망해 버린 백제와 결부되어 있다. 이들은 그 망한 나라의 여인을 상징한다. 역사에서 사라져 버린 나라를 이제 재건할 수는 없는 노릇이다. 역사에는 패망한 부족이 다시 뭉쳐 일어서 거대한 제국을 세운 경우가 없지 않으나 매우 드문 예에 속한다. 우리 나라의 현재 사정으로 그런 것은 상상도 할 수 없는 일이다.

삼천 궁녀의 천도에는 정부의 기도와 정성이 있어야 한다. 정부가 저들의 고귀한 충절의 정신을 높이 기리고, 우리 정신 문화의 소중한 것으로서 받아들일 때라야 진정한 천도가 이루어질 수 있다. 위에서 만신들만의 정성으로 충분치 못하다고 본 것은 이러한 이유 때문이다. 정부는 이 일을 위하여 행정 및 재정적 지원에 나서야 한다. 이것이 정부의 주관이나 후원 아래 저들을 기리고 놀리는 축제로 번듯이 치러지는 것이 바람직하다.

21세기는 바야흐로 여성 문화가 사회를 이끌어 가는 시대이다. 지구촌 전역에서 그런 시대의 전개를 우리는 보고 있다. 그런 가운데 우리 사회는 여성 문화가 제대로 서지 못하는 후진성을 보인다. 그 원인으로 흔히 조선조 이래의 고질적인 가부장제적 전통과 사고 방식이 거론된다. 그것 외에 대부분 여성인 무당들에 대한 천대 의식과 삼천 궁녀와 같은 여성들에 대한 잘못된 이해, 그리고 그들의 진정한 천도가 이루어지고 있지 못한 점 등이 그 원인이 되고 있음을 깨달아야 한다. 삼천 궁녀의 천도는 새로운 시대를 여는 중요한 사안임을 알아야 한다.

VIII

끝으로 삼천궁녀제의 바람직한 의례에 관하여 거론한다. 우리 사회가 다종교 공존의 종교문화적 특성을 갖고 있음은 앞에서 언급하였다. 이 점을 의례와의 연관에서 이야기하자면, 우리 사회에 여러 종교의 의례가 함께 통용되고 있는 것이다. 우리의 상례 문화에 그것이 잘 반영되어 있다. 유교의 의례는 이미 삼국 시대 때부터 국가의 의례에 수용되어 그 틀을 이루었다. 불교의 의례가 한국 민중의 의례와 그 관념에 끼친 지대한 영향은 두루 확인할 수 있다. 최치원(崔致遠)이 일찍이 신라말에 주목한 바 있거니와, 유·불·선 3교는 이미 당시 한국인의 종교 문화의 중심적 종교로서 신앙되고 있었던 것이다.

한국 종교 문화의 이러한 특징 내지 특징적 배경이 삼천궁녀제의 의례 구성에 적절히 반영되어야 함은 물론이다. 이것은 그러나 그 기계적 편성을 의미하는 것은 아니다. 여기에 다시 고려되어야 할 점은 한국 종교 문화의 구조적 특성이다. 무는 고조선 이래 한민족의 고유 신앙이다. 그 기반 위로 유교·불교·도교가 수용되고, 그 비옥한 종교 문화의 토양에 뿌리를 내릴 수 있었다. 이 구조를 지질학적 층위의 개념으로 이해해도 좋다. 한국 종교 문화의 지층에서 무는 맨 아래 층, 즉 기층을 이루고, 그 위에 유·불·도가 각기 혼재하여 하나의 폭넓은 층위를 형성하고 있는 것이다. 그 위로 또 여러 종교들이 각기 층위를 이루고 있다. 하나의 축제라는 나무가 이 구조에 심어져 뿌리를 내리고 꽃과 열매를 풍성히 맺기 위하여는 그 뿌리가 기층에 까지 이르러 다양한 자양분을 섭취할 수 있어야 한다.

삼천궁녀제의 의례 구성에서 무·불·유의 종교 의례를 적절히 반영하되, 무가 기본적·중심적 위치에 놓여져야 함을 말한 것이다. 이 점을 한국인의 종교적 상상계와 관련하여 살펴보았거니와, 무가 그 면에서 원형적 상상계를 가꾸어 왔다. 삼천 궁녀의 넋건지기와 천도가 이 축제의 가장 핵심적인 요소일진대, 그에 관한 무의 의례가 이 축제의 기반과 중심을 이루어야 한다. 유교와 불교의 해당 의례는 각기 중요한 기능을 감당할 것이나, 한국인의 원형적 상상계에는 미치지 못한다. 이들을 적절히 편성하는 것이 성공적 축제의 관건이다.

낙화암에서 백마강으로 투신하던 삼천 궁녀의 모습은 내게 꽃의
이미지로 다가온다. 백마강으로 분분히 휘날리며 떨어지던 꽃…… 꽃
은 한국 무에서 생명의 원천이고 재생의 본향이다. 그 꽃이 떨어졌
다. 이들을 우리는 꽃으로 되살려야 한다. 그리하여 우리의 본향 꽃
밭에 모셔야 한다. 봄이 오면 우리의 뒷동산엔 언제나처럼 꽃이 핀
다. 매년 봄에 피는 꽃처럼 우리의 축제는 꽃의 축제가 되어야 한다.

7

동학혁명의 문화적 의미

I

동학혁명은 미상불 뜨겁다. 이 말 속에는 민중의 분노가 담겨 있고, 이 말에서는 민중의 함성이 들리는 듯하다. 그리고 활화산으로 터져 나오는 꿈틀거림이 있다.

이것을 두고 종래는 '농민봉기'라 하였고, 전봉준을 비롯한 몇몇 인물들이 높이 부각되었는가 하면 농민군이 관아를 점령하여 탐관오리를 징치하고 관군 및 일본군과 싸워 나가는 과정이 꼼꼼히 연구되었다. 올해로 1백주년을 맞아 그 의의를 생각하는 많은 학술 및 기념 행사가 베풀어지거니와, 동학혁명의 종교성을 제대로 파악하고 평가하는 노력이 별로 보이지 않는 점을 나는 의아하게 생각한다. 연구하는 이들이 혹시 제 학문 분야의 관점에만 고착되어 그 실체의 다른 면을 보지 못하고 있는 것은 아닌지, 농민들의 함성에 감격·흥분하여 그만 이성을 잃어버린 것은 아닌지 여러 생각이 든다.

동학혁명은 말 그대로 동학도들의 혁명이다. 동학이 주체가 되어 일으킨 혁명적 봉기이기에 거기에는 동학의 교조적 이상이 줄기차게 흐르고 있고, 동학의 문화가 절절이 채색되어 있다. 따라서 동학혁명의 이해에는 동학과 그 봉기의 원인에 대한 올바른 인식이 앞서야 한다.

수운 최제우 선생이 1860년 동학을 창시한 사실은 잘 알려져 있다. 이 해를 우리는 한국 민족 종교 운동의 시발로 여긴다. 민족 종교는 한국 사람을 교조(敎祖)로 하고 민족적 사상에 터하여 이 땅에서 발생한 종교를 가리킨다. 그것이 불교·유교·기독교 등의 기성 종교에 비하면 짧은 역사를 갖고 있기 때문에 신흥 종교로 분류·연구되는 것이 보통이다. 엄밀히 말해서 민족 신흥 종교가 된다. 신흥 종교라면 최근에도 어떤 교단의 사회적 물의와 관련하여 싸잡아 사이비 종교니 유사 종교로 매도되고 있지만, 그것은 기성 종교 내지 체제적 안목에서 나온 일종의 편견 및 왜곡에 지나지 않는다.

신흥 종교는 일반적으로 사회 불안이 크거나 지배 종교가 붕괴할 때 민중의 소원하는 바가 투사되어 이루어진 원망(願望) 복합체로서의 종교로 정의된다. 사회 불안이 크고 지배 종교가 붕괴하는 사회에는 가치관의 극심한 혼란이 조성된다. 그리고 민중은 어디고 의지할 데가 없다. 여기서 걸출한 종교가들이 자연스럽게 나타나 사회와 민중에 새로운 가치관을 제시한다. 신흥 종교의 고귀함은 실로 여기에 있다. 기독교나 불교도 신흥 종교로 시작한 사실을 잊어서는 안 된다.

신흥 종교가 기존의 가치관과 결별하여 일어선 것임은 자명하다. 기존의 지배적인 가치관이 몰락하면서 더 이상 기능하지 않기 때문이다. 동학이 창도된 조선조말의 상황도 마찬가지였다. 그렇다 하여 새로 제시된 가치관이 어느 날 아침 문득 하늘에서 떨어진 것은 아니다. 그 문제 상황의 사회에서 태어난 것이기에 그것은 기존의 전통 위에 선다. 이 점은 문화적으로 엄밀하다. 기존의 전통을 통합하되 새로운 시대에 걸맞는 새로운 해석으로서 출현하는 것이다. 신흥 종교의 그런 면을 제설혼합주의(諸說混合主義; syncretism)의 특성이라 부른다. 그 나름의 독특한 사상을 제시한 것이 아니라 여러 잡다한 사상을 긁어 모은 것에 지나지 않는다는, 다소 비판적이고도 냉소적인 시각이 거기에 내포되어 있다. 그런 시각이 새로운 가치관을 체질적으로 거부하는 기성 종교 내지 체제적 가치관에서 나온 것임을 바로 알고 오히려 그 점을 경계해야 한다.

Ⅱ

수운 선생이 동학이란 이름으로 내세운 것은 한울님 사상이다. 그
것은 인간이면 누구나 한울님을 모시고 있다는 인간평등주의이자 조
선조말 인간 부재의 상황에서 인간 회복의 대갈일성이었다. 그리고
그 사상이 터한 바, 기존의 전통이란 다름 아닌 한민족 고래의 신교
(神敎), 곧 무(巫)이다. 그의 역사적 대강령(大降靈)이 바로 한울님 신
령의 큰내림인 것이다.

한민족은 그 역사의 개시로부터 천신(天神)을 모시고 사는 천손임
을 자부하였다. 단군 신화가 고조선의 개국과 관련하여 천신의 하강
을 전하고 있고, 중국의 역사서에는 한국 고대 사회가 매년 봄·가을
로 하늘님굿(天祭)을 성대하고도 신명나게 거행하였던 특징적 사실
이 증언되어 있다. 고대의 왕들 또한 그들이 하늘님의 아들임을 자부
하고 있었다. 이러한 의식은 중국으로부터 도입된 불교·유교 등이
고대 국가의 정치 이념으로 수용되면서 다소 변모되고 약화된 면이
없지 않으나 고려말까지 존속하였다.

조선조가 들어서면서 그 사정은 급전한다. 성리학을 정치 이념으
로 내세운 조선왕조는 민족의 전통 신앙이자 기층 신앙인 무를 혹세
무민의 귀신 숭배로 몰아 버리고 무당을 천민으로 규정하여 그 금압
과 핍박으로 일관하였다. 그리고 옛 전통을 계승하여 제천하고자 하
는 조선 초기 왕들의 의지는, 중국의 천자만이 천제를 지낼 수 있고
그 제후국인 조선의 왕은 단지 종묘와 사직에 제사할 뿐이라는 양반
관료층의 끈질긴 저항에 부딪혀 꺾이고 말았다. 그리하여 하늘님 숭
배는 변질·쇠퇴된 가운데 민중 속에서 겨우 잔명을 이어 올 따름이
었다.

조선조의 성리학은 왕권을 억제하기 위한 양반 관료층의 명분론으

로 동원되었을 뿐만 아니라, 점차 관념론의 말류로 흘러서 그 해석을 둘러싼 혹심한 당쟁의 폐해를 불러일으켰다. 지배층은 민생에 아랑곳없이 성리학에 대한 끝없는 논란과 시비의 소굴에 빠져 숱한 사회적 폐단이 야기되었으니 "무극(無極)·태극(太極)이 사람 잡고, 이발기발(理發氣發)이 집안 망친다"는 속담까지 나올 정도였다. 이들은 전국을 폐허로 만든 두 차례의 외세 침공에도 불구하고 잘못을 깨닫지 못하고 있었다. 후기에 이르러 서서히 밀려오는 서양 문명과 세계 열강의 침략 야욕에 직면하고서도 속수무책이었다.

이런 판에 지배층의 민중 수탈은 갈수록 방법과 강도를 더하였고, 민중은 신분의 사슬에 묶인 채 사회의 혼란 속에서 어느 한 곳 의지할 데 없는 처지에 놓여 있었다. 황의돈은 1992년 4월호와 5월호 《개벽開闢》에 실은 〈민중적 규호叫號의 제일성第一聲의 갑오의 혁신 운동〉이란 글에서 갑오 동학혁명 전야의 사회 상태, 그 가운데서도 지배층의 잔혹한 행위와 가장 전율할 조건을 다섯 가지로 나누어 고발하였다.

첫째로 문지가 비천한 자는 정치적 재능과 문학적 천재가 아무리 뛰어날지라도 관리의 임용권을 절대로 허락지 않았던 관리 임용권의 불허. 둘째로 미천한 사람은 교육을 받을 수 없었던 교육의 불평등이니, 일반 민중은 문맹이 되고 말았다. 셋째로 생명과 신체에 대한 자유의 보장이 없었던 점이니, 관리와 토호는 물론 유생까지도 임의로 사형을 행사하고 민중의 생명을 초개처럼 박탈하며 신체를 금수처럼 구속하였다. 넷째로 민중의 재산 소유권이 안고치 못하였다. 문벌이 비천하고 세력이 미약한 자가 아무리 근면절검하고 농공상에 진력하여 약간의 전곡을 저축한들 필경 약탈로 인하여 제 소유가 될 수 없었다. 다섯째로 양반층의 감정이 곧 형법이 되고, 그들의 의사가 곧 민법인 마당에 공정한 법률적 보장의 재판권이 민중에 없었던 점이다.

조선조말의 민중 전반에 걸리는 비인간적 존재 조건이 잘 지적되어 있으나, 나는 여기에 두 가지를 덧붙인다. 하나는 여성들이 사람 대접을 못 받은 점이고, 천민 계급의 상존이 그 다른 하나이다. 사회의 반을 구성하고 있는 여성은 유교적 가부장제 가치관에 의해 거주의 제한을 받고, 남성들의 잠자리 상대이자 자식 낳는 도구로 취급되었다. 그런데다 천민이 존재하는 사회는 이미 사람이 사람답게 살 수 있는 사회가 아니었다. 무당과 불교 승려를 비롯하여 민중 예술을 가꾸고 이끌던 광대 등이 천민으로서 인간 이하의 취급을 받으며 목숨을 부지하고 있었다.

III

이러한 인간 부재의 사회 상황 속에서 수운 선생은 10여 년의 학문 수련과 20년에 걸친 구도행각 끝에 1860년 도각(道覺)을 이룬다. 어느 토굴에서 40일 기도를 마치자 온몸이 떨리는 가운데 "영부(靈符)와 주문(呪文)을 가지고 동학을 펴서 널리 창생을 구하라"는 한울님의 계시를 받은 것이다. 그로부터 영부와 주문을 방편으로 치병과 체험을 주면서 포교에 나서니 짧은 기간에 경상·충청·전라 지방에 교세가 크게 확장되었다.

그의 사상의 요체는 13자 주문의 머리를 이루는 '시천주(侍天主)' 속에 웅변적으로 표현되어 있다. 한울님을 모신다는 것이 그것이다. 이 한울님은 저만큼 하늘에 계셔 숭배되는 대상이 아니다. 한울님은 사람 속에 계시면서 또한 사람 밖에 계시는 그런 분으로 모셔진다. 이것은 뒷날 2세 교주 해월에 의해 한울님을 키운다는 '양천(養天)' 또는 사람 섬기기를 한울님 섬기듯 한다는 '사인여천(事人如天)'으로 전개되고, 3세 교주 의암에 이르면 사람이 곧 한울님이라는, 저 유명한 '인내천(人乃天)' 사상으로 나타난다.

한울님 모시는 사상은 수운에게서 말로 그치는 것이 아니었다. 그것이 실행으로 옮겨진 장면은 우리로 하여금 그 사상의 진면목에 눈 뜨게 한다. 거기에는 참으로 마음 떨리고 가슴 뜨거워지는 한울님과 인간의 하나됨이 있다. 수운 선생이 자기 집 종 두 명 가운데 한 명을 며느리로, 다른 한 명은 양녀로 삼은 것이 그것이다. 오늘날 식모를 며느리로 삼았다는 이야기를 들어 본 적이 없거니와, 당시 신분이 엄연한 사회에서 이것은 실로 파천황의 인간 회복의 가르침이 아니고 무엇이겠는가.

이런 가르침을 듣고 젖은 눈시울을 닦으며 동학에 몰려드는 민중들을 눈에 보는 듯하다. 교세가 확장되어 가자 정부는 그것을 혹세무민의 사도로 탄압하고, 수운 선생을 잡아 1864년 좌도난정률(佐道亂正律)에 의해 대구 장대에서 처형하였다. 가치관의 혼란과 인간 부재의 상황에서 민족·민중에게 한울님 모심을 통한 인간 회복의 새길을 열어 준 한 큰스승의 장엄하고도 당당한 모습을 여기서 본다.

한편 불붙여진 인간 회복의 불길은 이제 민중의 가슴에 일구어졌다. 수운 선생의 처형 후 동학은 한동안 표면적인 활동을 전개하지 못한 채 내실을 다져 갔다. 2세 교주 해월 아래 이루어진 경전의 편찬, 교리의 정리, 조직망 정비 등이 그것이었다. 그리고 어느 정도 사회적 세력으로서의 성장에 확신이 선 1892년에 교조 신원 운동(敎祖伸寃運動)을 펼친다. 그것은 교조의 원통함을 풀어 그의 인간 회복 정신을 사회에서 공인받고자 하는 동학도들의 첫 조직적 움직임인 동시에, 결과적으로 동학혁명의 발발을 예고하는 거사이기도 하다.

먼저 수천의 교도가 전라도 삼례에 모여 충청과 전라의 감사에게 교조 신원과 교도 탄압 금지를 요구하였다. 후자만 약속받고 교조 신원이 각하되자, 이듬해 대표가 구성되어 상경하고 복합 상소를 올렸다. 이 일이 탄압으로 실패하자 교도들은 지령에 따라 충청도 보은에 모이니 그 수효가 2만여 명에 달하였다. 여기서 이들은 기치를 세우고 '척왜양창의(斥倭洋倡義)'의 구호를 내세웠다. 정부는 이에 당황하

여 탐학한 향리의 징벌을 약속하고 회유함으로써 이들을 겨우 해산
시켰다. 이로써 목적은 이루지 못하였으나 동학 세력은 점차 확대되
어 갔다.

동학도들의 이 거사는 교조의 신원을 목표로 한 것이었다. 그것은
적절하고도 정당한 수순이었다. 교조가 신원된다는 것은 그의 인간
회복 사상이 사회적으로 공인된다는 것을 의미하기 때문이다. 반면
그것은 새로운 가치관의 사회적 공인이 되는 것이기에, 체제로서는
용납할 수 없는 성질의 것이었다. 정부는 그리하여 고작 교도 탄압의
금지나 탐학한 향리의 징벌만을 약속하고 그들을 회유하기에 급급하
였다.

보은에서 동학도들이 왜와 양의 배척을 내세운 대목은 주목을 요
한다. 동학도들은 단계적으로 교조 신원 운동의 당당한 수순을 밟았
지만 그것이 성사될 수 없음을 알았다. 그래서 왜와 양의 배척을 내
세우게 된다. 이것을 두고 운동 방향의 선회로 보아서는 안 된다. 동
학 사상과 동학혁명으로 전개되는 운동의 성격을 살펴보면, 거기에는
일관된 정신의 흐름이 있음을 읽을 수 있다. 한민족 사회에서의 인간
회복이 그것이다. 당시 한국 민중이 처해 있는 상황에서 그것은 두
가지 면으로 고려된다. 사회 내부의 비인간적 조건의 극복이 그 하나
이고, 다른 하나는 세계 열강의 침탈에 대한 저항이다. 왜와 양의 약
탈적인 무역 때문에 농민들은 더욱 헐벗어 가고 있었으니, 동학은 당
연히 그 문제를 짚고 넘어가지 않을 수 없었던 것이다. 그리고 그것
은 동학이 이제 인간 회복을 위해 사회 전반의 문제에 관심을 갖고
체계적으로 대처해 나가고 있음을 보여 준다.

IV

동학혁명의 시종을 추적하는 일은 우리의 관심에서 벗어난다. 그

과정중에 동학의 정신이 어떻게 주장·표현되고, 그것이 얼마만큼 체제에 의해 수용되었는지가 중요하다. 이에 해당되는 것만 간추려 살펴본다. 대규모 군사 행동을 수반한 동학혁명 운동은 1894년 전라도 고부에서 그 기치를 올린다. 그곳 군수 조병갑의 극도에 달한 탐학과 농민 수탈에 대한 징치로 그 서막이 올랐음은 이미 잘 아는 사실이다. 정부에서 파견된 안핵사가 동학교도들의 명부를 작성하여 그들을 체포·살해하고, 그들의 가옥에 방화하자 동학도들은 다시 봉기하였다. 그들은 자신들이 내건 창의문(倡義文)의 첫머리에 '민(民)이 국가의 근본'이라고 적고 있다. 그리고 동학군을 총지휘한 전봉준 대장의 기폭에는 '보국안민(輔國安民)'이라고 썼다.

백성이 국가의 근본이라 한 것은 겉보기에 동학의 정신이 뚜렷하지 않은 듯 여겨질지 모르나, 기실 그것은 인간 회복의 사회적 표현이라 하겠다. 민중이 한울님이라는 종지가 유교적 사회에서 그렇게 표현된 것이다. 그리고 대장 기폭뿐만 아니라 창의문에 명시된 '보국안민'은 그런 정신의 두 가지 면을 함께 내세우고 있다. 안으로는 백성을 한울님으로 모셔 편케 해야겠다는 것, 그러기 위해 밖으로는 외세의 침탈에 맞서 나라를 구해야겠다는 생각, 이 둘이 한민족 인간 회복 실현의 현실적 방안으로서 종이의 양면처럼 표리를 이루고 있는 것이다.

휴전의 성립으로 전주에서 물러난 동학군은 각지에서 조직 형성에 힘쓰는데, 특히 전라도 거의 전역에 집강소(執綱所)를 설치하여 직접 폐정 개혁에 착수한다. 그것은 일종의 민정 기관의 성격을 지닌 것이었다. 집강소의 총본부격인 대도소(大都所)는 전주에 자리잡고 있었으며, 전봉준이 그 총책을 맡고 있었다. 그 폐정 개혁의 요강은 이제 조목조목 구체적으로 제시된다. 워낙 많이 알려진 것이나 필요에 의해 그것을 열거한다.

1) 동학도인과 정부는 옛 나쁜 감정을 털어 버리고 제반 정사에 협력한다.

2) 탐관오리는 그 죄목을 조사해서 일일이 엄징한다.

3) 횡포한 부호배를 엄징한다.

4) 불량한 유림(儒林)과 양반배의 못된 관습을 정죄한다.

5) 노비 문서는 불태워 버린다.

6) 칠반천인(七般賤人)의 대우를 개선하고, 백정이 머리에 쓰는 평양립(平壤笠)은 벗겨 버린다.

7) 청춘과부의 개가를 허락한다.

8) 이름 없는 잡세(雜稅)는 모두 거두지 않는다.

9) 관리의 채용에 지벌(地閥)을 타파하고 인재를 등용한다.

10) 왜(倭)와 간통하는 자는 엄격히 징벌한다.

11) 공사채(公私債)는 모두 무효로 한다.

12) 토지를 평등하게 나누어 경작케 한다.

이 요강에는 수운 선생의 동학 창도 이래 동학도들이 내세우던 내용이 반영되어 있다. 노비 문서의 소각(5), 천민들의 대우 개선(6), 청춘과부의 개가 허락(7)은 본시 수운 선생이 가르친 인간 회복의 기본적 내용에 속한다. 다음으로 탐관오리 엄징(2), 횡포와 부호들의 엄징(3), 불량한 유림과 양반들의 못된 관습 징치(4), 근거 없는 잡세의 철폐(8), 공사채의 무효화(11), 토지의 균분(12) 등은 이 요강의 대종을 이루거니와 양반들의 가렴주구 및 그 제도에 대한 개혁의 조목들이다. 왜와 간통한 자의 엄벌(10)은 외세 내지 외국 상품의 침투를 막기 위한 조처로 단 한 조목에 불과하다. 사회 내부의 부조리 척결이 대다수를 이루고, 외세에 대한 단속이 한 조목일 수밖에 없는 사정은 이해하기 어렵지 않다. 집강소들이 민정을 담당한 마당에 민중을 위해 당장 시급한 조목을 제시한 것은 너무도 당연한 일이었다.

그렇게 폐정이 개혁되던 모습을 《천도교 창건사》의 저자 이돈화는 다음과 같이 서술하였다. "수백 년 동안 압정하에 억눌려 있던 민중은 하루 아침에 자유를 절규하고, 전일 토호가 평민의 묘지에 억지로 매장한 것을 파 옮기고, 약탈된 금전과 패물을 환치하고, 수령들이 불법으로 감금한 부유한 백성을 석방하고, 양반들이 억지로 노비로 만든 양민을 해방하여 가취시키고, 평민을 노예와 같이 학대하던 것을 평등히 하여 비정 유속을 일체 개혁하였다."

동학군의 민정 아래 새 세상 만난 듯 환호하는 민중의 목소리가 들리는 것만 같다. 그것이 불과 수 개월. 동학군이나 민중이나 그것이 영원히 지속될 것이라 믿었을 리 없다. 애초 봉기할 때부터 그들은 체제의 전복을 목표로 삼지 않았다. 뒤에 북진할 때도 마찬가지였다. 오로지 왜놈을 물리치고 가능하면 교조의 신원과 함께 탐학한 중앙 권세가들을 징치하면 그만이었다. 근대적인 무기로 무장했을 뿐만 아니라 제대로 훈련을 받은 일본군과 정부군을 이길 수 없으리라는 것도 그들은 알고 있었다. 그러나 죽음과 패배가 두렵지 않았다. 하루를 살아도 사람이 사람답게 한울님처럼 모셔지는 세상에 사는 것으로 흡족했을 것이다. 그래서 이들은 부적을 몸에 지녀 탄환을 두려워하지 않았고, 동학의 주문을 외면서 기꺼이 싸움터에서 죽어 갔던 것이다.

V

동학군의 기세가 아직 도도하던 때 정부는 이른바 갑오경장의 개혁을 추진하였다. 그것은 한국의 근대화 과정에서 중대한 의의를 지니는 정치·경제·사회 등 다방면에 걸친 대개혁으로 평가된다. 그 가운데 우리의 주목을 끄는 것이 있다. 양반과 상민의 계급을 타파하여 귀천을 불문하고 인재를 등용키로 한 것, 공사노비의 법전을 혁파하고 인신매매를 금한 것, 광대·백정 등을 모두 면천케 한 것 등은 양반 체제하의 오랜 신분 제도가 붕괴되는 일대 사회적 개혁이었다. 귀천을 물론하고 과부의 재가를 그 자유에 맡긴 것도 반가운 조치였다.

그 방대한 개혁 조치 가운데 몇 가지를 뽑아 보았는데, 이들은 이미 동학군의 민정 아래 시행된 폐정 개혁의 요강에 들어 있던 것들이다. 동학군이 추구하던 폐정 개혁안의 일부가 갑오 개혁에 반영된 것으로 보인다. 반면 양반들의 가렴주구와 그 제도에 대한 개혁이나 외세 내지 외국 상품의 침투에 대한 대비 등은 수용되지 않았다. 이것은 결국 동학군이 바라던 인간 회복의 근본적인 개혁이 아니라 그들의 요구를 일부 수용한 회유책의 성격을 드러낸다.

갑오경장은 기실 친일파 김홍집을 수반으로 하는 정부에 의해 추진된 것이다. 그래서 겉으로는 사회 전반에 걸치는 대대적인 근대화의 개혁으로 꾸며져 있으면서도, 이면에는 일본의 자본주의가 침투할 수 있는 평탄한 길을 마련해 준 것이기도 하였다. 화폐 제도 통일로 일본의 상품 침투를 유리하게 하고, 도량형의 개정으로 일본 상인의 편의를 도운 점이 그러하다.

동학혁명의 직접적 원인을 제공한 고부 군수 조병갑을 비롯한 여러 탐관들은 같은 해 11월 정부로부터 사면을 받았다. 그들에 대한 일시적 처벌로 동학군을 회유하려 했던 정부의 뻔뻔스러운 속셈이 잘 드러나는 대목이다.

같은 해 12월말 태인에서 일본군과 합세한 관군에게 패한 동학군은 뿔뿔이 흩어지고, 대장 전봉준 이하 지도자들은 체포 또는 피살되고 만다. 1894년 2월 고부에서 시작되어 만 1년 동안 충청·전라를 위시하여 경상·경기·황해 일대에까지 불타올랐던 동학혁명 운동은 무수한 동학도들의 생명과 재산을 희생시키고 막을 내린다. 거기서 얻어진 것은 외견상 갑오 개혁에 반영된 신분 제도의 혁파뿐이다. 그것도 동학도들이 그토록 배척코자 외쳤던 일본 세력의 영향 아래 이루어진 개혁이었고, 또 그 개혁으로 인하여 일본의 한국 침투가 더욱 용이해진 사실을 헤아려 보면 허망한 느낌마저 든다. 체제가 얼마나 거대하고 끈질긴 것인지 절감케 한다.

그러나 이것을 동학혁명의 한계로 보아서는 안 된다. 그것은 오히려 동학혁명의 특성이다. 체제에 짓눌려 사람이 사람답게 살지 못하던 인간 부재의 사회·문화 상황에서 사람이 한울님임을 깨닫고 그것을 세상에 알리려 한 것이었다. 인간 회복을 투쟁에 의해 얻고자 한 것이 아니었다. 민중이 그것을 각성하고 한 번 일어나 외침으로써 족한 것이었다. 4백 년 이래 조선조 양반 관료층의 체제 아래 잠들어 있던 한울님 문화와 인간 회복의 정신이 여기서 깨어남을 본다.

VI

조선조 인간 부재의 사회·문화는 중앙 집권적 체제의 산물이었다. 중앙 집권적 체제는 모두 권력을 중앙에서 움켜쥐고, 소수의 특권 지배층이 그 지위와 권세를 영구히 하려는 제도이다. 그 지배층은 정치 이념을 내세워 위로부터 아래로 그것을 강요하고 전국을 관료 체제로 엮어서 민중을 통제하고, 그들끼리 혼인을 통해 결속하고 학연·지연·혈연 등의 관계로써 세력을 강화해 나간다. 그리고 모든 경제·문화를 중앙으로 집중시켜 놓고 장악한다. 그러니 지역 사회는 황폐해지고, 사람 행세를 하려면 무릇 중앙으로 올라가 무슨 수로든 거기에 줄을 놓아야 한다. '사람은 서울로, 말은 제주로'라는 속담이 그래서 생겨났다.

한국 사회의 체제적 문화의 역사는 장구하다. 통일신라시대부터 오늘날까지 줄잡아 1천3백 년이 넘는다. 인류의 동서고금을 통틀어 달리 예를 찾아볼 수 없는 매우 특징적인 문화이다. 여기서는 사람이 어떻게 뛰고 움츠릴 재간을 도무지 발휘할 수 없다. 우리 시대로 내려오면서 그 체제적 문화는 갈수록 공고히 되고 교묘해질 수밖에 없었다. 조선조말 동학혁명의 기치가 준엄하고 보국을 위해 왜인들에 대한 배척의 목소리가 높았건만, 당시 체제는 동학군의 요구를 일부 수용할 뿐 끝내 일본의 입김을 받고 침투에 유리한 방향으로 개혁을 끌어가면서 그 교묘함을 여실히 보여 주었다.

조선조가 몰락하고 들어선 일본 제국주의의 체제가 민족적인 사상, 그것도 동학의 한울님 섬김 사상이나 인간 회복의 정신을 용납할 리 만무였다. 그것은 오히려 박해와 통제의 대상이었다. 그리고 해방 이후 세워진 서양식 민주주의 정부 체제는 서양의 이른바 기독교적 내지 합리적 가치관에 의해 민족적이거나 전통적인 가치관을 비합리적이고도 부정적인 것으로 보는 경향이 있다. 조선조 이래 체제가 바뀌면서도 동학혁명의 정신이 내내 억압되고 핍박받는 모습이다.

우리의 근대사는 기실 시대가 바뀌어도 체제는 여전히 변함 없는 묘한 특징을 보인다. 조선조말의 지배 계층이 대부분 일제 치하에서 고위 관리로 행세하였고, 이 친일 세력은 해방과 이어지는 사회 격동 속에서도 체제의 일원으로서 권세를 누려 왔다. 이것은 그동안 한국 사회의 근본적인 구조 개혁이 이루어지지 못하였음을 가리킨다. 조선조 인간 부재의 문화가 끝내 극복되지 못한 채 지속되고 있음을 말한다. 아직도 돈 없고 배경 없고 교육받지 못하면 사람 대접을 못 받고, 특정 계층에 대한 천민 의식이 상존하는가 하면, 여성을 귀히 여기지 않고 전통 및 민족 사상을 푸대접하고 있다. 지방에 사는 사람들의 소외감이 어떠하고 농어촌에서 사는 모습이 어떤지는 여기 새삼 언급하지 않아도 다 아는 일이다.

동학혁명이 있은 지 1백 년, 사람이 한울님으로 섬겨져야 한다는 그 뜨거운 가르침과 인식, 그리고 목숨을 내걸고 그것을 외치던 함성은 동학 관계 교단 내부와 민중의 노래에 또는 역사 관계 문헌 기록에 겨우 남아 있을 뿐이다. 변함 없는 중앙 집권적 체제와 급격한 사회 변동이 그토록 엄중한 것이었기에 동학혁명 정신은 민중의 가슴에 잠들어 있는 것인가. 아니면 때가 오기를 기다리며 민중이 그 정신을 안으로 숨겨 가다듬어 온 것일까.

한 번 깨우친 의식은 잠들거나 묻힐망정 없어질 수 없다. 동학혁명으로 터져 나온 한울님 섬김 사상과 인간 회복 정신이 결코 어디로 사라질 것으로 보아서는 안 된다. 그것은 민중의 가슴속에 때를 기다리며 감추어져 온 것임에 틀림없다. 이제 때가 다가오고 있다. 세상의 체제 문화가 붕괴해 가는데 한국의 남북한에서만 그것이 남아 대립하고 있다. 사회 개혁을 통한 새로운 사회의 건설이 우리 사회의 현안 최대의 과제이다. 체제를 걷어 버리고, 통일된 사회에서 사람이 한울님으로 섬겨지는 때를 우리가 만들어야 한다. 그동안 숨겨두었던 동학혁명의 불씨를 다시 지펴 그 정신이 훨훨 타오르게 해야 한다.

8

최수운(崔水雲)과 민중 신앙

I

한국 사회·문화에 대한 우리의 연구는 종래 정치나 사상 내지 사상사(思想史)에 치중되어 온 반면, 사회경제사 및 문화적 관심이 별반 기울여지지 않은 경향을 보여 온다. 역사적 접근에서도 유사한 문제성이 있다. 어느 사건이나 연구 주제의 역사적 전개가 주로 다루어지고 그것도 정치 및 체제와의 관련 아래 서술되는 반면, 그 구체적인 사회 경제 및 문화의 면모는 아랑곳없고, 더구나 그것이 한국 사회·문화의 전체 맥락(context) 속에서 갖는 의미에 대하여는 거의 논의되고 있지 않다.

이러한 학문 연구의 경향은 동학이나 최수운에 관한 연구에도 마찬가지로 걸린다. 이에 관한 대부분의 연구가 사상과 동학혁명의 전개에 집중되어 있는 형편이다. 연구의 관심이 정치와 사상에 치우쳐 있는 것은 체제적이라 하겠고, 연구자의 안목과 관심이 체제로 향하여 있음을 보인다. 그래서는 사람들의 구체적이고 역동적인 삶의 모습과 동향이 도무지 파악되지 못한다. 동학에 있어 수운의 그 지극한 관심과 종교로서의 성격, 그리고 당시 민중들의 신앙과 원망(願望) 등이 제대로 파악되지 못하는 것도 그런 데서 연유하는 것이다.

우리 학계의 연구 관심의 체제적 성향이나 사회경제사 및 문화적 안목의 결여는 매우 특징적인 것이거니와, 거기에는 일정한 원인 배경이 있다. 한국 사회가 조선조 이래 6백 년이 넘도록 중앙 집권적 관료 체제를 유지·발전시켜 온 것이 그 하나이다. 우리의 체제와 같은 것은 지구촌 어디에서고 그 유례를 찾아볼 수 없다. 이러한 체제 아래 정치·경제·문화·학술 등 모든 분야가 중앙에 집중되어 온다. '말은 제주도, 사람은 서울로'라는 속담이 그래서 생겨났다. 이러한 사회에서 사람들은 온통 중앙의 체제를 지향하고 뚜렷한 가치관 없이 출세와 이름병(病)에 걸려 살아간다. 체제가 워낙 완강하다 보니 학자들의 비판적 안목이 성숙할 수 없었고, 학계의 안목이 다소간 체제적일 수밖에 없었다.

해방 이후 이데올로기의 갈등과 분단 상황이 다른 하나의 원인 배경을 이룬다. 이 상황은 국가 안보에 직결된 것이기에 역대 정권은 그것을 체제 유지에 적극 이용해 온다. 이러한 상황에서 유물론과 관련된 사회경제사의 이론과 안목은 체제에 위험한 것으로 간주되어 싹을 틔울 수 없었다. 학계의 체제적 안목이 워낙 지배적인 점도 거기에 작용하였음을 간과할 수 없겠다. 문화란 사회 전체, 특히 민중 삶의 제반 양상의 복합체이다. 민중의 문화가 한국 사회의 위와 같은 배경 속에서 제대로 주목받기를 기대하기란 애초 무리한 것인지 모른다.

동학과 수운에 관한 연구가 우리 학계의 이러한 문제 상황 아래 어떤 문제점을 안고 있는지 이로써 분명해진다. 나는 그것을 크게 두 가지로 파악한다. 하나는 그 맥락 이해의 부족이고, 다른 하나는 민중 신앙과의 관계에 대한 무관심이다. 수운의 깨달음과 동학 사상의 연원에 관하여 몇 학자의 관심과 언급이 없었던 것은 아니나, 그 맥락에 대한 체계적인 이해가 잡혀 있지 않다. 그리고 수운의 구도와 체험과 가르침이 모두 민중을 염두에 두고, 그들을 위한 것이었음에도 불구하고 당시의 민중 신앙이나 수운과 민중 신앙과의 관계에 대하여 연구자들이 종래 거의 관심을 보여 오지 않았던 것이다. 나는 이 글에서 여기에 주안점을 두고 그 두 문제와 관련하여 수운을 바라보고자 한다.

II

　나는 지난해 경북대학교 인문과학연구소의 《인문과학人文科學》 제 14집(1997)에 〈영남 지방의 민중 신앙〉이란 논문을 발표한 바 있다. 거기서 '민중 신앙' 이란 용어 개념을 사용하고 그 개념을 규정하였는 데, 이 글에서 그것을 다시 반복할 필요는 없겠고 단지 요약하여 그 개념을 명확히 해두는 일이 필요하다고 여긴다.

　민중 신앙이란 용어는 학계에서 거의 사용되지 않는 것이다. 그 뜻 은 글자 그대로 민중의 신앙이다. 이것과 유사한 개념으로는 민속학 에서 통용되는 민간 신앙이 있다. 민간 신앙의 개념은 동서양 어디서 나 이미 오래 전에 확정되어 있다. 그것은 고대로부터의 종교적 잔존 으로서 민간에 체계 없이 유포되어 있는 신앙적 요소로 대개 정의된 다. 그런데 한국민속학계의 민간 신앙 범주와 이해에는 혼란스럽고 잘못된 점이 있다.

　점복 ·예조(豫兆) ·금기 ·풍수 ·해몽 ·민간 의료 등은 민간 신앙의 범주에 들어 마땅하나, 무속 ·가신(家神) 신앙 ·부락 신앙과 신흥 종교 를 그 범주에 넣어 다루는 것은 곤란하다. 무속 ·가신 신앙 ·부락 신 앙은 기실 동일한 신앙 대상과 전통을 갖는 것이고, 종교 의례의 규 모와 범위만 각기 다를 뿐이다. 그 전체를 포괄하는 무(巫; 샤머니즘) 는 한국의 경우 고대 이래 나름의 고유한 역사와 신앙 체계를 갖고 있는 한민족의 조상 숭배 성격의 전통 종교이다. 다른 나라의 샤머니 즘과는 뚜렷이 구분되는 우리의 무를 두고 관련학자들은 대부분 그 것을 종교 문화의 일환으로 파악하지 않는다. 거기다 무를 천시해 온 조선조 이래의 체제적 인식을 계승하고, 서양의 종교진화론 및 기독 교적 인식을 추종하여 무를 원시 신앙 내지 민속의 한 가지로 취급하여 온다.

　동학도 신흥 종교의 일종으로 간주된다. 신흥 종교(New Religions)
의 기준은 그 역사가 짧은 것에 있다. 이미 1백30년이 넘는 역사를 갖
고 지구촌 도처에 포교원을 두고 있는 동학계의 천도교를 더 이상 신
흥 종교의 범주에 묶어두어서는 아니 된다는 것이 나의 지론이거니
와, 신흥 종교는 엄연히 하나의 종교 체계를 갖추어 있으므로 민간
신앙에 포함하는 것은 분명한 오류이다. 무와 신흥 종교를 민간 신앙
의 범주에 억지로 집어넣는 것은 어떠한 학문적 이론에도 근거하여
있지 않다. 그것은 중앙 집권적 체제의 한국 사회에서 체제적인 기성
종교 내지 가치관에 따라 자행된 것일 뿐이다. 이래서야 민중의 신앙
과 문화가 온전히 이해되기를 결코 기대할 수 없다.

　이러한 이유로 나는 민중 신앙이란 용어를 취하였다. 이것은 기성
종교에 대비되는 개념이다. 민중 종교라 하지 않고 민중 신앙이라 한
것은 종교가 매우 규정적이고 규범적인데 비하여, 신앙은 매우 폭넓
고 역동적인 함의를 갖는 용어이기 때문이다. 한국 민중 신앙의 근간
은 무(巫)이다. 무는 한민족 역사의 초기로부터 사회 전반에서 신앙되
어 온 전통 종교이고, 오늘날에도 우리 사회의 음지(陰地)에서 보편
적으로 신앙되고 있다. 민중 신앙에는 거기다 한국 민속학의 민간 신
앙이 자연스럽게 포함된다.

III

　수운이 동학을 창건하기까지의 구도(求道) 과정과 득도(得道) 체험
에 관하여는 연구자들이 그간 예외 없이 서술·분석해 온다. 그 가운
데는 그것을 전체나 부분적으로 무(巫) 또는 민간 신앙과 관련하여 풀
이한 것들이 있다. 수운의 구도와 득도를 전체적으로 무의 성격으로
파악한 예로는 김범보(金凡夫)의 〈최제우론崔濟愚論〉이 대표적이다.

그것을 무나 민간 신앙과의 연관에서 부분적으로 다룬 것은 여럿 있다. 그러나 민중 신앙의 개념과 관점에서 그의 구도와 득도를 맥락적이고도 일관되게 바라본 연구는 찾아볼 수 없다.

수운의 구도 과정은 주지하듯 전후 두 단계로 나뉜다. 20세에서 31세까지(1843~1854) 11년간 전국을 돌아다니며 구도하던 시기와, 귀가하여 1860년 득도에 이르기까지(1854~1860)의 6년 기간이 그것이다. 그 첫단계에서 수운은 각지를 다니며 의술·침구·복술(卜術) 등을 배우기도 하고 장사를 해보는가 하면 유명한 도사나 고승(高僧)을 찾아 가르침을 받고, 심지어 서학(西學)의 문을 두드려 보기도 하였다. 명산을 찾아가 기도와 수행을 하였음도 물론이다. 두번째 시기에는 양산군(梁山郡)의 천성산(千聖山) 내원암(內院庵)에서의 49일 정성, 잠시 하산하여 숙부의 장례에 다녀온 후 이번에는 천성산 적멸굴(寂滅窟)에서 49일 치성, 하산하여 울산의 집에서의 치성, 그리고 처자를 이끌고 고향 경주로 돌아와 구미산(龜尾山) 계곡의 용담정(龍潭亭)에서의 수도로 이어진다. 이 기간의 몇 차례의 작은 종교 체험과 영험이 수운에게 있었음을 간과해서 아니 된다.

수운의 출가 구도에 관한 해석으로 주목을 끄는 두 가지 설이 있다. 이부영(李符永)은 〈최수운崔水雲의 신비 체험〉(《한국사상》, 한국사상연구회, 제11집, 1974)이란 논문에서, 수운의 구도 과정을 융(K. Jung) 심리학의 입장에서 바라보았다. 다른 하나는 신용하(愼鏞廈)의 〈수운水雲 최제우崔濟愚의 동학東學의 창도〉(《동학 연구》, 한국동학학회, 창간호, 1997)에 제시된 것인데, 그는 사회학의 관점으로 사안을 해석하고 있다.

이부영은 우선 수운의 생활사에서는 신화에 나오는 영웅들의 어렸을 때의 '버림받은 고아(孤兒)'라는 특징적 요소와 비슷한 점이 많음을 전제한다. 그리고 수운은 그 버림받은 자기의 고통과 갈등 속에서 분열 위기의 정신을 통합코자 하는 내적(內的) 갈구를 바탕으로 끊임없는 구도의 노력을 경주한 것으로 보았다. 이부영도 잘 알고 있듯이, 그렇게 보면 수운의 구도 정신이란 모든 구도자에게 공통되는 것일 뿐 수운 개인의 특수한 것이 아니게 된다. 이러한 심리학적 이론은 구도와 종교 체험에 대한 보편적 설명을 제공하는 것으로 경청할 만하지만, 당시의 독특한 한국 상황 아래 일어난 수운의 구도와 체험의 대사건을 온전하게 이해해 내지 못한다.

신용하는 수운의 구도 행각을 당시의 사회사적 배경 속에서 이해한다. 서학이 무력을 매개로 하여 중국을 멸망시키고, 이어서 조선을 멸망시키려고 들어오고 있으므로 조선이 민족적 위기에 직면하였다고 수운이 판단한 것으로 그는 파악하였다. 그리하여 수운은 서학에 대한 대결 의식에 지배되고 크게 깨달은 바 있어 그에 대한 방안의 하나로서 보국안민(輔國安民)의 동학을 창도하였다고 그는 본다. 신용하는 그와 함께 종교의 창도자로서의 수운의 득도 과정을 선인(仙人)이나 하느님 말씀과 영기(靈氣)와의 접합 내지 신비 체험으로 설명하는 경향을 비본질적이고 부차적인 것이라고 비판하고 있다.

모든 사건이 갖고 있는 사회적 성격의 중요성은 물론 부인될 수 없다. 사회학이나 심리학은 공히 인간 심리나 행태에 관한 보편적인 거대 이론을 지향한다. 그러한 안목에서는 특수한 상황이나 개인의 의미가 무시되어 버리기 쉽다. 사회학적 관점에서는 동학이 주요 관심이고, 수운 개인과 그의 구도가 부차적인 것으로 떨어져 버릴 소지가 상존한다. 그러나 예수 없는 기독교를 상정할 수 없듯이 수운 없는 동학은 상상하지 못한다. 아니, 수운의 구도와 득도가 있고서야 동학이 창건된 것은 역사적 사실이다. 그래서 우리에게 수운이 고맙고 소중한 것이다. 그런 수운과 동학을 올바르게 이해하기 위하여는, 당시 조선의 사회 상황을 배경으로 수운의 의식과 구도 및 종교 체험이 유기적으로 일관되게 파악되어야 한다.

수운의 출가 구도가 과연 어떤 성격의 것이었던지 들여다보자. 수운은 부친의 3년상을 마친 20세 때 집을 나서서 구도 행각에 든다. 이것을 흔히 자신의 출신 신분에 대한 자각과 자신의 장래에 대한 암담한 좌절감을 느끼고 어떤 활로(活路)를 찾기 위한 것에서 비롯된 것으로 서술되어 있다. 그리고는 전국을 방랑하면서 온갖 일과 공부를 하고 민심과 세태를 확인한 것이라 한다. 심히 통속적인 안목에 불과하다. 우리는 여기 수운이란 민족의 스승을 목전에 두고 있다. 그렇다 하여 경외심을 가져야 한다는 말이 아니다. 그가 경천동지의 득도에 이르고 있는 것은 결코 우연한 일이 아니다. 예수나 석가모니 같은 성인들에게서 보거니와 창도자들은 뚜렷한 문제 의식을 바탕으로 철저한 구도 행각에 임하고 있는 것이다.

수운은 원래 유가의 계통으로서 유학의 함영(涵泳)을 입은 사람이다. 그런 그가 지배적 가치관으로서의 유학의 한계 내지 몰락을 절감한다. 그리고는 집을 나서고 있다. 그가 유랑하며 구도한 것을 굳이 동학의 사상과 결부시켜 선(仙)·불(佛)·서학 등의 세계였다고 이야기하는 것은 견강부회의 성격이 짙다. 김범보가 적실하게 지적하여 있듯이, 당시의 신라 무(巫)는 그 형태만은 무던히 화려하였고, 다른 지역보다 훨씬 성행하고 있었다. 나의 논문 〈영남 지방의 민중 신앙〉에도 이 지역 무풍(巫風)의 강력한 전통과 신앙이 밝혀 있다.

당시 무의 성행이 기실 이 지역에 국한되는 것은 아니다. 유학이 조선조의 정치 이념이고 지배적인 가치관이었으나, 그것은 지배층·상류층의 이념적 표방이고 중·하층민의 신앙은 고래로 여전히 무를 견지하고 있었던 것이다. 수운이 유랑·구도한 이유는 민족적 위기에 직면하여 민중에게 제시할 새로운 가치관의 모색이었고, 그 과정에서 민중 신앙으로서의 무의 상황과 기운을 유심히 살피면서 각 종교에도 관심을 쏟은 것으로 보인다. 이 과정은 이제 곧 살펴볼 종교 체험의 성격 및 그 맥락적 이해와 유기적인 관계를 갖고 있는 것으로서, 또한 크게 보아 무당의 내림굿 직전의 이른바 신병(神病)으로 불리는 시련기와 유사한 구조를 드러낸다.

IV

귀가 후 수운은 몇 차례의 치성을 드리며 일련의 종교 체험을 갖는다. 첫번째 체험은 귀가한 이듬해(1855) 봄에 있었다. 이돈화(李敦化)의 《천도교창건사天道敎創建史》에 의하면, 수운이 책을 보고 있는데 홀연히 한 승려가 나타난다. 그 승려는 우연히 천하의 이서(異書)를 얻었는데 그 뜻을 알 길이 없던 차 수운을 보고 크게 감동하여 그 책을 바친다 하고는 책과 함께 사라져 버린다. 책 속의 글을 기억한 수운은 사흘간 사색하여 그 참뜻을 깨우친다.

이듬해 수운은 아예 양산 통도사의 내원암에 들어가 49일을 작정하고 정성을 드린다. 그러다 47일째 숙부가 돌아가심을 문득 알고는 집으로 돌아와 장례식을 치른다. 이것이 두번째 체험이다. 이어 이번에는 적멸굴에서 49일 공부를 마치고 돌아오던 중 죽은 노파를 살려내게 되는 세번째 체험을 얻는다. 수운을 연구한 학자들은 종래 이들 일련의 체험을 서술하는 둥 마는 둥 하고는 그 의미와 중요성을 놓치고 있다. 어떤 이들은 이 때문에 오히려 수운에 대한 헛소문만 무성해졌다고 못마땅한 눈치를 보인다. 수운의 이른바 득도, 즉 최종의 체험에 저들의 안목이 그만 눌려 버린 듯하고, 종교 체험의 역동성을 모른 채 그것을 기계적으로 이해하기 때문에 생긴 현상이다.

이들 일련의 종교 체험은 먼저 수운의 생활사, 조금 좁혀서는 구도의 전과정의 맥락에서 보아야 한다. 이 장면은 구도의 후반 단계에 해당한다. 전국을 돌아다니며 사회 속에서 도를 찾던 수운은 이제 고향에 돌아와 치성을 통해 자신 속에서 그것을 추구하고 있다. 거기서 그는 세 가지 체험을 계기적으로 이루고 이는데, 이들은 중요한 의미와 상징을 지닌다. 첫번째 체험은 진리 체득의 의미를 갖고, 두번째 것은 예지(豫知)의 능력, 그리고 셋째 것은 생명 구원을 상징하는 것이다.

이들이 계기적으로 일어난 것에 주목하면 이들은 연결된 의미를 갖는 것으로 이해된다. 오랜 출가 구도 끝에 집으로 돌아와 자신의 내면 세계로 들어가려는 판에 천하의 이서를 받고 그 오의(奧義)를 깨닫게 된 것은, 이제 수운이 외적 구도를 끝마치고 진리의 세계로 들어섰음을 암시한다. 그것은 아울러 앞으로 갖게 될 다음 단계의 종교 체험을 예고한다. 수운은 그래서 다음 단계의 치성에 들어가고 신안통(神眼通) 내지 예지를 갖추는 체험에 이른다. 그리고 그는 거기서 머무르지 않고 민족 구원을 위한 상승의 체험을 얻기 위해 다시 굴 속에서 정진하고 죽은 노파를 살리는 능력을 얻는다. 죽은 노파는 여기서 당시 죽어가는 민족의 기운을 상징하는 것으로 보아도 좋다.

한편 이들 종교 체험은 순서대로 불교·유교·무(巫) 내지 선(仙)의 성격을 갖는 것으로 보아진다. 첫째 것에 불교의 승려가 나타나고, 두 번째의 것은 유교적 상례에 관한 것이다. 그리고 죽은 노파를 살려낸 것은 무의 치병 기능 내지 선의 영생 사상과 관련된다. 이것은 뒷날 수운이 동학의 성격을 유불선 삼도의 합일로 정리한 것과 일맥 상통한다. 그리고 뒤에 살펴볼 수운 사상의 맥락 이해와 관련하여 동학이 풍류도(風流道)의 맥을 되살리는 것임을 미리 예고하는 것이라 하겠다.

융 심리학의 입장에서 수운의 종교 체험을 연구한 이부영은 무당들이 그들의 신비 체험을 직접 겪었는지, 선배로부터 들은 것을 그대로 반복함으로써 무당으로서의 체면을 충족시키고 있는지 알 수 없다 하고, 수운의 신비 체험에서도 같은 문제점에 봉착함을 토로한 바 있다. 이러한 견해는 수운의 종교 체험의 신빙성에 관련된 문제이기에 잠시 짚고 넘어간다. 요아힘 바흐(Joachim Wach)는 종교의 체험은 표현되고, 그 표현은 다시 체험으로 환원됨을 밝혔다. 그리고 그에 따르면 종교 체험은 궁극적 실재에 대한 전인적(全人的)인 반응이고 지상 명령으로서의 행동을 수반한다. 종교 체험의 본질을 여기서 논할 계제가 아니거니와, 그것을 심리학의 측면만으로 파악하기란 불가하다. 그리고 수운의 종교 체험으로 표현되고 신앙되고 있는 것는 바로 종교적 실재인 것이다.

위에서 살펴본 수운의 종교 체험들은 한국의 기성 종교에서 찾아 보기는 힘들다. 반면 그런 것은 민중들의 신앙 속에서 흔히 이야기되고 발생되는 것이다. 이선근(李瑄根)은 수운의 종교 체험에 이르는 행적과 체험 내용이 화랑 김유신의 구도 체험 및 행적과 일치하고 있음을 역설하였는데, 그것은 심히 적절한 비교이다. 신라 화랑도의 성격이 무(巫)의 전통을 계승한 것임을 뒤에 보겠지만, 수은의 종교 체험이 민중 신앙으로서의 무와 이리저리 긴밀하게 얽혀 있는 것을 알게 된다.

V

안팎으로 17년간의 구도라면 결코 짧지 않은 세월이다. 적멸굴에서의 치성을 마치고 하산한 수운은 처자를 이끌고 고향 경주로 돌아와 그의 아버지가 지어 놓은 정자 용담정에다 거처를 정한 뒤 몸을 돌보지 않고 치성과 기도에 전념하고 있었다. 그러던 중 1860년 음력 4월 드디어 득도의 체험에 이른다.

조카의 생일잔치에 갔다가 몸이 떨리며 심신에 이상을 느껴 곧장 용담정으로 돌아온다. 치성을 해보나 몸은 더욱 떨리고 가슴이 두근거렸다. 그리고 정신이 무아지경에 드는데 공중에서 천지가 진동하는 듯한 큰 소리가 들렸다. 수운이 놀라 벌떡 일어나 묻자, 두려워하지 말라 하고 세상 사람이 나를 하느님이라 부르는데 너를 택하여 하느님의 도를 사람들에게 가르치려 했다 하고는 동학의 기본 원리를 수운에게 가르쳐 주었다. 그때 수운이 그 큰 소리를 들었는지 집안 사람에게 묻자, 이들은 수운이 정신 이상에 들린 것으로 여기고 절망하여 울기만 한다.

이어 수운은 하느님으로부터 영부(靈符)와 주문(呪文)을 받는다. 당신의 영부를 받아 사람을 질병에서 건지고, 당신의 주문을 받아 사람을 가르치면 장생(長生)하고 덕을 천하에 펼치리라는 말씀에 수운은 그 영부를 받아 써서 불사른 재를 물에 타마신즉 몸이 윤택해지고 병이 낫게 된다. 이렇게 하여 득도한 수운이 1년 동안 그 가르침을 익혀 21자의 주문과 영부의 법을 정리해 내고 그것으로써 사람들을 가르쳐 나갔음은 잘 알려져 있다.

동학의 창도에 결정적인 수운의 득도 체험에 관하여 많은 연구자들이 나름의 견해를 발표해 온다. 이 글의 주제가 민중 신앙에 걸려 있는 만큼 그런 견해들 가운데 이 득도 체험의 민중 신앙적 성격과 관련된 것을 주로 하여 그것을 살펴보려 한다. 먼저 수운의 득도의 성격을 민중 신앙과 전혀 관련 없는 것으로 바라보는 입장으로는 신용하의 것이 대표적이다. 앞에서 언급한 그의 논문에 그런 안목이 제시되어 있는데, 이것은 우리의 논의와 관련하여 가장 최근의 것이 된다.

그는 수운의 동학 득도를 그 자신의 지적 창조로 본다. 나라를 보존하고 도탄에 빠진 백성들을 구제할 새로운 도를 찾으려고 몇 년 동안 열심히 공부하고 지극한 정성을 드리고 기도하면서 명상과 사색을 거듭하다가, 수운이 문득 영감을 얻어 새로운 도의 원리를 발견한 것으로 볼 수 있다 하였다. 수운이 들었다는 큰 소리의 하느님 말씀이란, 수운의 몸이 극도로 쇠약해진 상태에서 영감이 떠올라 문득 새로운 도를 깨닫고 희열에 넘쳐 듣게 된 수운 자신의 내면의 소리일 것으로 신용하는 조심스럽게 판단내리고 있다. 그러면서 그는 《동경대전東經大全》의 〈논학문論學文〉에 나와 있는, 수운이 주문과 강령의 법을 짓게 되었다는 대목을 제시하고는 수운의 접근 방법이 매우 종교적이고 정신주의적 측면에 치중되어 있는 사실에 주목한다.

신용하의 논지는 요컨대 수운의 득도란 종교적 및 정신주의적 성격이 강한 수운의 지적 관심을 바탕으로 그의 영감을 정리·창조해 낸 것으로 보려는 것이다. 여기서 그는 동학과 수운의 득도를 다루면서도 그것을 가능하면 종교 및 종교 체험의 면에서 보지 않으려는 자세를 드러낸다. 그의 관점은 사회사 및 사회심리학적인 것으로 드러나거니와, 종교를 주제로 하고 있으면서 종교에 대한 기본적 인식을 갖추고 있지 않거나 의도적으로 그런 접근을 회피하고 있는 그의 자세는 수운의 득도를 엉뚱한 것으로 그려낼 위험의 소지를 갖는다.

자신의 학문 분야의 관점에 충실하면서 수운의 득도와 같은 종교학 내지 종교사 및 종교문화적 현상을 논하려 하니 무리하고도 애매한 자세를 취할 수밖에 없는 연구의 예는 정신의학자인 이부영에게서도 발견된다. 수운의 득도 체험은 우리 나라 무당의 입신(入神) 과정에서 흔히 보는 빙의 현상(憑依現象; possession)과 비슷한 듯 보이지만 그렇지 않다는 것이 그의 견해이다. 수운은 그의 체험에서 신의 목소리를 듣고 더욱이 신과 대화를 나누고 있는 반면, 무당들은 그 입무(入巫)의 초기 과정에서 신의 소리에 따라 행동하고 때로는 스스로 신과 일치하여 신의 목소리를 낸다고 믿기에 양자는 구분된다는 것이다.

무당의 신병 현상은 학문적으로 매우 흥미롭고 중요한 것임에 틀림없다. 그런데 연구자들은 거기에 빠져든 나머지 입무의 맥락 속에서 그것을 바라보지 못하고 신병을 그저 기계적으로 다루는 데 그치고들 있다. 신병은 당연히 종교 체험의 일환으로 보아야 한다. 그것은 내림굿에 이르는 하나의 길일 뿐 내림굿을 위한 필수적인 조건이 아니다. 무당에 따라서는, 그것도 천신(天神)을 모시게 되는 무당 후보자에게는 신병이 나타나지 않는다. 이런 이들이 신의 목소리를 듣고 신령과 대화하는 일은 드물지 않다. 이부영의 무에 대한 이해는 이러고 보면 매우 피상적인 것으로 드러난다.

그는 또한 정신의학의 견지에서 수운의 강령 체험을 환각(幻覺; halucination)의 일종으로 본다. 환각이나 환청은 심층심리학적 해석으로는 무의식의 내용이 외부로 투사되어 마치 객체에서 오는 것처럼 감각하게 되는 병적인 현상으로 여겨지는데, 이부영은 거기에 입각하여 수운의 득도 체험이 적어도 정신병 환자의 체험에 비교할 만큼 강렬하며 심각하다는 점을 강조하였다. 그는 결국 수운의 체험을 정신의학의 틀에 맞추어 조심스럽게 해석을 시도할 뿐 그것을 제대로 이해하기 위하여 자신의 관점을 확대해 나가는 노력을 보이지 않았다.

이들과는 달리 김범보는 수운의 강령을 무의 계통으로 파악한다. 여기서 〈최제우론崔濟愚論〉의 한 부분을 인용하여 그의 견해를 살펴본다.

그런데 이 강령법이란 것은 샤머니즘의 여러 가지 범절 중에 그 주요한 하나로서, 방어(邦語)로서는 '내림을 받는다' '내림이 내린다' '손이 내린다' '손대를 잡는다' '신이 내린다' '신대를 잡는다' 하는 것이다. (중략) 신이거나 내림이 내리는데 여기서 예언도 하고 소수(所崇)의 사물을 발견도 한다는 것이다.(중략)

그런데 수운이 체험한 계시(啓示) 광경은 일종의 강령 즉 '내림이 내린' 것으로 볼 수 있고, 또 그 강령법도 자신의 체험을 양식화한 것이라 할 것이다. 그러고 보니 이 계시의 유래는 유교 정신에서 볼 수 없는 것은 물론이고, 또 불교나 도교의 그것일 수도 없는 일이고, 기독교에서 온 것도 아예 아닌 것이다. 그래 이것이 꼭 무속의 '내림'에서 온 것이 틀림없다고 본즉, 이건 과연 우리 문화사·사상사에 천번지복(天飜地覆)의 대사건이라 하겠다. 왜냐하면 단대(檀代)의 신도설교(神道設敎)는 방사(邦史)의 일관한 교속(敎俗)으로서 고구려·백제가 다한 가지로 이것을 신앙의 표준으로 삼았는데, 신라에 와서는 마침내 이 정신이 더욱 발전하고 세련되고 조직화되어서 풍류도를 형성하여 신라 일대의 찬란한 문화를 양출하고 걸특한 인재를 배양하고 또 삼국

통일의 기운을 촉진했던 것이다.(후략)

김범보는 수운의 득도 체험을 놓고 대뜸 그 종교문화적 유래 내지 소속을 따져 들어간다. 그것이 유·불·도 및 기독교 등 어느 종교의 것이 아니고, 특히 그 강령 또는 계시의 성격이 당시 주변에서 얼마든지 관찰되던 민중 신앙 곧 무에서 온 것임을 확신한다. 어떤 선입견이나 전제를 갖지 않고 접근해 가는 그의 논리적 자세가 돋보인다. 그리고 그는 나아가 고조선 이래 한민족의 전통 신앙이었고, 신라에서는 풍류도로 꽃피웠던 무의 역사성 및 그 전개를 논한다. 위에서 다 인용하지는 않았지만, 그런 무가 역사의 흐름을 거치면서 점차 퇴폐한 여운과 사이비한 형태로 전락해 왔는데 수운에 이르러 옛 강령의 기운이 되살아났으니, 그것이야말로 우리 문화 및 사상사의 대사건이라고 범보는 외친다.

나는 김범보의 견해에 전적으로 동의한다. 그는 수운의 체험을 현상과 역사의 양면에서 확인하고 그 맥락을 정확하게 파악하였기 때문이다. 옥의 티라 할까, 범보는 수은의 신관(神觀) 및 신앙관과 관련하여 '천(天)'과 '조화(造化)'의 개념을 명료하게 분석·해명하고 있으나, 무(巫)의 전통적 하느님〔天〕 신앙과 연결하여 살피지 않았다. 한국 무가 본디 하느님 신앙을 중심으로 하던 것인데, 그것이 어떤 변화를 거쳤던가에 관하여는 다음장에서 논의된다.

끝으로 동학에 관한 몇몇 논문에서 눈에 띄는 바 이 장의 주제와 관련하여 오해의 소지가 있는 것을 한두 가지 언급한다. 김인환(金仁煥)은 〈19세기 동학 사상의 성격〉이란 글에서 "동학 사상에는 무격(巫覡)의 영향은커녕 무격에 대한 강렬한 부정이 표현되어 있다" 하고, 《용담유사龍潭遺詞》〈도덕가道德歌〉의 한 대목을 들었다. "한(漢)나라 巫瞽事가/我東方 전해 와서/집집이 위한 것이/명색(名色)마다 잡신(雜神)일세" 한 구절이 그것인데, 이것은 무 자체를 부정한 것이 아니라 당시 무의 타락상의 한 단면을 지적한 것으로 이해해야 한다. 한국 무의 전통적 하느님 신앙이 변질·망각된 데 대한 수운의 분노를 거기서 읽을 수도 있다.

어떤 이는 수운이 받은 영부를 두고 민간 신앙에 통용되던 주술적인 요소를 수운이 종교적인 것으로 승화시켰다고 해석하고, 김인환은 재를 물에 타마시는 것을 수운의 창안이 아니라 민간에서 설사났을 때 사용하는 치료법으로 못박고 있다. 부적은 무당들이 지금도 왕성하게 사용한다. 민간 신앙의 주술적인 요소라는 표현은 막연하다. 부적을 불에 태워 그 재를 물에 타마시는 법도 무에 통용되어 오는 처방의 하나이다. 무의 본질과 역사를 모른 채 선입견에 의해 무를 부정하거나 막연히 이해하려는 저의를 이런 견해에서 실히 느낀다.

VI

김범보는 수운의 강령의 법문(法門)이 신라 풍류도에서 유래하였고, 풍류도의 중심 사상이 바로 무(巫)이며, 풍류도의 연원인 단군의 신도설교(神道設敎)도 다름 아닌 무인 것을 그의 글에서 밝혔다. 한편 앞에서 언급한 대로 이선근은 수운의 구도 과정과 신라의 화랑도 정신, 그의 사상과 그의 선조 최치원(崔致遠)의 인식과의 관련성을 지적하였다. 수운의 유·불·선 삼교 합일의 사상적 연원이 최치원의 〈난랑비서문鸞郞碑序文〉에 있음을 고려한 것이다.

모든 사물은 어느 날 하루 아침에 문득 생겨날 수 없는 법이다. 모든 것은 그 존재에 이르는 인과적 배경을 갖는다. 현대 물리학에 불확정성 이론이 유효하지만 인과의 엄정한 법칙은 빛의 존재처럼 명백히 상존한다. 수운의 종교 체험과 동학도 마찬가지로 한국 종교와 문화의 배경에서 일어나지 않을 수 없다. 이러한 인식을 갖추고, 그 배경과 연원 및 인과를 올바르게 파악할 때라야 수운의 체험과 사상이 제대로 이해될 수 있다.

수운은 제자 최시형에게 그의 도(道)의 성격을 언명한 바 있다. 그의 도는 유불선의 합일이고, 천도(天道)는 유불선일 수 없으되 유불선은 천도의 한 부분이라는 것이 그것이다. 이것은 최치원의 〈난랑비서문〉에 명시되어 있는 바 나라의 현묘한 도(道)인 풍류도가 실로 유불선 삼교를 포함한다는 내용과 바로 상통하고 일치한다. 후세의 학자들은 "유불선 삼교를 포함한다"는 구절을 대부분 잘못 해석하여 유불선을 합친 것이 풍류도인 것처럼 파악하여 큰 혼란을 빚었거니와, 최치원의 엄격·철저한 학문이며 그 구절의 논리적 면으로 보아 유불선 삼교의 원리가 모두 풍류도 안에 포함되어 있다는 사실이 명백하다. 수운이 그래서 별도로 그것을 경계하고 있다. 그의 도가 유불선의 가장 원두(源頭)에 서는 것이어서 천도가 체(體)를 이루고, 유불선은 그 용(用)인 것이니 후세에 이 점을 오해하지 말라고 당부한 것이다.

수운의 도가 풍류도에 연원을 둔 것임은 분명하다. 이제 풍류도의 성격이며 전후의 맥락을 알아보아야 할 터인데, 논의의 편의상 한민족의 고대 신앙으로부터 역사적으로 내려가면서 풍류도의 맥락을 살펴보고자 한다. 고조선의 종교가 무라는 사실은 한국사 개설류에 어김없이 정설로 서술되어 있다. 유동식(柳東植)과 나는 대략 세 가지 논거로 그 사실을 주장하여 온다. 첫째 논거는 고대 사회 동아시아·시베리아의 보편적인 종교가 무(샤머니즘)라는 점에 두어 있다. 둘째로는 단군 신화가 한민족의 천신(天神) 신앙을 반영하면서 무(巫)적 성격의 것이기 때문이다. 그리고 한국 고대 사회의 특징적인 제천(祭天) 의례가 천신 신앙을 계승한 무의 하늘굿 내지 하느님굿이라는 사실이 그 마지막 논거이다.

샤머니즘은 종교진화론에서 인류의 초기 종교 단계로 이해되어 오거니와, 한반도와 만주 지역을 포함한 동아시아와 시베리아에는 청동기 시대까지 두루 퍼져 신앙되고 있었다. 단군 신화의 천신인 환인 제석(桓因帝釋)의 신앙은 고대 사회의 하늘굿 전통을 거쳐 한국 무에서 오늘에 이르기까지 제석 신앙으로 그 맥을 면면히 이어 온다. 그 세번째 논거에 관하여는 중국의 역사서 《삼국지三國志》가 〈위지동이전魏志東夷傳〉에서 한국 고대 사회 여러 나라의 천제를 특징적인 전통으로 서술하여 증언해 준다.

고조선의 종교를 선(仙)으로 보려는 무리한 견해가 있는데, 최치원이 밝혀 있듯이 선교는 한민족 고유의 풍류도에 포함되는 하나의 종교일 뿐이다. 위에 언급한 다른 논거들도 그것이 결코 선이 될 수 없음을 보여 준다. 그럼에도 불구하고 굳이 선교설을 주장하는 이들에게서 무에 대한 천대 의식과 그 잘못된 선입견을 읽어내기 어렵지 않다.

풍류도가 선일 수 없는 것은 이로써 자명하다. 나는 여러 해 전 〈화랑의 종교 문화〉《화랑 문화의 신연구》(한국향토사연구전국협의회엮음, 1995)라는 논문에서 풍류도의 성격 규명을 종교 문화의 관점에서 시도한 바 있다. 풍류도는 고신교(古神敎), 곧 무의 신라적 전개이다. 《화랑세기花郞世紀》에 의하면, 화랑은 선도(仙徒)라고 하고 신궁(神宮)을 모시고는 하늘에 제사 지냈다 한다. 그것은 고대 무의 전형적인 천제 전통의 계승을 가리킨다. 화랑은 그러면 신궁의 사제 후보 집단이고, 이들은 명산대천에 다니며 고대 이래의 산천 제례에 참여하면서 수련을 하였던 것이다. 김유신을 비롯한 화랑들의 기록에서 우리는 그런 면을 넉넉히 확인한다. 신라가 인재 양성과 발굴을 위하여 이들을 제도화하고 화랑들이 풍류 정신으로써 삼국 통일의 위업에 결정적인 공헌을 한 것은 주지의 사실이다.

한국 고대 무의 계승자로서의 풍류도는 무의 변화와 운명을 함께 할 수밖에 없다. 삼국 시대 철기 문화를 배경으로 고대 국가가 형성되면서 정치권과 종교권을 한몸에 갖고 있던 무는 분화한다. 왕권이 강화되고, 무당은 그 밑에 종속되는 처지에 놓인다. 고대 국가는 이제 그것에 걸맞는 새로운 정치 이념의 필요에서 유·불·도를 중국으로부터 수용한다. 무는 그에 따라 이들과 경쟁 관계에 서고, 점차 약화되어 간다.

신라 시대 이후 불교의 융성이 고려 시대까지 지속되었으나, 무는 유불도 등 종교와 공존하면서 그런 대로 사회적 지위를 누릴 수 있었다. 팔관회 같은 것이 그 좋은 보기인데, 송(宋)나라 사신 서긍(徐兢)이 기록으로 남겨 증언한 바 그것은 내용상 고대 사회 제천 의례의 전승에 다름 아니었다. 그런데 그것이 이름은 불교의 것을 취하고 제례 형식은 유교적 국가 제례의 것이었으며, 신앙 대상과 온갖 놀이에 음주가무한 것은 무의 전통을 따른 것이었다. 이런 무의 모습을 굳이 무풍(巫風)의 쇠약으로 볼 수 있을 것이다.

조선 시대에 들어오면 상황이 완전히 달라진다. 유교를 정치 이념으로 내세운 양반 관료층은 무와 불교를 배척·핍박하고 무당과 승려를 천민으로 규정한다. 제천 의례의 전통을 잇던 마을굿은 조선 초기부터 왕명에 의해 대부분 지방 수령들의 손에 넘어가 유례화(儒禮化)하고, 무는 사회적 천대와 억압 속에서 세속화의 과정을 밟는다. 이러한 변화 가운데 무의 변질과 풍류도 기상의 저하에 결정적인 영향을 끼친 것은 천제 전통의 단절이다.

앞에서 살펴보았듯이 한민족은 고조선 때부터 하느님을 모시고 매년 정기적으로 천제를 올리는 전통을 지켜 왔다. 고려조에서 그것은 복합적인 형태를 취하면서 팔관회로, 또는 유교적 길례대사(吉禮大祀)로서의 원구제(圓丘祭)에서 지켜졌다. 그러다 조선조에 들어와 태조로부터 초기 왕들이 역대 왕들의 전통에 따라 천제를 지내려 하나 양반 관료층의 반대에 부딪혀 뜻을 이루지 못한다. 유교의 예(禮)에 의하면 중국의 천자만 천제를 지낼 수 있고, 조선의 왕은 단지 종묘와 사직에 제를 올릴 뿐이라는 것이 저들의 변이었다.

이로써 한민족의 국가적 차원에서의 천제 전통은 맥이 끊어지고 만다. 아울러 마을굿은 대부분 유례화되어 마을에서의 천신(天神) 신앙이 단절되었거나 기세를 잃어버렸다. 이제 소수의 마을굿이나 지역의 굿판에서 천신인 제석이 도교의 천존(天尊)이나 불교적인 불사(佛師)의 이름으로 바뀌고, 그 신격도 위축·변질되어 모셔지게 되었다. 그리고 제석은 단골 신도들의 이른바 가신(家神) 신앙 속에서 생산신·산신(産神) 또는 농업신 등의 기능신으로 여겨지며 신앙되는 지경에 처하였다.

민족의 천신이 이런 지경에 이르렀으니, 다른 신령들에 대한 사회의 인식과 무(巫)에서의 신앙 태도는 말할 것도 없겠다. 양반 관료들을 주축으로 한 지배층은 이들 신령에 대한 신앙을 귀신 신앙으로 왜곡하고 억압하였으며, 민중들도 겉으로는 점차 그런 인식에 젖어 들어갔다. 무당들은 사회적 천대 속에서 옛 전통의 신령관을 지키지 못하고, 사제로서의 품위를 상실한 가운데 신령의 이름으로 점복·치성·굿을 하며 연명하기에 급급하였다. 단골들은 오랜 전통에 따라 집에다 신령을 모시고 경우에 따라 습관처럼 치성과 굿을 올리나, 그것은 신령을 두려워하지 않고 주로 제 집안의 복을 챙기기 위한 것이었다.

최치원이 기록으로 전한 풍류도란 그 성격을 밝혀 준 것이지 본질 내지 원리를 가르쳐 주지 않는다. 풍류도의 연원이 고조선 이래의 무에 있음을 헤아리면 그것은 천신, 곧 하느님을 모시는 것을 기본으로 하는 것임을 알 수 있다. 제천 의례를 위시한 굿이 신명과 조화(調和)를 원리로 한다는 것이 나의 지론이거니와, 풍류도는 하느님과 신령을 민족의 조상으로 섬기고 신명과 조화의 정신을 개인 삶과 사회에 펼치는 현묘한 도이다. 이러한 풍류도가 무의 쇠퇴 및 약화의 과정에서 점차 변질되어 왔다. 조선 시대에 제천의 전통이 단절 또는 변질되고, 신령에 대한 인식과 태도가 흐트러지면서 풍류도는 그 기본 정신을 거의 상실하고 만다.

풍류도에 관심을 둔 학자들은 그것이 조선조에 선비들의 풍류로 전개·발전한 것으로 파악하여 오지만 풍류도의 원리와 정신에서 보자면 그것은 억지스럽다. 저들은 심지어 음주가무를 즐기고 술에 취해 갓을 약간 삐딱하게 쓰고 흔들거리며 걷는 파행적인 멋을 풍류로 여기기까지 한다. 풍류도의 본(本)은 까맣게 잊고, 그 말(末)을 내세우는 본말전도의 안목에 불과하다.

한편 조선조에서 남자 무당들은 두루 화랑으로 불려졌다. 아키바 다카시의 보고에 따르면 일제 초기만 하더라도 신라 화랑의 고지(故地)인 경상북도·강원도 방면에서 충청도에 이르는 지역에서는 무악을 담당하는 무부(巫夫)들이 화랑의 칭호로 불리고 있었다. 그밖에 경상남도 남해안과 전라도 일원에서는 화랑이 독경과 점복에 종사하였다. 이들이 풍류도인인 화랑의 이름을 지녀 풍류도의 후예임을 보이고는 있지만, 풍류도의 근본 정신에서는 한참 벗어나 가무나 독경으로 생활을 영위하고 있었을 뿐이다. 그리하여 수운이 살던 조선조 말기에 한민족의 풍류도는 그 정신을 상실한 채 말류에 흐르고 있었다.

VII

민족의 전통 신앙인 무와 그 하느님 신앙 및 풍류도가 이런 지경에 처하여 민족의 기운이 암흑 속을 헤매고 있을 때 수운의 대강령(大降靈)이 일어났으니, 김범보는 그것을 우리 문화사·사상사에 실로 천번지복의 대사건이라고 감격하여 찬탄한 것이다. 그러나 우리의 신도(神道)가 풍류도의 성시(盛時)에는 모든 문화의 원천이 되고, 인격의 사상도 되고, 또한 수신제가치국평천하(修身齊家治國平天下)의 경법(經法)도 되었던 것인데, 후세 이 정신이 쇠미하면서 거리지·풍각쟁이·무당패 등으로 전락하여 남아 있을 뿐이고, 무속이라면 사람들이 깜짝 놀라고 창피스럽게 여기게 된 사정을 범보는 가슴 아파한다.

그리고 그렇게 현묘한 풍류도의 교법이 어찌하여 그 지경으로 영락하고 만 것인지 심히 의아해하면서 그것을 우리 문화 사상의 중요하고도 흥미 깊은 과제의 하나로 제시하였다.

우리는 위에서 한국 무의 역사와 풍류도의 전개를 간략히 살펴보았거니와, 이 문제의 원인과 배경은 자명하다. 한민족이 점차 그 전통 신앙인 무를 가볍게 보고, 특히 조선조에서 외래의 사상인 성리학을 내세워 무를 천대하고 왜곡하였으며 하느님 신앙이 단절된 것이 그것이다. 그러면서 무는 영락과 변질의 길을 걸을 수밖에 없었다. 이것은 주체적 가치관의 상실이고, 민족의 신명과 조화 정신의 쇠락을 초래하였던 것이다.

수운의 득도와 동학 창건의 원인 배경을 흔히들 조선말의 사회 및 동아시아 국제정치적 상황에서 찾고 있다. 제국주의 열강이 동아시아에 침투해 들어오고, 저들의 서학이 이 땅에 발을 딛고 있건만 조선조의 지배적인 가치관인 유교는 더 이상 기능하고 있지 못하였다. 거기다 엄격한 신분 체제에 관료들의 가렴주구 및 부정부패는 만연하여 민중들은 삶의 희망을 잃고 있었다. 모든 것이 시대의 산물이라는 점에서 나는 그런 것이 수운의 득도와 동학 창도의 한 원인 배경이라는 사실을 부인하지 않는다.

그러나 그것은 하나의 측면일 뿐이다. 이러한 측면이 따로 있고, 또 동학 성립의 종교·문화적 맥락과 종교적 면이 별도로 있는 것이 아니다. 누누이 강조하였듯이 이들을 유기적이고도 역동적으로 파악해야 한다. 문화인류학적으로 이야기하자면 총체론(總體論; Wholism)적으로 접근되어야 하는 것이다. 나는 〈동학혁명의 문화적 의미〉(《계간 연세 진리·자유》, 1994 봄, 제20호, 연세대학교)라는 글에서 조선조말의 그런 상황을 '인간 상실'로 파악하고, 수운이 제시한 도는 그에 대하여 '인간 회복'의 성격을 갖는 것으로 해석하였다.

한민족은 고래로 하느님과 신령을 조상으로 섬기면서 고려조까지의 역대 왕들은 천자(天子)로서, 민중들은 천손(天孫)이라는 의식을 가꾸어 왔다. 조선조에 들어와 그런 의식이 상실되거나 약화되었다. 민중은 한편 중앙 집권적 관료 체제와 신분 제도의 질곡과 가부장제의 이념 아래 사람다운 삶을 영위할 수 없었다. 풍류도의 후예인 무당은 천대를 받는 가운데 무와 풍류도는 변질·쇠미하였으니, 그것은 한민족이 사람답게 살 수 없는 인간 상실의 상황이었다.

수운의 통한과 문제 의식은 바로 거기에 있었다. 사람이 사람답게 사는 세상을 다시 만들어야 한다는 것이 그의 염원이었다. 한민족의 인간 회복을 위하여 그는 하느님을 모시는 길을 되살려낸 것이다. 그것을 천지인의 차원에서 보면, 인간 상실 속에서 고통받는 민중의 간절한 염원이 하늘에 닿고 인간 회복을 위한 수운의 지극한 수련과 정성이 있어 하느님이 수운을 선택하여 드디어 한민족의 인간 회복의 길이 열리게 된 것이다.

VIII

수운의 글에는 그가 당시의 민중 신앙으로서의 무에 비판적이었음을 보인다. 집집마다 위한다는 것이 잡귀잡신 일색이라 수운이 통탄하고 있었음은 앞에서 언급하였다. 한민족 고유의 신도와 풍류도는 그런 것이 아니었음을 그는 알았다. 그러기에 그의 글에서는 당시 무에 대한 연민과 분노가 실히 느껴진다. 나는 〈영남 지방의 민중 신앙〉에서 이와 관련하여 다음과 같은 구절을 썼다.

인간이 하느님과 만나 하나 된다는 깨달음은 시베리아 샤머니즘의 첫무당(first-shamen) 신화를 연상시킨다. 인간은 애초 천신(天神)과 교류하여 아무런 경계가 없었는데, 인간이 교만해지자 천신이 인간과의 교류를 단절시키고는 첫무당을 만들어 중재케 하였다는 것이다. 수운 선생은 무의 저 태초의 세계를 보았다고 할 수 있겠다.

한국의 종교문화적 맥락에서 보면 수운의 득도와 동학 창도는 한 민족의 풍류 정신의 회복, 나아가 고신교의 부활이란 의미를 갖는다. 그러나 수운의 가르침은 거기서 머물지 않는다. 그는 시베리아 샤머니즘의 첫무당 신화의 세계로 달려가 무의 태초를 본 것이 아닌가 여겨진다. 그것은 단군 신화에서 환인이 환웅을 일군의 신령 체계와 함께 인간 세상으로 내려보내는 장면이기도 하다. 수운은 그런 체험과 깨달음 속에서 인간이 하느님과 만나 하나 되는 인간 회복의 동학을 온 세상의 새로운 길로 제시하였던 것이다.

IX

나는 1970년대초 서울 지역 전통무(巫)의 현지 조사 과정에서 흥미로운 사실을 들을 수 있었다. 그들이 신부모(神父母)로부터 들은 바, 동학과 동학혁명에 대하여 당시 무당들은 그것이 사회에 혼란을 조성하고 나라의 기반을 흔든다고 매우 부정적인 것으로 여겼다 한다. 저들은 수운의 득도와 동학의 진정한 의미를 이해할 수 없었다.

민족 종교로서의 동학계 종단들의 무에 대한 인식은 그리 긍정적이지 않은 것으로 보인다. 그와 함께 그들의 경전하며 신앙 자세에서 유교적 체취가 적잖이 느껴진다. 우리 사회가 조선조의 중앙 집권적 관료 체제와 유교적 인습을 극복하지 못하고 있다고 나는 역설해 오는 터이다. 동학계 종단이 수운의 득도와 동학 창건의 뜻을 오늘날 제대로 새기고 있는지 자문해 볼 일이다.

9

한국 단군 신앙의 실태

I. 분류와 개념의 문제

단군 신앙의 실태를 분석한 이강오(李康五)의 논문[1]이 나온 지도 벌써 5년이 지났다. 단군에 관한 연구와 일반의 인식은 그 사이 많이 진지해졌고, 성과 또한 적지 않았다. 고조선의 실체와 성격을 문헌 연구와 고고학적 발굴 성과를 통하여 밝힌 역저도 나왔다.[2] 단군은 이제 막연한 신화의 주인공이 아니라 실제 국조(國祖)로서 두루 인식되고 있다. 단군 성전(聖殿)의 건립을 극구 반대하던 기독교측의 공격적 태도도 거의 수그러졌다. 심지어 소수의 개신교 목사들이 국조 단군을 받들어야 한다고 공언할 정도로 사정이 크게 달라져 있다.

이런 사정을 헤아리면 단군 신앙이 그동안 많이 강화·확립되었을 것으로 우선 짐작되어진다. 1992년 중반 단군 신앙의 실태를 파악하려는 것이 이 논문의 목적이다. 이강오의 논문이 1980년대 단군 신앙의 실태를 비교적 소상히 다루고 있는 바, 그것과 내가 조사한 바를 비교하여 단군 신앙의 최근 변화를 살펴보고자 한다. 이강오는 한국의 신흥 종교, 그 중에서도 특히 단군 신앙의 현지 조사에 주력하여 이미 중요한 자료를 발표하였고[3] 이 방면의 일인자로 손꼽힌다.

그의 1980년대 단군 신앙 실태의 자료에는 그러나 약간의 문제가 보인다. 그의 자료는 '1987년 4월 현재' 로 되어 있는데, 1981년에 세워진 단군조선종천교 같은 것이 누락되어 있다. 나는 새종교연구원

이경우 원장과의 면담을 통하여 먼저 기본 상황을 파악하였다. 활동이 비교적 왕성한 몇몇 종단의 간부로부터 단군 신앙 실태에 관한 정보를 얻기도 하였다. 그리고 1990년 이래 《종교신문宗敎新聞》에 실린 단군 신앙 관계 기사들을 자료로 이용하였다. 단군 신앙 단체의 수는 예전이나 지금이나 매우 많다. 분석과 서술의 편의상 분류는 불가피한 것이나, 이강오의 분류는 심히 혼란스럽기에 먼저 분류의 문제부터 짚고 넘어가야 하겠다.

그의 단군 신앙 단체 분류 일람(1987년 4월 현재)에는 다음과 같이 되어 있다.[4]

단일 신앙
복합 신앙
비(非)단군계—동학계·증산계·각세도(覺世道)계·봉남(奉南)계·일관도(一貫道)계·기독교계·무속(巫俗)계
계통 불명
소멸(消滅) 종단(사회 단체 및 학술 단체 포함)
학술 단체
사회 단체
단군사묘(檀君祠廟)—현존(現存)사묘·멸실(滅失)사묘

1970년에 보고된 그의 〈1960년대 단군 신앙계 분류 일람〉의 분류와는 약간의 차이를 보인다. 당시에는 복합 신앙 대신 조합(組合) 신앙이란 용어를 사용하였다. 비단군계로 동학계 대신 동도교(東道敎)라 하였고, 각세도계와 무속계가 거기에 항목으로 잡혀 있지 않았었다. 그리고 계통 불명을 비단군계 속의 한 항목으로 하였었다. 단군사묘는 다시 종교 도량(道場)과 민간 사묘로 세분하였었다. 학술 단체와 사회 단체 대신 단군 연구 기구와 단군 숭봉(崇奉) 단체라 하였었

다. 당시의 것이 그의 첫 보고였으므로 자연히 소멸 종단 항목은 없었다.

단일 신앙에 대한 어떤 개념 정의도 나와 있지 않다. 문맥이나 분류된 종단의 성격으로 보아 단군만을 모시는 것을 그렇게 지칭한 것 같다. 그런데 거기에 속하는 것으로 분류되어 있는 단군마니숭조회(檀君摩尼崇祖會)·한얼교 등의 종단은 실제 단군만을 모시지 않는다. 전자는 처음부터 단군과 함께 마니어머니를 숭배하여 오고,[5] 1988년 이후로는 퇴계 이황 선생을 한국 조상의 대표로 모시기도 한다. 한얼교의 헌정 제2조에는 한얼님과 모든 성자이신 바른님을 신앙의 대상으로 한다고 밝혀져 있다.[6] 바른님으로 단군 외에 공자·노자·석가·마호메트·예수 바른님을 믿고 있는 바,[7] 이것을 단일한 단군 신앙이라 부르기 곤란하다.

이강오의 복합 신앙이란 개념은 단일 신앙에 대비되는 것이다. 이에 관하여는 다음과 같은 정의가 내려져 있다. 단군을 주체 신앙으로 내걸고 있으면서도 그 내용에는 단군 신앙이 아닌 다른 신앙까지 이끌어서 단군 신앙에 결부시키는 종단의 신앙이 그것이다.[8] 그러한 종단에서는 공자·석가·노자를 곁들여 신앙한다 하였다. 그러면 앞에 언급한 두 종단이 여기에 분류되었어야 마땅하다. 그 점은 차치하고라도 이것은 신관(神觀)의 문제와 결부된다. 기독교나 이슬람은 각기 하나님과 알라만을 유일무이한 신으로 섬기는 유일신교이지만, 한국의 단군 신앙의 성격은 그렇지 않다. 단군을 가장 크고 높은 천신(天神)이자 대신(大神)으로 숭배하면서 그 아래로 천신의 성격을 갖는 여러 위계의 신령들이 천신과의 관련에서 함께 신앙된다. 한얼교의 경우 그것이 잘 드러나 있다. 이강오는 같은 논문의 머리말 부분에서 그러한 특징적 사실을 밝혀 놓고 있으면서도[9] 왜 이런 억지스러운 용어 개념과 분류를 사용하여 무리를 일으키는지 이해하기 어렵다.

다음으로 비(非)단군계라는 분류 항목을 살펴보면 이것도 심히 무리스럽다. 이것은 다시 동학·증산교·각세도·봉남교·일관도와 불교·기독교·무속 계통으로 나뉘어 있다. 우선 한국 신흥 종교의 대표적 계통이 두루 망라되어 있음을 본다. 민족 종교들이 단군을 그들 신앙 안에 수용하여 있는 것은 원래 자연스럽다. 한국 신흥 종교는 종교 합일사상(宗敎合一思想)을 특성으로 하여 있고,[10] 제설혼합적(諸說混合的)이다.[11] 신흥 종교의 생리가 워낙 여러 종교의 교리를 혼합하여 새로운 가치관을 만들어 내는 것이거니와, 한국 민족 종교들이 국조 단군을 그 신앙 대상의 하나로 포함하는 것은 당연하다 하겠다.

그런데 민족 종교의 계통별 종단에서 단군도 모신다 하여 이런 것들을 단군 신앙 단체의 분류일람표에 집어넣었다는 것이 문제이다. 예컨대 동학계의 어느 종단이 수운(水雲)과 함께 단군을 모셨다 하면, 그 종단은 어디까지나 동학계의 종단이지 단군 신앙 단체는 아닌 것이다. 엄격히 따져서 그런 종단은 단군 신앙 단체로 거론될 수 없다. 기껏해서 너무도 당연한 현상이지만, 다른 계통의 민족 종교에서도 단군을 포함하여 숭봉하고 있음을 언급하면 될 일이다. 그 점은 불교나 기독교계로서 단군을 아울러 신앙하는 교단의 경우에서도 마찬가지이다.

비단군계로 분류된 종단 가운데는 교명(敎名)에 단군을 내세운 것이 있다. 증산계의 단군성주교(檀君聖主敎)·단군성주교총본부와 불교계의 단군성조신앙회(檀君聖祖信仰會) 등이 그런 예에 해당한다. 이런 유의 종단을 이강오는 퍽이나 못마땅하게 보는 듯하다. 그런 표현을 인용한다.

……이러한 복합적인 신앙이 구성되는 내용에는 단군을 주체로 하는 진실한 내용이 분명치 못한 점이 있지만 단군을 국조라는 뜻에서 신앙의 주체적 성분을 초월하여 국민의 민족적 도의를 기본으로 하려는 점은 중요시된다. 그러나 한편에는 진실로 국조를 숭봉하는 교리와

신행(信行)이 없으면서도 국조이신 단군을 신앙함으로써 민족 신앙이라는 외면적 수식을 하는 종단도 있다. 이러한 종단은 교명이나 종지가 수시로 바뀌는 것이 보통이다.[12]

단군을 신앙함으로써 민족 신앙이라는 외면적 수식을 한 종단의 예로 그는 한때 단군천선금강대도(檀君天仙金剛大道)라 하였던 금강대도를 들고 있다. 교명이나 종지를 수시로 바꾼 경우로는, 이창규(李昌奎)의 심령과학연구소가 '고등종교관' · '단군교총본부' · '단군종단연합회' 등 여러 이름으로 개명한 것을 손꼽았다. 여기서 우리의 논의 대상이 신흥 종교임을 상기할 필요가 있다. 신흥 종교는 문자 그대로 새롭게 세워진, 역사가 일천한 종교이다. 따라서 신흥 종교는 그리 흔한 것은 아니나, 경우에 따라 교명을 바꿀 수도 있고 종지 또한 변경할 수도 있는 것이다. 그것은 기성 종교로 형성되어 가는 과정에 있기에 그렇게 내부적 갈등과 외면적 모양 갖춤에 신경을 쓰고, 많은 종단들이 그러다가 끝내 소멸되어 버리기도 한다.

이것은 신흥 종교 연구의 방법론 내지 윤리와 결부되는 매우 심각하고도 중대한 문제이다. 문화인류학에서는 연구자가 현지의 문화에 참여하여 그것을 객관적이고도 구체적으로 이해 · 파악하기를 요구한다.[13] 그러면서 그 해당 사회의 문화에 어떤 영향을 끼쳐서는 아니 된다. 그래서는 그 사회 · 문화에 대한 바른 이해에 결코 이르지 못한다. 그것에 영향을 끼쳐 변화를 불러일으킨다면 그 사람은 이미 연구자가 아니다. 한국 신흥 종교의 경우 연구자들이 흔히 종단에 직접 · 간접으로 개입하고 교리의 체계화를 도맡기도 하며 그들 나름의 신흥 종교의 이상형을 제시한다. 이들은 엄밀히 말하여 연구자가 아니고, 신흥 종교 운동가라 할 것이다.

한국인에 의한 한국 신흥 종교의 연구는 물론 좀 다른 상황이 된다. 타문화에 대한 연구가 아니라 자문화에 대한 것이기 때문이다. 한국 신흥 종교는 그동안 사회로부터 워낙 많은 오해와 핍박을 받아 왔다. 민족 종교, 그것도 단군 신앙은 국조 숭봉과 민족 정기의 회복 등과 직결되어 있음에도 불구하고 조선조말 이래 숱한 왜곡과 억압을 감내하여 왔다. 그러므로 그 연구자의 객관적 조사를 넘어서서 연민을 띤 역동적 접근이 요구된다. 그렇더라도 그 연구는 어디까지나 객관적 사실의 파악을 바탕으로 그 종단의 문제점과 개선책을 제시하는 것이어야 한다.

각 종단의 교주와 지도자들은 그들 나름대로 종단의 발전을 위해 부단히 노력하고 있다. 그 가운데 어느 종단은 불미스러운 사건을 저질러 사회적 물의를 일으키기도 하였다. 그러나 그런 종단은 소수에 불과하고 대부분은 사회에 새로운 가치관을 제시하기 위하여 애쓴다. 그 가치관은 그들의 것이고 연구자가 왈가왈부할 성질의 것이 아님을 알아야 한다.

단군 신앙 단체의 분류 가운데 비단군계의 이른바 무속계라는 것도 애매모호하고 곤란하다. 한국 신흥 종교 연구가들은 그 분류에 으레 무속계란 것을 잡아 놓고 있다.[14] 이것은 원래 일제 시대 무라야마 지준(村山智順)이 한국 신흥 종교의 실태 조사 보고서를 내면서 처음 사용한 것이다.[15] 한국 학자들은 한국 신흥 종교에 대한 일제의 어떤 저의를 간과한 채 이후 그것을 그대로 답습하였다. 그에 따라 그 개념 정의가 별로 되어 있지 않다. 이 경우는 그것을 "근세에 와서 무속 신앙을 종교의 내용과 대상으로 하여 발생한 단체"[16]라 하고, 이강오는 "재래적인 무당들의 기도 행위를 하는 신앙 단체"[17] 정도로 파악하고 있다.

해방 직후 계룡산에 50여 개 종교 단체가 있었는데, 그 가운데 무속 신앙을 주로 하는 사찰이나 신당이 30여 개나 되었다 한다. 이와 비슷한 것은 사실 전국에 헤아릴 수 없이 많다. 이강오는 그런 것들이 종교의 간판을 걸고 있으되 종교의 형식을 갖추지 않았기에 하나의 종단으로 볼 수 없고, 무속 종단이라 할 수 있는 것은 실제 30여 개에 불과하다 하였다.[18] 그리고 무속계 단군 신앙 단체로 4개를 손꼽았다.[19]

무(巫)를 기독교 신학적 종교 개념에 의하여 바라보는 안목은 이미 낡은 시대의 것이다. 이제는 동서고금을 막론하고 인간과 신적 세계와의 어떤 관계가 상존하여 있으면 그것을 종교로 파악한다. 무에는 신령 체계가 엄연하고 신도로서의 단골과 사제로서의 무당, 그리고 굿과 치성 등 여러 종교 의례가 다듬어져 있어 무는 바로 한국인의 전통적인 종교가 된다.[20] 무당 가운데는 단군을 개별 신령으로 모시는 이가 있는가 하면, 모두들 부지불식간에 단군 신앙을 전통적 신앙 내용으로 하여 온다. 제석(帝釋) 신앙이 그것이다. 제석신은 환인제석(桓因帝釋)을 가리키는 것으로 무에서 생산신·농경신으로 숭배된다.[21] 제석신이 불사(佛師)·천존(天尊)·천왕(天王) 등과 같은 신격임은 나의 최근 연구에서 드러났다.[22]

무는 고래로 단군을 사제이자 신격으로 하면서 천신을 섬기고, 고대 사회에서는 천제(天祭; 하늘굿)를 지냈다. 그후 역사의 진행 가운데 그 전통이 쇠미하여져 제석 신앙으로 명맥을 이어 오고 있는 바, 넓게 보아 무 자체가 단군 신앙의 한 전통을 이루어 온 것을 바로 알아야 한다. 근세 이래 단군의 강신(降神)으로 단군을 모시고 신흥 종교의 외양을 갖춘 것들이 나타나기도 하였으나, 이들은 무의 전통과 맥락에서 하나의 새로운 경향으로 다루어지는 것이 보다 합리적이다. 그것을 굳이 신흥 종교 현상으로 보는 경우에라도 그렇게 겹쳐짐을 염두에 두어야 한다. 이들 이른바 무속계 신흥 종교의 특성으로 대개 '여러 잡다한 신명(神明)의 모심'이나 '신의 계시 및 말세운도(末世運度)'를 들고 있다.[23] 앞서 천신 신앙에서는 여러 위계의 신령들이 천신과의 관계에서 함께 신앙됨을 언급하였거니와, 여러 잡다한 신명을 모신다는 것은 다만 무 신앙을 천하게 표현함에 지나지 않는다.

신의 계시나 말세운도가 단군 신앙의 주류를 이루고 있음은 뒤에 다시 상론된다.

II. 단군 신앙 관계 단체

내가 조사·파악한 단군 신앙 단체는 33개 종단에 달한다. 그리고 단군 신앙 관계의 학술 단체가 12개, 사회 단체가 8개로 파악되었다. 단군 신앙 단체에 대한 일체의 분류를 시도하지 않았다. 학술 단체와 사회 단체는 이밖에도 더 있을 것이다. 창립자 내지 대표가 여러 단체에 중복되고 활동이 거의 없어 생략해 버렸다. 단군 신앙 단체는 이밖에도 2,30개는 족히 더 있다. 이들은 교세가 극히 미미하고 사회적 활동을 거의 드러내지 않아 신흥 종교 학계에조차 잘 알려져 있지 않다. 이들은 엄연한 단군 신앙 단체임에 틀림없으나, 이번 조사 대상에서 제외하였다.

1. 단군 신앙 단체(1992년 4월 현재)

종단명	창립자	현 대표	창립 연도	소재지
대종교	나 철	권태훈	1909	서대문구 홍은 2동
단군마니숭조회	박종간	박종간	1984	서대문구 연희동
단군교	김해경	김해경	1975	송파구 잠실동
단천교(檀天敎)	정봉화	정봉화	1981	서대문구 북아현동
개천교	박계림	박종분	1985	인천
대한민국 성부조궁 세계통일본당	박효달	김봉자		용산구 후암동
개천각(開天閣)	이유립	양종현	1963	강화군 화도면
한얼교	신정일	신정일	1978	중구 다동

광명도	정효순	정효순	1947	대전시 동구 원동
도심정사(道心精舍)	온정순	온정순		대전시 동구 산하동
오성단(五聖壇)	이효순	이효순	1987	도봉구 수유 1동
도봉산삼성단	김홍인	김홍인		도봉구 도봉산 공원
단군성주교	김윤보	강봉옥	1950	제주 북군 애월읍
무극대도(無極大道)	강용강	홍희식	1935	제주 제주시 봉개동
동도법종 금강도 (東道法宗 金剛道)	강용강	김승례		제주 서귀포시 동흥동
삼신교(三神敎)	서상태	서상태		관악구 봉천동
삼신단총무원		편일주		동작구 상도 1동
단군성조신앙회	황하철	황하철		동작구 상계 4동
용화삼덕도 (龍華三德道)	강기춘	강기춘		제주 남군 표선면
개천민족회	오순희	조희석		용산구 도원동
천주섭리사상연구원	김영섭	김암산		구로구 개봉 2동
용화불사(佛寺)	양춘룡	김판례		대전시
무량천도교	김진하	김종팔		대전시 대사동
천상미륵대도	김춘화	김춘화		제주시 아라 1동
단황전(檀皇殿)	김정숙	김정숙		대전시 동구 자양동
무법태(戊法台)	김구연	김구연		경기도 고양군 백제
단군성조봉안연합회	정소아	정소아		용산구 용문동
대천교(大天敎)	심갑섭	심갑섭	1985	동작구 사당동
개천교조회	김학근	김학근	1987	대구 서부 평리 1동
세계 종교	김달순	김달순	1982	도봉구 도봉 1동
환중교(桓衆敎)	이선동	이선동	1989	경북 문경군 문경읍
단군조선종천교	김희우	김희우	1981	대구시 동구 신암 4동
단군성조숭봉회	나동섭	나동섭		충남 천안시 사직동

2. 단군 관계 학술 단체

단체명	창립자	현 대표	창립 연도	소재지
한배달	이태형	박선우	1986	종로구 인사동
배달문화연구원	안호상	김종갑 임 훈	1963	중구 예장동
개천학회	안호상	송호수		종로구 수운회관내
삼부학회	유인식	유인식		대전
홍익인간학회	신성우	신성우		중구 을지로
단단(檀檀)학회	이유립	전형배		
한얼사상연구회	최민홍	최민홍		
국사찾기협의회	안호상	최규하		
천부경전(天符經典)학회		김계홍		
개천학술원	안호상	안호상	1991	
단군연구회	신철호	신철호		
대종(大宗)문화연구원	구인식	구인식		

3. 단군 관계 사회 단체

단체명	창립자	현 대표	창립 연도	소재지
단군숭조회	윤철상	윤철상	1981	강화군 내가면
현정회(顯正會)	이희승	이항령	1968	종로구 사직동
단군정신선양회	한 찬	한 찬		중구 인현동
태백산 단군	권태익	권태익		경북 봉화군 소천면
국조봉사회			1990	부산시 금정구 구서동
배달민족학당	백공선사		1986	대전시 중구 선화동
국조단군 성전 건립	김수영	오석근		
추진위원회	오석근			
개천민족회	송호수	오순희		성북구 삼선동
청구배달민족회	신철균	신철균	1991	

일람표가 매우 소략하다. 순서에 어떤 기준이 있었던 것은 아니다. 창립 연도가 빠진 것이 많다. 그들의 역사가 오래 되지 않았으나 그 정확한 창립 연도가 확인되지 않아 그렇게 되었다. 현 소재지의 번지 수를 정확하게 밝히지 않고, 또한 전화 번호를 기입하지 않은 것은 행여 생길지 모를 그 종단들의 부담 때문이다.[24] 이런 유의 일람에 반드시 한 항목으로 잡아야 할 교세도 여기서는 빠져 있다. 그 정확한 것을 알 도리가 없었다.

흔히 비고란에 적요되는 내용을 보충하여 서술한다. 단군교는 단군교 본부로도 알려져 있다. 단천교의 원래 명칭은 단군교 종무청이었는데 최근 단천교로 변경되었다. 개천교의 현 대표로 적혀 있는 박종분은 개천교 인천지부를 맡아 있던 이이다. 종단 내부의 문제로 소재지가 서울에서 인천으로 바뀌었다. 대한민국 성부조궁세계통일본당은 전에 한울협회로 알려졌고, 속칭 '남산(南山)단군굴'이라 한다. 마니산개천각은 커발한의 후신이다. 단군천선광명도덕보본회(檀君天仙光明道德報本會)가 현재 광명도로 되어 있다.

단군성주교는 무극대도에서 갈라져 나왔다. 삼신단총무원은 삼신교에서 떨어져 나와 독립한 것이다. 단군성조신앙회는 일명 상계암(上溪庵)이라고도 한다. 용화삼덕도는 부산에 있었던 것이나, 현재 제주도로 옮겨 있다. 천상미륵대도는 대종교의 제주지부를 겸하여 있다. 단군성조봉안연합회는 일명 천궁(天宮)이라 불린다. 환중교의 다른 이름은 배달국선성도회(倍達國仙成道會)이다. 사회 단체로서의 배달민족학당도 일명 단군대도민족학당이란 명칭을 갖는다.

단군 신앙 단체의 지역별 분포를 살펴보면 이들이 주로 대도시에 몰려 있음이 두드러지게 드러난다. 윤이흠(尹以欽)은 1980년대 한국 신흥 종교의 분포를 살피면서 신흥 종교들이 서울·대구·부산 등 대도시를 중심으로 분포되어 있음을 이미 확인한 바 있다.[25] 1992년 4월 현재에도 단군 신앙 단체 33개 가운데 16개가 서울에, 4개가 대전에, 2개가 대구에, 그리고 1개가 인천에 소재하여 있다. 합계 23개로 전체의 약 70퍼센트를 차지한다. 서울에 있는 것만 전체의 약 50퍼센트가 됨을 눈여길 필요가 있다. 제주도에 5개가 있는 것도 주목된다.

교세에 관하여도 약간 언급하고 넘어가야 하겠다. 수많은 단군 신앙 관계 종단 가운데 교세가 통계로 알려진 것은 대종교와 한얼교 둘밖에 없다. 1990년말 문화부 종무실이 편집·발행한 《한국의 종교 현황》에는 대종교의 신도수가 남자 21만 7천3백6명에 여자 28만 1천6백89명, 합계 49만 8천9백95명으로 나와 있고, 한얼교는 남자 7만 7백28명에 여자 33만 6천1백68명으로 합계 40만 6천8백96명의 신도를 가진다 하였다.[26] 이 숫자는 1989년말 문화공보부 종무실의 통계와 약간의 차이를 보인다. 대종교의 신도수는 남녀와 합계가 모두 똑같은 반면, 한얼교의 신도수는 남자 9만 7천1백69명, 여자 38만 5천2백27명, 합계 48만 2천3백96명으로 나와 있다.[27] 그렇다면 한얼교의 신도수가 1989년과 1990년의 1년 사이에 7만 5천5백 명이 감소한 셈이 된다.

참고로 문화부 종무실이 밝힌 바 1990년말 현재 대종교와 한얼교의 교세를 적는다.

종교명	교당수	교직자수			신도수		
		남	여	합계	남	여	합계
대종교	59	106	89	195	217,306	281,689	498,995
한얼교	186	223	426	649	70,728	336,168	406,896

그밖의 단군 신앙 종단의 교세는 별로 알려진 것이 없다. 다만 활동이 비교적 왕성해 매스컴에 가끔 보도되는 종단으로서 단군교와 단군마니숭조회를 손꼽을 수 있는데, 전자가 대략 1만 명을 상회하는 신도수를 가진 듯하고, 후자의 신도는 수천 명에 이른다. 그 다음 단군교의 교세가 만만치 않은 것으로 보인다. 나머지는 대부분 수십 명 정도의 신도를 가지고 있을 뿐이다.

Ⅲ. 단군 신앙 관계 단체의 최근 동향

단군 신앙 관계 종단 및 학술·사회 단체의 최근 동향 내지 실태를 알기 위하여 《종교신문》에서 관계 기사를 추려 자료로 삼았다. 기간은 1989년 12월 20일부터 1992년 4월말까지로 잡았다. 관계 기사의 주요 내용 목록을 아래에 시간순으로 열거한다.

89. 12. 20. 환중교 창교 선언

　　　　　한얼교—민족운동연(聯) 창립 불투명

90. 2. 28. 단군정신선양회 총회

90. 3. 14. 단군숭조회 총회

　　　　　단군교 산하 배달문화연구원 문화 강좌

90. 4. 4. 개천학회 제천일 행사 및 성지 순례

90. 7. 25. 대종교 백두산 천제

　　　　　개천경조회 명산 순례·남북 통일 국태민안 기원·강좌

90. 8. 1. 대종교 청학시교당 세계 제단 설립 계획

90. 8. 22. 대종교 3종사 묘역 확인

　　　　　배달민족학당 부산서 적극 활동

90. 9. 5. 개천절 천제 의식 문제

90. 11. 14. 개천절 음력 행사 증가

90. 12. 26. 홍익인간학회 월보창간 4주년 기념식

　　　　　개천학회 학술대회

　　　　　천부경전학회 천부경 증보판 간행

91. 2. 6. 단군교 성전 건립

91. 3. 6. 대종교 임진각 통일기원제, 전통선의식 선보임

　　　　　단군정신선양회 정기총회

91. 3. 13. 대종교 중광절 및 3·1절 기념식

91. 3. 20. 대종교 단기연호 부활 성명서

91. 4. 3. 대종교 대전본사 삼태극기(三太極旗) 사용 성명서

　　　　　 한얼교 교단 재정비·사업 확장

91. 4. 10. 대종교 선도요원 교육

91. 4. 17. 한배달 민족사적(史蹟) 순례

91. 4. 24. 어천절(御天節) 행사

91. 5. 8. 대종교 어천절 천제

91. 6. 26. 배달민족회 창립 10주년 학술 강연

91. 7. 3. 대종교에 중국 교포 방문

　　　　　 한배달 창립 5주년 기념 행사

91. 7. 10. 환중교 성도절(成道節) 기념대제

91. 7. 31. 개천학술원 발기

91. 8. 7. 대종교 김선적(金善積) 부전교에 전권 위임

91. 8. 21. 대종교 민족혼찾기 제2광복 운동

　　　　　 한배달 백두산 천제 및 한인유적지 답사

91. 9. 11. 한배달 시민강좌 개천절 행사 각 종단별로

91. 9. 25. 단군정신선양회 개천절 기념 임진각에서 천제

91. 10. 9. 단군계 종단 개천절 기념 행사 다양

91. 11. 20. 단군계 종단 음력 개천절 천제 봉행

91. 12. 4. 단군교 무속 문화 강좌

91. 12. 18. 대종교 교궁(敎宮) 건립 중흥회 발기

92. 1. 22. 한배달 성지 순례 계획

　　　　　 대종교 마니산 참성단에서 원단 기도

92. 2. 19. 대종교 중광절 기념식 봉행 및 주요 사업 계획

92. 3. 4. 단군정신선양회 정기총회

　　　　　 현정회 어천절 행사

92. 4. 29. 어천절 행사 단일화 주장

위와 같은 자료는 종교신문사의 안목에 의하여 걸러진 것이겠으나, 이로써 단군 신앙 관계 종단 및 단체의 최근 2년 반에 걸친 움직임을 일단 파악할 수 있으리라 여겨진다. 많은 종단 및 단체들 가운데 소수의 것만 다루어진 감이 없지 않다. 단군계 종단이 불과 6개, 사회 및 학술 단체가 11개 정도 기사의 대상이 되어 있다. 사회 및 학술 단체의 행사·활동이 비교적 많이 소개된 것은 그 성격에서 기인한 것이리라. 6개에 불과한 단군계 종단 중에서도 대종교에 관한 기사가 대부분을 차지한다. 그것이 비록 많은 문제를 안고 있으나, 한국 단군 신앙의 대표격임을 여실히 보여 준다. 교세면에서 대종교와 어깨를 겨누는 한얼교의 움직임이 미미한 것은 대조적이다.

여기서 우선 눈에 띄는 것은 단군 신앙 관계 단체들이 최근에도 여전히 생성되고 있다는 사실이다. 1989년 12월 20일에 환중교가 창교를 선언하였고, 개천학술원은 1991년 7월 31일 발기되었다. 신문기사로 나와 있지는 않았으나 단군 신앙 관계 사회 단체 일람표에서 알 수 있듯이 청구배달민족회도 1991년에 창립되었다. 이강오는 〈1987년 4월 현재 단군 신앙 단체의 분류 일람표〉에서 20년 동안 소멸한 단군 신앙 단체로 21개를 들고 있거니와,[28] 단군 신앙 단체의 부단한 소멸 생성은 심각한 현상으로 드러난다.

기사를 분류하여 보면 개천절·어천절 행사와 관련된 것, 시민·문화·학술 등의 강좌, 성지 순례 및 답사, 기도·기념식 행사 등 대충 네 가지 큰 활동 범주로 나눌 수 있다. 이밖에 성전·제단·교궁의 건립, 단군 연호·3태극 사용에 대한 성명서 발표, 백두산·중국한인사회 방문 등이 어떤 경향으로 떠오른다. 이같은 것이 대개 최근 단군 신앙 단체들의 동향으로 파악되고, 그것을 통하여 그들의 실태를 어지간히 엿볼 수 있을 것이다.

먼저 개천절·어천절 행사와 관련된 논란을 살펴본다. 어천절은 단군 한배검이 세상일을 마치고 본래의 한얼 자리로 돌아간 날이라고 믿어진다. 대부분의 단군계 종단들은 음력 3월 보름에 그 기념 행사를 행하고 있으나, 개천학회만이 음력 3월 16일에 제천 행사를 지낸다. 한편 현정회는 양력 3월 15일을 어천절로 잡아 천제를 봉행한다. 개천절의 경우도 마찬가지로 음력·양력간의 기념일자 문제로 종단들 사이에 이견이 분분하다. 주지하듯 개천절을 양력으로 확정한 것은 자유당 정권 때의 일이다. 이제 그것을 음력으로 바로잡자는 목소리가 높음에도 불구하고 작년 10월 3일 양력 개천절에 대종교·단군교·개천학회 등이 제천 및 기념 행사를 가졌고, 단군마니숭조회는 음력으로 천제를 봉행하였다.[29]

이것은 무엇보다 단군계 단체들의 개천절·어천절에 대한 해석 차이에서 연유한다. 각기 제 방식만 주장하고 강행하기 때문이다. 몇 년 전부터 단군 신앙 단체들 사이에 어천절과 개천절의 기념 행사를 단일화하여 합동으로 봉행해야 한다는 목소리가 높다. 몇몇 뜻 있는 관계 종교지도자들은 그 일에 앞장서 추진을 위해 애쓰기도 하였다.[30] 그런데도 그 일이 번번이 실패로 돌아가고 끝내 각자 따로 기념 행사를 갖는 것은, 오늘날 단군 신앙이 분열되고 사심에 찬 모습을 보여준다.

다음으로 시민·문화·학술 등의 강좌가 꽤나 활발히 개최되고 있음을 알 수 있다. 자료에 따르면 1)단군교 산하 배달문화연구원이 1990년 3월 14~16일 사흘에 걸쳐 부산에서 시민 강좌를 개최하였다. 2)배달민족학당은 1990년 6월 20일 부산에서 개원한 이래 매월 무료 시민 강좌를 개설하였다. 3)개천경조회는 1990년 중순부터 대구에서 매주 일요일 민족 정신 계승·발전을 위한 체계적인 강의를 실시하기로 한 바 있다. 4)개천학회는 1990년 12월 25~27일에 걸쳐 서울 우이동에서 제8회 뿌리찾기 학술대회를 개최하였다. 매년 여름과 겨울에 실시하는 행사의 일환이다. 5)배달민족회는 1990년 6월 15일 창립 10주년을 맞아 서울 마포구에서 기념식 및 민족 정통성 되찾아 펴기 학술강연회를 개최하였다. 6)한배달은 1991년 9월 18일 서울에서 시민 강좌를 열었다. 7)단군교는 1991년 11월 26일 서울 강남에서 무속인을 대상으로 한 제1차 무속문화 강좌를 개최하였다.

이밖에도 총회나 기념식에 으레 학술 강연이 뒤따르고 있으나, 위의 사례는 대부분 시민을 대상으로 하거나 보다 본격적인 학술 행사의 성격을 띤 것들이다. 이러한 움직임은 최근 각종 단체에서 적극적으로 펼치고 있는 시민 교육·평생 교육·일반 강좌 등의 영향 아래 형성된 것으로 보인다. 단군 신앙 단체들의 그같은 움직임은 이제 대사회 활동에 눈을 돌리기 시작하였다는 점에서 의의가 자못 크다. 그러나 수많은 단군 신앙 단체들 가운데 소수만이 그런 행사를 기획하고 있고, 그 반응과 성과가 어떤지는 밝혀 있지 않다. 이것은 다음 절에서 학술 활동의 문제점과 관련하여 좀더 따져질 것이다.

성지 순례 내지 답사가 눈에 많이 띄는 것도 주목할 만하다. 그러나 몇 개의 단체에 국한되어 있다. 1990년 5월 16일 개천학회가 제11차 성지 순례를 강화도 일대로 잡아 실시하였고, 같은 해 7월 17일 개천경조회는 모악산과 계룡산 순례를 가졌다. 그 이후 성지 순례에 관한 기사는 주로 한배달의 것만 보고되어 있다. 1991년 4월 21일 충북 단양 지역으로 제17차 민족사적 대순례를 떠나 적성비·온달산성·온달궁 등을 둘러보았고, 1992년 1월 19일 전북 고창의 고인돌군·신재효 선생 생가 등을 찾는 순례를 행하였다. 그러고 보면 개천학회와 한배달 같은 단군 신앙 관계 학술 단체가 벌써 오래 전부터 성지·사적 순례를 주도해 온 것으로 드러난다. 개천경조회가 그 사업을 뒤따라 행하고 있다. 이러한 것은 순수한 종교적 순례만의 행사가 아니고, 대부분 기념식·강연 등과 함께 이루어지는 특성을 보이기도 한다.

이와 관련하여 최근 만주 한인 사회와 백두산 순례는 특기할 사항이다. 대종교의 권태훈 총전교는 1990년 여름 백두산과 만주 한인촌을 방문하였고, 간부 3명이 만주 소재 삼종사 묘역을 확인 · 참배하였다.[31] 이어 한배달이 1991년 8월에 백두산과 중국 동북 지역의 사적을 답사하였다.[32] 비록 몇 개 단체에 국한된 행사이기는 하나 성지 및 사적을 순례하고, 심지어 민족의 영산 백두산과 만주 한인 사회의 사적을 찾은 일은 단군 신앙 단체들의 보다 적극적인 움직임의 시작으로 여겨도 좋으리라. 이들 이외에 몇 단체들도 같은 계획을 갖고 있는 것으로 알고 있다.

기도 · 기념식의 행사는 으레 있어 온 것이다. 대종교의 원단기도, 3 · 1절 기념식, 중광절 기념식 등이 그러하다. 1991년 2월 24일 대종교가 임진각에서 거행한 〈한민족화합통일기원제〉는 조금 별난 것이기는 하나, 이런 유의 것도 새삼스럽지 않다. 홍익인간회가 1990년 12월 15일 월보 창간 4주년을 맞아 기념식을 갖고 강연회를 곁들인 것도 마찬가지이다. 요컨대 이런 행사는 실로 단순한 기삿거리에 지나지 않는다.

그밖에 성전 · 제단 · 교궁의 건립, 단기 연호 · 3태극 사용에 대한 성명서 발표, 백두산 · 만주 한인 사회 방문, 중국 교포의 단군종단 방문 등이 최근의 동향으로 시선을 끈다. 단군교가 송파구 잠실동에 5층짜리 성전을 건립하고 대종교 청학시교당이 세계재단 설립을, 그리고 대종교가 교궁 건립을 계획한 것은 내실에 속한다. 앞에서도 언급하였거니와 대종교와 한배달이 백두산과 만주의 조선족 사회를 방문하였고, 특히 대종교 삼종사의 묘역을 확인 · 방문한 것은 단군 신앙의 뿌리를 찾는 일의 첫걸음에 해당한다. 단기 연호의 사용을 부활시키고, 태극기 대신 3태극기를 사용하자는 내용의 성명서를 대종교가 낸 것은 진부하기는 하나 이 역시 상징적 의미를 갖는다.

근 2년 반 동안 단군 신앙 단체의 최근 동향을 대충 살펴보았다. 전체적으로 보건대 종단의 내실을 기하고 사회적 활동을 전개하려는 노력이 보이기 시작한다. 그러나 백두산에서의 천제 봉행이나 삼종사 묘역의 확인 등과 같은 것을 제외하고는 대부분 일반 사회 단체나 종단들의 활동과 크게 다르지 않다. 그것도 규모와 빈도수에서 떨어진다. 거기다 그러한 노력을 보이는 단군 신앙 관계 단체의 수는 단지 몇 개에 불과하다. 이들 몇 개의 단체라 해도 어천절·개천절이라는 단군 신앙에서 가장 중요한 기념일 행사에 음력·양력간 이견을 보이고, 각기 따로 행사를 치르는 형편이다. 따라서 단군 신앙 관계 단체의 최근 움직임은 소수에 의한 활로 모색의 몸부림이라 하겠다. 그것이 사회의 주목을 끌지 못하고 공감을 받지 못하는 것으로 보아 문제는 다른 데 있는 것으로 여겨진다.

IV. 당면 과제

윤이흠은 1980년대 후반 민족 종교의 당면 과제와 관련하여 단군 신앙 종단들의 문제점을 다음과 같이 든 바 있다.[33]

사상면에서 민족주의적 성격의 한계를 극복하지 못하여 인류 사회의 보편적 이상을 제시하지 못한다. 그리고 이 과제를 해결할 전문 종교사상가 집단을 형성하지 못하고 있다.

한편 《종교신문》은 1991년 개천절을 앞두고 단군계 종단의 문제점을 검토하였다.[34] 거기에 대충 다음의 아홉 가지 문제점이 지적되었다.

1) 교리 체계의 미확립
2) 빈약한 조직력
3) 재정난

4) 각기 다른 단군 영정의 사용

5) 단기 · 개천 연호 · 환기 사용의 통일 문제

6) 젊은 인재의 부족

7) 교리를 가르칠 자체 교수의 부재

8) 단군계 종단의 무속화

9) 단군계의 분열

이러한 문제점의 지적과 함께 그 시급한 과제로 교리 체계의 확립, 인재 양성을 위한 교육 기관의 설립, 무속성(巫俗性)에서의 탈피가 제시되었다.

위의 두 가지 지적은 단군 신앙 관계의 모든 단체를 망라한 것이 아니다. 전자에서는 대종교와 한얼교만이 단군 신앙의 대표격으로 다루어졌을 뿐이고, 후자는 단군계 종단을 대상으로 한 것이다. 그러나 두 곳의 지적이 단군 신앙 관계 사회 및 학술 단체에도 어느 정도 부합하기에 그대로 받아들여 논의하고자 한다. 윤이흠의 지적을 정리하면 민족주의적 성격의 한계와 전문 종교사상가 집단의 부재로 요약될 수 있겠다. 이 두 문제점은 논리적으로 반드시 서로 연관되어 있는 것은 아니다. 민족주의적 성격의 한계는 거의 모든 단군 신앙 단체들이 가지고 있는 바이고, 그것을 해결하는 길이 또한 전문 종교사상가 집단의 형성 외에도 여러 가지 있을 수 있다. 그래서 이 두 문제점을 따로 설정하고 보면, 단군계 종단이 안고 있는 문제는 모두 열한 가지나 된다.

대종교는 1980년대 중반 자체의 당면 문제를 진단하면서 위에 열거된 문제점들의 대부분을 이미 스스로 시인하였다.[35] 다만 단군 영정 · 단기 연호 등의 통일 문제와 단군계 종단의 무속화, 단군계의 분열 및 민족주의적 성격의 문제, 그리고 전문 종교사상가 집단의 부재 등은 거론되지 않았다. 이들 문제점은 그동안 민족 종교 전체의 것으로 누누이 지적되어 온 것이기에 사실 진부한 감이 크다. 단군계 종단이 민족 종교의 하부 개념이고 보면 당연한 일이겠다.

이것은 구조적인 문제로서 문제점들이 서로 유기적으로 얽혀 있다. 조직력이 빈약하고 분열이 심하니 재정난에 젊은 인재의 부족이 겹치고 교리의 체계화가 확립될 수 없었던 것이다. 단군 영정이나 단기 연호의 통일도 모두 그런 문제들과 결부되어 이루어지지 못한다. 그러면서 민족주의적 성격을 강하게 내세우고 거기에 집착할 수밖에 없다. 이제 이런 진부한 문제에만 매여 있어서는 아니 된다. 급속도로 변하고 있는 한국 사회를 염두에 두고 새로운 안목으로 문제 해결의 방법에 접근해야 할 것이다.

전문학자에 의한 학술적 연구의 확대·강화가 바로 그런 길이다. 단군 신앙에 관한 학술적 연구는 종래 두 가지 다른 계통으로 진행되어 왔다. 하나는 단군 신앙 종단의 종교적 지도자들이고, 대학의 유사한 연구 단체 소속의 학자들이 다른 하나이다. 연구자에 따라서 두 가지 계통을 함께 하는 이들도 있다. 전자는 대부분 단군 신앙의 교리·사상 체계·종교 내용 등에 정통하였다고 자부하며, 세상과 역사의 온갖 사물·사건을 그들 나름대로 해석·주장한다. 이들이 이른바 재야학자에 든다. 이들은 학계의 관련 연구자들이 그 방면을 잘 모른다고 간주하고, 기념식이나 학술 행사에 그런 연구자들을 흔히 들러리로 세운다.

반면 학계의 관계 연구자들은 단군 신앙 관계 단체의 재야학자들을 비논리적이고 민족주의적 성격이 지나치게 강한 것으로 비판한다. 쌍방간에 한국 학문계 구조에서 연유한 안목의 골이 매우 깊이 패어 있음을 보게 된다. 이래서 서로의 불신만 깊어 가고, 협동적 연구가 제대로 수행되지 않는다.

학계에 문제가 없다는 것이 아니다. 그러나 이러한 연구 상황 아래서는 학계의 전문적 연구와 그에 따른 사회적 호응이 기대되지 못하고, 장래의 연구 인력 또는 젊은 인재의 배출이 어렵다. 그것은 앞으로 학계와 종단의 전문가의 공동 연구가 되든, 어쨌거나 학계 전문학자들의 본격적 연구에 의하여 우선 학계에 발표되고 사회적 공감을 불러일으키지 않으면 안 된다. 그리하여 단군 신앙에 대한 사회의 인식이 달라질 때라야 종단의 자세도 변화할 것이고, 젊은 인재들도 관심을 갖고 모여들게 된다.

현재 단군 신앙에 관심을 갖고 연구하는 학계의 전문 연구자는 손꼽을 지경이다. 이 점을 감안하여 단군 신앙 단체는 이제 문호를 더욱 개방하고, 연구자들을 적극적으로 고무·격려하여야 한다. 학계의 전문학자들이 늘어나고 연구가 활발히 진행될 때 단군 신앙의 바른 이해와 기세가 드높아질 것이다.

10

신흥 종교

머리말

19세기 중엽 동아시아에는 위기감이 크게 감돌았다. 서구 제국주의 세력이 이미 중국에 침투해 들어갔고, 조선과 일본은 오래지 않아 그들의 문호를 강요에 의해 개방해야 할 운명에 처해 있었다. 이보다 훨씬 전부터 서학(西學; 천주교)은 이 지역에 들어와 엄청난 문화 충격을 던져 주고 있는 형편이었다.

선교사들은 그들의 신학과 함께 서양 문화를 가져왔던 바, 이곳의 지배층은 그로 인하여 사회의 혼란을 겪지 않을 수 없었다. 지배층의 동요는 이미 사회의 혼란을 불러일으키기에 족한 것이었다. 지배층은 그 혼란을 통제하고, 또 외세의 침략으로부터 통치권을 지키기 위하여 민중에 대한 탄압과 수탈을 자행하였다. 견디다 못한 농민들이 중국에서 들고 일어났으니, 그것이 태평천국 운동(1851~1864)이다. 그와 같은 시기에 조선에서는 동학이 창도되고(1860), 그것이 기점이 되어 오늘에 이르기까지 민중의 종교 운동은 계속되어 온다. 한국 신흥 종교의 첫 출발은 동아시아의 이러한 시대 배경을 염두에 두고 보아져야 한다.

동학의 역사는 벌써 1백40년이 넘는다. 신흥 종교라는 이름을 붙이기에는 그 역사가 좀 긴 편이다. 그리고 동학에 앞서 신흥 종교가 없었던 것도 아니다. 그러나 한국 종교사의 흐름으로 보아 동학 운동이,

그 이후 계속 전개되는 신흥 종교 운동의 기점이 되므로 이 종교를 신흥 종교로 잡는 것이다. 말하자면 동학 이전에 이 땅에 있던 유교·불교·도교·천주교 등의 기성 종교에 대비되는 개념으로서 신흥 종교라는 말이 사용되어진다.

I. 발생 원인

신흥 종교의 발생 원인은 일반적으로 사회의 불안과 지배 종교의 붕괴에 있는 것으로 이해된다. 정국이나 경제의 혼란, 전쟁, 한 사회의 가치관의 전도 등이 있을 때 사회는 불안에 빠지게 마련이다. 또한 지배 종교의 붕괴는 바로 그 사회의 가치관의 붕괴를 의미한다. 그러므로 신흥 종교란 사회 불안이 클 때, 지배 종교가 붕괴될 때, 민중이 그 소원하는 바를 투사하여 이루는 종교라 정의할 수 있다.

조선조말 한국 사회는 먼저 이질적인 서양 문화(서학)에 직면하여 큰 충격을 받는다. 그것은 앞으로 다가올 전통 사회의 붕괴를 예상하는 것이었다. 그 충격에 적절히 대응하지 못하고 속수무책인 상황에서 조선왕조는 1910년 끝내 일본에 의해 강점당하고 만다. 한편 그 충격은 정치의 혼란을 야기하고, 사회·경제면에서 지배층에 의한 민중 수탈과 억압으로 나타난다. 그에 따라 민중과 몰락한 양반 계층은 말세의 위기 의식에 사로잡힌다. 그것은 조선왕조의 종말에 대한 위기 의식인데, 여기에는 조선조 중엽 이래 민간에 유포되어 온 《정감록鄭鑑錄》의 비결(秘訣)이 큰 영향을 끼쳤다. 그에 따르면 조선조의 국운은 다하고, 세계를 통일할 새로운 왕조가 들어선다는 것이었다. 이같은 사회 불안 의식은 조선조말에만 국한되지 않는다. 그에 이어지는 일제 식민지 시대, 해방과 더불어 전혀 이질적인 서양식 정치 체제의 수립, 한국 동란, 두 차례의 혁명, 그리고 급속한 서구화 내지 산업화는 한국 사회를 내내 불안하게 끌어온다.

한편 조선왕조는 유교를 정치 이념으로 하여 왔는데, 그 배타성과 폐쇄성으로 인하여 말기에 저 서학을 감당할 힘을 갖지 못하였다. 그리하여 지배 종교로서의 유교는 붕괴하고, 사회의 가치관은 혼란에 빠지고 만다. 이러한 때에 새로운 가치관을 제시하는 새로운 종교의 출현은 불가피했다.

지배 종교 내지 가치의 붕괴는 다른 면에서 사람들의 신앙의 자유에 대한 인식을 높여 준다. 그토록 배타적이던 유교가 유일한 가치 체계인 것을 더 이상 고집할 수 없게 됨에 따라 민중들은 다른 종교를 신앙할 수 있음을 인식하기에 이른다. 일제는 종교의 탄압과 통제를 일삼았었는데, 해방 후 헌법에 의해 신앙의 자유가 보장되자 신흥 종교의 수가 급증하는 것도 같은 현상이다.

한국에서의 신흥 종교 발생의 원인으로는 그밖에 다종교 공존의 전통과 창교자들의 종교 체험면이 간과될 수 없다. 한국 종교사는 무(巫)·유·불·도가 공존해 온 특징을 가진다. 따라서 신흥 종교가 태어날 바탕은 이미 형성되어 있었다고 보아도 좋다. 그리고 종교의 설립을 위하여 창시자의 종교 체험이 있어야 함은 당연한 것이다. 그 종교 체험은 민중의 사회적 욕구를 강렬히 반영하고 있다.

II. 창립과 전개

한국의 신흥 종교사는 그 시대 배경에 따라 대개 다음의 네 단계로 나뉘어 살펴진다.

1) 조선말의 창립기(1860~1910)
2) 일제의 탄압기(1910~1945)

　3) 해방 이후의 혼란기(1945~1960)

　4) 자체 정비 및 도약기(1960~오늘)

　제1기는 동학이 발생한 때로부터 조선왕조의 멸망에 이르기까지 50년간에 걸친다. 이 기간에는 최제우(호 수운; 1824~1864)가 경주에서 동학을 일으킨 것을 비롯하여, 1884년 김항(호 일부; 1826~1898)은 정역(正易)을 완성했고, 강일순(호 증산; 1871~1909)은 1901년 천지공사(天地公事)를 선언하여 증산계 종단의 길을 열었다. 한편 나철(호 홍암; 1863~1916)은 민족 고래의 신교(神敎)의 맥을 이어 1909년 단군교를 중광(重光)하였으니 여기서 대종교의 출발을 보게 되었다. 한국 신흥 종교의 큰 줄기 넷이 이렇게 창립되었기에 이때를 '교조 시대'라 부르기도 한다.

　삼국 시대 이래 유교·불교·도교 등 외래 종교가 한국의 정신 문화를 주도해 왔었는데, 이 시기에 와서야 비로소 한민족에 의한 민족 종교가 창립됨으로써 한국 종교사의 새로운 장이 열리게 되었다. 그리고 이들 신흥 종교가 왕조말의 가치관의 혼란, 국가 존망의 위기의식 등 사회 불안 속에서 방황하는 민중들에게 정신적 안식처를 제공한 것은 커다란 의의를 지닌다.

　제2기는 36년에 걸친 일본의 식민지 시대에 해당한다. 이 시기에도 한국 신흥 종교 중 네 개의 큰 종단이 일어난다. 먼저 이선평(호 신계; 1882~1956)이 1915년 황해도 구월산에서 각세도(覺世道)를 내놓았고, 박중빈(법호 소태산; 1891~1943)은 그 이듬해 전라도에서 원불교를 개창하였다. 1936년 강대성(1890~1954)은 뒷날 갱정유도(更定儒道)로 알려지는 일심교(一心敎)를 열었고, 일제말 1943년에는 제주도인 김봉남(1898~1950)이 찬물교를 창립하였다. 이들도 민족 종교의 성격을 띤다. 한편 제1기에 성립된 신흥 종교들은 이 시기에 조직을 강화하는가 하면, 여러 방계 종단으로 나뉘어 발전하는 모습을 보이기도 한다. 이밖에 진종(眞宗)과 일련종(日蓮宗)을 비롯하여 신도계(神道系)의 천리교(天理敎)·금광교(金光敎) 등 일본의 종교들이 대거 이 땅에 상륙하여 종교를 통한 식민지화도 아울러 도모한 점이 두드러진다. 기독교계 신흥 종교의 출현도 이 시기에 시작된다.

그러나 이 시기의 주된 성격은 신흥 종교에 대한 일제의 탄압에 있다. 일제는 조선말에 동학혁명이 농민 봉기로 전개되자(1894) 벌써 무력에 의한 그 진압에 적극 가담하였다. 이제 나라를 빼앗긴 마당에서 특히 동학의 후신인 천도교는 3·1 독립 운동에 앞장서고, 한편 대종교는 만주를 중심으로 하여 독립군을 편성하고서 일본에 무력으로 맞섰다. 이들의 민족종교적 성격은 여기서 더욱 두드러지게 나타난다. 일제는 이에 민족 종교의 무자비한 탄압에 나섰으니 수십만의 목숨이 희생당하였다. 그리고 조선총독부는 민족 종교를 유사 종교로 낙인찍어 버렸고, 후기에는 심지어 강제로 해산시키기까지 하였던 것이다.

신흥 종교는 이 시기에 이렇듯 나라 잃은 민중들에게 민족 의식을 고취하였고, 조국의 광복에 앞장섰다. 그와 더불어 왕조 시대로부터 답습된 폐습을 타파하는 운동을 전개하였으며, 신문화의 보급과 여성 운동의 전개에도 크게 기여하였다. 해방 전 신흥 종교의 교세가 전체 인구의 3분의 1을 차지하고 있던 점, 많은 정치 지도자들이 대종교·천도교 등에 적을 두고 있던 사실 등은 이 시기에 신흥 종교가 감당한 사회적 역할의 중요성을 잘 보여 준다.

신흥 종교의 제3기는 해방 이후 5·16 군사혁명 전까지에 이른다. 이 시기는 해방, 민주주의와 공산주의의 사상적 대립 및 혼란, 한국 전쟁, 독재 정치, 4·19 학생 의거로 점철되는 사회의 혼란기였다.

사회의 혼란이 심할수록 민중의 종교적 욕구는 강렬해진다. 거기다 종교의 자유가 헌법에 보장됨에 따라 많은 신흥 종교들이 이 시기에 일어난다. 일제 시대 때 강제 해산당하였던 민족 종교들이 재건되는 한편, 새로운 종교들이 대거 속출하였다. 여기에서는 교조의 사후 교권 상쟁이 일어나 분파가 이루어진 것도 한몫을 거들었다. 이 시기에는 특히 기독교와 불교의 재흥이 눈에 두드러지는데, 이들 기성 종교에 불만을 품은 자들이 그들과 결별하고 새로운 기독교 및 불교를 세우는 운동이 크게 일어났다. 재림주로 자처하는 문선명이 1954년 서울에서 일으킨 통일교와 그 이듬해 박태선에 의해 설립된 전도관은 이러한 기독교계 신흥 종교의 대표적인 것이다. 1954년 조계종의 비구·대처 분교가 생기자, 여기서 이탈한 인사들이 각기 독립 종단을 세워 수십 개의 신흥 불교를 이룬 것도 그 예에 해당한다.

해방 전까지 나타난 교단수가 1백 개 남짓하던 것이 제3기의 이러한 배경 속에서 그 수가 배로 늘어나기에 이른다. 이것은 바로 이 시기의 사회 혼란상을 그대로 반영해 준다. 그런 만큼 교단의 체계도 엉성하고, 또 범죄나 윤리의 문제로 사회에 물의를 일으키는 사례가 적지 않았다. 그렇지만 여기에 서구적 안목에 의하여 신흥 종교를 무조건 사교로 취급하거나, 기성 종교가 이들을 이단으로 몰아 사회적 편견을 조성시킨 점도 간과할 수 없다.

끝으로 5·16 혁명 이후 오늘에 이르는 시기가 제4기에 해당된다. 이 시기는 한국 사회의 급속한 산업화로 특징지어지는 바, 그에 따라 신흥 종교들의 전개도 급진적이다. 제3기에 조직·형성된 신흥 종교들은 경전을 만들고 교리를 편찬하며 조직 기구를 체계화해 간다. 신흥 종교들이 대도시로 진출하는 경향도 두드러진다.

몇몇 종단은 그 급격한 사회 변동에 잘 적응하여 교세를 확장하고, 교육 및 수익 사업에 성공하여 기성 종교로 발돋움하고 있다. 원불교와 통일교가 그 대표적인 예에 해당된다. 이들은 국내에 막강한 교세를 형성함은 물론, 해외에도 눈을 돌려 세계 곳곳에 지부를 설치하여 활발한 포교 활동을 벌이기도 한다.

신흥 종교의 수는 이 시기에도 꾸준히 증가하여 3백 개를 넘기에 이른다. 교단의 분파도 있었고, 새로운 민족 종교의 성립도 있었지만 외래 종교의 유입이 특히 현저하였다. 일본의 패망 이후 배일 감정으로 인하여 제3기에 한국에 발을 붙이지 못했던 일본의 신흥 종교들이 한일국교정상화 직후부터 대거 상륙해 온 것이다. 이 시기에 수십 차례에 걸쳐 신흥 종교연합 운동이 전개되고 있음도 주목할 만하다.

III. 계통별 개관

한국의 신흥 종교는 그 계통에 따라 13개로 분류되는 바, 계통별로 교조·교리·전개·현황 등을 개관하고자 한다.

1. 동학계

교조 최제우는 1824년 경주에서 한 몰락 유생의 서자로 태어났다. 당시의 사회·정치적 상황은 풍전등화와 같았고 서학만이 번성하므로, 그는 민족의 주체성과 도덕 의식을 바로잡을 대도(大道)를 얻고자 애썼다. 10여 년의 학문 수련과 20년에 걸친 구도 행각 끝에 그는 1860년 도각(道覺)을 이룬다. 어느 토굴에서 40일 기도를 마치자 온몸이 떨리는 가운데 '영부(靈符)와 주문(呪文)'을 가지고 동학을 펴서 널리 창생(蒼生)을 구하라는 한울님〔上帝〕의 계시를 받은 것이다. 그로부터 그는 영부와 주문을 방편으로 치병과 체험을 주면서 포교를 시작하니 짧은 기간에 경상·충청·전라 지방에 교세가 크게 확장되었다. 이에 정부가 그것을 혹세무민의 사도로 탄압하자, 최제우는 1864년 도(道)를 최시형에게 전한 다음 대구에서 처형당했다. 제2세 교주 최시형은 교단 체제를 강화하고 포교 활동을 벌였으나 1894년 동학 혁명이 실패로 돌아간 뒤 체포되어 스승의 뒤를 따랐다. 동학은 이때부터 구심점을 잃고 여러 교단으로 분립되었다.

1905년 손병희는 교명을 '천도교'로 고치고 3세 교주가 되었는데,

친일 관계로 출교당한 이용구가 시천교(時天敎)를 세워 분립한 이후 20여 개의 교단이 발생할 정도로 분파가 계속되었다.

최제우의 종교 사상은 그가 남긴 《동경대전東經大全》과 《용담유사龍潭遺詞》에 잘 표현되어 있다. 그는 후천개벽(後天開闢)을 예언하였는데, 이것은 동학계 교단들의 신앙 목적이 된다. 선천(先天) 시대는 천계(天界)에 있는 한울님을 모시려 했지만, 후천(後天) 시대의 종교는 인계(人界)에서 한울님을 모시고 지상극락을 이룬다고 한다. 한편 동학의 근본 교리는 한울님을 제 몸에 모신다는 '시천주(侍天主)' 사상이다. 이것은 사람이 곧 하느님이라는 '인내천(人乃天)' 사상으로 발전된다. 남녀노소·빈부귀천의 차별이 없는 인간평등주의가 동학의 본질인 것이다.

천도교는 손병희의 노력으로 한때 교세 2백만을 자랑하였고, 3·1운동 때에는 기독교와 함께 그 중추 세력을 이루었다. 그러나 일제의 탄압과 해방 후의 침체로 60여만의 교인을 가진 천도교를 제외하고는 분파 교단들의 교세가 미약한 실정이다. 1975년 동학계 교단의 수는 17개, 최근 천도교청년중앙회가 중심이 되어 새 기풍을 찾는 운동을 전개하고 있어 주목된다.

2. 정역계

교조 김일부는 이운규(李雲圭)에게서 역학(易學)과 오음주(五音呪)를 배웠다. 난세를 피하여 계룡산에 들어가 사방에서 모여든 제자들을 가르치면서 독창적인 후천역(後天易)을 체득하였다. 그러나 1884년 운도(運度)의 변화 원리와 오음주의 비의(秘意), 그리고 중생을 교화·제도할 권능까지 하늘로부터 받아 《정역경전正易經典》을 완성하였다. 그는 이 정역을 바탕으로 '무극대도(無極大道)'라는 교단을 일으켰다.

그의 주장에 따르면 《주역》에 근거한 선천운도(先天運度)는 지나가고, 이제는 정역의 후천운도에 근거한 후천 시대가 온다. 이때에는 빈부귀천의 차가 없어지고, 사람들은 장수하며, 지상에는 죄고(罪苦)가 없는 선경(仙境)이 이루어진다. 그러나 선후천이 바뀌는 시기에 삼재팔난(三災八難)이 있고 선악의 심판이 따르므로, 이것을 벗어나기 위해 정역의 원리대로 무극대도의 신앙과 수련을 해야 한다. 수도로서 오음주를 주송(呪誦)하는데, 우주 생성의 원리인 오행(五行)에서 나는 오음(五音), 즉 음·아·어·이·우를 노래로 읊으며 춤추면 심신의 질병이 치유된다고 한다. 이에 따라 '영가무도교(詠歌舞蹈敎)'라 불리기도 한다.

김일부가 유교의 면에서 정역을 세운 반면, 이운규의 다른 제자 김광화는 새로운 불교 도법(道法)을 논하여 '오방불교(五方佛敎)' 또는 '광화교(光華敎)'의 교주가 되었다. 1907년 구한말 정부가 동학인을 검거할 때, 이 두 교파의 내용이 동학과 비슷하다 하여 지도자들은 처형되고 교인들은 옥고를 치르고 또 해산령을 받아 거의 소멸될 지경에 이르렀었다. 그후 교명을 바꾸어 전수되거나 불교 또는 동학과 야합하여 명맥을 유지하였으나, 현재 교세는 극히 미약한 형편이다. 정역은 오늘날 학문으로서 높이 평가되고 있는 반면, 교단은 별로 관심받지 못하고 있다.

3. 증산계

증산계는 한국 신흥 종교에서 동학과 함께 주종을 이루면서 가장 방대한 교세와 교파를 일으킨 계통이다. 교조 강일순은 1871년 전북 고부에서 태어나 그곳에서 시작된 동학 운동이 실패함을 목격하였다. 그리하여 국가와 민족, 세계와 인류를 구제할 천지의 대도(大道)를 이룰 뜻을 세워 동학·서학·정역은 물론 유·불·선의 교의를 섭렵하고 각처의 도인들을 두루 찾아다녔다. 7년간의 구도 유력(求道遊歷)에서 돌아온 증산은, 1901년 전주 모악산의 대원사에서 기도 수련을 하다가 대각(大覺)을 얻었다. 신명계(神明界)와 인간계를 통솔하고 천지운도(天地運度)를 뜯어·고쳐 후천선계(後天仙界)를 개벽할 상제(上帝)의 권능을 받은 것이다.

증산의 사상과 교화(敎化) 행적은 그의 언행록인 《대순전경大巡典經》에 나와 있다. 그 일은 일제의 탄압과 일반의 외면으로 매우 어려웠다. 또 추종자도 적었고, 그를 제대로 이해하지 못하였기에 끝내 법을 전하지 아니하였다. 포교한 지 9년 만인 1909년 증산이 갑자기 사망하자 후천개벽의 이루어짐을 믿었던 신도들이 실망하여 흩어졌다. 그러다 증산의 제2부인 고판례가 증산의 신명(神明) 감응을 받아 여러 능력을 행하자 교인들이 다시 모여들어 1914년 '태을교(太乙敎)'를 세우게 되었다. 이후 증산의 혈연·제자 등에 의해 많은 교단이 만들어져 해방 전에 40여 파가 있었고, 해방 직후 한때 70여 파를 헤아렸다. 그 가운데 일제시 1백50만 교세를 자랑하고 천자 등극을 꾀한 차경석의 보천교는 유명하다.

증산교의 중심 교리는 증산의 천지공사(天地公事)에 집약된다. 그것은 운도(運度)·신도(神道)·인도(人道)의 세 공사(公事)로 나뉜다. 천지 운행(天地運行)에 있어서 과거는 선천(先天)이고 미래는 후천(後天)이며, 당시의 현재는 그 교역기(交易期)인데, 이때는 말세의 극한 상태라서 일체가 모두 혼란에 빠진다. 증산이 이것을 뜯어 고쳐 새로운 도수(度數)를 짜고, 모든 교(敎)와 문화를 통일시켜 한국에 '세계통일조화정부(世界統一造化政府)'를 만든다는 것이 운도공사(運度公事)이다. 신도공사(神道公事)는 말세운도에 처한 인간들이 심신을 수련하여 후천 세계로 나아가는 길을 열어 주는 공사이다. 증산은 이를 위하여 신화(神化)와 도통(道通)을 이룰 것과 후천 시대의 윤리 도덕을 연마할 것을 가르쳤다.

해방 후 숱한 분파를 보였던 증산계는, 1960년 이후 자체의 정리와 도태를 겪으면서 그 교단수가 최근 30여 개로 감소하여 있다. 그 가운데 대순진리회는 가장 착실하게 성장한 교단으로 손꼽히는 바, 서울에 본부를 두고 전국에 1천2백 개가 넘는 교당을 가지고 있으며 교인의 수는 65만을 헤아린다. 한편 증산교의 사상적 정립이 '증산사상 연구회'에 의하여 이루어진 점도 특기할 만하다. 이 연구회는 1974년 발족된 이래 수많은 학술 강연과 세미나를 개최하고 각종 연구서를 발간하여 증산의 사상을 학문적으로 연구 분석하고 있다.

그밖에 증산도장이 중심이 되어 젊은 증산인의 연합 운동이 전개되고 있는 것도 주목된다.

4. 단군계

단군계란 국조 단군을 신앙의 대상으로 숭봉하는 종교 단체들을 가리킨다. 단군 신앙은 고래로 여러 형태를 취한 채 내려왔으나, 1904년 백봉(白峰)에 의하여 비로소 신앙 체계를 이룬다. 그후 백봉의 교지를 받아 나철과 정훈모가 1909년 서울에서 단군 교단을 조직하였는데, 이것을 '중광(重光)'이라 한다. 나철은 일제의 교단 탄압을 피해 교명을 '대종교(大倧敎)'로 고치고, 포교 본부를 만주로 옮겼다. 대종교는 그곳에서 무력 항일 운동을 전개하였다. 이로 인하여 나철을 비롯해 많은 지도자들이 일경(日警)에게 붙들려 순교하였다. 지도자를 잃은 대종교는 주로 민족 해방 운동에 전념하다가 해방을 맞아 만주에서 서울로 돌아왔다. 한편 나철과 함께 단군교를 창교한 정훈모는 교명을 바꾸는 데 반대하고 분립하였다. 한때 친일파와 결탁하여 교단을 유지하였으나 교단 분규로 끝내 소멸하였다. 해방 전에는 이밖에 10여 개의 단군계 단체가 나왔다.

해방과 더불어 단군을 숭봉하는 많은 단체가 쏟아져 나왔는데, 이 단체들은 단군을 국조로 받들고 민족의 주체 의식을 홍포하려는 문화 단체와 단군을 신앙의 대상으로 한 종교 단체로 구분된다. 이 가운데 종교 단체는 그후 약 30여 개가 발생하였다. 그러나 교단 조직과 교화 방법의 미비, 거기다 교권 상쟁 때문에 발전해 나가지 못하였고, 한때 수십만의 교인을 확보했던 대종교마저 지도층의 결핍으로 쇠퇴하여 오늘에 이른다.

대종교는 삼일신고(三一神誥) ·삼법회통(三法會通) ·신리대전(神理大全) ·회삼경(會三經) ·천부경(天符經) 등을 교리의 기초로 삼는다. 인간은 성(性) ·명(命) ·정(精)의 3진(三眞)을 타고나지만, 이것이 변하여 심(心) ·기(氣) ·신(身)의 3망(三妄)이 된다. 그러나 지감(止感)과 조식(調息)과 금촉(禁觸)의 3법(三法)을 수행하면 3망이 다시 3진으로 돌이켜져 하느님, 즉 본래의 나로 돌아간다고 한다. 이것이 단군의 삼일논리(三一論理)이다.

최근 뿌리찾기 운동이 고조되어 국조 숭봉 운동이 조직화하는 등 단군 숭배의 열기가 높다. 그러나 기독교의 반발이 거세어 그 귀추가 주목된다.

5. 각세도

교조 이선풍은 일찍이 각 교의 경전에 통달하고, 특히 역학(易學)에 심취하였다. 오랜 수도 끝에 그는 1915년 하늘로부터 천명을 받는 체험을 하고 '각세도(覺世道)'를 세웠다. 거기서 그는 자신이 말세의 구세주라는 계시를 받으며, 유 ·불 ·선 ·기독교의 진리가 하나라는 것을 깨달았다. 그 깨달음은 16자의 주문으로 된 〈각세진경 覺世眞經〉과 각세진리를 표명한 《각세훈사 覺世訓詞》에 나타나 있다. 천지의 본원인 영적 진리를 원만하게 깨달으면 무궁한 조화가 각자에게 주어져 있음을 알게 되며, 이 영통한 조화의 경지에 이르렀을 때 비로소 죽음을 벗어나 영계에 돌아갈 수 있다는 것이 16자 주문의 내용이다. 그도 후천 세계의 개벽을 말했다.

각세도는 그 불행한 시대의 민중들로부터 큰 호응을 받아 수 년 만에 신도 3만을 얻었으나, 일제의 탄압으로 더 세력을 펴지 못하였다.

해방 후 이선평은 교단을 새로이 조직하여 10만에 이르는 교세를 이루었다. 1952년 그가 사망하자 그의 조직은 각기의 교단으로 분리되고, 교인들은 대부분 이탈하여 교세가 급격히 기울어졌다. 이후 11개 파가 갈라져서 각 교단은 침체 속에서 자가 수도(自家修道)에 일관하고 있다. 그 중 서울의 천지원리교(天地原理敎)는 최근 경전을 정리·발간하면서 새로운 움직임을 보이고 있다.

6. 유교계

신흥 유교계는 1907년 공자를 신앙 대상으로 하는 태극교(太極敎)가 서울에서 창교되면서 출발한다. 이밖에 6개의 교단이 해방 전에 발생하였는데 모두 일제의 탄압으로 소멸해 버렸다. 해방 후 강대성이 갱정유도를 창도하여 현재 유일한 유교계 신흥 종교로 되어 있다. 강대성은 전라도 순창의 빈농 출신으로 생사를 건 수도 끝에 도통을 이루고, 1936년 이미 일심교(一心敎)를 시작하였다. 일제하에서는 숨어 지내다가 해방이 되면서 포교 활동을 벌여 한때 50만의 신도를 자랑할 정도였으나, 교조의 죽음으로 교세가 꺾이고 분파마저 일어났다. 남원에 본부를 두고 있는 갱정유도는 현재 포교보다 내수도(內修道)에 치중하고 있으며, 신도는 5만을 헤아린다. 신도가 모두 옛 선비의 모습으로 생활하는 것이 특징이다.

이 교의 정식 명칭은 28자로 된 긴 것인데, 유·불·선에 근거하고 동서학을 합일하여 다시 유도(儒道)로 구세(救世)한다는 기본 교리가 거기에 표현되어 있다. 최근 그 경전으로 《부응경符應經》 3권이 출간되었다.

7. 물법계(또는 찬물교계)

찬물의 이법(理法)을 교리로 하고, 찬물을 먹여 치병하기에 이렇게 부른다. 교조 김봉남은 제주도 태생으로 어릴 때 병을 얻어, 치병을 목적으로 신흥 종단들을 순방하고 도인들을 찾기도 하고 때로 입산 수도도 하였다. 그리하여 백일 기도를 마치고 하늘로부터 물법을 받아 그 오랜 병이 치유된 첫 체험을 얻었다. 1943년에는 강신(降神) 체험을 하면서 중생의 3고(三苦)를 해탈하는 심수법(心水法)의 원리를 터득하였다. 교인들이 모여들어 그를 생불(生佛)로 추앙하자, 일제는 그를 체포·고문하는 등 탄압을 개시하여 교세가 위축되었다. 해방 후 그는 세번째의 도통을 이루면서 물법이 유·불·선 3교의 합일도(合一道)임을 깨닫는다. 이후 김해를 중심으로 주로 경남 지방에 포교하여 수만의 신도를 얻는다. 1950년 교주가 죽자 교리의 해석 문제로 교단이 분파하고, 현재 20여 개가 난립해 있다.

그의 물법은 주문연송(呪文連頌)과 단식(斷食)을 하면서 찬물을 마심으로써 심신의 죄고(罪苦)와 질병을 퇴치하고 도통에 이르는 수도법(水道法)이다. 유·불·선 3교의 통합과 후천 세계의 구현을 내세움은 다른 신흥 민족 종교와 같다.

8. 무속계

무속은 고대 신교(神敎)에서 비롯하여 민간에 면면히 신봉되어 온 종교다. 근세에 와서 이 신앙을 종교로 체계화한 단체들이 속출하였으니 이를 '무속계'로 지칭한다. 1920년 서울에서 관우(關羽)를 숭봉하는 관성교(關聖敎)가 그 최초의 교단으로 등장하였다. 이후 여러 교단이 출현하여 해방 전에 16개에 이르렀다. 해방 후에도 그 수는 계속 늘어 현재 30여 개를 헤아린다. 이 무속계는 충청남도에 약 15개가 분포되어 있으며, 특히 한국 신흥 종교의 메카라 할 계룡산의 신도안에 밀집하여 있는 것이 특징이다.

9. 기독교계

대략 1917년에 발생한 이순화(李順和)의 정도교(正道敎)를 신흥 기

독교의 출현으로 잡는다. 이것은 기독교의 교리에 바탕을 두고 있지
만, 유·불·선은 물론 여러 민간 신앙의 내용을 포함한다. 이밖에도
여러 교단이 일제 시대에 나왔다. 해방이 되면서 신흥 기독교의 시발
은 본격화되는데, 1960년대까지 약 10여 개가 발생하고 1960년대 이
후 오늘까지 약 60여 개를 헤아릴 지경이다. 여기에는 몰몬교, 여호
와의 증인 등 신흥 외래 기독교도 포함된다.

　신흥 기독교의 이같은 난립상은 대부분 기성 기독교회에서 이탈한
인사들에 의하여 이루어진다. 말세관의 극대화, 구세주론 즉 재림예
수의 출현 문제, 보수적 신앙에 대한 반발, 교권 투쟁에서의 탈락, 교
리 해석의 차이, 신비주의 내지 성령중심주의 등이 그 요인으로 지적
되어진다.

　신흥 기독교 가운데 전국적인 규모를 가진 것도 있는 반면, 10명 내
외의 신도를 가진 소규모 종단도 상당수에 이른다. 1980년의 통계에
의하면 기독교계 신흥 종교의 총 신도수는 1백30만이 넘는 것으로 나
타난다.

10. 불교계

　신흥 불교의 출현은 구한말로부터 시작한다. 해방 전까지 10여 개
가 나타났는데, 그 가운데는 본디 동학계에 들건만 일제의 탄압을 모
면하기 위해 불교의 이름을 빌린 것도 있다. 이들은 일제 때 대부분
소멸되고 만다. 해방 후 신흥 불교는 1947년의 심인불교(心印佛敎;
뒤에는 진각종(眞覺宗))를 필두로 우후죽순처럼 일어난다. 특히 1954
년 조계종의 비구·대처 분규 이래 이에서 이탈한 인사들이 각기 독
립 종단을 세움으로써 수십 개의 신흥 불교가 형성된다. 관(官) 등록
을 위해 불교의 이름을 빌린 증산계 종단도 꽤 있다. 어떤 교단은 단
군 신앙과 불교 신앙을 혼합한 것이다. 현재 등록·비등록 교단을 합
하여 70개에 가까운 신흥 불교 교단이 활동중이다.

이들 신흥 불교는 네 가지 공통되는 특징을 가진다. 첫째 불교로 보기 힘들 정도의 종교혼합주의, 둘째 교단의 연원을 신라나 고려 시대의 불교에 두고 그 재흥과 중흥임을 과시하는 점, 셋째 교주의 카리스마적 위치와 중앙 집권적 교단 구성, 그리고 끝으로 신앙의 결속과 교세 확장을 위해 종교 내용을 신비와 영험으로 극대화하는 점 등이다.

신흥 불교 가운데 대표적인 종단은 원불교이다. 교조 박중빈은 오랜 기도와 수도 끝에 득도하여 1916년 전남 영광에서 개교(開敎)하였다. 처음에는 '불교연구회'라 이름하였다. 득도 후 먼저 제 종교의 경전을 연구하고 진리가 본디 한 자리임을 밝혔다. 그리고 법신불(法身佛)인 일원상(一圓相)을 신앙 대상으로 하고, 유·불·선 3교의 종지를 취하여 독자적인 교단을 만들었다. 이 교단은 수도와 생활이 하나되고, 물질과 정신을 다같이 개벽한다는 생활 불교를 표방하였다. 원불교는 꾸준히 발전하여 오늘날 국내는 물론 국외에 지부를 두고, 원광대학교를 비롯하여 많은 교육 기관을 운영하면서 세계 종교로 발돋움하고 있다.

11. 외래계

동학이나 정역 등 신흥 종교가 출현한 이후 이 땅에 들어온 외래 종교가 여기에 해당된다. 외래 신흥 종교로서 한국에 처음 상륙한 것은 1877년 부산에 자리잡은 일본 진종불교대곡파(眞宗佛敎大谷派)이다. 이래 해방 전까지 20종 29파, 해방 후에는 크게 늘어 현재 15개국에서 70여 개가 유입되어 있다. 외래 신흥 종교의 총 신도수는 3백만 이상인 것으로 추산되는 바, 한국 신흥 종교의 각 계통 중 가장 많은 신도를 확보하고 있다.

해방 전이나 후나 일본의 것이 대종을 이룬다. 해방 전 한국의 종교 식민지화를 목적으로 19종 29파의 일본 종교가 투입되었고, 현재는 37개 종파가 포교 활동을 벌이고 있다. 해방 후, 특히 자유당 치하에서는 극한의 배일 정책 때문에 일본 종교가 이 땅에 발을 붙이지 못하였는데, 한일국교정상화 이후 대거 쏟아져 들어왔던 것이다. 그 가운데 일련정종(日蓮正宗)이 대표적이어서 현재 약 50만의 교도를 확보하고 있고, 천리교(天理敎)도 전국에 교당을 두고 포교에 적극적이다.

그밖에 1947년 중국인 포교사들이 가져온 일관도(一貫道)의 교세도 막강하다. 일관도는 유·불·선·기독교·회교의 원리를 하나로 관통하였다고 하는데, 중국 선도(仙道)와 불법(佛法)이 기실 그 중심을 이룬다. 이것도 여러 분파를 보여 10여 개의 교단으로 나뉘었으나, 현재 3개 교단이 남아 있다. 그 중 흑석동에 본부를 둔 '국제도덕협회'가 가장 방대한 세력을 가져 전국에 지부를 두고 40만 회원을 확보하고 있다.

기타 일제 때 한국인 일본 유학생에 의하여 수입된 바하이교가 극소수에 의해 신앙된다. 이슬람교는 중동 건설붐을 타고 한때 흥기했으나, 이즈음 쇠퇴해 있다. 그러나 젊은 청소년들에게 인기를 얻고 있음은 주목된다.

12. 연합계

연합계란 서로 다른 계통이나 같은 계통의 교단들이 하나의 친목·연합 또는 통합의 기구를 이룬 것을 가리킨다. 한국 신흥 종교 중 가장 많은 교파의 분열을 보였던 증산계에서 연합회의 시도가 가장 빈번하였다. 1926년 증산교 8파 연합회가 그 최초의 것이었는데, 이후 한국 신흥 종교사에서 대소 약 45회에 이르는 연합 운동이 전개되었다. 특히 1961년 정부는 '민족 종교 통합책'으로 단군·동학·증산의 3단(段) 신앙을 묶어 동도교(東道敎)를 발족시켰으나 실패로 돌아가고 말았다.

이러한 연합 운동의 시도는 대개 새로운 교파를 낳는 데 그쳐 분파만 더욱 조성한 셈이다. 그러나 1981년 이래 30여 차례의 모임을 갖고, 1985년 11월 23개 교단이 창립한 '한국민족종교협의회'는 그 규모나 민족 종교들의 협의회라는 점에서 특기할 만하다.

13. 계통 불명

한국 신흥 종교 가운데는 독특한 교리를 독자적으로 세우고 있는 교단이 있는가 하면, 복잡한 종교 혼합으로 교의의 성격을 규정짓기 어려운 것도 많다. 이런 교단이 계통 불명으로 분류되며 현재 30여 개에 이른다. 이 경우 어느 계통에도 속하지 않기 때문에 창교자가 곧 교조의 위치에 서는데 교세는 미약한 것이 보통이다.

IV. 특 성

한국의 신흥 종교는 그 계통이 다양하여 표면상으로 많은 차이를 보이고 있지만, 그 밑바닥에는 여러 공통점을 지닌다. 종교 합일 사상, 말세관, 후천개벽설(後天開闢說), 지상천국 건설, 구세주 신앙, 선민 의식 등이 그 공통되는 특성들이다.

1. 종교 합일 사상

동학이 유·불·선 3교를 합일한 새 종교임을 내세운 이래 거의 모든 신흥 종교들은 종교 합일 사상을 표방하였다. 3교 합일 사상은 사실 동학이 창안한 것은 아니고, 예부터 면면히 이어져 온 한국의 종교적 전통이다. 한국 종교사에서 여러 종교가 서로 공존하여 온 사실과 화랑도의 본질이 유·불·선을 포괄한 점이 그 사정을 잘 드러내 준다. 그러나 종교를 합일하고 신앙을 통일하려는 뜻이 구체화된 것은 바로 이들 신흥 종교에서 비롯하였다. 그리하여 이들은 3교의 합일에 머물지 않고, 동서양의 기성 종교의 교리는 물론 한국의 지리풍수설·도참설·민간 신앙까지 모두 망라한다. 이것은 그 모든 신앙에 들어 있는 고유한 의미를 알아, 그것들을 고루 갖추려는 조화 사상과도 통한다.

2. 말세관

사회의 불안이 신흥 종교 발생의 주된 요인임은 앞서 살펴보았다. 신흥 종교의 창시자들은 그 불안한 사회의 성격을 민중들에게 밝혀야 할 의무를 가진다. 그래서 그들은 정치·경제 및 사회의 혼란·전쟁·질병·천재지변 등을 들어 말세가 임박했다는 증거를 제시하는데, 즉 《정감록》 비결과 같은 도참설이나 지리풍수설, 선후천운도교역(先後天運度交易)의 역학설(易學說), 기독교 성경의 말세관 등이 그것이다.

3. 후천개벽설(後天開闢說)

후천개벽관은 지난날과 오늘 이후의 세계를 시운(時運)에 의하여 구분하는 신흥 종교의 역사관이다. 이에 의하면 역사는 낡은 시대와 새 시대로 이등분되는데 선천(先天)에 속하는 낡은 세계는 지나가고, 지금부터 후천(後天) 개벽 시대의 새 세계가 온다는 것이다. 그리하여 억압과 고통, 불안과 공포에 싸인 민중에게 새로운 역사적 전망을 안겨 준다.

4. 지상천국 건설

새로운 시운에 의하여 열리게 될 신흥 종교의 새 역사와 새 사회는 기독교나 불교에서 말하는 천국이나 극락 세계와 다르다. 신흥 종교들은 내세가 아니라 현세에서, 또 이상이 아니라 현실에서 극락 천당의 생활을 누릴 수 있다고 약속한다. 한국 사람이 원체 예부터 현세주

의적 삶을 지향해 온 점이 이와 무관하지 않을 것이다. 그리고 신흥
종교는 민중의 다급한 현실적 요구에 예민하게 반응하기에 그같은 유
토피아를 제시하고 있다.

5. 구세주 신앙

신흥 종교의 교조들은 그 종단의 창시자이자 전능한 구세주로서 숭
배의 대상이 되어 신도들 위에 군림한다. 이들은 선천 시대가 끝나고
후천 시대의 개벽이 시작되는 시점에서, 도탄에 빠진 민중을 건져내
고 평화 세계를 건설하기 위하여 이 세상에 왔다고 한결같이 주장한
다. 다시 말해서 이 세상을 구원하기 위하여 인간 세상에 강림한 신
적 존재라는 것이다. 이러한 구세주 신앙은 교조와 교주의 직함을 나
타내는 칭호에 잘 드러나 있다.

6. 선민 의식

신흥 종교가 도탄에 빠져 있는 민중에게 지상천국을 약속할 때, 그
것은 대체로 자민족중심주의에서 크게 벗어나지 못한다. 따라서 새
로 펼쳐질 후천개벽 세계의 중심지는 한국이라고 이구동성으로 주장
들 한다. 한말과 일제 시대에 팽배했던 국가 존망의 위기와 망국의
아픔이 이같은 민족주의적 선민 의식의 배경을 이루고 있다.

한국 신흥 종교의 이러한 공통적 특성들은 결코 우연히 형성된 것
이 아니다. 그것은 첫째로 종교다원주의를 지향해 온 한국 종교사의
배경이 있었기에 가능한 것이다. 둘째로 한국 신흥 종교는 의식·무
의식간에 동학을 원형으로 모방한 점을 들 수 있다. 셋째로 종단들
사이에 지도자나 신도 이동을 통한 상호 영향이 크다. 그리고 끝으로
종교에 대한 민중의 욕구와 반응이 거의 동일하기 때문에 그런 공통
점을 찾을 수 있는 것이다. 요컨대 한국의 신흥 종교는 동일한 문화

와 종교적 유산을 상속하였고, 또 동일한 역사와 사회적 상황을 기반으로 하여 일어난 것임을 알아야 한다.

맺음말

한국 신흥 종교는 실로 핍박과 탄압을 받아 온 종교다. 그것이 처음 발생한 조선말에는 정부가 혹세무민의 사도(邪道)로서 그 지도자와 신도들을 처형하는 등 탄압이 심하였다. 일제도 덩달아 날뛰더니 식민지 시대에는 그 민족주의적 성격을 우려하여 모진 탄압을 자행하였다. 그렇게 되어 목숨을 잃은 신도들이 수십만을 넘는 형편이다. 신흥 종교에 대한 핍박은 이에서 그치지 않고 해방 후 오늘에 이르기까지 유사 종교·사이비 종교·사교 등의 용어로 지칭되면서 부정적인 것으로 보아져 온다.

신흥 종교는 사회적 불안이 고조되고 지배 종교가 몰락할 때 민중의 종교적 욕구에 부응하여 일어선다. 이것이 지배 종교나 사회 지도층에게 위험한 것으로 비칠 것은 당연하다. 신흥 종교가 바로 그들에게 매우 비판적이기 때문이다. 그러나 사회 전체적인 면에서 볼 때 신흥 종교는 그 사회가 직면하고 있는 불안과 위기 의식을 타개하고, 그 사회에 다시 질서를 회복시켜 주는 조화의 기능을 담당하고 있음을 알아야 한다.

이 점은 한국 종교사의 다종교 공존의 배경을 고려하면 더욱 분명해진다. 거기서 종교들은 그것이 지배 종교이든 아니든 핍박과 오해를 받든 그렇지 않든간에, 심지어 무(巫)와도 서로 공존하여 사회의 다양한 종교적 욕구를 충족시켜 왔던 것이다. 그것을 배경으로 발생한 신흥 종교가 조화를 하나의 생리로서 계승함은 자연스러운 것이다. 한편 신흥 종교, 특히 민족 종교의 경우 그들이 한국의 전통적 민간 신앙인 무(巫)를 계승한다고 하는데, 무의 원리란 인간의 문제를 모든 조상·신령과의 만남을 통해 이루는 조화로 풀고 있는 것이다. 한국 신흥 종교는 따라서 결코 배타적이거나 공격적이지 못하고 조화를 추구하는 종교일 따름이다. 수십 차례에 걸쳐 시도되었던 신흥 종교의 종교 연합 운동은 그러한 점을 여실히 보여 준다.

어느 종교든 초기에는 신흥 종교의 성격을 띠게 마련이다. 그 과정을 거쳐서 살아남아야 기성 종교로 성장한다. 따라서 바로 그 새로이 나타난 종교라 하여 부정적으로 보아서는 아니 된다. 한국의 신흥 종교 가운데는 그 초기의 시련 과정을 견디어 오늘날 견실한 종교 체계를 갖추고 종교 활동을 벌이는 것이 많다. 더 나아가 그 중에는 세계 종교로 발돋움하는 종단도 있다.

신흥 종교의 수가 많아 국토 면적에 비하면 한국은 세계 최대의 신흥 종교 생산국임에 틀림없다. 이것은 그렇다 하여 조금도 부끄러운 일이 아니다. 종교를 하나의 생리로 하고, 모든 종교에서도 그 진리의 면을 인식하는 한국인의 특성이 반영되어 있을 따름이다. 종교적 인간으로서의 한국인의 면모가 여기에 두드러지게 나타나고 있다.

11

민족 종교가 한국 정신 문화에 끼친 영향

I

1970년대 이래 한국 사회와 문화를 분석하고 정리하는 작업이 학계에 왕성하다. 광복 이후 한국학 각 분야의 연구 성과가 축적되면서 일어난 자연스러운 현상이라 할 것이다. 그런 작업들 가운데 한국의 종교들이 거기에 어떠한 영향을 끼쳐 왔는지에 관한 점은 매우 중요하다. 굳이 긴 설명을 늘어 놓지 않더라도 종교는 사회의 가치관 및 문화와 광범위하고도 직접적인 상관 관계를 이루고 있기 때문이다. 문화신학자 폴 틸리히(Paul Tillich)가 공언한 '종교는 문화의 어머니'라는 말을 되새겨 볼 만하다.

한국 문화에 끼친 종교의 영향과 관련하여 그동안 유교·불교·기독교 등의 기성 종교가 주로 거론되어 온다. 반면 무(巫)나 민족 종교는 극히 소수의 사람들에 의하여 또는 부분적으로 언급되어 온 형편이다. 저들 기성 종교가 한국 문화에 끼친 영향은 대부분 각 종단과 그 종교를 신봉하는 학자들에 의하여 당연히 긍정적으로 평가되었다. 거기에는 일정한 배경이 있다. 기독교와 불교는 일제 시대 이래 이른바 세계 종교로서 대접받아 우리 사회에서 가장 큰 교세로 행세하는 통에 한국 문화와의 상관이나 그 비중이 자연히 클 수밖에 없었다. 유교는 조선왕조의 지배적인 정치 이념 내지 종교이었기에 왕조가 해체된 이후에도 막강한 문화적 영향을 행사하여 오는 터이다.

이들 종교 계통의 대학들이 설립되어 각기 그 교역자 양성과 신학·교학의 연구에 기여한 바는 적지 않다. 그 연구의 폭이 확대되자 관련학자들은 다투어 그들의 종교가 한국 역사 가운데 수행한 문화적 영향 내지 기여를 정리하여 내놓았다. 그 내용은 한결같이 자랑스럽고 의미 있는 것으로 일관되어 있다. 이것은 심히 자아(自我) 중심적 또는 자문화(自文化) 중심적이다. 한국의 문화와 역사는 하나의 종교에 의하여 형성·발전되어 온 것이 아니라, 여러 종교와 문화의 대화와 갈등 속에서 이루어져 온 것임을 알아야 한다. 그리고 무엇보다도 자기 종교만의 우월성을 내세우는 것은 골목 아이들의 유치한 사고 방식의 발상에 지나지 않는다.

우리네 국립박물관에 수집·전시되는 것이 국보나 보물급에 치중되어 있고 다른 나라의 문화재와 비교가 없는 실정이거니와, 한국 문화의 뛰어남을 외치고 사람들에게 억지로 이해시켜 어쩌자는 것인가. 나는 그런 유의 사고 방식이 한국 사회에 팽배하여 있음에 심한 분노와 모욕을 느낀다.

자문화중심주의(自文化中心主義)는 나라와 문화들 사이에 오해와 갈등만 조성하고, 그 백성들의 안목을 흐리게 하여 스스로를 올바르게 알 수 없도록 만들 뿐이다. 무릇 모든 것이 그러하듯 다른 것과 비교하고서야 제 것의 약점과 장점을 파악하게 되고, 다른 것과의 관계를 이해할 수 있으며, 나아가 앞으로의 발전을 기대할 수 있는 것이다.

한국의 종교들 가운데 민족 종교는 한국 정신 문화에 대한 평가에서 그동안 거의 소외되어 왔다. 민족 종교만을 놓고 한국 정신 문화에 대한 그 영향 관계를 논의하는 것이 기성 종교들에서와 마찬가지로 자문화중심적이 되지나 않을는지 우려되는 바 없지 않다. 그러나 나는 민족 종교인이 아닌 종교인류학도(宗敎人類學徒)의 관점에서 그것을 따져 보고자 하니 우선 그리될 걱정은 없겠다. 다만 이 글 주제의 성격에 맞추어 한국 정신 문화에 끼친 민족 종교의 영향을 정리하여 보고자 한다.

민족 종교의 그러한 면이 종래 거의 소외되었던 배경을 먼저 살펴볼 필요가 있다. 시대 내지 외부의 요인이 있었기에 그리되었음은 당연할 것이다. 한편 민족 종교 자체의 문제 또한 없지 않을 것이다. 외부에 책임을 전가할 것만은 아니다. 문제는 항상 안팎이 상충될 때라야 생기는 것이고 보면, 이 문제와 관련된 외부·내부의 원인은 동전의 양면처럼 표리를 이룬다 하겠다.

외부의 시대적 배경은 민족 종교의 성립기인 19세기 후반 이래 오늘에 이른다. 조선조말과 일제 시대와 광복 이후가 곧 그것이다. 그것을 다시 성격상 셋으로 나누어 본다. 광복 이후 일방적 서양화·산업화의 과정이 그 하나이고, 조선조말 이래의 탄압이 그 둘이다. 세번째로 신흥 종교로서의 민족 종교에 대한 기성 종교의 공격적 반응을 들 수 있다. 광복 이후 우리 사회는 일방적이고 급진적인 서양화와 산업화의 길을 달려왔다. 세계에 유례를 찾아볼 수 없다는 경제 성장이니 고도 산업 사회의 성취라는 표현들이 그런 면을 잘 보여 준다. 그에 따라 대부분 한국 사람의 안목이 그것을 기준으로 여기게끔 되어 있다. 그런 안목에 민족을 내세우는 종교와 사상은 비합리적이고 고리타분한 것으로 비칠 수밖에 없었던 것이다.

민족 종교에 대한 그러한 일방적인 안목의 형성과 함께 한편으로 줄곧 탄압이 지속되어 온다. 조선왕조는 민족 종교를 혹세무민하는 사문난적이라 하여 심지어 외세를 빌려서까지 탄압하고 민족 종교인들을 처형하였다. 일제가 민족 종교의 이용과 말살을 위하여 획책한 잔인무도하고 교활한 정책은 그 자체 단행본으로 묶어도 여러 책이 될 정도다. 광복 이후 돌연히 구미식 사회가 전개되면서 그 가치관이 사회를 지배하게 되고, 민족 종교는 이제 흔히 비합리적인 사이비 종교로서 사회적 핍박을 감내하게 되었다.

구미식 사회의 전개에 따라 유교·불교·기독교와 같은 기성 종교는 서양의 종교 개념에 부합하여 득세하였다. 기성 종교로서는 새로운 가치관을 내세워 민중에 퍼져 가는 신흥 종교가 언제나 경계의 대상이자 비판·공격의 목표물이 된다. 기성 종교는 대개 중앙의 가치관 내지 권력과 제휴 결탁하여 사회에 기능하는 것이므로 그 기반을 저해 잠식해 가는 신흥 종교를 가만히 내버려두지 않는다. 민족 종교가 한국 신흥 종교의 주류를 이루는 만큼 기성 종교는 민족 종교를 가능한 한 그러한 평가에서 제외시켰던 것이다.

사뭇 드센 외부의 탄압 배경 위에 민족 종단 자체의 내부적 책임 또한 적지 않다. 그같은 엄청난 사회 변동을 겪어 오면서도 거기에 제대로 적응하지 못한 것이 문제였다. 조선조말이나 일제와 같은 극심한 상황을 고려하지 않는 바는 아니나, 민족 종교가 그 충격을 완화하거나 현명하게 대응할 방안을 충분히 마련하고 실천하지 못한 점은 못내 아쉽다. 일부 종단은 그래도 어느 정도 성공적으로 적응하였기에 오늘날 떳떳한 교세를 자랑하고 세계 종교로의 도약을 준비하고 있다.

더욱이 광복 이후에는 종전의 그러한 혹심한 탄압은 없어지고 사회의 부정적인 시각만이 만연하게 되었는데, 그 이후의 사회 변동에 대한 적응을 온전히 감당하지 못하였다. 급변하는 민중들과의 괴리도 점차 심화되어 갔다. 몇몇 종단의 개별적인 적응 노력만이 돋보일 뿐이었다.

민족 종교라 하면 이미 기성 종교나 외래 신흥 종교에 대비되는 하나의 집합 개념이다. 한국의 종교사나 근대사, 또는 이 글의 주제와 같은 한국 정신 문화와의 관계 등을 논하자면 피치 못하게 집단 개념으로서의 민족 종교를 말하게 된다. 그런데 민족 종교는 시대적 배경에 비추어 온전한 사회적 기능을 충분히 수행하지 못하였고, 거기다 그동안 분파에 분파를 거듭하여 왔다. 민족 종교와 한국 문화의 주체성(主體性)을 염두에 두고 있는 이들에게는 심히 가슴 아픈 일이다. 그

런 사실이 또한 한국 정신 문화에 끼친 그 영향의 평가를 어렵게 하
였다.

II

한국 종교사에서 민족 종교가 차지하는 위상을 이해하는 일은 민
족 종교의 성격 규명과 직결된다. 민족 종교의 성격을 올바르게 이해
할 때라야 그것과 한국 정신 문화와의 상관 관계가 명확히 이야기될
것이다. 두루 알려져 있듯이 한국 민족 종교는 1860년 최수운(崔水
雲)의 동학(東學) 창도를 그 시원으로 삼는다. 김일부의 정역(正易), 강
증산(姜甑山)의 증산교, 나철(羅喆)의 단군교 중광(重光)이 그 뒤를 이
었다.

이들 민족 종교가 하필 조선조 말기에 일어나서 한국 종교사의 새
로운 장을 열어 준 배경은 무엇인가. 여기에 두 가지 물음이 던져진
다. 하나는 민족 종교의 발생 원인을 묻는 것이고, 다른 하나는 한국
종교사에서 민족 종교가 차지하는 맥락적 의의를 규명해야 된다는 것
이다. 첫째 물음에 대한 답은 그 시대 배경에서 구하여짐은 당연하다.
조선조말의 상황 인식이 그 첩경이겠다.

신흥 종교의 발생 원인이 일반적으로 사회의 불안과 지배 종교의
붕괴에 있는 것으로 이해된다. 정국이나 경제의 혼란, 전쟁, 한 사회
의 가치관의 전도 등이 있을 때 사회는 불안에 빠지게 마련이다. 아
울러 지배 종교의 붕괴는 바로 그 사회의 가치관의 붕괴를 의미한다.
조선조말 한국 사회는 먼저 이질적인 서양 문화 내지 서학(西學)에 직
면하여 엄청난 충격 속에 잠긴다. 그것은 전통 사회에 닥쳐올 붕괴를
예상하는 것이었다. 조선왕조는 그 충격에 적절히 대응하지 못하고
속수무책인 상황에서 끝내 일제에 강점당하고 말았다.

한편 그 충격은 정치의 혼란을 야기하고, 사회·경제면에서 지배층

에 의한 민중 수탈과 억압으로 나타난다. 그에 따라 민중과 몰락한 양반 계층은 말세의 위기 의식에 사로잡힐 수밖에 없었다. 그것은 조선왕조의 종말에 대한 위기 의식인데, 조선 중엽 이래 민간에 유포되어 온 정감록(鄭鑑錄) 등의 비결(秘訣)류가 여기에 적잖은 영향을 끼쳤다. 새로운 세상의 전개에 대한 소망과 믿음이 민중에 형성되어 있었던 것이다.

한편 성리학(性理學)을 정치 이념으로 삼은 조선왕조는 그 배타성과 폐쇄성, 그리고 예학(禮學)에 치중한 관념적 학문 성향으로 인하여 말기에 이르러서는 저 서학을 감당할 힘을 이미 상실하고 있었다. 사회의 지배적인 가치관의 붕괴 때문에 그에 따른 혼란은 이미 피치 못할 형편이었다. 이러한 때에 새로운 종교의 출현은 불가피하고도 지극히 자연스럽다. 이와 함께 그러한 위기 상황에서 민중에게 새로운 길을 제시하기 위한 교조들의 고뇌와 수련과 깨달음의 체험도 결코 간과할 수 없다.

외래 사상에 의한 민중의 지배, 엄격한 신분 제도, 서학의 충격으로 인한 극도의 사회 혼란, 그리고 정치와 사회의 부패라는 상황은 곧 민중의 인간 상실을 의미한다. 그것은 사람이 사람답게 살지 못하는 사회였다. 그러한 풍토에서 선각자들은 무엇보다 민중의 그 사는 모습에 눈을 뜨고 인간 회복을 위한 길의 모색에 나선다. 그들이 내세운 새로운 가치관이란 사회와 국가를 위한 것이기에 앞서 사람이 사람답게 살아가는 길로서의 인간 회복이었다. 민족 종교의 교조·성현들이 걸어 보여 준 길이 온통 그런 것들이었다.

그토록 엄청난 사건의 발생을 조선조, 특히 그 말기의 상황에 맞추어 놓고 보면 그러하다. 그러나 이것을 보다 긴 시간의 폭인 한국 종교사의 맥락에서 바라보면 그 성격이 달리 드러난다. 한국 종교사는 고대 사회의 무(巫)로부터 시작하여 그것을 기층(基層)으로 하고, 그 위에 여러 종교들이 수입되어 정착한 구조를 보인다. 그리고 이들 종교가 서로 공존하여 각기 사회에서 기능하는 다종교 공존의 특성을 갖고 있다. 그 가장 전형적인 시대로 고려조를 들게 된다. 무와 불교와 유교 및 도교가 갈등을 일으키는 일 없이 서로의 도(道)를 인정하고 대화 가운데 스스로를 창조적으로 발전시킨 시기였다. 조선왕조에 들어서자 사정은 급변하고 만다.

조선왕조는 성리학을 정치 이념으로 내세우고 무와 불교를 탄압하였다. 성리학은 외래 사상이거니와 이제 그 배타적 성격으로 인하여 다종교 공존의 특성은 크게 일그러지고 말았다. 성리학이 무와 불교를 천민(賤民)의 종교로 규정하면서도 그 박멸에까지 이르지는 않았으니 다종교 공존의 성격은 견지되었던 것이다. 비유컨대 다종교 공존이 온전히 기능하던 사회가 조화롭고 건강한 인간이라면 조선조 사회는 편식으로 인한 비타민 결핍증의 증상을 보이던 사회라 하겠다.

한국 종교사의 긴 맥락에서 볼 때 민족 종교는 조선조에 와서 일그러진 다종교 공존의 전통 내지 특성을 되살리는 의의를 갖는다. 아울러 민족 종교의 내용에서 역연히 보이듯 외래 사상에 의한 민족 사상 및 문화의 지배를 통박하고 주체적 사상의 새로운 정립을 한민족에게 제시하였다. 여기에 민족 종교의 민족적인 면이 두드러지게 드러난다. 다만 민족 종교의 개념이나 용어, 나아가 그 의례에 유교적 색채가 강한 것은 그 시대의 유습을 완전히 극복하지 못한 것으로서 유감스럽다.

III

한국 민족 종교의 성립과 그 배경, 그리고 그 의의를 살펴본 바 민족 종교가 한국 정신 문화에 끼친 영향으로 가장 먼저 손꼽을 것은 인간 회복의 정신이다. 앞에서 서술한 대로 조선조 때는 성리학을 숭봉하는 양반 관료층과 그에 추종하는 계층을 제외하고는 대부분이 사람다운 삶을 영위하지 못하였다. 신분 제도도 그러하거니와 유교적 남존여비 사상으로 여성들은 비인간적인 삶을 살아야 하였다. 서자에 대한 사회적 차별 대우도 지독하였으며, 심지어 노비를 포함하여 여덟 천민 계급은 인간 이하로 취급당하였으니 삶의 모습은 실로 참담하였다.

그 상황에 대한 문제 의식이 민족 종교의 창도 이전에 없었던 것은 아니다. 조선조 중·후기 이른바 실학자들은 사회의 그런 양상에 주목하여 그것의 타개를 위한 갖가지 방안을 모색하고 정부에 제언하였다. 고맙기 그지없는 안목이었다. 그러나 그들의 학문 배경이 유학에 있었고, 그 상황을 체제 전체의 구조적 문제로 인식하지 못하였기에 결국 한계성을 보이고 말았다. 실학은 조선조 사회의 구조적 병폐에 대한 일련의 문제 의식에 머문 셈이다. 그리고 민족 종교에서만 그것이 드디어 근본적인 문제 접근과 해결 방안의 제시 및 민중 운동으로 터져 나왔다.

민족 종교가 가진 인간 회복의 성격은 교조들의 가르침 곳곳에서 잘 드러나 있다. 민족 종교가 모두 그러하지만, 여기서는 몇 개의 교단을 보기로 하여 살펴본다.

최수운은 후천개벽(後天開闢)을 예언하였다. 동학계 교단들은 이것을 신앙 목적으로 삼는다. 그의 가르침에 의하면 선천(先天) 시대에는 천계(天界)의 한울님을 모시려 하였으나, 후천 시대에는 인계(人界)에서 한울님을 모시고 지상극락이 이루어진다고 하였다. 인간 중심의 새로운 세상, 사람답게 살 수 있는 세상의 전개를 이야기한 것이다. 나아가 한울님을 제 몸에 모신다는 시천주(侍天主) 사상을 가르쳤는데, 이것은 이어 사람이 곧 한울님이라는 인내천(人乃天) 사상으로 발전되었다. 사람이 한울님임을 설파한 것은 인간의 무한한 존엄을 가르친 인간 회복의 대선언이라 하겠다.

후천개벽의 사상은 민족 종교에 공통된다. 선천의 낡은 세계는 지나가고 지금부터 후천개벽의 새 세계가 전개됨을 민족 종교의 성현들은 한결같이 외쳤다. 강증산도 후천 시대에 관하여 벽력 같은 선언을 내놓았다. 후천에는 모사(謀事)는 재천(在天)하고 성사(成事)는 재인(在人)이라 한 것이라든가, 천존(天尊)과 지존(地尊)보다 인존(人尊)이 크니 이제 인존 시대라 한 것 등이 그런 것이다. 인간의 지존함을 가르쳐 민중에게 인간 회복을 눈뜨게 한 것이 고맙기 그지없다.

이런 가르침이 단순한 가르침으로 끝나지 않는다. 그것이 관념적인 이론에 머무는 것이 아님을 교조들은 실천으로 보여 주기도 하였다. 그 대표적인 것으로 최수운의 실천을 든다. 수운은 자기네 비속(婢屬) 두 명을 두고 한 명은 며느리로, 다른 한 명은 양녀로 삼았다. 당시 루소(J. J. Rousseau)의 인민주권론(人民主權論)이 이 땅에 왔을 리도 만무하고, 중국 황종희(黃宗羲)의 《명이대방록明夷待訪錄》이 소개되어 있지도 않았다. 수운의 이같은 실천은 김범보(金凡父)의 표현대로 진정 대사건이었다. 인간 회복의 지극한 경지다.

오늘날의 한국 사회는 민주화의 갈등과 진통을 심하게 겪어 온다. 민주화에 앞장서 온 사람들이나 그 과정을 지켜보는 민중들이 그것을 흔히 서양식 민주주의의 영향으로 이해한다. 그러나 어느 사회·문화 현상이고간에 문득 그렇게 생겨나는 것이 아니다. 거기에 이르는 역사적 인과와 배경을 헤아리지 않고서는 그런 것을 바르게 이해하기 힘들다. 인간 회복을 위한 민족 종교의 엄청난 선언과 실천이 있었음을 살펴보았거니와, 그 깨달음과 실천의 움직임이 지속되고 있음을 알아야 할 것이다.

조선왕조의 몰락 이후 그 폐습을 극복할 사회적 노력이 우리에게는 없었다. 일제는 그 식민주의 정책을 강행하면서 전시대의 가치관을 일제의 그것으로 대치하였다. 광복 이후에는 그런 사정에 대한 관심을 두지 않은 채 일방적인 구미화(歐美化)가 진행되었다. 시대의 변화에 따라 정치 이념의 외형적 변동만 있었을 뿐 정신적인 가치관의 정립을 갖지 못한 것이다. 그에 따라 조선조의 비인간적 신분 개념이 여전히 우리 사회에 잔존하여 온다. 민족 종교가 비록 그 변화된 사회에서 오해와 핍박 속에 제대로 기능하지 못하였지만, 그 인간 회복의 정신만은 살아 내려와 민주화의 운동에 접목되고 있다.

IV

마찬가지의 이야기가 주체성(主體性) 면에서도 적용된다. 나는 그동안 한국 문화의 현재 상황과 문제점을 놓고 그것이 주체성의 결여 내지 상실에서 야기된 것임을 주장해 온다. 정부의 일방적 서양화와 산업화가 우선 일차적 배경을 이룬다. 그것이 경제 정책 및 부강한 나라의 형성과 직결된 것이고 세계적인 추세라고는 하나, 그런 것과 표리를 이루는 문화의 면은 소홀히 취급되거나 간과된 것이 문제였다. 그 때문에 한국 사회는 서양 문화를 적절히 걸러 수용하지 못하고 민중들은 저질 외래 문화에 오염되어 있는 형편이다.

최근 우리 정신 문화의 주체성을 되찾아야 한다는 목소리가 점차 높아간다. 현재의 문화 상황에 대한 비판과 반성에서 비롯됨은 물론이다. 그러나 이 주체성 상실의 문제는 어제 오늘에 그리된 것이 아니다. 조선왕조가 중국의 성리학을 정치 이념으로 수용하면서부터 사단은 벌어지고 있었다. 저 외래의 사상은 양반 관료층의 통치 이념이 되었고, 그들은 그들의 사회·경제적 권익을 옹호·신장하기 위하여 부단히 그것을 민중에 강요하였다. 전통 종교로 기능해 오던 무와 불교가 그 전통 문화의 성격으로 인하여 배척·탄압되었던 것은 피치 못할 논리적 귀결이었다.

그뿐이 아니었다. 양반 관료층은 고대 사회 때부터 이 땅의 정신적 규범으로 지켜져 내려오던 천제(天祭)의 전통을 끊어 버리고 말았다. 하느님을 섬기고 하느님과 하나되는 전통 제천 의례는 고려조에서도 외형적으로는 불교의 옷을 입고 그대로 존속되었던 것인데 조선조에 들어와 그만 중단된 것이다. 고려의 전통을 이어 천제를 지내려는 왕들에 대항하여 양반 관료층은 그것이 유교의 예(禮)에 따라 중국의 천자(天子)만이 거행할 권리를 가지고 있고, 조선왕과 같은 제후는 종묘와 사직에 제사드릴 수 있을 뿐이라 하였다. 철두철미한 그들의 사대주의가 결국 승리하고, 왕권은 그들의 손아귀에 놀아나게 되었다.

일제는 이어 그들의 식민제국주의적 정치 이념을 강요하였다. 그것에 부화뇌동하는 이들만이 행세를 하는 세상이었다. 전통 문화와 가치는 일제에 의하여 부정적이고도 비합리적인 것으로 왜곡·교육되었고, 주체적 문화 의식은 이 땅에 발붙일 틈을 갖지 못하였다. 광복 이후 서양식 사회의 전개 속에서도 사정은 마찬가지였다. 다만 서양의 합리주의와 기독교적 정신 문화가 일제의 식민주의적 정치 이념을 대체하여 있었을 뿐이다. 그 판에 무와 민족 종교는 전통 종교로서 다시 핍박을 받았다.

그리고 서양의 공산·민주주의 양대 이념이 나라와 민족을 분쟁·반목·유혈의 마당에 몰아 놓고는 끝내 두 동아리로 나누어 놓았다. 거기에서 그치지 않고 서양의 학문·사상 이념이 소화되지 않은 채 직수입되어 한국 사회에 횡행하는 형편이다.

주체성 상실의 이러한 역사적 배경에서 민족 주체성을 외치고 나온 것이 민족 종교였다. 신흥 종교로서의 민족 종교가 더 이상 기능하지 못하는 낡은 가치관, 그것도 외래 사상으로서의 지배적 가치관인 성리학에 대하여 새로운 가치관을 내세웠다는 사실 자체가 바로 주체적이다. 또한 민족 종교의 선두주자인 동학이 당시 밀려 들어오기 시작하는 서학에 대항하여 동학의 기치를 높이 들었으니 주체적 성격이 두드러진다.

증산은 "장래에는 소중화(小中華)를 대중화로 뒤집어 대국의 칭호가 조선으로 옮기게 하리라"면서 한국이 중국 중심적 세계관에서 벗어나 오히려 대국으로 발흥할 것임을 가르쳤다. 단군교의 중광도, 고조선 이래 한민족의 국조(國祖) 숭배가 조선조에 들어와 쇠약해진 것을 다시 주체적으로 부흥시킨 의의를 가진다. 이렇듯 민족 종교는 그 창립 시기로부터 주체성의 확립을 한민족에게 역설하고 있다.

일제 시대에 들어와 민족 종교가 혹심한 탄압을 받은 것도 그 민족주의적 주체성 때문이었다. 특히 대종교를 비롯한 많은 교단들은 만주로 본부를 옮겨 무력 항일 독립 운동을 전개하였는가 하면, 국내에서도 독립 운동과 주체성 보존 앙양을 위한 갖가지 운동을 전개하였다.

광복이 되면서 주체성 확립을 위해 싸워 온 민족 종교는 기독교·서양 문화를 표방하는 독립 운동 세력과의 정권 경쟁에서 완전히 밀려나고 만다. 그리고 전개되는 한국 사회에서 민족 종교의 교세가 그러하였듯이, 주체성은 사회의 그늘에 묻힌 채 기력을 소생하지 못하였다. 그러나 국조와 민족의 성현을 받들고 그 가르침을 따르는 민족 종교인들은 주체성의 불꽃을 꺼뜨리지 않고 감추어 살아오고 있다. 거기에 촉발되어 점차 많은 젊은이들과 민중이 주체성을 찾고 있음은 주목되어 마땅하다.

민족 종교의 주체성과 관련하여 민족주의(民族主義)의 문제를 짚고 넘어갈 필요가 있다. 민족의 주체성을 내세우는 것은 다분히 민족주의적 성격을 띠기 때문이다. 민족 종교의 민족주의적 성격은 그간 많은 논란의 대상이 되었고, 나도 그에 관한 우려를 표명한 바 있다. 교단에 따라서는 실제 주체성이 지나쳐 앞으로 한국이 세계의 중심이 되고, 외국을 지배하게 될 것임을 공공연히 주장·신앙하고 있는 형편이다. 주체성은 외국 이념을 추종하여 온 타문화중심주의(他文化中心主義) 또는 문화사대주의에 대비되는 개념이다. 그것이 자칫 하나의 반작용으로서 자문화중심주의 내지 국수주의적 극단론으로 치닫게 될 위험성은 상존한다.

따라서 주체성은 제 문화의 가치관을 확립하고, 그에 더하여 타문화를 이해하고 대화를 통해 수용하는 지극히 보편적이고도 이상적인 것이어야 한다. 민족 종교가 비단 우리의 전통적 가치관만 아니라 다른 나라의 것까지 포괄하는 광범위한 주체성을 제시한 사실을 음미해 볼 만하다.

V

오늘 우리 사회에서 흔히 거론되고 많이 향유되는 남녀 평등에도 민족 종교의 영향을 확인할 수 있다. 남녀 평등이라면 으레 기독교의 것인 양 이해하고 있는 풍토는 문제일 수밖에 없다. 서양의 지배적인 종교 사상으로서의 기독교는 당연히 서양 문화와 표리를 이루어 오거니와, 근세 이래 민주주의 투쟁에 의해 쟁취된 남녀 평등 사상을 그 일환으로서 견지한다.

기독교가 이 땅에 들어와 전개한 인간 평등 내지 남녀 평등, 신교육 등의 실천 운동은 물론 과소 평가되어서는 아니 된다. 그러나 그것은 선교라는 일정한 의도를 밑바닥에 깐 것으로서 한계를 지닌다. 남녀 평등 운동을 기독교만이 수행한 듯 내세우는 사실에서도 그런 면을 여실히 엿볼 수 있다.

조선조 사회의 남녀 유별과 불평등은 이미 잘 알려진 사실이다. 유교의 이념에 따른 가부장제가 확립된 상황에서 여자는 제사에도 참여하지 못하는 형편이었고, 집안의 울타리 안에 갇혀 칠거지악(七去之惡)과 삼종지의(三從之義)에 묶여 있었다. 거기다 남자의 소유물, 성적 도구 및 자녀 생산의 도구로 취급되기 일쑤였다. 여필종부라는 말대로 여자는 죽으나 사나 오직 지아비를 따르고 섬겨야 할 따름이었다.

이런 극심한 여성 차별 대우에 민족 종교는 종지부를 찍고 새로운 여성관을 가르쳤다. 민족 종교의 인간 회복에 이것이 포함될 것임은 당연하다. 그렇지만 그것을 하나의 사항으로서 따로이 밝혀 놓고 있

다. 남녀노소·빈부귀천의 차별이 없는 인간평등주의는 동학의 본질
이 된다. 그것은 모두가 하나님의 꼭 같은 자녀라는 기독교식의 평등
주의가 아니라, 남녀노소가 모두 바로 하느님이라는 보다 근원적이고
우주적인 평등 개념이다.

증산교 계통에서는 여자의 원(怨)을 풀어 정음정양(正陰正陽)으로
건곤(乾坤)을 바르게 하고, 이후로 남자가 여자의 말을 듣지 않고는
함부로 권리를 행사하지 못할 것임이 가르쳐졌다. 서구의 여성 해방
운동이 우리 사회에도 수입되어 그런 운동이 근래 전개된 것으로 보
아서도 곤란하다. 민족 종교는 이미 그 전부터 그런 경향을 예견하고
있었다. 그리고 남녀 평등의 바른길을 제시하였다. 남녀가 각기 정음
정양으로 합덕(合德)을 이루어야 함을 조화롭게 가르친 것이다. 그 가
르침이 민족 종교 내부에서부터 지켜져 오고, 기도와 실천으로 우리
사회에 점진적으로 영향을 끼쳐 온 사실을 우리는 바로 알아야 할 것
이다. 아울러 아직도 정착되지 않은 남녀 평등과 가정에서의 남녀 문
제가 민족 종교의 가르침에 따라 조화롭게 풀어지기를 기원한다.

VI

민족 종교가 한국 정신 문화에 기여한 것으로 그밖에 조상 숭배·
치성(致誠) 등을 들 수 있다. 조상 숭배는 조상 제사와 관련하여 유교
의 전유물인 양 흔히들 생각한다. 이것은 관혼상제를 유교적 의례로
만 알아 거기에 매달려 지키려는 오류에서 벗어나지 않는다. 한국의
민속학·문화인류학·종교학 등 학계에서도 그런 연구 경향을 보이는
지경이다.

한국의 문화와 종교는 유교로만 구성되어 있는 것이 아니다. 다종
교 공존의 전통이 보여 주듯 여러 종교들이 한국 종교와 문화를 형성
하여 왔음을 간과해서는 아니 된다. 무에도 불교에도 관혼상제의 의

례는 전통적으로 갖추어 내려온다. 무는 특히 조상 숭배의 종교로서 그런 의례를 잘 다듬어 왔다.

조상 숭배는 일반적으로 제사와 관련하여 4대 봉사라는 좁은 의미로 쓰인다. 유교가 종교나 교육이나 정치 이념으로서의 기능을 거의 상실한 채 대부분 협의의 조상 숭배만을 붙들고 있다. 그러나 조상 숭배라면 문자 그대로 조상을 숭배하는 것이고 조상에는 국조로부터 성현, 국가의 시조, 영웅, 그리고 집안의 먼 조상까지 포함된다.

한글 사전에도 조상은 협의와 광의로 나뉜다. 좁은 의미에서 조상은 가족적으로 보아 한 혈통을 이어 오는 할아버지 이상의 어른이라 하고, 조선(祖先) 또는 조종(祖宗)과 같은 뜻이라 하였다. 넓은 의미로는 민족적으로 사용되는 바 자기 세대 이전의 모든 세대주 선대(先代)를 가리킨다 한다. 사전에서의 협의의 조상 개념에 비하여도 유교의 조상 숭배의 그것이 더 좁은 것으로 드러난다.

민족 종교에서의 조상 개념은 그토록 넓으면서도 독특하다. 증산교의 원시반본(原始返本) 같은 사상에서 그런 예를 본다. 이 말은 근본을 다시 찾아 뿌리로 돌아간다는 뜻이다. 그것을 풀어 보면 인간의 본성으로 돌아감과 혈통의 핏줄을 바로잡아 그리로 돌아가야 함, 그리고 부조(父祖)의 길을 바로잡아 효도함을 가리킨다. 민족의 바른 핏줄로서의 조상이 강조되어 있다. 그러나 이것은 과거의 조상으로 향하는 선천의 범주에서가 아니라 새로이 전개되는 후천 세계의 이상 속에서 현세지향적으로 이해되어야 한다. 현재의 세계에서 조상은 해원 상생의 대상이고, 신인합일(神人合一) 또는 신인조화(神人調和)되어질 대상이 된다.

조상이 과거의 존재로서 숭배의 대상으로만 되는 것이 아니라 현세에 인간과 합일되어 후천 세계를 이룰 적극적 개념으로 이해된다. 민족 종교는 아울러 조상으로서의 국조와 성현을 숭모한다. 조상이 이렇듯 인간과의 유기적인 관계 속에서 역동적으로 파악되고 숭배되는 것이 민족 종교의 조상 숭배이다. 오늘날 뿌리찾기가 점차 확대 심화되고 넓은 의미로 조상을 이해해 가고 있음은 민족 종교의 조상 숭배의 정신과 일맥 상통함을 본다.

그리고 기도·치성의 정신이 끊이지 않고 우리 사회에 살아 있음을 나는 일면 민족 종교에 매우 고마워한다. 치성은 고래로 무(巫)의 종교적 의례로서 한국 사람의 생리적 리듬이 되어 왔다. 모든 일에 정성을 드리고, 신명과 인간이 합일하는 경지에 이르는 기도의 정신이 그것이다. 이것은 어떤 목적의 성취를 두고 초월적 존재 또는 신령에게 비는 좁은 의미의 기도와는 사뭇 구별된다. 정성을 모질게 다듬어 가는 수련이 있고, 그것을 통하여 삶의 자세를 바로잡으며, 종내는 신명과 합일하는 종교 체험에 이르는 적극적인 모습이다.

민족 종교의 교조들은 이러한 치성의 수련을 통하여 깨달음을 이루고, 그것을 민중들에게 뜨겁게 가르쳤다. 그리하여 민족 종교의 교단은 예외 없이 치성을 강조하고 의례를 가다듬어 온다. 어찌 보면 모진 사회적 억압과 오해를 견디어 후천 세계의 실현을 애써 온 민족 종교의 저력의 바탕이 바로 여기에 있는지도 모른다. 지금도 민족 종교인들이 각 교단에서 밤낮으로 촛불을 꺼뜨리지 않는 부단한 치성을 올리고 있음을 나는 잘 알고 있다.

광복 이후 우리 사회는 서양화·산업화의 길을 달려왔다. 그것을 통하여 얻은 것도 있으나 잃은 것도 적지 않다. 산업 발전, 경제 성장, 경제적 부, 물질의 풍요 등이 얻어졌으나, 반면 사회는 금전 만능·물질 위주가 되고 사람들은 편안함과 쾌락을 추구하는 이기적인 동물이 되어 버렸다. 사회와 인간이 모두 기계화되어 기계적인 사고 방식에 익숙해져 있다. 그리고 정신의 만족과 힘을 잃게 된 것이다. 가족·친구·동료들과의 사회 관계에서도 정신적 유대와 기쁨을 상실해 간다.

그런 사회 변동의 과정에서 사람들이 점차 물질적·기계적 삶에 회의를 느끼고, 기도와 치성을 찾는 경향이 높아지고 있음을 본다. 부단한 정성은 사람을 변화시키고, 신명을 감화시키며, 산을 옮기는 위력을 갖는다. 민족 종교인들의 치성이 우리 현실의 그런 변화에 한몫을 감당해 온 사실을 부인하지 못한다. 그 정성이 더할수록 한국의 정신 문화가 더욱 고양될 것임을 의심하지 않는다.

VII

민족 종교가 한국 정신 문화에 기여한 바를 여러 면으로 나누어 살펴보았다. 인간 회복·주체성·남녀 평등 사상·조상 숭배·치성 등에서 그런 점을 확인하였다. 이들은 사실 각기 나누어질 성질의 것이 아니고, 서로 유기적으로 얽혀 관련되어 있다. 인간 회복은 이미 주체성·남녀 평등 사상·치성·조상 숭배 등을 바탕으로 성립되어진다. 인간 회복의 문제 의식이나 정신 없이는 주체성이니 남녀 평등 사상 같은 것이 기대될 수 없다.

요컨대 이것은 조화(調和)의 정신이다. 민족 종교는 서양식으로 기계화된 사고 방식을 알지 못한다. 인간과 신명, 개인과 사회, 물질과 정신, 남과 여 등의 대비 개념들을 음양 관계로 파악하고, 그런 것들이 역동적으로 바뀌는 변화상과 그 의미를 총체적으로 직관적으로 이해한다. 민족 종교가 물질을 혐오하고 정신만을 추구하는 것은 결코 아니다. 그 둘은 모든 인간에 필요한 것으로서 상호 보완적 음양 관계를 이루고 있음을 잘 알고 있다. 그리고 현세의 삶에서 그 조화를 회복하고자 끊임없는 노력을 경주한다.

민족 종교의 교리나 의례를 보면 그것이 온통 조화의 원리로 되어 있음을 깨닫게 된다. 그 어느 단면에도 그 점이 역연하다. 다만 오랜 세월 사회적 핍박과 오해를 받아 온 때문에 그 외형적 모습이 다소간 조화의 기운을 잃고 덜 조화스러울 뿐이다. 한국 사회가 그동안 주체성을 상실한 채 가치관의 모색에 방황하고 있으면서도 더러 조화의 면모를 보이는 것과 민족 종교의 조화 정신은 결코 무관하지 않다. 조화의 기운은 확산되기 때문이다.

그 조화성은 우리 민족에게 있어 고래로 있어 온 원리적인 정신이다. 한국 종교사의 다종교 공존의 특성이 그것을 여실히 보여 준다. 그것은 조선왕조 때 쇠약해지고 민족 존망의 위기가 들이닥치자 민족 종교가 그 정신을 되살려 계승한 것이다.

그러나 아직도 우리 사회는 조화의 기운을 넉넉히 회복하지 못하였다. 갖은 외래 가치관이 난무하고 숱한 종교들이 저마다 옳은 길이라며 사회적 혼란을 연출하고 있다. 민족 종교 또한 분파를 거듭하여 그 수를 이루 다 정확히 파악하기 어렵다. 민족 종교가 지금까지 한국 정신 문화에 기여한 바 적지 않으나, 이제 그 조화 정신의 발양과 조화로운 후천개벽 세계의 실현에 더 한층 적극적으로 참여할 때이다.

12

한국 종교의 비리와 제도적 개혁

머리말

우리는 그동안 한국 사회에 수많은 비리(非理)가 있어 왔음을 인식한다. 정부는 그러한 비리를 척결하겠다는 의지를 수차 강력하게 표명하는가 하면, 언론은 그것을 폭로하고 그 원인과 대책을 따지기도한다. 그런데 그 비리란 것이 무엇이냐고 정의를 요구하면 난감해진다. 사전적 의미로 그것은 '도리(道理)에 벗어난 것'이나 '옳은 이치에 어긋남'을 뜻한다. 이에 맞추어 다시 도리나 옳은 이치를 규명하는 일은 윤리학과 철학의 영역에 든다.

한국 종교와 관련하여 비리라는 용어의 사용은 더욱 막연하게 느껴질 수 있다. 종교는 본디 인간과 사회에게 바르고 참다운 길을 제시하는 것이다. 그것은 신도들에게 절대 신념 체계로서 받아들여지는바, 종교 내부의 일을 두고 왈가왈부하는 일은 곤란하다. 그러나 종교가 한 사회 안에 존재하면서 교리를 실천해 나가는 과정에서 다소간문제가 생겨나기 마련이다. 하나의 종교가 지배적인 가치관을 구성하고 사회 변동이 비교적 완만한 서유럽 사회에서도 종교가 사회적 문제를 야기시키는 경우가 적잖은데, 하물며 다종교 공존의 특성을 보이고 지난 수십 년간 급격한 사회 변동을 겪어 온 우리 사회에서야 말할 나위가 없겠다.

한 사회 안에서 종교의 비리를 파악하고 그 원인을 규명하는 작업

에는 역시 종교사회학의 접근 방법이 유용하다. 뒤르켐(E. Durkheim)
은 교회라는 도덕적 공동체 안에서 신도들이 결합할 때 비로소 종교
가 가능한 것으로 보았거니와[1] 도덕적 공동체인 교회가 사회에서 종
교적 활동을 전개하는 과정에서 도리에 어긋난 어떤 일과 경향을 가
져오는지가 우리의 관심이 되는 것이다. 그런 것은 종래 역기능(逆機
能)[2]으로 불렸고, 흔히들 문제점으로 지적하였다. 그러나 이런 용어
표현은 제한적이거나 너무 일반적이다. 오늘날 한국 종교의 비리는
그 문화적 특성 속에서 오랜 역사적 원인 배경을 지닌 것이 있는가
하면 매우 다양한 양상과 경향을 보인다. 거기에는 부패의 면도 포함
된다. 이 반사회적 제반 양상을 나는 논문에서 비리라는 용어를 그대
로 쓰되, 그것을 종교 조직의 비도덕적 경향을 가리키는 것으로 규정
하고자 한다.

　이와 관련하여 먼저 고려되어야 할 두 가지 점이 있다. 한국 종교
의 범주가 그 하나이고, 다른 하나는 비리와 관련된 오해 여지의 문
제이다. 한국 종교라 하면 흔히 기독교 · 불교 · 유교 등 기성 종교만
이 그 논의의 대상으로 되어 온 경향이 강하였다. 거기에다 비교적 규
모가 큰 몇 개 민족 종교(民族宗敎)가 포함되는 정도였다. 한국 종교를
다루는 논저가 대개들 그렇고, 한국갤럽조사연구소가 한국 종교와 관
련하여 실시한 조사에서도 마찬가지이다.[3] 한국에는 이들 이른바 제
도 종교만이 존재하는 것이 아니다. 이밖에도 수많은 민족 종교와 신
흥 종교들이 있고, 한국 종교의 기층 종교로서의 무(巫)가 오늘날 엄
연히 신앙되고 있다. 제도적 종교의 교세가 비록 다수이고 막강한 것
이기는 하나, 그것만으로는 현재 한국 문화의 가장 특징적인 다종교
상황[4]이 온전히 파악되기 어렵고, 한국 종교의 역동적 이해를 기대할
수 없다.

　특히 무(巫)는 이제 모름지기 종교로서 온당히 다루어져야 한다. 한
국 종교를 논하는 자리에서 이 점 결코 간과되어서는 아니 된다. 무

(巫)도 신령 체계와 교단과 의례 및 사제를 갖춘 종교이다. 기성 종교와 비교하여 교단이 느슨하고 의례가 축제적인 특성을 보일 뿐이다. 이것이 한국 종교의 기층을 이루어 오고, 오늘날에도 여전히 많은 사제와 신도를 가진 채 신봉되고 있음에도 불구하고 오해와 천대의 대상이 되고 있는 것은 조선조 이래 성리학, 일제의 식민 정책, 해방 이후 서양 기독교 내지 종교진화론에 의한 공격적 박해에서 비롯된 것이다.[5] 한국 종교사에서의 무(巫)의 기층 종교성과 오늘에 이르는 끈질긴 뿌리성, 그리고 한국 전통 문화에서의 중요성 등을 헤아린다면 무(巫)는 한국 종교를 논하는 마당에 자리잡혀져서 마땅하다.

한국 종교의 비리를 낱낱이 들추어 가고, 그 구조적 성격을 밝혀 나갈 때 자칫 오해의 소지가 크게 우려된다. 이 논문은 주어진 주제의 성격상 한국 종교의 비리를 주로 다룬다. 그러다 보면 한국 종교가 온통 비리덩어리인 양 오해될 가능성이 그것이다. 무당의 생활사를 조사하면서 무당들의 입무(入巫) 이전의 비참한 면만을 긁어 모아 놓고는 입무가 마치 그러한 삶을 타개하기 위한 돌출구인 양 이론을 내세우는 사례를 우리는 보아 온다. 이런 것은 논리적으로 심히 위험하다.

한국의 종교들은 한국의 역사 속에서 각기 한국 사회·문화 및 한국인 심성의 형성에 일정하게 기여해 왔다. 그것은 오늘에 있어서도 마찬가지다. 반면 이들은 어느 시대에서나 도리에 어긋나는 비리의 면을 갖고 있었던 것이니, 이 점 음양론(陰陽論)으로 보아서도 자연스럽다. 이제 한국 사회의 최근세 과정에서 사회 전반에 각종 비리가 과도하다는 문제 의식 아래 종교의 비리를 점검해 보는 의의가 적지 않다. 그 비리의 양상과 원인을 규명하고 그것을 막을 제도적 개혁을 모색함으로써, 한국 종교가 한국 사회·문화의 발전에 보다 적극적으로 기여하고 지구촌 문화의 평화적 전개에 이바지할 수 있기를 기대하는 것이다.

I. 비리 유형

종교 비리의 기준을 잡거나, 그 유형을 나누어 열거하는 일이 어렵다. 도덕적 공동체인 종교 조직이 그간 사회적 물의를 일으켜 언론이나 학계에 의해 문제점으로 파악되어 온 것을 일단 기준으로 잡았다. 이러한 기준에 따른 비리들은 대부분 한국 종교 전체의 어떤 경향을 나타내는 것들이다. 성직자나 소수 신도 집단 또는 각종 교단의 개별적 범죄 행위 내지 어떤 비리적 경향은 고려의 대상에서 제외하였다. 그리하여 다음의 열 가지 유형을 추려 보았다. 1)체제와의 결탁, 2)종교의 정치화, 3)기복·치병·점복을 통한 사기·치부·명성, 4)심한 분파(分派), 5)귀족층 형성, 6)종교간의 갈등과 마찰, 7)상품화·물량화·대형화, 8)파벌 조성, 9)집단이기주의, 10)부동산 투기. 각 유형별로 그 구체적인 비리 내용을 살펴본다.

1. 체제와의 결탁

이것은 종교가 정치 내지 권력 체제와 결탁하려는 경향을 가리킨다. 그러한 결탁은 종교 쪽만의 염원으로는 가능하지 않다. 체제 쪽에서의 이해 관계와 그것이 서로 맞아떨어질 때 비로소 성사되는 것이다. 종교와 체제와의 결탁은 한국 사회에서 오랜 역사적 배경을 갖는다. 신라 및 고려조의 호국 불교가 그 전형을 보인다. 불교는 당시 체제에 정치 이념을 제공하고, 그 보호 아래 막강한 권세와 호사를 누릴 수 있었다. 조선조의 유교는 체제와 종교의 결탁 단계를 넘어서 그 자체가 정치 이념으로서의 체제를 이루던 것이었다. 이들 종교가 체제와 결탁하거나 체제를 이루고 있었을 때 당시의 지배적 종교로서 감내해야 했던 교훈을 우리는 역사에서 배우게 된다.

십수 년 전 어느 민족 종교 교단도 권력 체제와 결탁했다가 뒤에 배척당하고는 흥하던 교세가 일시에 위축된 사례가 있다. 한국 사회의 오랜 중앙 집권적 체제하에서 체제와의 결탁은 미상불 어느 종교에게나 매력적일 수밖에 없다. 그것이 단번에 교세를 떨치는 첩경이 되기 때문이다. 중앙 집권적 체제가 워낙 그 원인 제공자이기는 하지만, 이로 인하여 한국 종교들은 어떻게든 체제와 결탁하려 하였고, 해방 이후 그 경향이 세속화와 함께 더욱 심화되어 왔다. 1987년 가을 대통령 선거는 역대 선거 사상 가장 치열한 경쟁 양상을 보였거니와, 그것은 후보자들 사이의 종교적 경쟁의 성격도 매우 짙었다.[6] 세 후보자를 체제의 정상으로 만들기 위한 종교들간의 전형적 체제지향성이 여실히 드러났다. 각 종교의 지도자들이 권력층의 인사들과 부지런히 교제하는 것도 이런 경향에 다름 아니다.

2. 종교의 정치화

한국 종교의 비리로서의 정치화란, 종교가 정치 및 사회 문제에 관심·발언·참여를 높여 가고 있는 행태를 총칭한 것이다.[7] 종교적 지도자들이 하나의 정치적 세력으로서 정치를 포함한 사회 제반 문제에 적극적인 반응을 보이면서 그 해결을 위한 운동을 전개하는 행태가 그 전형적인 보기에 해당한다. 이들은 한 걸음 더 나아가 정치인들과 긴밀한 관계를 유지하여 정치적 영향력을 행사하는가 하면, 일부 인사들은 아예 현실 정치에 뛰어들어 전문적인 정치인으로 활약하기도 한다.

종교인의 정치 및 사회에 대한 지극한 관심이 결코 부정적으로 보아질 수만은 없다. 특히 한국적 상황에서 그것이 문제의 해결에 기여한 바도 적지 않다. 해방 이후 지속되어 온 독재·군사 정권에 저항하고 민주화에 공헌한 점, 노동·인권·빈곤 문제의 해결에 앞장선 일 등이 그러하다.[8] 거기에는 종교적 진리의 사회적 구현이라는 측면이 고려되기도 한다. 그러나 그것에 일정한 경계선을 긋지 않으면 안 된다. 종래 한국 종교는 그 경계선을 훨씬 넘어서 정치적 영향을 강화하려는 경향을 보여 왔다. 그리고는 자신의 종교적 이념을 사회에 강요하는 비리를 서슴지 않는다.

이것은 종교의 집단이기주의를 더욱 조장하고 종교간의 갈등과 마찰을 불러일으키기까지 한다. 한국 종교들이 경쟁적으로 통일 문제에 개입하고, 자신의 종교의 이해를 염두에 둔 무책임한 통일 주장과 행동을 감행한 사실을 우리는 알고 있다. 이런 행태가 한국 사회에 분열과 혼란만 조성할 뿐임을 깨달아야 한다. 종교의 정치화는 종교 본연의 사명을 저버린 채 여러 다른 비리를 낳고 있다.

3. 기복·치병·점복을 통한 사기·치부·명성

한국 종교의 기복적 성향은 이미 잘 알려져 있다. 이것이 한국 종교의 기층을 이루어 온 무(巫)의 풍토에서 형성된 것임도 이제 주지의 사실이다.[9] 기복은 복을 받기를 기원하는 것으로, 그 자체는 어느 종교에나 공통된 인간의 소박한 종교심일 수 있다. 그러나 이것이 문제가 되고 부정적인 현상으로 간주되는 것은, 구원의 종교로서의 개신교가 전통 신앙으로서의 무(巫)의 기복성을 저질적 신앙 형태로 파악하고 공격한 데서 비롯한다. 아울러 한국 종교가 현세에서의 이기적인 물질·권력·건강·명예 등을 지나치게 추구하는 경향도 기실 문제이다. 한국 종교의 성직자들이 또한 신도들의 그런 경향에 부응하여 복을 빌어 주고 있는 형편이다.

한편 치병은 한국 종교, 특히 기독교와 일부 민족 종교, 그리고 신흥 종교에서 많은 사회적 문제를 야기시키고 있는 현상이다. 치병과 관련된 비리는 심심찮게 언론에 보도되고, SBS는 작년 전국 곳곳에서 번지고 있는 안수와 치병의 실태를 조사·방영하여 세인의 비상한 관심을 끈 바 있다. 종교 체험을 통한 고질적 치병의 치유 사례가 수긍되지 않는 바 아니나, 한국 종교에서의 치병 열기는 치사·사기 등의 숱한 범죄적 비리를 노증하고 있다.[10] 점복 내지 예언도 한국 종교 전반에 보편적인 비리 현상의 하나이다.

한국 종교에서 종교인들이 신도들에게 앞일을 일러 주고, 어떤 일의 처리 방법과 성패를 가르쳐 주는 일은 예사로 벌어진다. 심지어 각 종교마다 이름난 예언가들이 있어 모모한 권세가나 사업가·정치가들이 중대사를 그들과 상의하여 결정·추진하기까지 한다.

기복·점복이나 치병을 통한 종교인의 사기 사건은 그동안 꼬리를 물고 터져 나왔다. 신도들의 재산을 착취하고 치부한 사례도 많다. 그런 일로 명성을 떨치는 종교인도 한둘이 아니다. 이런 이들은 그들의 행위를 축복이니 은사니 하며 선전하고 있지만, 그들이 치부·명성 등 저의를 갖고 있는 한 그것은 결국 종교라는 가면을 쓴 사기 행각에 불과하다. 여하튼 기복·점복·치병 등의 비리 행태가 판치는 한국 종교의 상황은 실로 큰 문제이다.

4. 심한 분파

해방 이후 한국 종교는 극심한 분파 현상을 보여 왔다. 그 분파의 원인 배경은 고사하고라도 분파의 상황은 한국인으로서 낯뜨거울 지경이다. 불교와 개신교가 각기 수십 개 종단 내지 교단으로 분립하여 있고,[11] 민족 종교는 해방 직후 12계통에 2백 개 정도의 교단뿐이던 것이 최근에는 4,5백을 넘어 헤아린다.[12] 종교의 분파는 종교의 전개·발전 과정에 불가피하게 발생하는 현상이기는 하나, 한국 종교 분파의 정도나 원인 및 과정을 살펴보면 비리의 면모가 역력하다. 분파는 대개 교권 상쟁, 이해 관계 다툼, 기성 종교에 대한 불만 등의 원인으로 이루어진다. 한 종교 안에 분파가 일어나면 그에 따라 서로 갈라서야 하는 신도들의 심리·정신적 충격은 엄청나다. 한국 불교의 경우 조계·태고종간의 분규 과정에서 승려들의 질적 저하와 수많은 재산의 망실을 맞았고, 불교의 사회적 위상이 크게 저하되는 결과가 초래되었다. 쌍방간의 소송 비용으로 1백억 원 이상이 소모된 정도였다. 한국 종교의 분파는 어느 경우든 한국 종교의 도덕성을 크게 떨어뜨리는 윤리적 패배라 하겠다.[13]

5. 귀족층 형성

한국 종교의 귀족층이라면 중세에나 있었던 일로 생각하기 쉬우나, 최근 일부 지도급 종교인들 사이에 형성되고 있는 것이 사실이다. 이것은 특히 기독교에서 두드러진 현상으로 나타나고 있다. 개신교의 일부 대형 교회 목회자는 교회 내에서 막강한 권한을 행사하고, 막대한 보수에 고급 승용차를 쓰면서 사회의 유력인사들과 교제하는 등 평신도들이 감히 가까이하지 못할 귀족으로 행세한다. 가톨릭에서는 물질적으로 풍요한 본당의 사제들이 부르주아적 생활 양식을 이끌어 간다는 비판이 제기되기도 한다.[14] 이것은 한국 종교의 물질적 풍요에 따라 일어나는 현상으로서 종교인의 세속화를 드러내는 일종의 비리라 할 것이다.

6. 종교간의 갈등과 마찰

공종원은 종교간의 갈등·마찰을 한국 종교가 안고 있는 가장 중대한 문제로 꼽는다.[15] 이 문제는 물론 여러 가지 다양한 양상의 사례가 보도되고 있어 한국 종교의 제반 비리 가운데 비교적 민감하게 느껴진다.

다종교 공존의 상황에서 혹여 그것이 종교간의 분쟁으로 발전하지 않을까 하는 우려를 자아낼 수도 있겠기 때문이다. 그러나 나는 이 문제를 그렇게 심각하게 여기지 않는다. 한국 종교는 이미 오랜 역사 동안 다종교 공존의 상황에 익숙하여 왔다. 오늘날 각 종교의 지도자들이 함께 자리하여 의견을 나누는 모습은 그런 배경에서 연유하는 것이다. 근자에 들어 종교간의 갈등과 마찰의 빈도 및 강도가 점차 높아 가는 경향을 보이고는 있으나, 그런 것은 일부 몰지각한 종교인들에 의해 저질러지는 것일 뿐이다.

이 유형의 비리 가운데 몇 가지 대표적인 것만 살펴본다. 먼저 타종교의 성물(聖物)·상징물 내지 재산을 훼손하는 일을 들 수 있다. 이러한 사례는 특히 불교 및 민족 종교의 그런 물건에 대한 개신교인들의 훼손이 주류를 이룬다. 석불·석탑·불상 등을 파손하거나 훼손하고, 민족 종교인의 기도처를 망가뜨리는가 하면, 그런 물건에 저속한 상소리를 낙서하고 심지어 십자가를 그려 놓은 것을 보게 된다. 이런 일이 한 지역 일대에 걸쳐 지속적으로 발생하기도 하였다. 다음으로 타종교의 종교 활동에 대한 방해 내지 저지가 관찰된다. 기독교의 경목(警牧)이 두 번씩이나 경승(警僧) 제도를 반대하고 나선 일, 개신교가 통일교 경계에 대한 광고를 일간지에 낸 일, 기독교 단체들의 통일교계 일간지 불매 운동 등이 그런 예에 해당한다.[16]

종교간의 갈등으로 가족 화목이 저해되는 것도 이 유형 비리의 하나로 볼 수 있다. 최근 노치준의 조사에 의하면, 가족 내 비기독교인 손윗사람과 기독교인 손아랫사람 사이에 주로 갈등이 발생하여, 조사 대상 가정의 80.3퍼센트가 비교적 화목하였는데 종교 갈등으로 50.9 퍼센트가 화목하지 못한 가정이 된 것으로 나타났다. 노치준은 기독교가 갈등에 특히 많이 개입되는 이유로 1)기독교의 유일신(唯一神) 신앙, 2)한국 기독교인의 보수적 신앙 태도, 3)가족보다 교회에 대한 충성을 중시하는 강력한 신앙 공동체 형성, 4)높은 헌신적 태도 등을 지적하였다. 가족 화목을 상실하게 된 50.9퍼센트 가족에서는 종교 문제로 인한 이혼·별거 또는 명절 등에도 교류가 없는 상태에 처하게 되었고, 심지어 형식적인 부부나 부모자식 관계를 유지할 뿐 심리적으로 심한 단절감을 느끼거나 특별한 경우 외에는 의도적으로 서로 만나지 않고 전화·편지 등의 교류도 거의 없는 지경에 이르러 있다.[17]

종교 갈등으로 가족이 화목을 잃고 이혼·별거에까지 이르게 되는 경향은 매우 심각하다. 이밖에도 1980년대 초반 정가가 펴낸 기독교 편중의 국민윤리 교과서 파동, 방송위원회 구성에 기독교계 인사를 편향적으로 인사한 것, 대학 교수 채용에 기독교 신자의 조건을 내세운 것, 민족 종교계의 단군 성전 건립 계획에 기독교측이 대대적으로 반대하고 나선 일 등도 이 유형의 비리로 거론될 수 있다. 이 유형의 비리는 대개가 개신교측의 공격적이고도 배타적인 신앙 및 선교 태도에서 기인한다. 그로 인해 많은 가족들이 고통을 받고, 그런 행태가 결국 선교에 도움이 되기는커녕 사회적 빈축과 지탄을 자초하게 된다.

7. 상품화·물량화·대형화

상품화란 교회·사찰 등을 사고파는 물건으로 취급하는 경향을 말하고, 물량화는 교세를 양적 단위로 평가·과시하는 일, 그리고 대형화는 물량화의 일종으로 대규모를 과시하는 추세를 가리킨다. 이들은 모두 세속화의 양상들이나, 세속화라는 개념이 워낙 방대하고 비리의 유형으로 잡기에 부적합하므로 그런 구체적 양상을 열거하였다.

개신교의 교회나 불교의 사찰이 기업화되고 신도수와 재산에 따라 권리금까지 얹어 공공연히 매매되는 현상은 이미 잘 알려져 있다.[18] 신문 광고란에서 그렇게 나온 교회·사찰의 매물을 심심찮게 보아 오는 터이다. 기도원도 거기에 포함된다. 염불에는 관심 없고 잿밥에만 신경 쓰는 이런 비종교적인 종교인들로 인하여 신도들은 정신적인 충격과 고통을 받게 되고, 해당 종교는 도매급으로 사회적 지탄을 감수해야 한다. 이런 사람들을 사제로 양성한 무인가 교직자 양성 기관도 문제이거니와, 문제 상황의 인식과 대책 없이 그저 수수방관해 온 정부에게도 큰 책임이 있다.

한국 종교에는 교인들의 종교심이나 교단 내의 대우가 헌금의 양에 따라 좌우·평가되는 물량화의 풍조가 만연되어 있다. 성금을 많이 낸 이들은 종교 의례중 공공연히 거론되어 축복을 받는가 하면 성금이 거의 강요되기까지 한다. 단일 교회의 신도수나 1년의 재정 규모의 방대함이 은근히 과시된다. 이러한 물량화의 경향은 대형화와 맞물려 악순환을 거듭한다. 교인의 수가 많다 보니 대형 성소(聖所)의 건축이 요구되고, 그 경비는 다시 신도들에게 부과된다. 이리하여 한국 개신교의 몇몇 교회는 신도수나 교회 건물면에서 세계 최대 규모의 것들로 손꼽히게 되고, 이들 교회는 그것을 자랑해 마지않는다. 한국 종교들이 수십만 명을 동원하는 대형 집회를 경쟁적으로 개최하면서 교세를 과시하는 태도도 대형화의 전형적인 양상이다.

8. 파벌 조성

우리 사회에서 지연·학연·혈연 등에 의한 파벌이 사회·문화적 문제로 지적되어 온 지 오래다. 지역성이 국론 분열의 원인이 될 것이라는 우려도 한동안 논의의 초점이 되었었다. 세간의 이러한 파벌 현상도 문제거니와, 그것이 한국 종교에 조성되고 있어 여간 걱정스럽지 않다. 특정 학교나 문하 출신이 패거리를 이루어 교권을 놓고 상쟁하는가 하면, 지연에 따라 저희들끼리만 교류하는 폐쇄적·배타적 모습을 보이기도 한다. 이것은 교단을 분열시키고 분파를 일으키는 중요 원인이기도 하다.

파벌의 조성은 한국 문화 속에서 오랜 역사적 배경을 갖고 있다. 국토 안에서의 중앙 집권적 체제 아래 그런 사회 현상이 이해되지 않는 바 아니고, 또 적당한 파벌이 선의의 경쟁을 촉진하는 기능을 수행하기도 한다. 그러나 오늘날의 지나친 파벌 의식은 사회 전반에 수많은 비리를 다시금 낳게 하고, 사회를 경색시키며 국가의 발전을 저해하는 원인으로 작용한다. 세간의 사정은 그렇다 하더라도 그런 현상을 우려하고 그 문제의 해결에 앞장서야 할 종교계마저 파벌 의식을 키워 가고 있으니, 교인들이 그것을 당연한 것으로 알고 배우기 십상이다.

9. 집단이기주의

한국 종교의 한 비리 유형으로서의 집단이기주의는 종교간의 갈등 및 마찰·분파·파벌 조성 등과 관련되어 있다. 집단이기주의의 양상을 저들 비리 유형에 나누어 다루어도 상관 없겠으나, 그것이 뚜렷이 하나의 경향으로 나타나기에 독립된 유형으로 잡았다. 먼저 개신교회를 놓고 보면 단위 조직이 점차 체계화되어 가는 경향을 보이고, 개신교의 경우 장로를 중심으로 한 당회에 대부분의 권한이 위임됨에 따라 과두제 형태의 독재 가능성이 높다. 거기다 신도들의 단위 조직에 대한 참여도와 헌신도가 증대함으로써 개교회주의가 나타나게 된다. 이것이 집단이기주의의 바탕을 이루게 된다.[19]

대사회적인 집단이기주의의 예로 언론과의 갈등을 들 수 있다. 어느 특정 교단에 대한 비판적인 기사에 대하여 그 교단이 그 언론사를 찾아가 집단 농성하고, 그 기자의 해직을 요구하며 해당 신문의 불매운동을 벌이는 사례가 우리 사회에 드물지 않다. 한국 종교가 통일 문제와 관련하여 경쟁적인 선교에 나서고, 저마다 통일을 위한 기도회를 과시적으로 개최하는 일도 집단이기주의적 성격이 강하다. 이러한 집단이기주의는 일의 성사에 도움이 되기는커녕 오히려 사회적 혼란만 가중시키게 된다.

10. 부동산 투기

종교 단체가 묘지를 조성하여 그것을 교인들에게 분양하는 일은 이제 한국 종교에서 흔히 보는 일이다. 그런 것이 순수한 동기에서 추진되는 일이라면 무관할 텐데 적잖은 이익을 챙기기 때문에 문제이다. 일종의 부동산 투기의 성격을 갖는 것이다. 그뿐 아니라 기도원·휴양소 등의 명목으로 요지의 부동산을 구입하고, 그것을 처분하여 막대한 이익을 남기는 부동산 투기가 한국 종교에 성행한다. 이래서야 종교 단체가 아니라 이익 단체에 불과하다. 한국 종교의 세속화 경향을 여기서도 확인한다.

II. 한국 종교 비리의 특징

위에서 살펴본 바 한국 종교의 비리 유형들은 편의상 그 양상에 따라 그렇게 나누어 본 것이다. 그러나 개개의 유형들이 실제로는 다른 유형들과 상호 긴밀하게 연관되어 있음이 드러났다. 이것은 이들 비리 유형이 어떤 구조적 특성을 갖고 있음을 보여 주는 것이라 하겠다. 이들이 대개 한국 사회의 역사 속에 형성되어 온 것이기에 그러한 구조적 성격은 당연한 것일는지 모른다. 여기서는 그 비리 유형을 몇 개의 특징으로 나누어 살펴봄으로써 그 구조적 특징을 파악해 보려 한다. 그것을 나는 다음의 네 가지로 요약한다.

1. 체제지향성

체제지향성은 한국 종교가 권력 내지 정치 체제와 가까워지려 하면서 그 행태를 닮아 가는 특징적 경향을 말한다. 비리 유형 중 체제와의 결탁, 종교의 정치화, 귀족층 형성, 종교간의 갈등, 파벌 조성, 집단이기주의 등이 이 특징을 직접·간접으로 보여 준다. 체제와 결탁하는 경향은 체제지향성을 가장 명료하게 드러내는 것이다. 종교가 점차 정치화하는 경향도 체제지향적이라 하겠다. 한국 종교에서 귀족층이 형성되고 파벌이 조성되는 것은 정치 체제의 행태를 닮아 가는 현상이다. 그리고 종교간의 갈등·마찰 및 집단이기주의에도 그런 면이 없지 않다.

한국 종교가 다종교 상황에서 어찌 됐든 권력 체제와 결탁하여 자신의 종교적 이념을 가장 손쉽게 사회적으로 구현하고, 다른 종교 위에서 막강한 영향을 행사하려는 경향이 있어 옴은 앞에서 언급하였다. 이러한 경향은 한국 종교 비리의 원인 배경으로서의 중앙 집권적 관료 체제와 직결되어 있다. 한국 사회가 오랜 역사 동안 중앙 집권적 체제를 발전시켜 오고 있기에 모든 문화가 다소간 체제적 성격을 갖게 되었다.[20] 한국 종교도 예외가 아니었다. 여기에 종교가 정치의 시녀 역할을 담당하게 될 위험성이 크고, 종교의 사제는 권좌를 탐하게 되며, 사람답게 살아갈 길을 제시해야 할 종교 본연의 사명을 저버리게 된다. 그리하여 종교가 문화와 민중을 오도한 면이 많았다.

2. 기복성

한국 종교 비리의 한 특징으로서의 기복성이란 인간의 원초적인 소박한 종교 심성으로서의 그것을 뜻하는 것이 아니라, 현세에서의 물질·권력·건강·명예에 대한 지나치게 이기적인 추구 경향을 가리킨다. 비리 유형 3의 '기복·치병·점복을 통한 사기·치부·명성'이 여기에 해당된다. 이것이 비록 외형적으로 하나의 비리 유형과 직결되어 있으나, 기복의 염원이나 활동이 확대될 때 체제와의 결탁, 종교의 정치화, 분파, 귀족층 형성, 집단이기주의, 대형화 내지 물량화 등 한국 종교 비리의 거의 모든 유형으로 나타날 수 있다는 점에서 하나의 주된 특징을 이룬다.

기복성이 한국 종교의 전반에 걸치는 문제점으로 드러나는 만큼, 그에 대해 종래 많은 종교학자들이 주목하여 왔다. 그리하여 무(巫)가 그 원인 배경임이 지적되었다.[21] 유동식은 부흥회에서 기사이적(奇事異蹟)을 기대하는 것도 어디까지나 즉석의 효과를 기대하는 무교적(巫敎的) 현실주의라 한 바 있다.[22] 무(巫)가 한국 종교의 기층 신앙으로서 한국인의 종교 심성에 심대한 영향을 끼쳐 온 것은 사실이나 무(巫)를 기복 신앙, 특히 부정적 의미의 기복성과 결부하여 이해하는 태도는 곤란하다. 고려 시대까지의 고대 무(巫)의 종교적 이상은 현세적 개념과는 거리가 먼 것이었고, 오늘날의 무(巫)에 만연되어 있는 저질적 기복 신앙은 조선조 이래 억압과 천대를 겪어 오면서 형성된 현상으로 이해하는 것이 옳다.

3. 비지성적 종교 의식

다음으로 비지성적 종교 의식을 손꼽게 되는데, 이것은 기복성의 이면을 가리키는 것이라고 할 수 있다. 한국 종교에서 종교 체험이 중시되고, 근본주의적 성향이 농후하며, 교역자들의 사회화가 결여되어 있고, 비학문적인 경향이 강한 것 등을 포괄하여 그렇게 표현해 보았다. 이 비지성적 종교 의식의 제반 양상이 또한 악순환의 구조를 드러낸다. 종교인들의 학문적 연구가 결여되어 있는 마당에 종교인들은 기도·수련·체험에 치중하고, 그리하여 강한 기복성에 흐른다. 이러한 종교인들이 독선에 빠져 집단이기주의를 발휘하고, 정치와의 결탁이나 종교의 대형화·물량화에나 신경을 쓰는가 하면 종교간의 갈등과 마찰을 예사로 일으킨다. 그리고 무인가 교역자 양성 기관을 통해 성직자를 양성해 내니 교역자의 자질 문제가 심각하고, 한국 종교에 대한 사회적 인식의 제고 및 확립을 기대하기 어렵게 된다. 그래서 종교인들은 또다시 기도와 체험에 빠져드는 악순환이 그것이다. 민족 종교의 문제점이란 것도 역시 마찬가지로서, 나는 그 해결 방안으로 전문학자들에 의한 본격적 학술 연구를 제안한 바 있다.[23] 지성적 종교 의식의 요체로서의 학술 연구를 그렇게 강조한 것이다.

4. 세속화

마지막으로 들게 되는 세속화는 일반적으로 사회의 변동 상황에 따라 발생하는 종교 의식·제도 등의 가장 중요한 변화이다.[24] 계몽주의의 발달, 과학의 발달, 정치 발전과 현대 국가의 출현, 경제 발전 및 산업화에 따른 공동체의 상실 등이 세속화를 초래한 사회적 근원으로 파악되고 있거니와, 한국 사회에서의 사회 변동은 서양의 그것에 비해 훨씬 짧은 시간 안에 급속히 진행되어 왔으니 한국 종교의 세속화의 정도와 상황 및 문제점 등의 심각성은 능히 이해된다. 한국 종교의 비리 유형 가운데 체제와의 결탁과 분파 정도만 제외하고는 모두가 세속화의 양상을 보여 준다.

이원규는 세속화와 관련하여 그 종교 의식의 현대적 변화를 크게 세상과의 동조(conformity)와 비성화(非聖化; desacralization)의 과정으로 나누고는, 비성화 과정에서 초자연적·신비적 세계가 점차 위축되면서 종교 의식이 합리화·지성주의화의 방향으로 발전할 수 있다고 하였다.[25] 나는 한국 종교 비리의 특징으로서 세속화와 비지성적 종교 의식을 함께 지적한 바, 그렇다면 이것은 이원규의 세속화 이해와 모순되는 것으로 드러난다. 그러나 한국 종교의 문제점으로서의 비지성적 종교 의식 내지 신앙 경향은 확연하다.[26] 한편 한국 종교의 거센 세속화 경향은 이원규도 파악하고 있다.[27] 이것은 그의 이론이 한국 종교의 세속화를 적절히 설명하지 못함을 나타낸다. 한국 종교에서 비지성적 신앙 태도는 오랜 역사적 배경을 가진 기복성과 함께 여전히 비리적 특징으로 유효하고, 세속화는 근대 이래 또 그 나름대로 진행되어 온 것이다.

한국의 비리의 특징을 살펴보았거니와, 이들은 대체로 다음과 같은 구조적 특성을 보인다. 먼저 체제지향성이 한국 종교의 관심과 시선을 권력 내지 정치 체제로 향하게 한다. 그러면서 한국 종교의 신앙 태도는 기복성을 견지한다. 전자는 한국 사회의 오랜 중앙 집권적 체제로 말미암아 형성되어 온 것이고, 후자는 기층 종교로서의 무(巫)의 전통 속에서, 특히 조선조 이래 사회적 억압과 천대 아래 저질화된 기복 신앙과 궤를 같이한다. 이것은 마치 중앙 집권적 체제를 상부 구조로 하고, 무(巫)의 기복적 신앙을 하부 구조로 하여 한국 종교가 그 속에서 병들어 온 것처럼 보인다.

이러한 구조 속에서 한국 종교는 지성적 종교 의식 내지 신앙 태도를 가꾸어 올 수 없었다. 그리고 세속화의 경향도 진즉 나타내고 있었다. 그러다 해방 이후 한국 사회의 급격한 산업화, 서양화, 반민주적 독재, 군사 정권 등의 사회 변동으로 세속화는 가속화하여 왔다. 이와 함께 체제지향성과 기복성 및 비지성적 종교 의식은 한층 강화되어 한국 종교의 제반 비리 양상을 드러내게 된 것이다. 오랜 역사적 배경 속에 형성된 한국 종교의 체제지향성과 기복성이라는 만성적 병리 구조가 근대 이후 세속화라는 급성 중증을 다시 더하게 됨에 따라 한층 악화된 형국이라 하겠다.

III. 원인 배경

한국 종교 비리의 특징과 그 구조적 특성을 규명하는 과정에서 그 원인 배경은 이미 언급되었다. 한국 사회의 중앙 집권적 체제, 고대 이래 기층 종교로서의 무(巫), 해방 이후의 급격한 사회 변동이 그것이다. 이 세 원인 배경을 이 장에서 보다 구체적으로 서술할 필요가 있다. 그럼으로써 한국 종교의 비리의 원인을 명확히 이해할 수 있고, 그 치유의 방안이 뚜렷이 설 수 있겠기 때문이다.

1. 중앙 집권적 체제

우리 사회의 중앙 집권적 체제의 연원은 멀리 통일신라 시대로까지 소급해 올라간다. 그러니 그 역사는 물경 1천3백 년을 넘는 것이며, 그 폐해가 한국 사회와 문화의 골수에 얼마나 깊이 박혀 있는지 능히 짐작할 수 있다. '말은 제주로, 사람은 서울로' 라는 속담이 그래서 생겨났고, 서울은 정치·경제·교육·문화 등 거의 모든 분야의 중심이 되어 왔다. 그에 따라 중앙에서 놀아야 사람 구실을 하고 사람 대접을 받으며, 지방에서 살면 그렇지 못한 실정이다. 그 체제는 역사를 따라 내려오면서 점차 교묘해지고 발전하여 오늘에 이른다. 한국 종교 비리의 첫번째 특징으로 나는 체제지향성을, 그리고 첫번째 비리 유형으로 체제와의 결탁을 꼽았거니와, 한국 사회에서의 중앙 집권적 체제의 문제가 워낙 방대하고 엄중함에도 불구하고 사람들은 대부분 그것을 인지하지 못하고 있다. 이런 배경 아래 지역 문화가 거의 중앙 문화의 복제·모사품에 지나지 않은 사실을 사람들이 별반 깨닫지 못하는 것도 마찬가지다.[28]

한국 문화가 이 지경인데 넓은 의미의 문화 속에 포함되는 종교의 사정도 거기서 크게 벗어나지 않는다. 종교는 문화 가운데서도 절대 신념 체계를 이루고 있기 때문에 체제의 주목을 받고, 흔히 간섭과 통제의 대상이 되었다. 신라와 고려에서는 불교가 그래서 호국 불교로 되었다. 조선조의 무(巫)와 불교는 혹심한 탄압을 감내하였고, 그 사제는 천민으로 규정되었다. 이러한 풍토에서 한국 종교가 취할 자세는 선택의 여지를 갖지 못한다. 체제와의 결탁을 위해 부단히 노력하는 길이 그것이다. 아울러 이들은 부지불식간에 체제 문화를 모방·수용하게 되고, 체제지향적 성향을 생리로 삼기에 이르렀다. 그리하여 한국 종교가 종교 본연의 사명을 다하지 못한 채 온갖 비리를 자행해 온 것은 앞에서 살펴본 바와 같다.

2. 기층 종교로서의 무

무(巫)가 한국 종교사의 첫장을 장식하고 한국의 기층 종교인 사실은 이제 두루 받아들여지고 있다.[29] 이 기층 종교의 바탕 위로 삼국 시대 때 중국으로부터 유교·불교·도교가 도입되었다. 이들 종교는 한국 땅에 토착화하는 과정에서 무(巫)의 종교적 요소를 수용하는 습합을 보였으니, 불교 속의 산신각·삼성각 등이 전형적이다. 한편 무(巫)는 제정일치 시대로부터 누려 오던 국가 종교의 자리를 정치 이념으로 수용된 저들 수입 종교에 점차 넘겨 주면서 저들과 공존하는 상황을 이루었다. 그러나 조선조 이래 일제와 해방을 겪으면서 온갖 사회적 천대와 박해를 받아 오면서도 여전히 민중 속에서 신앙되고 있다.

무(巫)가 종교로서 신앙되고 있는 나라로는 세계에서 한국이 유일하다. 고래로 오늘에 이르기까지 면면히 신봉되고, 외래 종교가 수용·토착화하는 기반으로 기능한 무(巫)가 한국 문화와 한국인 심성의 형성에 얼마나 지대한 영향을 끼쳤을 것인가는 능히 미루어 짐작할 수 있다. 조화성(調和性), 신명 문화, 음주가무의 놀이 등이 바로 그렇게 형성된 대표적인 문화이다.[30] 그리고 무(巫)에서는 천신(天神)을 위시한 하나의 체계로서의 신령들과 조상을 섬기고, 무당은 사제·치병·예언·점복·가무(歌舞) 등의 기능을 수행해 왔다. 이런 배경으로 인하여 한국인과 한국 종교는 다른 나라에 비하여 훨씬 강렬한 신명성을 생리로 지니게 되었다. 그러다 조선조 이래에 무(巫)는 사회적 천대와 핍박을, 그것도 주로 외래의 정치 이념 내지 가치관으로부터 받으면서 생존을 위해 점차 저질화의 길을 걸어왔다. 이리하여 무(巫)는 민중의 종교적 요구에 부응하여 기복성에 치중하게 되고, 한국 종교가 거기에 오염된 것이다.

3. 급격한 사회 변동

사회 변동이 종교에 영향을 끼치고 일정하게 반영된다는 인식은 이제 상식에 속한다. 한국 사회는 그동안 사회 변동을 체험해 왔다. 우리는 사회 변동과 관련하여 흔히 해방 이후의 시기에 제한하여 생각하는 경향을 갖고 있다. 해방 이후 4·19와 5·16까지의 기간은 물론 사회적 혼란과 정치적 격변의 시기였다. 그러나 사회 변동을 서양 문화와 전통 문화의 만남 이후의 근대화와 관련하여 보면 그것은 조선조말까지 올려 볼 수 있다. 당시 한국 사회는 노도처럼 밀려오는 서양 문화의 충격 앞에 속수무책이었다. 그리고 그것이 끝내 조선왕조의 몰락을 보게 된 지 불과 90여 년밖에 되지 않았다. 이어지는 일제 강점기 동안 한국에는 사회 전반에 걸치는 광범위하고도 근원적인 사회 변동이 강제되었다.

해방 이후 한국 사회의 혼란은 워낙 방대하여 여기서 다 열거·서술할 수 없다. 그러나 그것은 한국 종교와 관련하여 크게 세 가지 경향으로 요약된다. 가치관의 혼란, 독재 정권의 부패, 그리고 일방적인 급속한 산업화가 그것이다. 해방과 더불어 한국 사회는 민주·공산 양대 이념으로 분열되고, 급기야 민족 상잔의 6·25를 치렀으며, 그것은 민족 분단의 한을 남겼다. 그리고 막연한 서양화의 길을 치달으면서 전통 문화와 가치관은 부정적이고 비합리적인 것으로 치부되고, 서양의 각종 이론과 가치관이 제대로 소화되지도 않은 채 마구 유입되어서는 난무하였다. 이 통에 전통 신앙으로서의 무(巫)와 조선 조말 이래 민족 정기 회복과 민족적 가치관을 들고 일어선 민족 종교들이 오해와 핍박의 대상이 되었고, 한국 종교의 잦은 분파를 보게 되었으며, 수백 개의 신흥 종교가 난립하는 지경에 이르러 있다. 실로 전대미문의 가치관의 혼란상이 연출되어 온 것이다.

한편 연속된 독재 정권과 군사 정권의 부정부패와 비리는 사회 윤리와 가치 체계를 온통 혼란으로 몰아갔고, 그에 대한 민주화 운동은 많은 희생을 내었다. 이들 정권은 그 권력 유지와 전제적 통치를 목적으로 정치·사회·문화·교육·언론을 통제하였을 뿐 아니라 종교에 대한 탄압도 서슴지 않았다. 한국 종교의 체제 지향 및 정치화의 경향이 심화된 것은 이러한 배경으로 말미암는다. 그리고 군사 정권 아래 급속도로 진행된 일방적 산업화 및 경제 발전은 가치관과 문화를 별반 고려하지 않았다. 그로 인하여 외형적 경제 성장은 이루어졌으나 배금주의와 한탕주의가 팽배하게 되고, 거품 경제와 과소비에 노동을 기피하는 현상이 생겨났다. 한국 종교의 세속화가 이와 함께 급속히 이루어졌다.

IV. 제도적 개혁 방안

이로써 한국 종교의 비리 유형과 그 구조적 특성 및 원인 배경이 어느 정도 규명되었다. 이러한 작업의 목적은 그러한 문제를 어떻게든 효율적으로 타개할 개혁 방안의 모색에 있다. 앞에서의 분석을 바탕으로 하여 몇 가지 제도적 개혁 방안을 모색·제시함으로써 결론을 삼고자 한다. 이런 유의 개혁 방안과 관련하여 몇 가지 짚고 넘어갈 것이 있다. 한국 사회의 문제점을 개혁하기 위한 논의와 학술 연구는 그동안 헤아릴 수 없을 만큼 많았다. 그러나 그들은 대부분 현상의 구조적 문제를 주로 다루면서 그 역사적 원인 배경의 규명을 소홀히 한 경향이 강하였다. 역사적 측면의 해명에 부심한 일부의 경우에 있어서도 전통 사회·문화 및 역사에 대한 관점이 크게 엇갈려 각자의 공허한 입론에 머물고 말았다. 한국 사회 및 종교의 현상적 문제의 심각성을 제대로 이해하고 진정 그 개혁을 원할진대, 선입견과 아집을 버리고 그 원인 배경의 규명에 대한 진지한 논의가 먼저 이루어져야 할 것이다.

개혁 방안에 있어서는 종래 세상을 놀라게 할 획기적인 것의 제시가 많았던 것으로 보인다. 중앙 집권적 관료 체제가 주로 그런 사고 방식 내지 문화 행태에 젖어 있었고, 그런 것을 요구해 온 점을 간과할 수 없겠다. 그에 따른 획기적 방안의 발상과 제시는 결국 체제지향적일 수밖에 없다. 그렇게 제시된 방안이 문제 해결에 별반 도움이 되지 못한 것을 우리는 그동안 수없이 보아 오는 터이다. 개혁이 일시에 이루어질 수 없음은 자명하다. 개혁을 위해서는 문제 전반을 놓고, 그 근본적인 대책에서부터 시급한 처방에 이르기까지 전체를 감안한 중장기 계획이 수립·촉진되어야 한다.

여기서 제시될 개혁 방안은 제도면에 제한된다. 이와 관련하여 종교 비리의 바람직한 개혁 구조를 명확히 할 필요가 있다. 여기서는 종교사회학적 입장에서 교회 조직으로서의 한국 종교의 비리 개혁을 염두에 둔다. 우리가 바라는 것은 결국 교회 조직으로서의 종교계가 비리를 깨닫고 개혁에 나서서 그것을 이루어 가는 것이다. 이를 위해서 전문학자 내지 전문 연구 기관의 연구가 선행되어야 한다. 전문적인 문제 의식과 지속적 연구가 필수적이다. 언론은 종교의 비리를 고발하는 한편, 그런 전문적 연구 결과와 개선 방향을 홍보하는 일을 수행해야 한다. 이 일에 정부의 역할은 막중하다. 아무리 좋은 개혁 방안이 제시되더라도 그에 대한 정부의 공감과 의지가 없으면 공론에 그치기 쉽다. 정부가 문제의 성격을 파악하고 개혁에 나설 의지를 먼저 분명히 해야 한다. 그리고 제도적 장치의 마련, 재정 지원, 언론과 학계의 역할 감당에 대한 고무·격려 등을 과감히 추진해 나가야 한다. 마지막으로 국민의 종교 의식 제고가 뒤따르지 않으면 안 된다. 이를 위해 학계·언론계·정부 및 종교계가 함께 다양한 방법으로써 지속적으로 노력할 것이 요구된다. 이제 제도적 개혁을 위한 제반 방안을 제시한다.

1. 종무 행정의 대폭적 지방 이양

우리 나라의 종무 행정은 문화체육부 종무실 소관으로 되어 있다. 종무실은 종교 관계 법인 설립 허가, 전통 사찰 등록, 향교 재단법인 설립 허가, 외국 종교 단체 등록 등 종교법인·단체에 관한 등록 업무와 행정지원 업무를 관장한다. 한국 종교의 다종교 상황과 종교수, 그리고 종교지도자들의 정치·사회적 위상, 종교 문화의 비중 등을 헤아리면 우선 종무실이 그에 걸맞는 비중의 기구로 격상되어 마땅하다. 그리고 전(前)종무실장이 술회하고 있듯이 종교 업무는 종교 단체의 국제 교류 확대, 선교사 해외 파송, 외국인 선교사에 대한 업무, 종교 단체의 대정부 요구 증가, 종교 관계 숙원 사업 해결, 정부 재정

지원, 종교 행사 협조 등으로 갈수록 폭주하고 있음에도 불구하고 인력 부족과 통일된 종교 관계 종합법의 부재로 업무가 제대로 수행되지 못하는 실정이다.[31]

종무실의 위상을 높이고, 그 인원을 늘려야 마땅하다. 그러면서도 종무 행정의 대폭적 지방 이양을 제기하는 것은 그 중앙 집권적 폐해를 줄이고자 함이다. 중앙 집권적 체제가 한국 종교의 최대 문제점인 체제지향성을 조성해 온 것을 살펴보았거니와, 종무 행정이 중앙 집권적으로 수행되어서는 안 된다. 한국 종교의 건전한 발전을 위해서도 앞으로 종교 업무는 더욱 늘어날 것으로 전망된다. 종무 행정이 지방으로 대폭 이양되면 인력의 부족을 해소할 수 있을 뿐만 아니라 늘어날 것으로 기대되는 종무 행정도 효율적으로 처리될 수 있을 것이다. 이것은 지방화 시대의 전개와도 부합하는 일이다.

2. 종교의 법인화

1989년 문공부 통계에 의하면 종교 단체 법인의 수는 2백33개로 나와 있다.[32] 실제 종교 단체가 적어도 5만으로 추산되는데, 그에 비하면 0.5퍼센트에도 미치지 못하는 극소수이다. 등록된 종교 관계 법인체를 보면 개신교 1백22, 천주교 45, 불교 34, 유교 19, 그밖의 종교 13단체로 개신교의 것이 절반을 넘는다. 그밖의 종교란 민족 종교·신흥 종교·외래 종교를 합친 것이다. 종교 단체 법인 등록이 기독교 위주로 되어 있고, 기성 종교가 대다수를 차지함을 알 수 있다.

한국 종교의 대부분은 법인격(法人格)이 없는 사단(社團)이나 재단(財團)의 상태로 존재한다. 이에 따라 조직상의 문제나 재산권 시비가 일어나서 비리를 드러내는 경우가 잦다. 종교의 공공성의 확보 및 종무 행정의 효율화를 위하여 종교 단체의 법적 지위의 보장이 시급히 요청되는 실정이다. 한국에서 종교 단체는 등록 대상이 아니다. 종교의 자유를 보장하기 위하여 등록 의무가 배제된 것이다. 민법 제

32조는 종교 단체가 주무관청의 허가를 얻어 법인으로 될 수 있음을
규정하고 있다. 그러나 민족 종교는 그 사회적 공신력을 얻기 위해 법
인 등록을 희망해도 그 허가를 거의 받지 못한다. 종래 유교와 불교
는 재산 관리법에 묶여 종단 재산을 처분할 수 없었기에 대체로 법인
화를 바라고 있다. 기독교는 법인화의 필요성을 못 느끼다가 최근 실
명제와 관련하여 인식의 변화를 드러낸다.

공익법인은 세제상의 혜택을 받는다. 최근 국세청이 입법적 근거
없이 법인 아닌 종교 단체에 세제상 혜택을 주는 경우가 많다. 정치
적 배려로 여겨진다. 종교 단체에 대한 과세가 공론화되어 있는 마당
이고, 한국 종교의 비리를 막는 의미에서 종교 법인법의 제정이 절실
히 요구된다. 정부는 그럴 경우 종교 탄압으로 받아들여져 저항을 받
지 않을까 걱정하고, 국회의원들도 그에 대한 적극적 의사를 갖고 있
지 않은 것으로 알려져 있다. 법학자들은 민법보다 완화된 요건으로
종교 법인법을 제정하는 방안을 제시한다.[33] 그것은 정교 분리의 원칙
에도 위배되지 않는다. 종교 법인에 관한 인증·조사·심의 등을 위
하여는 일본 종교 법인법의 예를 따라 전문가에 의한 종교법인심의
회를 구성·운영하는 것이[34] 바람직하다.

3. 교역자 양성 기관의 요건 강화

한국 종교 비리의 특징으로 비지성적 종교 의식을 살펴본 바 있다.
성직자들의 학문적 연구가 결여되면서 주로 기도와 체험에 치중하는
경향이 거기서 큰 문제로 지적되었다. 이것은 교역자 양성 기관에서
의 잘못된 교육에서 비롯된다. 제대로 된 교육과 자질을 갖추지 못한
교역자가 신도들을 오도하고 비리를 자행하게 되는 사실을 헤아리면
교역자 양성 기관에서의 교육의 중요성을 절감하지 않을 수 없다. 한
국 종교의 심한 분파로 분열된 군소 교단들이 무인가 성직자 양성 기
관을 설립·운영함으로써 성직자의 질적 저하를 초래한 사실은 이미

알려져 있다.[35) 교육부가 최근 그런 기관의 철폐에 나선 것은 비록 늦은 감이 있으나 환영할 만하다.

교역자 양성 기관에 정부가 관여해서는 자칫 정교 분리 문제에 걸리기도 할 뿐더러 종교 탄압의 인상을 줄 우려가 없지 않겠다. 이와 관련된 특별법의 제정은 물론 안 된다. 그러나 종교에 대한 일반법 적용이라는 차원에서 그런 기관의 기준 시설, 교수 요원 자격, 학생 정원 및 입학 등에 신경을 써야 할 것이다. 종무실이 그런 문제에 관심을 갖고 각 종교들과 협의하여 전문 자문가를 소개하고, 성직자 양성의 바람직한 방향을 고무·격려·지원하는 방안도 검토될 수 있을 것이다.

4. 종교 교육의 실시

우리 사회에는 다종교 공존의 특징 아래 수많은 종교가 신앙되고 있다. 한국 종교는 각기 한국 사회와 문화 및 한국인 심성의 형성에 일정하게 기여하여 왔다. 그럼에도 불구하고 한국인들의 종교에 대한 이해는 심히 피상적이면서 편견 내지 선입견에 빠져 있는 수가 많다. 이런 것을 바로잡고 종교에 대한 폭넓은 이해를 갖도록 초등 교육부터 종교 교육을 실시하는 일이 중요하다. 여기서 종교 교육이라 함은 물론 종교적 신앙을 심어 주는 교육을 의미하지 않는다. 종교적 신앙을 심어 주는 교육은 당연히 정교 분리 원칙에 위배된다.

종교 교육의 내용은 종교사·종교 문화·종교인류학·종교학 등 종교 일반에 관한 것이어야 한다. 미국의 경우에도 국·공립의 초등학교·중학교에서 종교적 신앙을 심어 주는 종교 교육은 금지되지만, 종교의 문화·역사 등에 관한 지식을 전해 주는 교육은 인정되어 있다.[36) 종교 교육의 방법으로는 종교사나 종교 문화를 선택 과목으로 하거나, 정규 과목 이외에 일정한 자유 시간을 두고 종교 교육을 받게 하는 것을 생각해 볼 수 있겠다. 외부로부터 강사를 모셔 와 강의

하는 것도 무방하다.

5. 정부 통계 및 여론 조사에 무와 민족 종교 항목 삽입

종래 한국 종교에 관한 정부의 통계나 여론 조사에서 무(巫)는 거론된 적이 없다. 고작 1989년에 와서야 문화부의 한국 종교에 관한 책자에 '그밖의 종교'라는 항목 아래 무(巫)가 일부분으로서 소개되었을 뿐이다.[37] 그리고 민족 종교의 경우 같은 책에서 천도교 · 대종교 · 원불교만이 독립된 장으로 서술되고 통계를 보이고 있으며, 한편 한얼교 · 성덕교(聖德敎) · 대순진리회 · 한국민족종교협의회 등이 약술되어 있다. 이것은 정부의 종교 인식이 등록된 민족 종교에 제한되어 있으면서 무(巫)나 그밖의 군소 민족 종단을 온전한 종교로 여기지 않음을 드러내는 것이다.

무(巫)가 한국의 기층 종교로서 한국 문화의 형성에 어떻게 이바지하였고, 또 한국 종교 비리의 특징으로서의 기복성과 직결되어 있음은 이미 앞에서 상론하였다. 그리고 위에 언급된 민족 종교 외에도 많은 종단들이 한민족에게 바른길을 제시하고 민족 정기의 회복에 분투해 왔다. 무(巫)와 민족 종교는 그럼에도 불구하고 그동안 특히 서양의 기독교적 안목에 의하여 비합리적이고도 부정적인 것으로 취급되어 왔다. 그리하여 이들은 마치 죄지은 사람처럼 음지에서 그 신앙을 지켜 오고 있다. 이들이 실로 한민족의 전통적 신앙이면서도 현대 한국인들로부터 천대와 핍박을 받아서는 제 전통에 대한 심리적 열등감의 벽만 두터워질 뿐이다.

이제 새로운 한국 사회의 전개를 두고 이들을 종교로서 인식하고, 정부 통계나 여론 조사에 떳떳한 항목으로 잡아야 한다. 외국의 가치관에 따라 우리의 종교를 부정적으로 보는 타문화중심주의(他文化中心主義)의 안목은 불식되어야 한다. 이것은 종래 음지에 숨어 지내면서 기복에 흐르며, 한국 종교의 비리 조성에 영향을 끼쳐 온 이들을 양성화하는 의미를 지닌다.

6. 종교문화연구소 내지 종교문화박물관의 설립

한국 종교의 비리와 역사적 배경, 비리 척결의 방안, 그 제반 방안의 구체적 시행 방법 등에 관하여 반드시 전문적인 연구가 선행되어야 한다. 비리를 척결하려는 것은 미래를 지향한 건전한 종교 문화를 정착시키기 위함이다. 그것을 위하여서도 마땅히 전문학자에 의한 연구가 선행되지 않으면 안 된다. 그러나 이런 일을 수행해 나갈 전문학자들의 수는 매우 부족한 형편이다. 따라서 앞을 내다보면서 그런 인재를 양성해야 하는 문제가 시급하고 중요하며, 이 모든 일을 수행해 나갈 전문 연구 기관의 설립도 그래서 요구된다. 종교문화연구소 또는 종교문화박물관이 그런 연구 기관으로서 제시된다.

사회의 제반 문제를 점검하고 미래를 조망해 보며 대안을 제시하는 유의 연구는 우리 사회에서 그동안 많이 진행되었다. 그런 연구는 대부분 프로젝트화되어 개인이나 소수의 학자들에 의해 한시적으로 추진되었다. 그렇게 하여 나온 연구 결과가 대개 문제의 해결에 별반 도움이 되지 못한 것을 우리는 보아 온다. 전문학자 집단에 의한 진지하고도 지속적인 연구가 되지 못한 점이 그 주요 원인의 하나라고 나는 생각한다. 그래서야 예산의 낭비만 계속될 뿐 진정한 개혁의 실효를 기대하기 어렵다. 그러므로 제시된 것과 같은 항구적인 전문 연구 기관이 설립·운영되어야 하는 것이다.

그것을 연구소로 하거나 박물관 형태로 꾸리거나 어느쪽도 무방하다. 연구소가 될 경우 그것이 반드시 대규모의 것이어야 할 필요는 없다. 5,6명의 전문학자만 있어도 자료의 수집과 분석, 자문 기능 수행, 현지 조사, 연구 논문 작성 및 출판, 학술 세미나 개최 등의 학술 임무를 감당해 나갈 수 있다. 이것에 비해 박물관 형태는 당연히 규모도 커지고 전문 요원의 수도 많이 요구된다. 가칭 종교문화박물관이라 할 때 여기서는 위에 열거된 학술 활동 외에 건전한 종교 문화의 창달을 목적으로 하여 각종 문헌·영상 자료 및 유물의 수집·보관, 그것을 대중 교육에 사용하기 위한 전시·강좌 등의 기능이 펼쳐지게 된다. 이런 박물관의 설립에는 많은 예산과 준비 작업이 소요된다. 따라서 그것이 과시용으로 하루 아침에 세워져서는 제대로 기능할 수 없다. 멀리 내다보고 차분히 준비하는 자세가 요긴하다.

원 주

4. 한국 신령의 체계와 성격

1) Otto, R., 《Das Heilige》(1917), Breslau. 루돌프 오토(길희성 옮김), 《聖스러움의 의미》(1987) 왜관: 분도출판사 참조 바람.

2) 조흥윤, 〈잡귀잡신雜鬼雜神의 연구〉(1988) 《종교신학연구宗敎神學硏究》, 서강대학교 종교신학연구소, 제1집. pp.79-98과 조흥윤, 〈천신天神에 관하여〉(1993) 《동방학지東方學志》, 연세대학교 국학연구원, 제77 · 78 · 79 합집(故李鍾英敎授 追慕 韓國史學論叢), pp.13-40. 앞의 논문은 원래 조흥윤, 〈잡귀잡신풀이〉(1985) 《문화예술》, 한국문화예술진흥원, Vol.12, No.102, pp.37-43을 다시 정리하여 발표한 것이다. 이 논문은 조흥윤 《무巫와 민족 문화》(1990), 서울: 민족문화사, 조흥윤, 《한국 무의 세계》(1997a), 서울: 민족사에, 그리고 후자의 것은 조흥윤, 《무-한국 무의 역사와 현상》(1997b), 서울: 민족사에 재수록되어 있다.

3) 현재 한국 무당의 수는 대략 20만 명으로 추산된다. 지방에서는 군 · 면별로, 대도시 경우에는 구(區)별로 파악하는 방법이 합리적이다. 이때 무당의 개념이 문제되겠는데, 한국역술인협회의 회원으로 사주 · 궁합 · 점복 등에 종사하는 이는 제외하고 신들려 학습 없이 점복만 행하는 이는 여기에 포함된다. 무당은 종교인류학에서 당연히 종교적 사제(司祭)로 이해되는 바, 참고로 무당의 수를 한국의 종교별 교직자수와 비교하는 것은 의미 있다. 1997년 문화체육부의 통계에 의하면 불교의 교직자는 2만 6천37명, 개신교 교직자는 9만 8천9백5명, 천주교 교직자는 1만 1백52명, 유교는 1만 7천5백77명으로 나와 있다.(문화체육부, 《한국의 종교 현황》(1997) 서울, p.7)

4) 외래 종교가 한국에 들어와 소멸 내지 동화한 예를 도교에서 찾아볼 수 있다. 삼국 시대 이 땅에 들어온 도교는 조선 중기까지 주로 왕실에서 신앙되다가 유교의 이념 아래 소멸되었고, 임진왜란 때 명군(明軍)에 의해 도입된 중국 도교의 관제(關帝) 신앙은 중부 지역에서 관묘(關廟) 신앙으로 존속하다가 끝내 무(巫)에 동화되고 만다. 무의 이른바 전내(殿內) 계급 내지 신령이 그리하여 생겨났다. 소멸된 도교 신앙의 편린은 민간 신앙에 잔존하여 있다.

5) 나는 그런 신령으로 환인 · 환웅 · 단군 · 산신 · 천신(天神) · 수신(隧神) · 호신(虎神) · 영성 · 사직 · 시조신 · 풍백 · 우사 등을 들고, 그 가운데 천신 · 산신 · 호신 · 수신의 성격을 검토한 바 있다.(조흥윤, 〈한국과 샤머니즘〉(1996) 《한국 민족의 기원과 형성 (下)》, 趙興胤 외 3인, pp.9-53, 서울: 小花)

6) 한국의 전통 신령이 비록 유교적 제례에 의해 모셔졌으나, 그 전통적 기능은 그대로 유지하고 있었기에 나는 여기서 '외형적'이란 표현을 사용하였다. 유동식은 이것을 고대 제천(祭天) 의례의 내용이 시조제(始祖祭)·농신제(農神祭)·산천제로 기능적으로 분화하여 전승된 것으로 보았다.(柳東植, 《한국 무교의 역사와 구조》(1975), 연세대학교출판부, pp.76-81) 그러나 그의 제의의 기능적 구분이 무리스러워 무(巫)의 역동적 이해에 이르기 어렵다. 삼국 시대 유교의 수용과 유교적 제례의 확립은 무·유교간의 문화 변동(cultural change) 속에서 바라보아야 할 것이다.

7) 《삼국사기三國史記》 卷32, 雜志, 第1, 祭祀條, 《고려사高麗史》 第59卷, 志 第13卷, 吉禮條, 《세종실록世宗實錄》 第128卷, 五禮, 吉禮序禮條 참조.

8) 최광식은 신라의 대·중·소사를 제장(祭場)을 통해 살펴보면서 대사의 제장은 왕실을, 중사의 것은 국토 방위를, 그리고 소사의 것은 지역 방호를 목적으로 배치되었음을 파악하였다.(최광식 《고대 한국의 국가와 제사》(1995), 서울: 한길사, p.319)

9) 지역별 무풍(巫風)의 특징적인 것을 1920년대 이능화(李能和)가 처음으로 관심을 갖고 서술하였고(李能和, 〈朝鮮巫俗考〉(1927) 《啓明》 제19호, 서울: 啓明俱樂部, pp.65-79), 그후 金泰坤, 《한국 무속 연구》(1981) 서울: 集文堂, pp.40-149와 최길성, 《한국무속지韓國巫俗誌》(1992)(1, 전남·전북·경남 편) 서울: 아세아문화사 및 《韓國巫俗誌》(1992)(2, 경북·강원·제주·서울·황해편) 서울: 아세아문화사 등에 서술·분석되어 있다.

10) 조흥윤, 《한국의 巫》(1983) 서울: 정음사.

11) Bishop, I. B., 《Korea and Her Neighbours》(1905) Vol. Ⅱ, London의 제34장과 제35장, pp.222-254.

12) Clark, C. A., 《Religions of Old Korea》(1929; 1961 reprinted) Pyŏngyang.

13) 독일어 저술의 경우로 Vos, F., 《Die Religionen Koreas》(1977) Stuttgart, Beilin & Köln: Verlag W. Kohlhammer를, 영어로는 Jung Young Lee, 《Korean Shamanistic Rituals》(1981) The Hague, Paris & New York: Mouton Publishers를 들 수 있다. 전자에서는 'Götter(신령)'와 'Geister(정령)'를, 후자에서는 'gods' 또는 'deity' 와 'spirits'를 혼용하고 있다.

14) 赤松智城·秋葉隆, 《朝鮮巫俗の研究》(1938) 下卷, 東京·京城: 大阪屋號書店, pp.69-133.

15) 文相熙, 〈韓國의 샤머니즘〉(1975) 《宗敎란 무엇인가》 pp.123-189, 서울: 분도출판사의 p.162.

16) 조흥윤, 1997a: pp.66-67.

17) 조선총독부의 조사 자료 제36집으로 간행된 村山智順, 《朝鮮の巫覡》(1932), 조선총독부가 그 전형적인 것인데, 그 제7장 〈巫覡の影響〉에는 무당의 폐해와 무폐(巫弊)가 고발되어 있다. 아울러 이필영, 〈초기 기독교 선교사의 민간 신앙 연구〉(1989)

《서양인의 한국 문화 이해와 그 영향》 동서문화연구소 엮음, pp.167-217, 한남대학교출판부의 pp.205-210 참조 바람.

18) 예컨대 柳東植, 1975를 들 수 있다.

19) 赤松智城·秋葉隆, 1938: p.131의 주 6.

20) Bishop, 1905: p.224의 주 1)에 그런 사실이 밝혀 있다. Landis, E. B., 〈Notes on the Exorcism of Spirits in Korea〉(1987) 《China Review》 Vol. XXI, No. 6, Hongkong과 Jones, G. H., 〈The Spirit Worship of the Koreans〉(1902) 《Transactions of the Korea Branch of the Royal Asiatic Society》 Vol. II, No. 2, pp.37-58, Seoul 참조.

21) Hulbert, H. B., 《The Passing of Korea》(1906) Seoul; Underwood, H. G., 《The Religions of the East Asia》(1910) New York: Macmillan; Clark, 1929.

22) Bishop, 1905: pp.248-250.

23) Bishop, 1905: p.241.

24) Clark, C. A., 1929: pp.194-209. 이 내용을 이필영은 정리·번역한 바 있다.(이필영, 1989: pp.186-187) 그의 번역에 약간 무리가 있는 곳을 고쳐 놓았다.

25) Clark, C. A., 1929: p.194.

26) 趙興胤, 〈샤머니즘〔巫〕 연구에 대하여〉(1984) 《동방학지東方學志》 연세대학교 국학연구원, 제43집, pp.223-256의 p.235.

27) 李能和, 1927: pp.40-79.

28) 村山智順, 《朝鮮の鬼神》(1929) 朝鮮總督府.

29) 위의 책: pp.156-164와 pp.206-220.

30) 赤松智城·秋葉隆, 1938: pp.69-125.

31) Vos, F., 1977: pp.79-114와 p.79의 주 70) 참조. 포스는 아까마츠의 15계급을 8계급으로 재편성하였다.

32) 赤松智城·秋葉隆, 1938: pp.114-123.

33) 任晳宰, 〈한국 무속연구서설韓國巫俗研究序說〉(1971) 《아세아여성연구亞細亞女性研究》 숙명여자대학교 아세아여성문제연구소, 제9호, p.88.

34) 金泰坤, 1981: pp.287-288.

35) 柳東植, 1975: pp.314-320.

36) 金仁會, 《한국인의 가치관―무속巫俗과 교육철학》(1979) 서울: 文音社, pp.84-89.

37) 金泰坤, 1981: pp.288-289.

38) 아카마츠의 분류에는 타계령에 속하는 것으로 지부왕·시왕 등을 먼저 거론한 다음 1) 조령 2) 부군 등으로 되어 있는데, 내가 처음 것에 번호를 부여하였다.

39) 金泰坤, 1981: pp.280-285. 이것은 원래 金泰坤, 〈한국 무신巫神의 종류〉《국

제대학논문집國際大學論文集》(1969) 국제대학, Vol.7, pp.71-84에서 무신의 종류를 굿의 주제신, 무신도에 나타난 신, 당신(堂神), 가신(家神)으로 나누어 신 이름을 확인한 것을 정리하여 그 이듬해 〈한국 무신의 계통〉《한국문화인류학韓國文化人類學》 한국문화인류학회, 제3집, pp.69-78에 발표한 것이다.

40) 이런 잘못된 이해는 한국 민속학계의 고질적인 문제점이다. 이에 관하여는 조홍윤, 1997a: pp.29-36 참조 바람.

41) Wach, J., 《The Comparative Study of Religions》(1963) New York: Columbia Univ. Press, pp.97-120. 이 책은 요아힘 바흐(김종서 역), 《비교종교학》 대우학술총서 번역 14, 서울: 민음사로 번역 출간되어 있다.

42) 文相熙, 1975: pp.166-167. 신학자인 그는 그러나 굿을 예배로 보기를 거부하고, 오히려 주술(magic)에 가까운 것으로 파악하는 편견을 보인다.

43) 조홍윤, 1997a: p.61 및 pp.265-269.

44) 赤松智城・秋葉隆, 1938: p.69 및 p.131의 주 1) 만신(萬神)의 어원에 관하여는 이능화가 《포박자抱朴子》의 '황제동도청구黃帝東到靑丘' 대목과 관련하여 만신의 용례가 있음을 밝히고, 그것이 우리 동이(東夷) 민족의 고대 신사(神事)의 기록일 것이라 추측한 바 있다.(李能和, 1927: p.41) 그것이 무당의 신령이 만(萬)에 이를 정도로 많다는 뜻으로 이용되어서는 아니 된다.

45) 金泰坤, 1981: p.285.

46) 나는 굿을 그 목적에 따라 12종류로 분류한 바 있다.(조홍윤, 1983: pp.123-126)

47) 위의 책, p.127.

48) 서울대학교 규장각에 소장되어 있는 《무당내력巫黨來歷》에는 2책이 있다. 이즈미〔泉靖一〕는 이 자료에 대한 논문을 발표한 바 있고(泉靖一, 〈무당내력고巫黨來歷考〉(1967) 《동양 문화東洋文化》 제46,47합병호, pp.55-74, 東京: 東京大學出版會), 규장각이 최근 서대석(徐大錫)의 해제를 붙이고 2책을 함께 묶어 간행하였다.(서울대학교 규장각, 《무당내력巫黨來歷》(1996) 서울) 이 책의 서문에는 을유(乙酉)년 난곡(蘭谷)이 저자임을 밝혀 있는데, 이즈미나 서대석은 그 제작 연도와 난곡의 인물을 규명해 내지 못하고 있다. 내가 그 필적과 작자의 관심을 살펴본 결과 작자는 위당(爲堂) 정인보(鄭寅普)의 스승되는 강화학파(江華學派)의 이건방(李建芳) 선생이시고, 제작 연도는 1885년인 것을 알 수 있었다.

49) 柳東植, 1975: p.296.

50) 조홍윤, 1983: pp.128-136.

51) Cho Hung-youn, 《Mudang — Der Werdegang Koreanischer Schamanen am Beispiel der Lebensgeschichite des Yi Chi-san》(1983) Gesellschaft für Natur- und Völkerkunde Ostasiens e.V., Mitteilungen Bd. 93, Hamburg, pp.236-244의 Tabelle 7. 나는 〈잡귀잡신雜鬼雜神 연구〉에서 준비제차를 다섯으로 잘못 헤아렸는데(趙興

胤, 1988: p.82 및 조흥윤, 1997a: p.182) 여기서 그것을 6 준비제차로 바로잡는다.

52) 중요무형문화재 제104호 서울새남굿 예능보유자 김유감 만신의 제보에 의함. 김유감은 70년 넘게 신을 모신 이로서 서울 지역 최고의 명무로 평가된다.

53) 柳東植, 1975: pp.316-318.

54) 조흥윤, 1993: pp.29-32.

55) 조흥윤, 위 논문: pp.33.

56) 金泰坤, 1981: pp.98-99.

57) 조흥윤, 1997a: p.118.

58) 조흥윤, 1983: pp.98-99. 별상(別相)에 대하여는 대부분의 연구자들이 잘못 알아온다. 아카마츠가 장헌세가(莊獻世子)를 이씨별상(李氏別上)이라 한다고 서술하여 어느 정도 이해를 갖춘 것(赤松智城·秋葉隆, 1938: p.76)이 예외를 이룰 뿐, 흔히 별상을 호구별상이라면서 역신(疫神) 계통으로 본다.(예컨대 金泰坤, 1981: p.97과 283) 유동식은 별상을 비운에 죽은 장군신이라 하고 최영장군을 별상이라고도 부른다고 하였는데(柳東植, 1975: p.300의 주 118) 그 신격과 계통을 모두 오해하고 있다.

59) 赤松智城·秋葉隆, 1938: pp.74-78.

60) 계면의 신격에 대하여는 연구자들이 별로 관심을 쓰지 않아 그것이 분명치 않다. 이 거리에서는 계면떡을 팔면서 노는데, 부엌신의 성격을 갖는다.

61) 사해용장군 이하는 도당굿에서 산신에 이어 모셔 노는 신령들인데, 이 계열에 포함된다.

62) 작두거리는 장수거리라고도 한다. 이 거리에서는 중국 장수가 모셔진다.

63) 조흥윤, 1983: pp.95-101.

64) 조흥윤, 1997a: pp.66-67.

65) 굿의 젯상에 관한 연구로는 金尙寶, 《무속·불교·유교를 통하여 본 식생활 문화 및 그 의식 절차에 대한 연구—서울 지방을 중심으로》(1974) 이화여대 교육대학원 석사 학위 논문이 있다.

66) 조흥윤, 〈산신제 개관〉《계룡산 산신제 복원 조사보고서》(1997c) 공주시·공주민속극박물관편, pp.1-19, 공주.

67) F. 카푸라(李成範·金鎔貞 공역), 《현대 물리학과 동양 사상》(1979) 서울: 범양사 출판부, pp.345-346.

68) 義相撰(金知見譯), 《일승법계도합시일인一乘法界圖合詩一印》(1997) 서울: 초롱.

69) Capra, F., 《The Web of Life》(1996) New York & London, Anchor Books, pp.33-34.

70) 예를 들면 조흥윤, 1997a: p.67과 1997b: p.27.

71) 閔泳珪, 《강화학江華學 최후의 광경-서여문존기일西餘文存其一》(1994) 서울: 又半, p.99.

72) 조흥윤, 1997b: pp.98-99.

73) 文相熙, 1975: p.163.

74) 李恩奉, 《한국고대종교사상韓國古代宗敎思想》(1984) 서울: 집문당, pp.79, 81.

75) 조흥윤, 1993: pp.18-21과 1997b: pp.298-302.

76) Clark, C. A., 1929: pp.194-197.

77) 赤松智城·秋葉隆, 1938: pp.124-125.

78) Eliade, M.(ed.), 《The Encyclopedia of Religion》(1987) Vol. 6, New York: Macmillan Publishing Co.의 pp.266-267 〈Henotheism〉 참조.

79) 예컨대 文相熙, 1975: p.146.

80) 주 3) 참조.

81) 柳東植, 1975: pp.15-16.

82) 조흥윤, 〈한국문화론〉(1995a) 《문화론하나》 한국민족학회편, pp.11-35, 서울: 문덕사, pp.18-22; 조흥윤, 〈한국 사회의 원형적 도덕률과 그 변동〉(1995b) 《민족학 연구民族學硏究》 한국민족학회, 제1집, pp.205-266, 서울: 문덕사, pp.218-232.

83) 조흥윤, 〈무교사상사巫敎思想史〉(1992) 《한국종교사상사韓國宗敎思想史》 IV, 金洪喆·金相日·趙興胤 공저, 연세대학교출판부, pp.221-333의 pp.236-241과 조흥윤, 1997a: pp.87-106의 〈한국 민중 문화의 성격〉.

5. 화랑의 종교 문화

1) 金凡父, 〈풍류 정신과 신라 문화〉 《한국사상韓國思想》(1960) 3, p.372.

2) 趙興胤·金明秀·李敏雄, 〈한국 사회의 원형적 도덕률과 그 변동〉(1995) 《아산연구논문집峨山硏究論文集》 제13집(峨山社會福祉事業財團) pp.11-192.

3) 李基東, 〈신라 화랑도 연구의 현단계〉(1994) 《이기백 선생 고희 기념 한국사학논총李基白先生古稀紀念 韓國史學論叢(上)》 서울: 一潮閣. p.151.

4) 李基東, 위 논문.

5) 예컨대 朴魯埻, 《신라 가요의 연구》(1982) 서울: 열화당.

6) 李鎭洙, 《신라 화랑의 체육 사상 연구》(1990) 서울: 保景文化社.

7) 韓相福·李文雄·金光億, 《문화인류학개론文化人類學槪論》(1985) 서울대학교출판부, pp.19-20.

8) 李基白, 《한국사신론韓國史新論》(1987)(改訂版) 서울: 一潮閣, p.72.

9) 《삼국사기三國史記》 1권 4, 眞興王 37년조.

10) 金知見, 《사산비명四山碑銘 집주를 위한 연구》(1994) 한국정신문화연구원 연구총서 94-7, pp.50-54.

11) 위 책, pp.51-52.

12) 金凡父, 앞의 글, p. 381. 아울러 崔致遠, 崔英成 註解, 《주해 사산비명》(1987) 서울: 아세아문화사, pp.283-285 참조.

13) 韓鍾萬 외, 《고운孤雲 최치원崔致遠》(1989)(대우학술총서) 서울: 民音社, pp.11-52.

14) 新羅文化宣揚會, 《화랑 문화의 재조명》(1989) 新羅文化祭學術發表會論文集 제10집, 경주에는 pp.325-350에 鄭太鉉譯의 《화랑세기花郞世紀》가 실려 있다.

15) 예컨대 李基東, 앞의 논문, p.162.

16) 李鍾旭, 〈신라 화랑도의 편성과 조직·변천〉(1989) 《화랑 문화의 재조명》 新羅文化宣揚會編, 新羅文化祭學術發表會論文集 제10집, 경주, p.246.

17) 李鍾旭, 위의 논문, p.246, 262 및 李基東, 앞의 논문, p.154.

18) 그 대표적인 것으로 車柱環, 〈화랑도와 신선 사상〉(1989) 《도교 사상의 한국적 전개》 韓國道敎思想硏究會編, 韓國道敎思想硏究叢書 Ⅲ, 서울: 亞細亞文化史, pp.9-25.

19) 《삼국사기三國史記》 권3, 炤知王 9년조.

20) 《삼국사기三國史記》 권1, 南解次次雄조.

21) 金宅圭, 《한일 문화비교론韓日文化比較論》(1993)서울: 문덕사, p.96.

22) 柳東植, 《한국 무교의 역사와 구조》(1975) 연세대학교출판부, pp.46-56; 趙興胤, 〈무교사상사巫敎思想史〉(1992) 《한국종교사상사韓國宗敎思想史》 Ⅳ(甑山敎·大倧敎·巫敎 篇), 金洪喆·金相日·趙興胤 공저, 연세대학교출판부, pp.246-247.

23) 李能和, 〈조선무속고朝鮮巫俗考〉(1927) 《계명啓明》 19호, p.1.

24) 李能和(李鍾殷 譯註), 《조선도교사朝鮮道敎史》(1977) 서울: 普成文化社, pp.23-32.

25) 李能和, 위의 책, p.71.

26) 대표적인 것으로 李基白, 1987, 앞의 책, pp.17-18, 47-49; Sohn Pow-Key, Kim Chol-Choon, Hong Yi-Sup, 《The History of Korea》(1970) Seoul p.6; 金元龍, 《한국고고학개론韓國考古學概說》(1986) 서울: 일지사, p.234 등을 손꼽는다.

27) 예컨대 《삼국유사三國遺事》 권1, 眞平王조; 권2, 讚耆婆郎歌조의 表訓대사 이야기 등.

28) 조흥윤, 〈천신天神에 관하여〉(1993) 《동방학지東方學志》 연세대학교 국학연구원, 제77·78·79합집, pp.13-40.

29) 柳東植, 1975, 앞의 책; 조흥윤, 《무와 민족 문화》(1990) 서울: 민족문화사. p.71; 趙興胤, 1992, 앞의 글, pp.245-249.

30) 趙興胤, 1992, 위의 글, pp.323-327.

31) 조흥윤, 《한국의 무》(1983) 서울: 정음사, pp.17-19 및 趙興胤, 1992, 앞의 글, pp.252-253.

32) 柳東植, 1975, 앞의 책, pp.76-81.

33) 柳東植, 위의 책, pp.78-79.

34) 《삼국사기三國史記》 권32, 제사조.

35) 李丙燾 譯註, 《삼국사기三國史記》(1994)(下), 서울: 乙酉文化社, p.164. 註 18 참조.

36) 柳東植, 1975, 앞의 책, pp.78-79.

37) 金宅圭, 1993, 앞의 책, p.56.

38) 《삼국사기三國史記》 권2, 첨해니사금조.

39) 《삼국사기三國史記》 권1, 파사니사금조.

40) 《삼국유사三國遺事》 권2, 원성대왕조.

41) 김택규, 1993, 앞의 책, 제3장 薦新과 嘗祭—신라 상대의 왕위 계승 의식과 상제, pp.61-62.

42) 柳東植, 1975, 앞의 책, pp.258-272.

43) 《삼국사기三國史記》 권32, 제사조.

44) 崔南善, 〈살만교차기薩滿敎箚記〉(1927) 《계명啓明》 19호, 서울, pp.8-9.

45) Findeisen, H., 《Shamanentum》(1957) Urban-Bücher, Stuttgart, p.138.

46) 趙興胤, 〈조선 전기의 민중 신앙과 도교적 성향〉(1991) 《한국사상사대계韓國思想史大系》 4, 한국정신문화연구원, pp.137-178의 pp.155-162.

47) 閔泳珪, 《강화학江華學 최후의 광경》(1994) 서울: 又半 가운데 〈정담원광개토경평안호태왕릉비문석략교록병서鄭詹園廣開土境平安好太王陵碑文釋略校錄幷序〉라는 논문 pp.98-99.

48) 《삼국유사三國遺事》 권5, 感通 7, 月明師 兜率歌조.

49) 趙芝薰, 〈신라 가요 연구론〉(1964) 《민족 문화 연구》 제1집, 고려대학교 민족문화연구소. pp.123-176의 p.149.

50) 《삼국유사三國遺事》 권5, 感通 7, 融天師 慧星歌조.

51) 《선화봉사고려도경宣和奉使高麗圖經》 권17, 祀宇조; 趙興胤, 1992, 앞의 글, pp.262-266.

52) 《삼국사기三國史記》 권44, 列傳 권4, 居柒夫조.

53) 柳東植, 1975, 앞의 책, pp.86-88.

54) 《삼국사기三國史記》 권10, 惠德王, 14년조.

55) 李鍾旭, 1989, 앞의 논문, p.261.

56) 《삼국유사三國遺事》 권3, 塔像 3, 彌勒仙花 未尸郎 眞慈師조.

57) 柳東植, 1975, 앞의 책, pp.94-95.

58) 李基東, 1994, 앞의 논문, p.164.

59) 柳東植, 1975, 앞의 책, p.94.

60) 《삼국사기三國史記》 권50, 弓裔조.

61) 조흥윤, 1990, 앞의 책, pp.15-18.

62) 李能和, 1927, 앞의 글, p.2.

63) 예컨대 崔在錫, 〈화랑의 사회학적 의의〉(1989) 《화랑 문화의 재조명》 新羅文化宣揚會, 新羅文化祭學術發表會論文集, 제10집, pp.59-84의 pp.65-67.

64) 李瑄根, 《한국사·최근세편》(1961) 서울; 乙酉文化史, pp.125-128.

65) 윤이흠, 〈한국 종교개관〉(1987) 《한국인의 종교》 윤이흠 외, 서울: 정음사, pp.5-37.

66) 조흥윤, 〈동학혁명의 문화적 의미〉(1994) 《진리·자유》 봄 제20호, 연세대학교, pp.27-32.

9. 한국 단군 신앙의 실태

1) 李康五, 〈단군 신앙의 실태 분석〉(1987) 《정신 문화 연구》 한국정신문화연구원, 통권 제32호, pp.51-94, 성남.

2) 이병도·최태영, 《한국 상고사 입문》(1989) 서울: 고려원; 李亨求, 《한국 고대 문화의 기원》(1991) 서울: 까치.

3) 李康五, 〈단군 신앙 총론 I〉(1968) 《전북대학교논문집》 제10집, pp.9-54; 〈한국의 단군사묘〉(1970)(문교부 연구보고서)

4) 李康五, 1987: pp.74-79.

5) 단군마니숭조회, 《단군마니소경전檀君摩尼小經典과 진해眞解》(1987) 서울.

6) 신정일, 〈한얼교〉(1986) 《전환기의 한국 종교》(서울대 종교학과 종교문화연구실 편) pp.231-262, 서울: 집문당.

7) 위의 논문, pp.253-254.

8) 李康五, 1987: p.80.

9) 李康五, 1987: pp.53-56.

10) 文相熙, 〈한국 신흥 종교의 계보와 기본 교리〉(1973) 《월간 대화》 크리스챤아카데미, 제39호, pp.29-55, 서울; 조흥윤, 〈신흥 종교〉(1987) 《한국인의 종교》 pp.143-168. 서울: 정음사.

11) 게르노트 프루너, 〈신흥 종교는 사교인가(上)〉(1976) 《월간 세대》 5월호, pp.268-279, 서울.

12) 李康五, 1987: p.81.

13) 한상복·이문웅·김광억, 《문화인류학개론》(1985) 서울대학교출판부.

14) 文相熙, 1973: pp.34-35; 이경우, 《한국신흥종교개요》(1978) 한국 새종교연구원, 서울 pp.77-78; 李康五, 〈신흥 종교 I〉(1984) 《한국민속대관》 III권, 고려대학

교 민족문화연구소, pp.609-668.

15) 村山智順, 《朝鮮の類似宗敎》(1935) 京城, pp.434-462.

16) 이경우, 1978: p.77.

17) 李康五, 1984: p.663.

18) 李康五, 1984: p.663.

19) 李康五, 1987: p.76.

20) 조흥윤, 《무와 민족 문화》(1990) 서울: 민족문화사.

21) 安啓賢, 《한국불교사연구》(1982) 서울, 동화출판공사, pp.57-58.

22) 조흥윤, 〈천신天神에 관하여〉(1993) 《동방학지東方學志》 제77·78·79합집, 연세대학교국학연구원, pp.13-40.

23) 이경우, 1987: p.77; 李康五, 1984: p.663.

24) R. F. Ellen, 《Ethnographic Research》(1984) London & San Francisco: Academic Research. 문화인류학에서는 현지 조사의 결과를 출간하거나 발표할 때, 그 현지 사회 또는 제보자가 다른 사람들에게 알려져서 혹시 당하게 될지 모를 부담·피해 등을 윤리적으로 심각하게 고려한다.

25) 尹以欽, 〈민족 종교〉(1987) 《사회 변동과 한국의 종교》 한국정신문화연구원 연구논총, 87-3, pp.169-212, 성남.

26) 문화부, 《한국의 종교 현황》(1990) pp.30-33.

27) 문화공보부, 《한국의 종교》(1989) pp.365-371.

28) 李康五, 1987: pp.76-77.

29) 《종교신문》 1991. 9. 11자 8면.

30) 《종교신문》 1992. 4. 29자 8면.

31) 《종교신문》 1990. 7. 25자 8면.

32) 《종교신문》 1991. 8. 21자 8면.

33) 尹以欽, 1987: pp.210-212.

34) 《종교신문》.

35) 우원상, 〈대종교〉(1986) 《전환기의 한국 종교》 서울대 종교학과 종교문화연구실 편, pp.107-150, 서울: 집문당.

12. 한국 종교의 비리와 제도적 개혁

1) E. Durkheim(노치준·민혜숙 역), 《종교 생활의 원초적 형태》(1992) 서울: 민영사, p.81.

2) 김종서, 〈오늘의 한국 사회와 종교〉(1989) 《한국 사회와 종교》 한국종교연구회편, 서울: 신명출판사, p.153.

3) 한국 갤럽 조사연구소, 《1990 한국인의 종교와 종교 의식》(1990)

4) 윤이흠, 〈한국 종교계의 현황과 당면 문제〉(1986) 《전환기의 한국 종교》 서울 대학교 종교학과 종교문화연구실편, 서울: 집문당, p.31과 윤이흠, 〈한국종교개관〉 (1987) 《한국인의 종교》 윤이흠 외 7인, 서울: 정음사. pp.5-9.

5) 조흥윤, 《무와 민족 문화》(1990) 서울: 민족문화사.

6) 공종원, 〈내일의 한국 사회와 종교—언론인의 입장에서〉(1989) 《한국 사회와 종교》 한국종교연구회편, 서울: 신명출판사, p.169.

7) 공종원도 한국 종교의 문제점으로 종교의 정치화를 거론하고 있다. 그 특징적 양상으로는 1) 선교의 대상과 방법의 확장, 2) 정치참여, 3) 통일 문제에 대한 관심, 4) 이데올로기적 분열·대립 양상이 지적되어 있다.(공종원, 위의 논문, pp.172-175)

8) 노치준, 〈해방 후 한국 종교 조직의 변천과 특성에 관한 연구〉(1993) 《현대 한국 종교 변동 연구》 한국정신문화연구원 연구 논문 93-7, pp.3-7과 pp.148-153에는 해방 후 한국 종교, 특히 기독교의 사회 운동 조직의 특징이 잘 정리·분석되어 있다.

9) 이원규, 〈해방 후 한국인의 종교 의식 구조 변천 연구〉(1993) 《현대 한국 종교 변동 연구》 한국정신문화연구원 연구 논문 93-7, pp.179-180.

10) 金景東, 《사회악社會惡과 사교邪敎 운동》(1957) 서울: 基文社 및 金光一, 〈기독교 치병 현상에 관한 정신의학적 조사 연구〉(1982) 《한국 교회 성령 운동의 현상과 구조》 서광선 외 4인, 서울: 對話출판사, pp.283-286.

11) 노치준, 앞의 논문, pp.102-111.

12) 조흥윤, 〈해방 후의 민족 종교〉(1993) 《한국종교연감》 한국종교사회연구소편, pp.88-99.

13) 노치준, 앞의 논문, p.106.

14) 〈90년대에 즈음한 한국 교회의 실상〉(1991) 《사목》 2, pp.94-95.

15) 공종원, 앞의 논문, p.165.

16) 공종원, 위의 논문, pp.166-167.

17) 노치준의 최근 논문 〈종교의 차이로 인한 가족간의 갈등 연구〉는 보지 못하였고, 대신 그것을 소개한 《문화일보》 1993. 12. 25일자 4면의 기사를 참조하였다.

18) 김종서, 앞의 논문, p.153.

19) 노치준, 〈한국교회의 개교회주의에 관한 연구〉(1986) 《기독교 사상》 5월호와 노치준, 앞의 논문, pp.93-94.

20) 조흥윤, 〈전통 문화 진흥과 종교〉(1990) 《한국 종교와 문화 발전》 한국 문화예술진흥원 '90년 종교세미나, p.43. 및 조흥윤, 〈문화 향수층의 공동체적 참여 방안〉 (1992) 《지역 발전에 기여하는 문화의 역할》 한국문화원연합원 창립 30주년 기념 국제학술대회 발표 논문, p.6.

21) 이원규, 앞의 논문, pp.174-180.

22) 柳東植,《한국 종교와 기독교》(1965) 서울: 대한기독교서회, pp.37-38.

23) 조흥윤, 1993. p.99.

24) 이원규, 앞의 논문, pp.181-182.

25) 위의 논문, p.182.

26) 공종원, 위의 논문, pp.175-176.

27) 이원규, 위의 논문, p.208.

28) 조흥윤, 1992, p.6.

29) 柳東植,《한국 무교의 역사와 구조》(1975) 연세대학교출판부, pp.14-16; 李基白,《한국사신론韓國史新論》(1976)(개정판) 서울, 一潮閣, pp.17-18과 pp.47-49: 조흥윤,《한국의 무》(1983) 서울: 정음사, pp.17-19 등.

30) 조흥윤,〈한국 민중 문화의 성격〉(1990)《무와 민족 문화》pp.67-86 참조 바람.

31) 성락승,〈종교 행정의 실제〉(1991)《한국의 종교와 종교법》서울: 민족문화사, pp.29-35.

32) 문화공보부종무실편.《한국의 종교》(1989) pp.400-413. 최근 2백89개로 증가되어 있다.

33) 梁建,〈한국의 종교법제宗敎法制와 그 기본 문제〉(1991)《한국의 종교와 종교법》서울: 민족문화사, pp.25-26.

34) 일본의 종교법인법 제8장 종교법인심의회 참조.

35) 성직자 양성 기관의 지적 수준이 일반대학의 수준보다 떨어지는 현상이 나타나 성직자의 수준이 신도의 수준에 뒤떨어지는 문제는 심각하다.

36) 문화공보부 종무실 편,《외국의 종교 제도》(1989) pp.243-245.

37) 위의 책. pp.113-114.

참고 문헌

2. 한국 지옥 연구—무의 저승

《삼국유사三國遺事》

《불설예수시왕생칠경佛說豫修十王生七經》嘉靖 43년(1564) 華山廣德寺刊本, 閔泳珪 소장.

《안락국전》한국정신문화연구원 장서각 소장.

《안락국전》연세대학교 도서관 소장.

《현행경現行經》康熙 49년(1710)七佛寺刊本, 閔泳珪 소장.

《중간옥력지보초重刊玉歷至寶鈔》宣統己酉(1890)本, 北京.

李能和, 〈조선무속고朝鮮巫俗考〉(1927)《계명啓明》19호, 서울: 계명구락부.

高橋亨, 《이조불교李朝佛敎》(1929) 京城: 經書院.

Rasmussen, K., 《Rasmussens Thulefahrt》(1934) Frankfurt.

Shirokogoroff, S. M., 《Psychomental Complex of the Tungus》(1935) London: Kegan paul, Trench, Trubner & Co.

赤松智城·秋葉隆, 《朝鮮巫俗の研究》(1937) 上卷, 東京·京城: 大阪屋號書店.

赤松智城·秋葉隆, 《朝鮮巫俗の研究》(1937) 下卷, 東京·京城: 大阪屋號書店.

秋葉隆, 《朝鮮巫俗の現地研究》(1950) 天理: 養德社.

Duyvendak, J.J.L., 〈A Chinese 'Divina Commedia'〉(1952)《통보通報 *T'oung Pao*》 vol. XLI, Leiden: E. J. Brill.

閔泳珪, 〈月印釋譜 第七·第八 景印 開題〉(1955)《국고총간國故叢刊》제5, 연세대학교 동방학연구소.

Eliade, M., 《Shamanism》(1964) New York: Bollingen Foundation.

Aristophanes, 《The Wasps, The Poet and the Women, The Frogs》(1964) Penguin Classics.

金泰坤, 《황천무가연구黃泉巫歌研究》(1966) 서울: 創又社.

張德順, 〈저승과 영혼〉(1973)《한국 사상의 원천》서울: 博英社.

閔泳珪, 《예루살렘 입성기》(1976) 연세대학교출판부.

柳東植, 《한국 무교의 역사와 구조》(1975) 연세대학교출판부.

史在東, 《불교계 국문 소설의 형성 과정 연구》(1977) 서울: 아세아문화사.

金烈圭, 《한국 신화神話와 무속 연구》(1977) 서울: 一潮閣.

崔吉城, 《한국 무속巫俗의 연구》(1978) 서울: 아세아문화사.

徐大錫, 《한국 무가巫歌의 연구》(1980) 서울: 문학사상사.

玄容駿, 《제주도 무속 자료사전》(1980) 서울: 신구문화사.

Goodrich, A. S., 《중국 지옥 Chinese Hells》(1981) St. Augustin: Monumenta Serica.

金泰坤, 《한국 무속 연구》(1981) 서울: 집문당.

조흥윤, 《한국의 무》(1983) 서울: 정음사.

安震湖편, 《석문의범釋門儀範》(1984) 서울: 法輪社.

Le Goff, J., 《The Birth of Purgatory》(1984) The University of Chicago Press.

姜晶植, 〈제주 무가巫歌 이공본의 구비서사시적 성격〉(1987) 한국정신문화연구원 석사 학위 논문.

中村元, 《불교어대사전佛敎語大辭典》(1987) 東京: 東京書籍.

鄭鉒東 · 俞昌均, 《진본珍本 청구영언靑丘永言》(1987) 서울: 明文堂.

Eliade, M.(ed.), 《The Encyclopedia of Religion》(1987) New York: Macmillan Publishing Co.

황루시, 《한국인의 굿과 무당》(1988) 서울: 文音社.

河孝吉, 〈새〔鳥〕·용왕선고龍王船考〉(1989) 《무속 신앙》 민속학회편, 서울: 敎文社.

홍윤식 · 윤열수, 《불화》(1989) 빛깔 있는 책들 50, 서울: 대원사.

吉岡義豊, 《道敎の硏究》(1989) 東京: 五月書房.

이수자, 〈저승, 이승의 투사물로서의 공간〉(1990) 《죽음이란 무엇인가》 서울: 도서출판 창.

최길성, 《한국무속지韓國巫俗誌 1》(1992)(전남 · 전북 · 경남편) 서울: 아세아문화사.

최길성, 《한국무속지韓國巫俗誌 2》(1992)(경북 · 강원 · 제주 · 서울 · 황해도편) 서울: 아세아문화사.

이기선 · 안장헌 · 윤열수, 《지옥도》(1992) 빛깔 있는 책들 119, 서울: 대원사.

Turner, Alice K., 《The History of Hell》(1993) New York, London: Harcourt Brace & Co.

李政(編), 《한국불교인명사전韓國佛敎人名辭典》(1993) 서울: 불교시대사.

閔泳珪, 《사천강단四川講壇—서여문존기이西餘文存其二》(1994) 서울: 又半.

東國譯經院, 《한글대장경 기세인본경起世因本經》(1994) 동국대학교.

단테(최현 옮김), 《신곡》(1994) 상 · 하, 서울: 범우사.

Teiser, S. F., 《The Scripture on the Ten Kings》(1994) Honolulu: University of Hawaii Press.

東國譯經院, 《한글대장경 정법염처경正法念處經》(1995) 동국대학교.

자크 르 고프(최애리 옮김), 《연옥의 탄생》(1995) 서울: 문학과지성사.

오형근, 《불교의 영혼과 윤회관》(1995) 서울: 새터.

Pagels, E., 《The Origins of Satan》(1995) New York: Random House.

中村元・早島鏡正・紀野一義 譯註, 《정토삼부경淨土三部經》(1995) 上・下, 東京: 岩波文庫.

서울새남굿보존회편, 《서울새남굿 신가집》(1996) 서울: 문덕사.

金廷禧, 《조선 시대 지장시왕도 연구》(1996) 서울: 一志社.

문화재관리국, 《남해안별신굿 종합조사보고서》(1996) 서울.

질베르 뒤랑(진형준 옮김), 《상상력의 과학과 철학》(1997) 서울: 살림.

김헌선, 《한국 화랭이무속의 역사와 원리 1》(1997) 서울: 지식산업사.

조동일, 《동아시아 구비서사시의 양상과 변천》(1997) 서울: 문학과 지성사.

조흥윤, 《한국 무의 세계》(1997) 서울: 민족사.

조흥윤, 《무—한국 무의 역사와 현상》(1997) 서울: 민족사.

洪泰漢, 《서사 무가 〈바리공주〉 연구》(1997) 경희대학교 박사 학위 논문.

국립문화재연구소, 《서울새남굿》(1998) 한국의 중요무형문화재 12, 서울.

질베르 뒤랑(유평근 옮김), 《신화 비평과 신화 분석》(1998) 서울: 살림.

문무병, 《제주도 무속 신화》(1998) 제주: 칠머리당굿보존회.

앨리스 K. 터너(이찬수 옮김), 《지옥의 역사》(1998) I・II, 서울: 동연.

3. 한국 샤머니즘과 세계 종말

《월인석보月印釋譜》卷八.

연세대학교 중앙도서관 소장 《안락국뎐》(《규호소적閨壺消寂》 수록 19장본).

——, 《안락국젼》(29장본).

한국정신문화연구원 藏書閣 소장 《알락국젼》(17장본).

국립중앙도서관 소장 《안락국젼》(21장본).

Hentze, C., 〈Schamanenkronen zur Hanzeit in Korea〉(1933) 《Ostasiatische Zeitschrift》 IX(XIX), Heft 5, Berlin und Leipzig.

安震湖編, 《석가여래십지행록釋迦如來十地行錄》(1936) 京城: 卍商會.

赤松智城・秋葉隆, 《朝鮮巫俗の研究》(1937) 上卷, 東京・京城: 大阪屋號書店.

閔泳珪, 〈月印釋譜 第七・第八 景印 開題〉(1955) 《국고총간國故叢刊》 제5, 서울: 연희대학교.

Whitehead, A. N., 《Modes of Thought》(1968) The Free Press, New York

Eliade, Mircea, 《Shamanism—Archaic Techniques of Ecstasy》(1970) Bollingen Series LXXVI, New York.

——, 《The Myth of the Eternal Return》(1971) Bollingen Series XLVI, Princeton Univ. Press.

——, 《Rites and Symbols of Initiation》(1975) Harper & Row Publishers, New York & London.

權相老編, 《한국사찰전서韓國寺刹全書》(1979) 上卷, 서울: 동국대학교출판부.

Ende, Michael, 《Die unendliche Geschichte》(1979) K. Thienemanns Verlag, Stuttgart.

金泰坤, 《한국의 무속 신화》(1985) 서울: 집문당.

中村 元 · 早島鏡正 · 紀野一義譯註, 《淨土三部經》(1990) 上 · 下, 東京: 岩波書店

Pals, D. L., 《Seven Theories of Religion》(1996) Oxford Univ. Press, New York & Oxford.

시몬 비에른(이재실 옮김), 《통과제의와 문학》(1996) 서울: 문학동네.

조동일, 《동아시아 구비서사시의 양상과 변천》(1997) 서울: 문학과지성사.

질베르 뒤랑(진형준 옮김), 《상상력의 과학과 철학》(1997) 서울: 살림.

——, (유평근 옮김), 《신화 비평과 신화 분석》(1998)서울: 살림.

움베르토 에코, 장 들뤼모, 장 클로드 카리에르, 스티븐 제이 굴드, 《시간의 종말》(1999) 서울: 끌리오.

趙興胤, 〈한국지옥 연구—무의 저승〉(1999) 《샤머니즘 연구》 제1집, 한국샤머니즘학회, 서울.

조흥윤, 《한국의 샤머니즘》(1999) 서울: 서울대학교출판부.

4. 한국 신령의 체계와 성격

《삼국사기三國史記》
《삼국유사三國遺事》
《고려사高麗史》
《세종실록世宗實錄》
Landis, E., B., 〈Notes on the Exorcism of Spirits in Korea〉(1897) 《China Review》 Vol. XXI, No. 6, Hongkong.

Jones, G. H., 〈The Spirit Worship of the Koreans〉(1902) 《Transactions of the Korea Branch of the Royal Asiatic Society》 Vol. II, No. 2, pp.37–58, Seoul.

Bishop, I. B., 《Korea and Her Neighbours》(1905) Vol. II, London.

Hulbert, H. B., 《The Passing of Korea》(1906) Seoul.

Underwood, H. G., 《The Religions of the East Asia》(1910) New York: Macmillan.

Otto, R., 《Das Heilige》(1927) Breslau.

李能和, 〈조선무속고朝鮮巫俗考〉(1917) 《계명啓明》 제19호, 서울: 啓明俱樂部.

Clark, C. A., 《Religions of old Korea》(1929) Pyŏngyang.

村山智順, 《朝鮮の鬼神》(1929) 朝鮮總督府.

村山智順, 《朝鮮の巫覡》(1932) 朝鮮總督府.

赤松智城 · 秋葉隆, 《朝鮮巫俗の研究》(1938) 下卷, 東京 · 京城: 大阪屋號書店.

Wach, J., 《The Comparative Study of Religions》(1963) New York: Columbia Univ. Press.

金泰坤, 〈한국 무신巫神의 종류〉(1969) 《국제대학논문집國際大學論文集》 국제대학, Vol. 7, pp.71-84.

金泰坤, 〈한국 무신의 계통〉(1970) 《한국문화인류학韓國文化人類學》 한국 문화인류학회, 제3집, pp.69-78.

金尙寶, 《무속 · 불교 · 유교를 통하여 본 식생활 문화 및 그 의식 절차에 대한 연구—서울 지방을 중심으로》(1974) 이화여자대학교 교육대학원 석사학위논문.

柳東植, 《한국 무교巫敎의 역사와 구조》(1975) 연세대학교출판부.

文相熙, 〈한국의 샤머니즘〉(1975) 《종교란 무엇인가》 pp.123-189, 서울: 분도출판사.

Vos, F., 《Die Religionen Koreas》(1977) Stuttgart & Köln: Verlag W. Kohlhammer.

金仁會, 《한국인의 가치관—무속巫俗과 교육철학》(1979) 서울: 文音社.

F. 카푸라(李成範 · 金鎔貞 공역), 《현대 물리학과 동양 사상》(1979) 서울: 범양사출판부.

金泰坤, 《한국 무속 연구》(1981) 서울: 集文堂.

Jung Young Lee, 《Korean Schmanistic Rituals》(1981) The Hague, Paris & New York: Mouton Publishers.

조흥윤, 《한국의 무》(1983) 서울: 정음사.

Cho Hung-youn, 《Mudang—Der Werdegang Koreanischer Schamanen an Beispiel der Lebensgeschichite des Yi Chi-san》(1983) Gesellschaft für Natur-und Völkerkunde Ostasiens e.V., Mitteilungen Bd. 93, Hamburg.

趙興胤, 〈샤머니즘〔巫〕 연구에 대하여〉(1984) 《동방학지東方學志》 연세대학교 국학연구원, 제43집, pp.223-256.

李恩奉, 《한국 고대 종교 사상》(1984) 서울: 집문당.

조흥윤, 〈잡귀잡신 풀이〉(1985) 《문화예술》 한국문화예술진흥원, Vol. 12, No. 102, pp.37-43.

루돌프 옷토(길희성 옮김), 《성스러움의 의미》(1987) 왜관: 분도출판사.

Eliade, M.(ed.), 《The Encyclopedia of Religion》(1987) Vol. 6, New York: Macmillan Publishing Co.

요하임 바하(김종서 역), 《비교종교학》(1988) 대우학술총서 · 번역 14, 서울: 민음사.

조홍윤, 〈잡귀잡신雜鬼雜神 연구〉(1988) 《종교 신학 연구》 서강대학교 종교신학연구소, 제1집, pp.79-98.

이필영, 〈초기 기독교 선교사의 민간 신앙 연구〉(1989) 《서양인의 한국 문화 이해와 그 영향》 동서문화연구소 엮음, pp.167-217, 한남대학교출판부.

조홍윤, 《무와 민족 문화》(1990) 서울: 민족문화사.

최길성, 《한국무속지韓國巫俗誌》(1992)(1, 전남·전북·경남편) 서울: 아세아문화사.

최길성, 《한국무속지韓國巫俗誌》(1992)(2, 경북·강원·제주·서울·황해편) 서울: 아세아문화사.

趙興胤, 〈무교사상사巫敎思想史〉(1992) 《한국종교사상사韓國宗敎思想史》 IV, 金洪喆·金相日·趙興胤 공저, 연세대학교출판부, pp.221-333.

조홍윤, 〈천신天神에 관하여〉(1993) 《동방학지東方學志》 연세대학교 국학연구원, 제77·78·79 합집, pp.13-40.

閔泳珪, 《강화학江華學 최후의 광경—서여문존기일西餘文存其一》(1994) 서울: 又半.

조홍윤, 〈한국문화론〉(1995a) 《문화론 하나》 한국민족학회편, pp.11-35, 서울: 문덕사.

조홍윤, 〈한국 사회의 원형적 도덕률과 그 변동〉(1995b) 《민족학연구民族學硏究》 한국 민족학회 제1집, pp.205-266, 서울: 문덕사.

최광식, 《고대 한국의 국가와 제사》(1995) 서울: 한길사.

조홍윤, 〈한민족의 기원과 샤머니즘〉(1996) 《한국 민족의 기원과 형성 (下)》 趙興胤외 3인, pp.9-53, 서울: 小花.

서울대학교 규장각, 《무당내력巫黨來歷》(1996) 서울.

Capra, F., 《The Web of Life》(1996) New York & London: Anchor Books.

義相撰(金知見譯), 《일승법계도합시일인一乘法界圖合詩一印》(1997) 서울: 초롱.

문화체육부, 《한국의 종교 현황》(1997) 서울.

조홍윤, 《한국 무의 세계》(1997a) 서울: 민족사.

조홍윤, 《무—한국 무의 역사와 현상》(1997b) 서울: 민족사.

조홍윤, 〈산신제 개관〉(1997c) 《계룡산 산신제 복원 조사보고서》 공주시·공주민속극박물관편, pp.1-19, 공주.

6. 한국의 넋건지기—삼천궁녀제와 관련하여

《안락국전》 연세대학교 중앙도서관 소장본.

《옥력경세편玉歷警世篇》.

Eliade, Mircea, 《The Myth of the Eternal Return》(1971) Bollingen Series

LXXVI, New York.

柳東植,《한국 무교巫敎의 역사와 구조》(1975) 연세대학교 출판부.

최길성,《한국무속지韓國巫俗誌1》(1992)(전남·전북·경남편), 서울:아세아문화사.

최길성,《한국무속지韓國巫俗誌 2》(1992)(경북·강원·제주·서울·황해도편), 서울: 아세아문화사.

조흥윤,〈화랑의 종교 문화〉(1995)《화랑 문화의 신연구》향토사연구회전국협의회편, 서울: 문덕사.

질베르 뒤랑(진형준 옮김),《상상력의 과학과 철학》(1997) 서울: 살림.

질베르 뒤랑(유평근 옮김),《신화 비평과 신화 분석》(1998) 서울: 살림.

조흥윤,〈한국 지옥 연구—무의 저승〉《민족과 문화》(1998) 한양대학교 민족학연구소, 제7집, 서울.

조흥윤,《한국의 샤머니즘》(1999) 서울대학교 출판부, 서울.

조흥윤,〈안락국전 연구—원앙부인본풀이〉(2000)《샤머니즘 연구》한국 샤머니즘학회, 제2집, 서울.

8. 최수운(崔水雲)과 민중 신앙

李能和,〈조선무속고朝鮮巫俗考〉(1927)《계명啓明》제19호, 서울: 계명구락부.

Clark, C. A.,《Religions of Old Korea》(1929) Pyŏngyang.

李敦化,《천도교창건사天道敎創建史》(1933) 서울.

赤松智城·秋葉隆,《韓國巫俗の 研究》(1938) 下, 東京: 大阪屋號書店.

李瑄根,《한국사韓國史》(1961)(최근세편) 震檀學會편, 서울: 을유문화사.

Wach, Joachim,《The Comparative Study of Religions》(1963) New York: Colombia Univ. Press.

Eliade, Mircea,《Shamanism—Archaic Techniques of Ecstasy》(1972) Princeton Univ. Press.

趙鏞一,〈동학의 사상적 배경〉(1973)《한국사상총서韓國思想叢書》Ⅲ, 한국사상연구회, pp.156-187, 서울.

李符永,〈최수운崔水雲의 신비 체험—Jung 심리학의 입장에서〉(1974)《한국사상韓國思想》한국사상연구회, 제11집, pp.5-30, 서울.

金光日,〈최수운崔水雲의 종교 체험〉(1974)《한국사상韓國思想》한국사상연구회, 제12집, pp.63-79,서울.

柳東植,《한국 무교巫敎의 역사와 구조》(1975) 연세대학교출판부.

李基白,《한국사신론韓國史新論》(1976) 서울: 一潮閣.

金仁煥,〈19세기 동학사상東學思想의 성격性格〉(1982)《19세기 한국 전통 사회의 변모와 민중 의식》陳德奎 외, 고려대학교 민족문화연구소, pp.91-150, 서울.

김범보, 《풍류 정신》(1986) 서울: 정음사.

요하임 바하(김종서역), 《비교종교학》(1988) 대우학술총서·번역 114, 서울: 민음사.

조흥윤, 〈신흥 종교〉(1994) 《한국인의 종교》 윤이흠 외 6인, pp.205-232, 서울: 문덕사.

조흥윤, 《무와 민족 문화》(1990) 서울: 민족문화사.

조흥윤, 〈동학혁명의 문화적 의미〉(1994) 《계간연세 진리·자유》 봄호, 제20호, pp.27-32, 연세대학교.

차옥숭, 〈천도교의 구원관〉(1995) 《이성과 신앙》 수원가톨릭대학, 제9호, pp.112-150, 수원가톨릭대학출판부.

조흥윤, 〈화랑의 종교 문화〉(1995) 《화랑 문화의 신연구》 한국 향토사연구전국협의회, pp.267-294, 서울: 문덕사.

조흥윤, 《무—한국 무의 역사와 현상》(1997) 서울: 민족사.

조흥윤, 〈영남 지역의 민중 신앙〉(1997) 《인문과학人文科學》 경북대학교 인문과학연구소, 제11집, pp.181-198, 대구.

愼鏞廈, 〈수운 최제우의 동학의 창도〉(1997) 《동학 연구》 한국동학학회, 창간호, pp.1-32, 서울.

9. 한국 단군 신앙의 실태

단군마니숭조회, 《단군마니소경전檀君摩尼小經典과 진해眞解》(1987) 서울.

文相熙, 〈한국 신흥 종교의 계보와 기본 교리〉(1973) 《월간 대화》 크리스챤아카데미, 제39호.

문화부, 《한국의 종교 현황》(1990)

문화공보부, 《한국의 종교》(1989)

신정일, 〈한얼교〉(1986) 《전환기의 한국 종교》 서울대 종교학과 종교문화연구실편, 서울: 집문당.

安啓賢, 《한국 불교사 연구》(1982) 서울, 同和出版公司.

우원상, 〈대종교大宗敎〉(1986) 《전환기의 한국 종교》 서울대 종교학과 종교문화연구실편, 서울: 집문당.

尹以欽, 〈민족 종교民族宗敎〉(1987) 《사회 변동과 한국의 종교》 韓國精神文化研究院研究論叢.

李康五, 〈단군 신앙 총론 I〉(1968) 《전북대학교논문집》 제10집.

李康五, 〈한국의 단군사묘檀君祠廟〉(1970) (문교부 연구보고서).

李康五, 〈신흥 종교 I〉(1984) 《한국 민속대관韓國民俗大觀》 III권, 고려대학교 민족문화연구소.

李康五, 〈단군 신앙의 실태 분석〉(1987) 《정신문화연구》 韓國精神文化研究院, 통권 제32호.

이경우, 《한국 신흥 종교 개요》(1978) 한국 새종교 연구원.

李亨求, 《한국 고대 문화의 기원》(1991) 서울: 까치.

이병도·최태영, 《한국상고사입문韓國上古史入門》(1989) 서울: 고려원.

조흥윤, 〈신흥 종교〉(1987) 《한국인의 종교》 pp.143-168. 서울: 정음사.

조흥윤, 《무와 민족 문화》(1990) 서울: 민족문화사.

조흥윤, 〈천신天神에 관하여〉(1993) 《동방학지東方學志》 제77·78·79합집, 연세대학교국학연구원.

게르노트 프루너, 〈신흥 종교는 사교인가(上)〉(1976) 《월간 세대》 5월호, pp.268-279 서울.

韓相福·李文雄·金光億, 《문화인류학개론文化人類學槪論》(1985) 서울대학교출판부.

村山智順, 《朝鮮の類似宗敎》(1935) 京城.

R. F. Ellen, 《Ethnographic Research》(1984) London & San Francisco: Academic Research.

10. 신흥 종교

村山智順, 《朝鮮の類似宗敎》(1935) 京城.

文相熙, 〈한국 신흥 종교의 계보와 기본 교리〉(1973) 《월간 대화》 제39호, 크리스챤아카데미.

게르노트 프루너, 〈신흥 종교는 사교邪敎인가〉(1976) 《월간 세대》 5월호.

이경우, 《한국 신흥 종교 개요》(1978) 한국 새종교연구원.

黃善明·安晋吾 외, 《한국 근대 민중 종교 사상》(1978) 서울.

李康五, 〈신흥 종교 I〉(1984) 《한국 민속 대관》 vol. III, 고려대학교 민족문화연구소.

柳炳德 외, 《한국 민중 종교 사상론》(1985) 서울.

서울대학교 종교학과 종교문화연구실편, 《전환기의 한국 종교》(1986) 서울.

尹以欽, 〈민족 종교〉(1987) 《사회 변동과 한국의 종교》 한국정신문화연구원 연구논총 87-3.

文化公報部, 《한국의 종교》(1989) 서울.

조흥윤, 〈민족 종교의 나아갈 길〉(1989) 《한국 사회와 종교》 한국종교협의회편, 서울.

조흥윤, 〈민족 및 고유 종교의 성찰과 전망〉(1989) 《1945년 이후 한국 종교의 성찰과 전망》 한국종교사회연구소편, 서울.

한국민족종교협의회편, 《한국 민족 종교 총람》(1992) 서울.

조흥윤, 〈해방 후의 민족 종교〉(1993) 《한국 종교 연감 1993》 한국종교사회연구소, 서울.

12. 한국 종교의 비리와 제도적 개혁

E. Durkheim(노치준 · 민혜숙 역), 《종교 생활의 원초적 형태》(1992) 서울:민영사.

김종서, 〈오늘의 한국 사회와 종교〉(1989) 《한국 사회와 종교》 한국종교연구회편, 서울: 신명출판사.

공종원, 〈내일의 한국 사회와 종교—언론인의 입장에서〉(1989) 《한국 사회와 종교》 한국종교연구회편, 서울: 신명출판사.

김경동, 《사회악과 사교邪敎 운동》(1957) 서울: 기문사.

김광일, 〈기독교 치병 현상에 관한 정신의학적 조사 연구〉(1982) 《한국 교회 성령 운동의 현상과 구조》 서광선 외 4인, 서울: 대화출판사.

노치준, 〈해방 후 한국 종교 조직의 변천과 특성에 관한 연구〉(1993) 《현대 한국 종교 변동 연구》 한국정신문화연구원 연구 논문.

——, 〈한국 교회의 개교회주의에 관한 연구〉(1993) 《기독교 사상》 5월호.

성락승, 〈종교 행정의 실제〉(1991) 《한국의 종교와 종교법》 서울: 민족문화사.

양건, 〈한국의 종교법제와 그 기본 문제〉(1991) 《한국의 종교와 종교법》서울: 민족문화사.

유동식, 《한국 종교와 기독교》(1965) 대한기독교서회.

——, 《한국 무교巫敎와 역사와 구조》(1975) 연세대학교출판부.

윤이흠, 〈한국 종교계의 현황과 당면 문제〉(1986) 《전환기의 한국 종교》 서울대학교 종교학과 종교문화연구실편, 서울: 집문당.

——, 〈한국 종교 개관〉(1987) 《한국인의 종교》 윤이흠 외 7인, 서울: 정음사.

이기백, 《한국사신론》(1976) 서울: 一潮閣.

이원규, 〈해방 후 한국인의 종교 의식 구조 변천 연구〉(1993) 《현대 한국 종교 변동 연구》 한국정신문화연구원 연구 논문.

조흥윤, 《한국의 무》(1983) 서울: 정음사.

——, 《무와 민족 문화》(1990) 서울: 민족문화사.

——, 〈전통 문화 진흥과 종교〉(1990) 《한국 종교와 문화 발전》 한국문화예술진흥원 '90년 종교세미나.

——, 〈해방 후의 민족 종교〉(1993) 《한국 종교 연감 1993》 한국종교사회연구소편.

———, 〈문화 향수층의 공동체적 참여 방안〉(1992) 《지역 발전에 기여하는 문화의 역할》 한국문화원연합원 창립 30주년 기념 국제학술대회 발표 논문.

문화공보부종무실편, 《한국의 종교 제도》(1989)

———, 《외국의 종교 제도》(1989)

한국갤럽조사연구소, 《한국인의 종교와 종교 의식》(1990)

〈90년대 즈음한 한국 교회의 실상〉 《사목》 2, 1991.

색 인

신바트(Cinvat) 다리 46
신병 神病 43,44,53,54,183,188
신병 체험 神病體驗 44,53
신부모 神父母 199
신비주의 236
〈신선세턴님청배〉 57,74
신안통 神眼通 185
신용하 愼鏞廈 181,182,187
신인조화 神人調和 258
신장 37,84,89,90
신장거리 100,101,104
신칼 36,37
신화 神話 36,39,40,41,43,44,54,56,59,68,69,
　　70,71,74,75,76,77,78,79,80,81,106,153,181,200
신화적 시간 mythical time 69,70,72,81
신태집 60
신통 神統 87,89,92,93,94,110
신화적 상상력 神話的想像力 38
신흥 종교 新興宗敎 8,13,24,25,84,85,164,
　　179,180,200,203,204,205,206,207,210,222,223,
　　224,225,226,227,228,230,234,235,236,237,238,
　　239,240,241,242,243,246,247,248,254,263,267,
　　281,284
신흥 종교연합 운동 228
실학 實學 15,251
심수법 心水法 235
심우성 沈雨晟 10
심인불교 心印佛敎 236
십대왕 28,35,37,38,45,48,49,105
쌍궤새남 66
씻김굿 20,33,61,150
아귀 28,148
아카마츠〔赤松智城〕 32,37,52,87,89,91,92,93,
　　94,96,97,99,104,109
아키바〔秋葉隆〕 32,33,37,40,52,65,87,91,196
아리스토파네스 Aristophanes 45
아미타불 52,61,73
아오야마문고〔青山文庫〕 75

〈악양국왕자노래〉 57,58,59,74
안당사경맞이 35
안락국 安樂國 59,60,73,74,76,77,78,79,80
〈안락국전〉 57,58,59,60,74,79,148
〈안락국태자경安樂國太子經〉 57,58,59,60,
　　61,74,75
〈안락국태자경변상
　　安樂國太子經變相〉 75
《안락국태자전》 50,58
안진호 安震湖 63,64,75
알 42,43
알라 202
애기무당 54
어천절 213,214,215,218
에스겔 78
엘리아데 Eliade, M. 43,53,56,69,70,81
양반 관료층 兩班官僚層 16,19,108,165,
　　174,194,250,253,254
엑스터시 70
여호와 78
여호와의 증인 236
역사적 시간 historical time 69,70,72,81
연등회 燃燈會 15,127
연옥 煉獄; purgatory 27,28,29
연지당 36,51
연화 蓮花 50
연화대 극락 세계 51
염라천자 閻羅天子 64
영가무도교 詠歌舞蹈敎 230
영랑 永郎 124,125,126
영산맞이 60
영산재 靈山齋 63
영실 35,36,37,151
영웅 설화 42
예루살렘 46
《예루살렘 입성기入城記》 29
예수 豫修 79
예수재 豫修齋 33,80,182,183,202

오구굿 33,66
오구대왕풀이 57,60
오도전륜대왕 五道轉輪大王 28
오방불교 五方佛敎 230
오방신장 95,104
오음주 五音呪 229,230
《옥력玉歷》 49
《옥력경세편玉歷警世篇》 156
《옥력지보초玉歷至寶鈔》 27,63
옥황상제 57,94
요아힘 바흐 Joachim Wach 12,98,185
《용담유사龍潭遺詞》 190,229
용선 龍船 60,61,73,80
용신 龍神 89,106,139,152,154,155
용신굿 149,151
용왕 96,150,152,153,154
용왕선 60
왕생게 往生偈 59,73,77,78,80
왕생극락 往生極樂 35
왕생 신앙 61
우담바라화 優曇鉢羅花 50,73,148
우사 雨師 108,131
운도공사 運度公事 231
운사 雲師 108,131
웅녀 熊女 42,108
원광 圓光 141
원광대학교 圓光大學校 237
원불교 圓佛敎 225,227,237,287
원시반본 原始返本 258
원앙부인 鴛鴦夫人 72,73,76,77,78,79,80,81
〈원앙부인극락왕생연
　　鴛鴦夫人極樂往生緣〉 58,79
원형 archetype 69,70,75,158,241
원화 源花 120,122,123
월명사 月明師 137,138,141
〈위지동이전魏志東夷傳〉 193
유교 儒敎 13,14,15,17,23,24,37,84,85,108,117,
　　121,122,129,142,145,161,164,165,185,194,197,
　　223,224,225,230,244,246,250,254,256,257,258,
　　263,265,279,284,285
유교계 234
유동식 柳東植 67,93,100,101,111,126,129,
　　130,192,275
유령춤 the Ghost Dance 70
유례화 儒禮化 16,17,194,195
유리태자 59
유마(Yuma) 인디언 70
유일신교 Urmonotheismus 109,202
유화 柳花 42,43
윤이흠 尹以欽 9,210,218,219
윤회 전생 輪廻轉生 28
융천사 融天師 138
음사 淫祀 16,19
음양론 陰陽論 70,264
음주가무 飮酒歌舞 17,20,21,127,129,135,
　　142,194,196,280
〈이공본풀이〉 50,56,57,58,59,61,74
이강오 李康五 200,201,202,203,205,214
이경우 李景雨 201
이기동 李基東 116,117
이기백 李基白 118
이기선 31
이능화 李能和 32,40,48,62,64,66,89,91,126
이돈화 李敦化 172,184
이부영 李符永 181,182,185,188,189
이선근 李瑄根 186,191
이선평 李仙平 225,234
이선풍 233
이수광 李睟光 144
이순화 李順和 235
이슬람 24,46,202
이슬람교 238
이승 26,39,45,52,54,57,66,76,77,78
이승다리 37,61
이씨별상 89,95,104
이용구 李容九 229

조흥윤 趙興胤
연세대학교 사학과, 독일 함부르크대학 졸업. 철학박사
한양대학교 문화인류학과 교수, 한양대학교 민족학연구소 소장
저 서: 《Koreanischer Schamanismus》《한국의 巫》《箕山風俗圖帖》
《巫와 민족 문화》《향토 축제 활성화를 위한 모형 개발 연구》
《한국 巫의 세계》《巫—한국 무의 역사와 현상》《촉도장정》
《한국의 샤머니즘》《한국의 원형 신화 원앙부인본풀이》《한국문화론》
《그림으로 본 19세기 한국 풍속과 민중 의식》 외 역서·공저 다수

현대신서
95

한국종교문화론

초판발행 : 2002년 3월 10일

지은이 : 趙興胤
펴낸이 : 辛成大
펴낸곳 : 東文選
제10-64호, 78. 12. 16 등록
110-300 서울 종로구 관훈동 74
전화 : 737-2795

편집설계: 韓仁淑 李姃昙

ISBN 89-8038-211-1 04200
ISBN 89-8038-050-X (현대신서)

【東文選 現代新書】

1 21세기를 위한 새로운 엘리트	FORESEEN 연구소 / 김경현	7,000원
2 의지, 의무, 자유 ─ 주제별 논술	L. 밀러 / 이대회	6,000원
3 사유의 패배	A. 핑켈크로트 / 주태환	7,000원
4 문학이론	J. 컬러 / 이은경 · 임옥희	7,000원
5 불교란 무엇인가	D. 키언 / 고길환	6,000원
6 유대교란 무엇인가	N. 솔로몬 / 최창모	6,000원
7 20세기 프랑스철학	E. 매슈스 / 김종갑	8,000원
8 강의에 대한 강의	P. 부르디외 / 현택수	6,000원
9 텔레비전에 대하여	P. 부르디외 / 현택수	7,000원
10 고고학이란 무엇인가	P. 반 / 박범수	근간
11 우리는 무엇을 아는가	T. 나겔 / 오영미	5,000원
12 에쁘롱 ─ 니체의 문체들	J. 데리다 / 김다은	7,000원
13 히스테리 사례분석	S. 프로이트 / 태혜숙	7,000원
14 사랑의 지혜	A. 핑켈크로트 / 권유현	6,000원
15 일반미학	R. 카이유와 / 이경자	6,000원
16 본다는 것의 의미	J. 버거 / 박범수	10,000원
17 일본영화사	M. 테시에 / 최은미	7,000원
18 청소년을 위한 철학교실	A. 자카르 / 장혜영	7,000원
19 미술사학 입문	M. 포인턴 / 박범수	8,000원
20 클래식	M. 비어드 · J. 헨더슨 / 박범수	6,000원
21 정치란 무엇인가	K. 미노그 / 이정철	6,000원
22 이미지의 폭력	O. 몽젱 / 이은민	8,000원
23 청소년을 위한 경제학교실	J. C. 드루엥 / 조은미	6,000원
24 순진함의 유혹 〔메디시스賞 수상작〕 P. 브뤼크네르 / 김웅권		9,000원
25 청소년을 위한 이야기 경제학	A. 푸르상 / 이은민	8,000원
26 부르디외 사회학 입문	P. 보네위츠 / 문경자	7,000원
27 돈은 하늘에서 떨어지지 않는다	K. 아른트 / 유영미	6,000원
28 상상력의 세계사	R. 보이아 / 김웅권	9,000원
29 지식을 교환하는 새로운 기술	A. 벵토릴라 外 / 김혜경	6,000원
30 니체 읽기	R. 비어즈워스 / 김웅권	6,000원
31 노동, 교환, 기술 ─ 주제별 논술	B. 데코사 / 신은영	6,000원
32 미국만들기	R. 로티 / 임옥희	근간
33 연극의 이해	A. 쿠프리 / 장혜영	8,000원
34 라틴문학의 이해	J. 가야르 / 김교신	8,000원
35 여성적 가치의 선택	FORESEEN연구소 / 문신원	7,000원
36 동양과 서양 사이	L. 이리가라이 / 이은민	7,000원
37 영화와 문학	R. 리처드슨 / 이형식	8,000원
38 분류하기의 유혹 ─ 생각하기와 조직하기 G. 비뇨 / 임기대		7,000원
39 사실주의 문학의 이해	G. 라루 / 조성애	8,000원
40 윤리학 ─ 악에 대한 의식에 관하여 A. 바디우 / 이종영		7,000원
41 흙과 재 〔소설〕	A. 라히미 / 김주경	6,000원

84 조와(弔蛙)　　　　　　　　　　　金敎臣 / 노치준·민혜숙　　　　　8,000원
85 역사적 관점에서 본 시네마　　　J. -L. 뢰트라 / 곽노경　　　　　　근간
86 욕망에 대하여　　　　　　　　　M. 슈벨 / 서민원　　　　　　　　8,000원
87 산다는 것의 의미·1—여분의 행복　　P. 쌍소 / 김주경　　　　　　7,000원
88 철학 연습　　　　　　　　　　　M. 아롱델-로오 / 최은영　　　　8,000원
89 삶의 기쁨들　　　　　　　　　　D. 노게 / 이은민　　　　　　　　6,000원
90 이탈리아영화사　　　　　　　　　L. 스키파노 / 이주현　　　　　　8,000원
91 한국문화론　　　　　　　　　　　趙興胤　　　　　　　　　　　　10,000원
92 현대연극미학　　　　　　　　　　M. -A. 샤르보니에 / 홍지화　　　8,000원
93 느리게 산다는 것의 의미·2　　　P. 쌍소 / 김주경　　　　　　　　7,000원
94 진정한 모럴은 모럴을 비웃는다　　A. 에슈고엔 / 김웅권　　　　　8,000원
95 한국종교문화론　　　　　　　　　趙興胤　　　　　　　　　　　　10,000원
96 근원적 열정　　　　　　　　　　L. 이리가라이 / 박정오　　　　　9,000원
97 라캉, 주체 개념의 형성　　　　　B. 오질비 / 김 석　　　　　　　근간
98 미국식 사회 모델　　　　　　　　J. 바이스 / 김종명　　　　　　　7,000원
99 소쉬르와 언어과학　　　　　　　P. 가데 / 김용숙·임정혜　　　　10,000원
100 철학적 기본 개념　　　　　　　　R. 페르버 / 조국현　　　　　　　근간
101 철학자들의 동물원　　　　　　　A. L. 브라-쇼파르 / 문신원　　　근간
102 글렌 굴드, 피아노 솔로　　　　　M. 슈나이더 / 이창실　　　　　　근간
103 문학비평에서의 실험　　　　　　C. S. 루이스 / 허 종　　　　　　근간
104 코뿔소 〔희곡〕　　　　　　　　　E. 이오네스코 / 박형섭　　　　　근간
105 제7의 봉인—시놉시스 비평연구　　E. 그랑조르주 / 이은민　　　　근간
106 쥘과 짐—시놉시스 비평연구　　　C. 르 베르 / 이은민　　　　　　근간
107 경제, 거대한 사탄인가?　　　　　P. -N. 지로 / 김교신　　　　　　근간
108 딸에게 들려 주는 작은 철학　　　R. 시몬 셰퍼 / 안상원　　　　　7,000원
109 가짜는 모두 꺼져라—도덕에 관한 에세이　C. 로슈·J. -J. 바레르 / 고수현　　근간
110 프랑스 고전비극　　　　　　　　B. 클레망 / 송민숙　　　　　　　근간

【東文選 文藝新書】

　1 저주받은 詩人들　　　　　　　　A. 뻬이르 / 최수철·김종호　　　개정근간
　2 민속문화론서설　　　　　　　　　沈雨晟　　　　　　　　　　　　40,000원
　3 인형극의 기술　　　　　　　　　A. 훼도토프 / 沈雨晟　　　　　　8,000원
　4 전위연극론　　　　　　　　　　　J. 로스 에반스 / 沈雨晟　　　　12,000원
　5 남사당패연구　　　　　　　　　　沈雨晟　　　　　　　　　　　　10,000원
　6 현대영미희곡선(전4권)　　　　　　N. 코워드 外 / 李辰洙　　　　　절판
　7 행위예술　　　　　　　　　　　　L. 골드버그 / 沈雨晟　　　　　　절판
　8 문예미학　　　　　　　　　　　　蔡 儀 / 姜慶鎬　　　　　　　　절판
　9 神의 起源　　　　　　　　　　　何 新 / 洪 熹　　　　　　　　16,000원
10 중국예술정신　　　　　　　　　　徐復觀 / 權德周　　　　　　　24,000원
11 中國古代書史　　　　　　　　　　錢存訓 / 金允子　　　　　　　14,000원
12 이미지 — 시각과 미디어　　　　　J. 버거 / 편집부　　　　　　　12,000원
13 연극의 역사　　　　　　　　　　　P. 하트놀 / 沈雨晟　　　　　　절판

14 詩 論	朱光潛 / 鄭相泓	9,000원
15 탄트라	A. 무케르지 / 金龜山	10,000원
16 조선민족무용기본	최승희	15,000원
17 몽고문화사	D. 마이달 / 金龜山	8,000원
18 신화 미술 제사	張光直 / 李 徹	10,000원
19 아시아 무용의 인류학	宮尾慈良 / 沈雨晟	절판
20 아시아 민족음악순례	藤井知昭 / 沈雨晟	5,000원
21 華夏美學	李澤厚 / 權 瑚	15,000원
22 道	張立文 / 權 瑚	18,000원
23 朝鮮의 占卜과 豫言	村山智順 / 金禧慶	15,000원
24 원시미술	L. 아담 / 金仁煥	16,000원
25 朝鮮民俗誌	秋葉隆 / 沈雨晟	12,000원
26 神話의 이미지	J. 캠벨 / 扈承喜	근간
27 原始佛敎	中村元 / 鄭泰爀	8,000원
28 朝鮮女俗考	李能和 / 金尙憶	24,000원
29 朝鮮解語花史(조선기생사)	李能和 / 李在崑	25,000원
30 조선창극사	鄭魯湜	7,000원
31 동양회화미학	崔炳植	9,000원
32 性과 결혼의 민족학	和田正平 / 沈雨晟	9,000원
33 農漁俗談辭典	宋在璇	12,000원
34 朝鮮의 鬼神	村山智順 / 金禧慶	12,000원
35 道敎와 中國文化	葛兆光 / 沈揆昊	15,000원
36 禪宗과 中國文化	葛兆光 / 鄭相泓 · 任炳權	8,000원
37 오페라의 역사	L. 오레이 / 류연희	절판
38 인도종교미술	A. 무케르지 / 崔炳植	14,000원
39 힌두교의 그림언어	안넬리제 外 / 全在星	9,000원
40 중국고대사회	許進雄 / 洪 熹	22,000원
41 중국문화개론	李宗桂 / 李宰碩	15,000원
42 龍鳳文化源流	王大有 / 林東錫	17,000원
43 甲骨學通論	王宇信 / 李宰錫	근간
44 朝鮮巫俗考	李能和 / 李在崑	20,000원
45 미술과 페미니즘	N. 부루드 外 / 扈承喜	9,000원
46 아프리카미술	P. 윌레뜨 / 崔炳植	절판
47 美의 歷程	李澤厚 / 尹壽榮	22,000원
48 曼茶羅의 神들	立川武藏 / 金龜山	19,000원
49 朝鮮歲時記	洪錫謨 外/李錫浩	30,000원
50 하 상	蘇曉康 外 / 洪 熹	절판
51 武藝圖譜通志 實技解題	正 祖 / 沈雨晟 · 金光錫	15,000원
52 古文字學첫걸음	李學勤 / 河永三	14,000원
53 體育美學	胡小明 / 閔永淑	10,000원
54 아시아 美術의 再發見	崔炳植	9,000원
55 曆과 占의 科學	永田久 / 沈雨晟	8,000원

56	中國小學史	胡奇光 / 李宰碩	20,000원
57	中國甲骨學史	吳浩坤 外 / 梁東淑	근간
58	꿈의 철학	劉文英 / 河永三	22,000원
59	女神들의 인도	立川武藏 / 金龜山	19,000원
60	性의 역사	J. L. 플랑드렝 / 편집부	18,000원
61	쉬르섹슈얼리티	W. 챠드윅 / 편집부	10,000원
62	여성속담사전	宋在璇	18,000원
63	박재서희곡선	朴栽緒	10,000원
64	東北民族源流	孫進己 / 林東錫	13,000원
65	朝鮮巫俗의 硏究(상·하)	赤松智城·秋葉隆 / 沈雨晟	28,000원
66	中國文學 속의 孤獨感	斯波六郎 / 尹壽榮	8,000원
67	한국사회주의 연극운동사	李康列	8,000원
68	스포츠인류학	K. 블랑챠드 外 / 박기동 外	12,000원
69	리조복식도감	리팔찬	절판
70	娼 婦	A. 꼬르벵 / 李宗旼	22,000원
71	조선민요연구	高晶玉	30,000원
72	楚文化史	張正明	근간
73	시간, 욕망 그리고 공포	A. 꼬르벵	근간
74	本國劍	金光錫	40,000원
75	노트와 반노트	E. 이오네스코 / 박형섭	절판
76	朝鮮美術史硏究	尹喜淳	7,000원
77	拳法要訣	金光錫	10,000원
78	艸衣選集	艸衣意恂 / 林鍾旭	14,000원
79	漢語音韻學講義	董少文 / 林東錫	10,000원
80	이오네스코 연극미학	C. 위베르 / 박형섭	9,000원
81	중국문자훈고학사전	全廣鎭 편역	15,000원
82	상말속담사전	宋在璇	10,000원
83	書法論叢	沈尹默 / 郭魯鳳	8,000원
84	침실의 문화사	P. 디비 / 편집부	9,000원
85	禮의 精神	柳肅 / 洪熹	20,000원
86	조선공예개관	日本民芸協會 編 / 沈雨晟	30,000원
87	性愛의 社會史	J. 솔레 / 李宗旼	18,000원
88	러시아미술사	A. I. 조토프 / 이건수	16,000원
89	中國書藝論文選	郭魯鳳 選譯	25,000원
90	朝鮮美術史	關野貞 / 沈雨晟	근간
91	美術版 탄트라	P. 로슨 / 편집부	8,000원
92	군달리니	A. 무케르지 / 편집부	9,000원
93	카마수트라	바쨔야나 / 鄭泰爀	10,000원
94	중국언어학총론	J. 노먼 / 全廣鎭	18,000원
95	運氣學說	任應秋 / 李宰碩	8,000원
96	동물속담사전	宋在璇	20,000원
97	자본주의의 아비투스	P. 부르디외 / 최종철	6,000원

98 宗敎學入門	F. 막스 뮐러 / 金龜山	10,000원
99 변 화	P. 바츨라빅크 外 / 박인철	10,000원
100 우리나라 민속놀이	沈雨晟	15,000원
101 歌訣(중국역대명언경구집)	李宰碩 편역	20,000원
102 아니마와 아니무스	A. 융 / 박해순	8,000원
103 나, 너, 우리	L. 이리가라이 / 박정오	10,000원
104 베케트연극론	M. 푸크레 / 박형섭	8,000원
105 포르노그래피	A. 드워킨 / 유혜련	12,000원
106 셸 링	M. 하이데거 / 최상욱	12,000원
107 프랑수아 비용	宋 勉	18,000원
108 중국서예 80제	郭魯鳳 편역	16,000원
109 性과 미디어	W. B. 키 / 박해순	12,000원
110 中國正史朝鮮列國傳(전2권)	金聲九 편역	120,000원
111 질병의 기원	T. 매큐언 / 서 일 · 박종연	12,000원
112 과학과 젠더	E. F. 켈러 / 민경숙 · 이현주	10,000원
113 물질문명 · 경제 · 자본주의	F. 브로델 / 이문숙 外	절판
114 이탈리아인 태고의 지혜	G. 비코 / 李源斗	8,000원
115 中國武俠史	陳 山 / 姜鳳求	18,000원
116 공포의 권력	J. 크리스테바 / 서민원	23,000원
117 주색잡기속담사전	宋在璇	15,000원
118 죽음 앞에 선 인간(상 · 하)	P. 아리에스 / 劉仙子	각권 8,000원
119 철학에 대하여	L. 알튀세르 / 서관모 · 백승욱	12,000원
120 다른 곳	J. 데리다 / 김다은 · 이혜지	10,000원
121 문학비평방법론	D. 베르제 外 / 민혜숙	12,000원
122 자기의 테크놀로지	M. 푸코 / 이희원	16,000원
123 새로운 학문	G. 비코 / 李源斗	22,000원
124 천재와 광기	P. 브르노 / 김웅권	13,000원
125 중국은사문화	馬 華 · 陳正宏 / 강경범 · 천현경	12,000원
126 푸코와 페미니즘	C. 라마자노글루 外 / 최 영 外	16,000원
127 역사주의	P. 해밀턴 / 임옥희	12,000원
128 中國書藝美學	宋 民 / 郭魯鳳	16,000원
129 죽음의 역사	P. 아리에스 / 이종민	13,000원
130 돈속담사전	宋在璇 편	15,000원
131 동양극장과 연극인들	김영무	15,000원
132 生育神과 性巫術	宋兆麟 / 洪 熹	20,000원
133 미학의 핵심	M. M. 이턴 / 유호전	14,000원
134 전사와 농민	J. 뒤비 / 최생열	18,000원
135 여성의 상태	N. 에니크 / 서민원	22,000원
136 중세의 지식인들	J. 르 고프 / 최애리	18,000원
137 구조주의의 역사(전4권)	F. 도스 / 이봉지 外	각권 13,000원
138 글쓰기의 문제해결전략	L. 플라워 / 원진숙 · 황정현	20,000원
139 음식속담사전	宋在璇 편	16,000원

140	고전수필개론	權 瑚	16,000원
141	예술의 규칙	P. 부르디외 / 하태환	23,000원
142	"사회를 보호해야 한다"	M. 푸코 / 박정자	20,000원
143	페미니즘사전	L. 터틀 / 호승희 · 유혜련	26,000원
144	여성심벌사전	B. G. 워커 / 정소영	근간
145	모데르니테 모데르니테	H. 메쇼닉 / 김다은	20,000원
146	눈물의 역사	A. 벵상뷔포 / 김자경	18,000원
147	모더니티입문	H. 르페브르 / 이종민	24,000원
148	재생산	P. 부르디외 / 이상호	18,000원
149	종교철학의 핵심	W. J. 웨인라이트 / 김희수	18,000원
150	기호와 몽상	A. 시몽 / 박형섭	22,000원
151	융분석비평사전	A. 새뮤얼 外 / 민혜숙	16,000원
152	운보 김기창 예술론연구	최병식	14,000원
153	시적 언어의 혁명	J. 크리스테바 / 김인환	20,000원
154	예술의 위기	Y. 미쇼 / 하태환	15,000원
155	프랑스사회사	G. 뒤프 / 박 단	16,000원
156	중국문예심리학사	劉偉林 / 沈揆昊	30,000원
157	무지카 프라티카	M. 캐넌 / 김혜중	25,000원
158	불교산책	鄭泰爀	20,000원
159	인간과 죽음	E. 모랭 / 김명숙	23,000원
160	地中海(전5권)	F. 브로델 / 李宗旼	근간
161	漢語文字學史	黃德實 · 陳秉新 / 河永三	24,000원
162	글쓰기와 차이	J. 데리다 / 남수인	28,000원
163	朝鮮神事誌	李能和 / 李在崑	근간
164	영국제국주의	S. C. 스미스 / 이태숙 · 김종원	16,000원
165	영화서술학	A. 고드로 · F. 조스트 / 송지연	17,000원
166	미학사전	사사키 겐이치 / 민주식	근간
167	하나이지 않은 성	L. 이리가라이 / 이은민	18,000원
168	中國歷代書論	郭魯鳳 譯註	8,000원
169	요가수트라	鄭泰爀	15,000원
170	비정상인들	M. 푸코 / 박정자	25,000원
171	미친 진실	J. 크리스테바 外 / 서민원	25,000원
172	디스탱숑(상 · 하)	P. 부르디외 / 이종민	근간
173	세계의 비참(전3권)	P. 부르디외 外 / 김주경	각권 26,000원
174	수묵의 사상과 역사	崔炳植	근간
175	파스칼적 명상	P. 부르디외 / 김웅권	22,000원
176	지방의 계몽주의(전2권)	D. 로슈 / 주명철	근간
177	이혼의 역사	R. 필립스 / 박범수	25,000원
178	사랑의 단상	R. 바르트 / 김희영	근간
179	中國書藝理論體系	熊秉明 / 郭魯鳳	근간
180	미술시장과 경영	崔炳植	16,000원
181	카프카 — 소수적인 문학을 위하여	G. 들뢰즈 · F. 가타리 / 이진경	13,000원

■ 오블라디 오블라다, 인생은 브래지어 위를 흐른다　무라카미 하루키 / 김난주　7,000원
■ 인생은 앞유리를 통해서 보라　B. 바게트 / 박해순　5,000원
■ 잠수복과 나비　J. D. 보비 / 양영란　6,000원
■ 천연기념물이 된 바보　최병식　7,800원
■ 原本 武藝圖譜通志　正祖 命撰　60,000원
■ 隷字編　洪鈞陶　40,000원
■ 테오의 여행 (전5권)　C. 클레망 / 양영란　각권 6,000원
■ 한글 설원 (상·중·하)　임동석 옮김　각권 7,000원
■ 한글 안자춘추　임동석 옮김　8,000원
■ 한글 수신기 (상·하)　임동석 옮김　각권 8,000원

【조병화 작품집】

■ 공존의 이유　제11시점　5,000원
■ 그리운 사람이 있다는 것은　제45시집　5,000원
■ 길　애송시모음집　10,000원
■ 개구리의 명상　제40시집　3,000원
■ 꿈　고희기념자선시집　10,000원
■ 따뜻한 슬픔　제49시집　5,000원
■ 버리고 싶은 유산　제 1시집　3,000원
■ 사랑의 노숙　애송시집　4,000원
■ 사랑의 여백　애송시화집　5,000원
■ 사랑이 가기 전에　제 5시집　4,000원
■ 시와 그림　애장본시화집　30,000원
■ 아내의 방　제44시집　4,000원
■ 잠 잃은 밤에　제39시집　3,400원
■ 패각의 침실　제 3시집　3,000원
■ 하루만의 위안　제 2시집　3,000원

【이외수 작품집】

■ 겨울나기　창작소설　7,000원
■ 그대에게 던지는 사랑의 그물　에세이　7,000원
■ 꿈꾸는 식물　장편소설　7,000원
■ 내 잠 속에 비 내리는데　에세이　7,000원
■ 들 개　장편소설　7,000원
■ 말더듬이의 겨울수첩　에스프리모음집　7,000원
■ 벽오금학도　장편소설　7,000원
■ 장수하늘소　창작소설　7,000원
■ 칼　장편소설　7,000원
■ 풀꽃 술잔 나비　서정시집　4,000원
■ 황금비늘 (1·2)　장편소설　각권 7,000원

東文選 現代新書 6

유대교란 무엇인가

노먼 솔로몬
최창모 옮김

이 책은 국내에서는 거의 처음으로 소개되는 유대교에 관한 체계적인 입문서이다. 지금까지 몇몇 이야기 형식의 비체계적인 글과 책이 국내 학자들에 의해 쓰여진 바는 있었으나, 유대인이 쓴 유대교에 관한 체계적인 스터디 북은 이번이 처음이다.

영국 옥스퍼드대학교의 히브리·유대학 연구소에서 현대 유대사상을 강의하는 노먼 솔로몬 교수의 이 작은 책은 유대인의 입장에서 유대교의 실체를 밝히고 있다. 그는 '유대교가 바라보는 기독교'나 '기독교가 바라보는 유대교'는 진정한 의미에서 오랜 역사적 과정에서 축적된 문화적 찌꺼기 혹은 편견 위에서 논의될 수밖에 없음을 전제하면서, 두 종교 사이의 역사적 연속성과 불연속성을 동시에 인정하는 입장에 서 있다. 다시 말해서 그는 두 종교 사이에 존재하는 관계의 역사적 필연성과 그 과정에서 싹터 자라온 눈먼 비극적 경험을 바탕으로 누가 유대인이며, 무엇이 유대교인가를 유대인의 시각에서 설명함으로써 역사·신학적인 오해를 씻어 보려고 애쓰고 있다.

東文選 現代新書 5

불교란 무엇인가

데미엔 키언

고길환 옮김

불교는 종교인가? 철학인가? 생활방식인가? 윤리강령인가? 지난 세기 동안 불교 연구는 여러 면에서 눈먼 사람 코끼리 만지기 일화와 유사하다. 불교 학도들은 전통의 일부분에 집착하여 자신의 결론이 전체에 대해서도 진리라고 생각한다. 그들이 붙잡은 부분은 대개 코끼리의 이빨 따위. 말하자면 두드러진 부분이지만 코끼리 전체를 대표할 수는 없는 부분이다. 그 결과 일방적이고 그릇되게 불교를 일반화하는 현상이 일어나고 있다.

옥스퍼드대학교의 〈A Very short Introduction〉 시리즈는 아주 다양한 주제들에 쉽게 접근할 수 있도록 이끌어 주는 짧은 입문으로서, 핵심 문제와 쟁점들에 대한 동시대의 가장 뛰어난 사유들을 우리에게 보여 준다.

데미엔 키언의 책은 인류가 가지고 있는 가장 아름답고 심오하며 주목하지 않을 수 없는 지혜의 체계들 중 하나를 놀랍도록 명석하고도 읽기 쉽게 소개하고 있다. 동양의 부흥으로 인해, 살아 있는 교리 그 자체인 불교에서 삶에 대한 이해와 가르침을 얻는 일이 예전보다 더욱 시급한 일이 되고 있다. 키언이 보여 주는 탁월한 설명 능력 덕분에 우리는 동시대의 살아 숨쉬는 현실을 접하게 된다.

데미엔 키언은 런던대학교 골드스미스 칼리지 인도 종교 선임강사 이며, 왕립 아시아학회 회원이다.

東文選 現代新書 58

일신교
—— 성경과 철학자들

에드몽 오르티그

전광호 옮김

신이란 무엇인가? 신이란 숭배(혹은 경배) 행위의 대상이자 동시에 계시의 핵이다. 하나의 종교는 다음과 같은 이중 구심점을 가진다. 신성을 향한 인간의 숭배와 신이 인간에게 자신의 뜻을 알리는 신호, 즉 신성 의례와 신탁(神託)이 바로 그것이다.

칸트 이후로 신은 오로지 각 개인의 도덕적 신앙 안에서만 정체를 확인할 수 있게 되면서 이 시대에는 각자 '내가 믿는 것'에 대한 전도자가 된다. 저자는 성경과 철학을 비교 연구하면서, 유일신 탐구에 각각의 고유한 갈래인 역사와 형이상학을 비교 조망하고 있다.

인간은 어떻게 유일신만을 숭배하게 되었는가? 그리고 또 모든 다른 신의 존재를 부정하게 되었는가? 왜 일신교가 한 민족신을 숭배하는 데 집착하게 되었는가? 이 책은 일신교의 기원에 대한 역사 비평의 주요 결과를 소개하고, 또 어떻게 해서 우리 종교가 성서적 전통과 헬레니즘적 전통을 동시에 물려받는지에 대해서 설명하고 있다.

저자 에드몽 오르티그는 현재 프랑스 여러 대학의 명예교수로서 종교에 관한 여러 권의 책을 쓴 바 있다.

東文選 文藝新書 39

힌두교의 그림언어

인도 神들의 세계와 그들의 상징 체계

안넬리제 + 페터 카일하우어

全在星 옮김

생성과 소멸의 영원한 윤회. 관능과 고행. 아름다움과 추함. 삶과 죽음의 끊임없는 혼융. 우주적 명상과 해탈. 절대적 세계 정신과의 합일. 힌두의 신화·전설·전통·의례·우상·천지에 널려 있는 사원과 조각들…… 인도 문화의 충실한 안내서.

기념비적인 인도의 웅장한 사원 건축 앞에서 우리들은 경이감에 사로잡히거나, 드물지 않게 광기 속으로 빠져든다. 거의 파악할 수 없고, 감히 쳐다볼 수 없을 정도의 수많은 조각군들은 인도의 하늘 끝까지 뻗쳐 있다. 그 수수께끼를 풀고 싶은 생각이 대부분의 사람들에게 가득하지만, 인도를 여행하는 사람들이나 도상학에 관한 책들을 읽는 사람들은 인도 신들의 형상의 복수성과 명칭의 다양성 때문에 너무 일찍 그것을 포기하게 된다.

힌두교의 그림언어에 관한 논의도 우선 분명히 깊이 있는 사고의 전환을 요구한다. 우리가 신뢰하고 익숙했던 것은 완전히 이국적인 것으로 대치되어야 한다. 영원한 생성과 소멸의 윤회, 관능과 고행, 아름다움과 추함, 그리고 삶과 죽음이 끊임없이 흐르는 상호 혼융 속에서 인간은 우주적인 명상의 잠자리에 들어야 한다. 이 세계는 단계적인 명상의 무대로서, 무소부재의 신성의 형상적 유출이며, 절대적인 세계 정신과의 근원적 합일을 향한 동경과 열정으로 이해되어야 한다. 이 세계는 단지 스쳐 지나가는 환영으로 보아야 한다. 인도인들은 이러한 현세적인 것과 초월적인 것이 뒤얽힌 비전을 형언할 수 없는 섬세함과 판타지로서 바위에 새겨넣었다. 최상의 예술과 대중적 미는 끊임없이 모순적인 전설·신화·전통과 의례 속에서 창조된다.

東文選 文藝新書 48

曼茶羅의 神들

立川武藏 지음
金龜山 옮김

살아 있는 종교 현상으로서의 만다라에 대한 총체적 이해.

만다라는 '聖'을 본질로 하는 종교적 심상을 도형화한 것이다. 불교에서는 예배의 대상으로서 서기 1세기 말경에 불상과 보살상 등이 조성되었는데, 이것은 곧 후기에 만다라를 발생시킨 근원이 되었다.

불상은 처음에는 단순히 大覺을 이룬 불타의 명상하는 모습을 예술적으로 표현한 彫像이었지만 차츰 다양한 양상으로 표현되면서 각각 다른 印相에 의미가 부여되었고, 마침내 밀교의 교리로 발전하였다.

기도를 하기 위한 신성한 장소로서 토단을 쌓아올리고 호마의 作法을 행하던 힌두교의 의식이 불교에 수용되었는데, 만다라는 처음에 이 토단을 지칭한 것이었다. 그것이 후에는 佛·菩薩 들을 모시는 그림으로 표현되었다. 이들을 대상으로 기도가 행해지면서 차츰 의제가 정비되었던 것이다.

만다라는 단순한 교의학적 도상이 아니라 비시간적·비공간적 우주 체험의 시각적 표상이며, 반대로 우주적 체험이 표상화된 만다라의 도상은 종교 의례를 통하여 내면화하면서 우주와의 합일에 도달하게 하는 메커니즘이다. 그러므로 만다라는 살아 숨쉬는 진리의 실천적 국면이다.

본서에서 저자는 만다라의 구조와 도상학을 해석하고, 종교 체험의 '聖'과 '俗'의 관계를 해설함으로써 불타나 보살의 변형된 형태에 대한 이해를 돕고 있으며, 힌두교의 신들이 불교에 수용된 역사적 배경과 형식을 자세히 논하고 있다. 특히 전문적 지식을 갖지 않은 사람들이 접근하기 어려운 불보살들의 형태의 변형이며, 불타나 보살 및 諸神들이 소지한 持物이며, 혹은 타고 앉은 乘物의 상징성 등을 도상과 함께 해설해 주고 있다.

東文選 文藝新書 59

女神들의 인도

立川武藏 지음
金龜山 옮김

힌두 母神들의 도상학적 특징과 종교적 儀禮를 밝혀나간 연구서.

여기에서 논의되고 있는 인도는 지리적 개념이라기보다는 종교문화적 개념이다. 그런 의미에서 본서의 인도는 힌두교가 집약적으로 형태를 이루고 있는 네팔을 중심으로 하여 고찰된다. 왜냐하면 네팔은 오래 된 힌두교의 전통을 순수하게 보존하고 있을 뿐만 아니라, 특히 7세기 후반으로부터 여신들이 힌두교의 전면에 등장한 밀교와 밀접한 관계를 맺고 있기 때문이다. 카트만두 분지는 마치 신들이 모여 사는 거대한 판테온이기도 하며, 그 자체가 하나의 만다라로도 인식되는 것이다.

인도의 우주관은 남성 원리인 시바와 여성 원리인 샥티의 구조로서 파악된다. 즉 우주의 근원적인 원리로서 無時間的 존재인 시바와 우주 에너지인 性力으로서의 샥티와의 합일을 통하여 梵我一如라는 힌두교의 이상을 완성할 수 있다고 믿어지는 것이다. 그러므로 인도의 여신들은 모두가 샥티의 표상들이다.

인도에서 여신 숭배의 신앙은 7,8세기 밀교의 발전과 더불어 그 세력을 얻고 있었다. 베다의 전통에는 없었던 여신 숭배의 신앙이 힌두교에 도입되면서 남신들은 각각 그 반려자로서 여신을 동반하고 나타나는데, 남신들의 원형인 시바의 힘은 여신 '샥티'로 표상되었다. 그로부터 여신들에게 도상적 특징이 생겨났고, 샥티의 변형으로서 다양한 여신들이 힌두교의 판테온에 등장하여 우주 만다라를 형성하게 되었다.

원형으로서 시바와 샥티는 수없이 변형된 표상으로 전개되어 인도의 종교적 토양을 더욱 비옥하게 했던 것이다. 저자는 본서를 자료집으로서도 비중을 두고 거의 빠짐 없이 여신들의 도상적 특징들을 규명해 놓았다. 그것은 마치 네팔이라는 축도 속에 인도의 신들이 배열된 도상 만다라를 학문적으로 재생시켜 놓은 듯한 느낌을 준다.

東文選 文藝新書 35

道教와 中國文化

葛兆光 지음
沈揆昊 옮김

　중국 문화를 받치고 있는 세 가지 커다란 기둥인 유학·불교·도교를 각기 구분한다는 것은 불가능할 뿐만 아니라 아무짝에도 쓸모없는 일일 것이다.

　그러나 보다 정밀하게 살펴본다면, 이 세 가지가 중국 문화에 끼친 영향 가운데에는 각기 나름의 고유한 영역이 있으며, 그 흔적이 남아 있음을 알 수 있다.

　만약 유가의 학설이 사람들의 사회생활 속에서 자아가치를 실현하는 측면에 치중하고 있다면, 불교는 사람들의 내재적인 정신생활의 심리적 만족의 측면에 치중해 있고, 도교는 사람들의 생명의 영원함과 즐거움에 치중해 있다고 말할 수 있다. 또한 유가의 학설이 인간의 의식 심층에 잠재되어 있는 욕망의 역량을 매우 다양하게 사회 이상의 방향으로 승화시키고, 전환시키는 방향으로 노력하고 있다고 말한다면, 불교의 경우는 내심으로 억압하고 소멸시키는 방향으로 나아가고, 도교의 경우는 오히려 이러한 것에 영합하는 쪽으로 나아가 허황된 것일망정 만족과 배설의 기쁨을 만끽하도록 만든다고 말할 수 있을 것이다.

　"중국의 뿌리는 도교이다"라고 일찍이 노신이 말한 것처럼 이 도교를 모르고서 중국 문화, 더 나아가 동양문학을 이해한다는 것은 불가능하리라. 중국에서의 도교는 단지 종교적인 의미보다는 중국 문화 전반에 걸친 역사이자 중국인 삶의 흔적이다.

　북경의 淸華大學의 젊은 학자인 저자는 이 책의 상편에서 중국 문화의 토양 속에서 도교의 철리와 신의 계보, 의례와 방술 등의 형성과 정형화되는 과정을, 중편에서는 도교의 발전과정을, 하편에서는 도교와 사대부, 도교와 문학, 도교와 세속 문화와의 관계에 대해 논술하고 있다.

東文選 文藝新書 18

신화, 미술, 제사

張光直 지음

李 徹 옮김

신화 · 예술 · 정치를 통해서 본 중국 고대 문명의 기원과 그 특징.

아득한 고대로부터 현재에 이르기까지 중국 문명은 전세계 문명의 체계 중 어떠한 지위를 차지하고 있을까? 그것의 가치는 어디에 있으며, 그 특징은 무엇인가? 이 모든 것은 지금도 변화하고 있는 문화환경 속에 처해 있는 사람들이 생각지 않을 수 없는 문제이다. 본서의 저자는 이에 대해 특수한 각도에서 우리에게 명확한 해답을 제시해 준다. 아울러 그는 중국 문명의 기원이 되는 관건은 정치적 권위의 흥기와 발전에 있다고 보면서 이러한 정치 권력은 주로 도덕 · 종교, 희귀한 자원의 독점 등의 수단으로 취득하는데, 그 중 가장 중요한 것은 하늘과 땅, 인간과 신을 소통시켜 주는 수단의 독점이라고 피력하면서 세심한 논증을 하였다.

저자는 고대 중국에서 정치적 권위를 획득하는 데 있어 필수 불가결한 조건들로서 씨족 · 제사 · 예술 · 문자 · 도덕적 권위 · 무력 · 재력 등을 나열하고, 그것들의 내용 및 상관관계를 추적하고 있다. 그 서술방식이 간결명료하고 긴밀히 연결되어 있어 어느 한 구절도 그냥 지나칠 수 없으며, 곳곳에서 저자의 참신한 견해를 만날 수 있게 된다. 특히 제4장에서 청동기 위에 새겨진 동물 문양과 정치 권위 및 종교 행위와의 관계를 설명한 부분은 가히 독보적인 견해라고 할 수 있다.

東文選 現代新書 60

종교철학

존 H · 힉

김희수 옮김

　신은 과연 스스로 존재하는 전능자이며 우주 만물의 창조자인가, 아니면 인간들이 최상의 이상을 투시하여 만들어 낸 가상적 존재인가? 신이 실재하는 존재라면 그것을 어떻게 증명할 것인가? 인간을 포함한 자연계는 창조된 것인가, 아니면 인연이나 우연의 산물인가? 종교는 영원히 존재할 것인가, 아니면 과학 문명의 발전과 더불어 사라지고 말 것인가?

　본서에서 저자는 종교철학 분야에 있어서 핵심적이고도 중요한 내용들을 총망라하여 다루고 있을 뿐만 아니라, 각각의 주제들에 대해서 아주 명확하고도 알기 쉽게 서술하고 있다. 특히 본서는 그리스도교뿐만 아니라 다른 종교들의 견해들도 다루고 있기 때문에, 독자들이 종교에서 다루고 있는 주제들에 대하여 폭넓은 이해를 할 수 있도록 도와 준다.

　본서는 종교철학의 정의, 신의 다양한 속성, 신의 존재에 대한 다양한 증명 방법, 신의 다양한 이름, 악의 문제, 정통 종교들의 배타적인 진리 주장 문제, 제종교의 생성 과정과 지리적 · 문화적 조건과의 상호 관련성, 영혼의 불멸, 천국 또는 낙원의 존재, 죽은 자의 영혼과의 교통, 업보와 윤회, 환생, 텔레파시 현상 등 다양한 주제들에 대하여 흥미롭게 다루고 있다.

東文選 文藝新書 149

종교철학의 핵심

W. W. 웨인라이트

김희수 옮김

신은 과연 존재하는가? 신이 존재한다는 것을 어떻게 설명할 수 있을 것인가? 신이 존재한다면 그 속성은 무엇인가? 신이 최상의 실체이며 완전하고 선한 존재라면, 악이 존재하는 문제는 어떻게 설명하여야만 할 것인가? 신비주의와 종교적 체험 사이에는 어떠한 연관성이 있는가? 신에 의한 계시는 무엇이며, 어떻게 이해하여야 할 것인가?

웨인라이트의 《종교철학의 핵심》은 이러한 분야에 있어서의 논쟁에 대한 최근의 상황을 반영하고 있다. 또한 종교철학의 전통적인 주제를 총망라하고 있을 뿐만 아니라, 인식론적 주제와 종교다원주의에 대한 토론도 포함하고 있다. 이 책은 궁극적 실체의 본질에 대한 설명과 이 실체가 존재한다는 것에 대한 찬반 토론·불멸·종교적 체험·신앙주의, 그리고 반증거주의에 대한 질문에 대하여 심도 있는 고찰을 제시하고 있다. 저자는 전통적인 종교체계를 비교하고 있으며, 또한 이 종교체계에 의한 세계관을 고찰하고 있다.

독자들은 이 책을 통하여 신의 존재와 속성, 중요한 종교적 쟁점들에 대한 합리적이고 깊이 있는 연구를 접하게 될 것이다. 종교철학을 전문으로 연구하는 학자와 학생, 이 분야에 관심을 가지고 있는 모든 사람들에게 도움을 주는 자료가 될 것으로 확신한다.

東文選 文藝新書 38

인도종교미술

아지트 무케르지
편집부 옮김

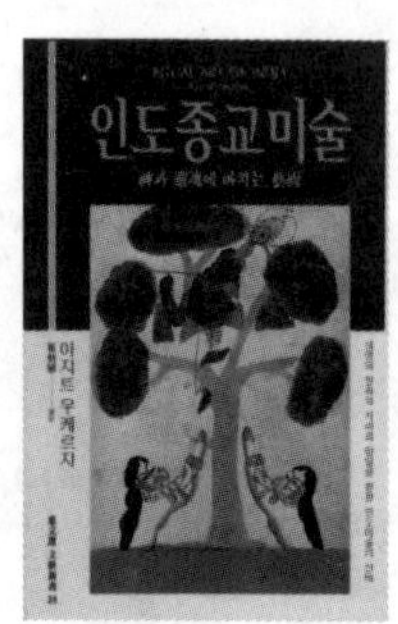

　인도의 종교 미술, 다시 말해 의례 미술은 매우 깊은 역사적인 뿌리를 가지고 있다. 그리고 무엇보다도 그것은 살아 있는 전통이다. 그 밑바닥에는 하나의 통일된 목표가 있다. 그것은 바로 우주와의 일체를 인식하기 위한 조화와 전체성의 탐색이다.

　종교 미술이란 영혼의 진정한 모습을 찾으려는, 또 우주와 하나됨을 깨달을 수 있는 상태로 나아가는 수단 또는 길이다. 이러한 깨달음은 자신의 외부에 있는 어떤 것을 추구하는 것과는 다르다. 그것은 오히려 자아의 내부에서 발견되는 일종의 환영이다. 갖가지 모습을 하고 있는 세계에 숨겨져 있는 통일성은, 모든 생명과 인간의 관계 속에서 명료한 것이든 아니든 상관 없이 발견된다. 숭배 의례는 인간의 존재 안에 있는 각각의 원자와, 또 모든 원자들과 접촉하는 통로이다. 그래서 숭배 의례를 통해 자아의 완전한 합일이 이루어진다. 의례를 통해 아무리 존재가 미미하고 시답잖다든가, 또는 광대하고 이해 불가능한 것이라 할지라도 언제나 움직이고 있는 세계, 즉 자가트에 살고 있는 인간의 삶에 중요하지 않은 것은 없다는 것을 깨닫게 된다.

　전통적으로 인도의 종교 미술은 생명의 원리와 자아가 점차적으로 합일하게 되는 사드하나를 공유하는 한 가지 방법으로 쓰인다. 서양의 종교 미술이 이미 제도적으로 완비된 형태를 묘사하고 있는 반면에, 인도의 종교 미술은 매일 접하는 것이지만 보편적인 것과의 합일, 그리고 전체를 관망할 수 있는 의식의 확장을 꾀하고 있다.

東文選 文藝新書 15

TANTRA
탄트라

아지트 무케르지

金龜山 옮김

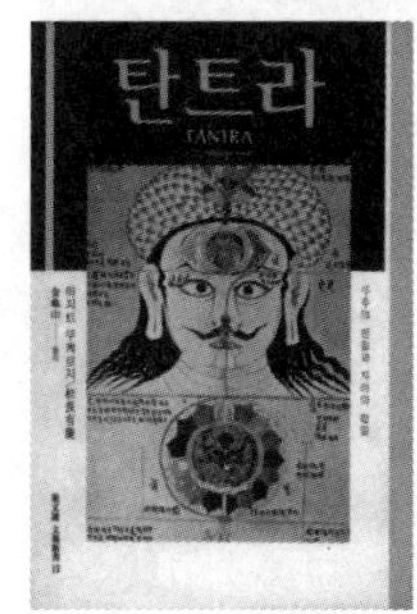

　탄트라는 8세기 이후 인도에서 밀교 경전을 지칭하게 되면서부터 일반에게 알려졌는데, 그것은 진리의 천명이나 철학적 교리서라기보다는 깨달음을 향한 수행 방식이고 세계에 대한 일종의 태도이다. 탄트라는 주관과 객체라든가 정신과 육체 혹은 창조주와 피조물 등의 이분법에 기초를 둔 서구적 사고와는 달리, 전체와 부분 또는 물과 물결의 관계처럼 불가분리의 양면성을 하나의 실상으로 통일하여 우주의 본질과 자아가 합일되려는 방식이다.

　인도인의 우주관에 의하면, 절대자로서의 브라만은 자체 안에 남성적 요소와 여성적 요소의 양면성을 가지고 끊임없는 변화 속에서 창조와 파괴의 순환을 거듭하는 것으로 이해된다. 실상과 현상, 즉 근원적인 진리로서 무시간성의 존재와 현실로서의 변화는 각각 남성적 요소와 여성적 요소로 상징되어 창조와 분열을 반복한다는 것이다. 그러므로 탄트라는 우주의 본질과 합일을 이루어 우주 본래의 至福으로 초월하려는 방식이다.

　탄트라에서 모든 자연적 본능의 충족을 긍정하고 있다. 왜냐하면 고행이나 금욕을 통하여 자연을 억제하거나, 육체를 약화시키고 정신적인 긴장과 갈등을 야기시키는 일은 생명의 건강한 성숙을 방해한다고 생각한다. 그러므로 오히려 자연의 저급한 충동으로부터 고상한 충동으로 향상되도록 수련할 것을 주장한다. 모든 자연의 충동은 본질적으로 동일한 神性으로부터 솟아오르는 진화의 창조적 에너지라고 파악하기 때문이다.

東文選 文藝新書 58

꿈의 철학
―꿈의 미신, 꿈의 탐색

劉文英 지음
何永三 옮김

꿈의 미신과 꿈의 탐색은 종교와 과학이라는 서로 다른 두 개의 범주에 속한다. 저자는 꿈의 미신에서 占夢의 기원과 발전, 占夢術의 비밀과 流傳, 꿈에 대한 갖가지 실례와 해석을 들어 고대인들의 꿈에 대한 미신을 종교학적 측면에서 다루고 있으며, 꿈의 탐색에서는 꿈의 본질과 특징, 꿈에 관한 구체적 문제들과 꿈을 꾸는 생리적·정신적 원인들에 관한 토론을 계통적으로 연구하고 있다.

프로이트 이후 최대의 업적으로 평가받고 있는 이 책은, 그동안 꿈에 대한 서양식의 절름발이 해석에서 벗어나 동양인의 서양인과는 다른 독특한 사유구조와 이에 반영되어 있는 문화체계를 이해하는 데에 크게 도움을 줄 것이다. 꿈에 대한 미신은 인간의 꿈에 대한 일종의 몽매성을 반영하고 있으므로 해서 중국 문화를 연구하는 현대 학자들은 오랫동안 일고의 가치도 없는 것으로 여겨 왔다. 그러나 꿈에 대한 미신은 하나의 문화현상으로 그 역사적인 측면에서도 매우 오래 된 원류를 갖고 있을 뿐만 아니라, 사회생활과 사회심리학적인 수많은 부분에 대해 영향을 미쳐 왔으니 만큼, 각종의 다른 종교를 대하는 것과 마찬가지로 진지하게 이를 분석하고 연구해야 할 것이다.

이 책의 저자는 오랫동안 중국 고대 철학을 전공한 학자로서 꿈에 관련된 갖가지 문화현상을 둘러보고, 그로부터 고대 중국인들의 심리상태와 그들이 추구하고자 했던 바와 사유방식 등을 이해하고자 하였다. 이를 위해 저자는 중국 고대 해몽의 기원과 발전에서부터 현대의 꿈에 대한 정신적 분석에 이르기까지 방대한 자료와 해박한 지식으로 명쾌하게 꿈을 분석해 나가고 있다.

東文選 文藝新書 85

禮의 精神

柳 肅 지음
洪 憙 옮김

　이 책에서 다루고 있는 〈예〉는, 현재 의미상의 문명적인 예의뿐만 아니라 사회의 도덕가치・민족정신・예술심리・풍속습관 등 여러 방면에 이르는 극히 넓은 문화적 범주를 뜻한다.
　〈예〉는 인류 문명의 자랑할 만한 많은 것들을 창조하였지만, 동시에 후인들로 하여금 지금까지 내던져 버리기 어려운 보따리를 짊어지게 하였다고 전제하고, 어떻게 하면 이 둘 사이에서 적합한 문명 발전의 길을 찾느냐를 모색하고 있다.
　정신문화상으로는 동양의 오랜 문명과 예의를 가지며, 물질문화상으로는 서양의 선진국가를 초월하여 동서양 문화의 성공적인 결합을 이루고자 함에 있어 그 정신을 다시 한번 되짚는다.
　또한 이 책은 〈예〉라는 한 각도에서 그 문화적인 심층구조와 겉으로 드러난 형태 사이의 관계를 논술하면서 통치자인 군주의 도덕윤리적 수양을 비롯하여, 일반 평민의 가족관계를 유지하고 사회의 안정을 유지하는 기초적인 조건에 이르기까지 저마다 자각하고 준수해야 할 도덕규범을 민족정신과 문화현상을 통해 비교분석하고 있다.

　【주요 내용】禮의 기원과 작용 / 예의 제도와 禮樂의 교화 / 예와 중국의 민족정신 / 예악과 중국의 정치 / 국가와 가정 / 예의 권위 / 체제와 직능 / 윤리화된 철학 / 조상 숭배와 천명사상 / 儒學의 연원 / 예의 반란 / 종교감정과 현실이성 / 신화와 전통 / 士官의 문화와 巫祝의 문화 / 美와 善의 합일 / 詩敎와 樂敎 / 예의 형상 표현 / 정치윤리 / 집단주의 / 여성의 예교와 여성의 정치 / 예의의 나라 / 윤리강령의 통속화 / 가족과 정치 / 예악의 문화 분위기 / 민족정신의 확대 / 정치적 곤경

東文選 文藝新書 125

중국은사문화

馬　華·陳正宏 지음
姜炅範·千賢耕 옮김

　　중국에는 이 세상에서 은사가 가장 많았고, 그 은사들의 생활은 〈숨김(隱)〉으로 인해 더욱 신비스럽게 되었다. 이 책은 은사계층의 형성에서부터 은사문화의 특징에 이르기까지 구체적이고 생동감 넘치는 수많은 사례를 인용하였으며, 은사의 성격과 기호·식사·의복·주거·혼인·교유·예술활동 등을 다각도로 보여 준다. 또한 각양각색의 다양한 은사들, 즉 부귀공명을 깔보았던 〈世襲隱士〉, 험한 세상 일은 겪지 않고 홀로 수양한 〈逸民〉, 부침이 심한 벼슬살이에서 용감하게 물러난 조정의 신하, 황제의 곡식을 먹느니 차라리 굶어죽기를 원했던 〈居士〉, 入朝하여 정치에 참여했던 〈산 속의 재상〉, 총애를 받고 권력을 휘두른 〈處士〉, 그리고 기꺼이 은거했던 황족이나 귀족 등 다양한 은사들의 다양한 은거생활과 운명에 대해 서술하였다. 그들 중에는 혼자서 은거한 〈獨隱〉도 있으며, 형제간이나 부부·부자나 모자 등 둘이서 은거한 〈對隱〉도 있으며, 셋이나 다섯이서 시모임(詩社)이나 글모임(文社)을 이루어 함께 은거하는 경우도 있었다. 그들은 대부분 산 속 동굴에 숨어 살거나, 시골 오두막에 깃들거나, 산에서 들짐승과 함께 평화롭게 살거나, 혹은 시체 구더기와 한방에서 산 사람도 있었다. 이들은 소박한 차와 식사를 했지만 정신만은 부유하여, 혹 산수시화에 마음을 두고 스스로 즐기거나 物外의 경지로 뛰어넘어 한가롭고 깨끗하게 지냈으며, 심지어는 마음이 맑고 욕심이 적어 평생 아내를 맞이하지 않기도 하였다. 이 책은 은사생활의 모든 면을 보여 주는 동시에, 중국 고대 사회에서 은사들이 점했던 특수한 지위와 중국 문화에 은사 문화가 미친 영향 등에 대해 깊이 있는 연구를 진행하였다. 풍부하고 생생한 내용에 재미있는 일화도 있지만, 깊이 있는 견해 또한 적지않다. 중국 문화의 심층을 이해하는 데 상당한 도움을 줄 것이다.

東文選 文藝新書 44

朝鮮巫俗考

李能和 지음
李在崑 옮김

우리나라 근세 민속학의 여명을 불러온 이능화 선생의 장편논문.

우리나라 민속학의 효시로는 1927년에 발표된 이능화의 《조선무속고》를 들지 않을 수 없다. 그는 무속 가운데서 우리의 민중문화를 찾아볼 수 있다고 확신하고 무속에 관한 사료를 모아 정리하였을 뿐만 아니라 학문적인 연구를 깊이 하였던 것이다. 고대 무속의 유래에서부터 시작하여 고구려·백제·신라의 무속과, 고려·조선조의 무속에 이르기까지의 무속의 역사·제도·神格·儀式 등을 분석했고, 또 민중사회의 무속과 각 지방의 무속 등을 사적 문헌들을 통하여 세밀히 정리하였으며, 나아가 중국과 일본의 〈巫〉에 대한 연구까지를 곁들여 비교연구하기에 이르렀다. 따라서 그의 무속에 관한 이와 같은 연구는 우리나라에서 최초의 토착신앙에 대한 典籍의 위치를 점하게 되었다. 아울러 그의 이러한 연구는 후학들에게 무속의 신앙성과 신화성·문학성·음악성·무용성을 비롯해서 민중의 집단회의로서의 역할, 맹인무당의 유래와 지방별의 차이, 맹인무당과 광대와의 관계 등 무속이 갖는 사회 기능적 측면에 이르기까지 구체적 항목들을 과제로 남겨 놓은 셈이 된다.
무속과 불교·도교·현대 기독교와의 관계, 중국·일본·만주 및 시베리아 무속과의 비교연구, 서구의 기독교적 관점에서 본 〈샤머니즘〉과 무속과의 차이, 무속이 우리 문화에서 차지하는 성격과 기능에 관한 연구도 우리에게 남겨 준 과제이다. 이러한 점에서 《조선무속고》는 원문이 한문이어서 불편한 점은 있었으나, 이번에 번역 출간됨으로써 이 방면의 유일한 안내 또는 입문서가 되는 것이다.

東文選 文藝新書 132

生育神과 性巫術

宋兆麟
洪 熹 옮김

인류 사회의 발전은 기본적으로 두 갈래의 큰 줄기가 있다.

하나는 물질적 생산으로 산식문화(產食文化)라 하고, 다른 하나는 사람의 생산으로 생육문화(生育文化)라 한다. 본서는 중국의 생육문화, 즉 연애·결혼·가정·임신과 생육·교육은 물론 더 나아가 생육에 대한 각종 신앙, 이를테면 생육신화·생육신·성기신앙·예속·자식기원 무속 등 생육신앙을 탐색한 연구서이다.

한국과 중국은 고대로부터 오늘날까지 유구한 역사적 관계를 가지고 있다. 특히 민속문화에 있어서는 많은 공통점과 차이점이 있다. 그럼에도 불구하고 그동안 이 방면의 학문적 교류가 거의 단절되어 왔다.

본서의 저자인 송조린 교수는 오랫동안 고대사·고고학·민족학에 종사한 중요한 학자로서 직접 현장에 나가 1차 자료를 수집한 연후에 그것을 역사문헌·고고학 발견과 결합시키고, 많은 학문 분야와 비교연구하여 중국의 생육문화의 발전 맥락 및 그 역사적 위상을 탐색하고 있다.

본서는 중국의 생육문화를 살피는 것은 물론 우리의 생육문화 탐구에 많은 공헌을 할 것임에 틀림없다. 또한 우리의 민속학·민족학의 연구 방향과 시야의 폭을 넓혀 줄 것이다.

東文選 文藝新書 9

神의 起源

何 新 지음
洪 熹 옮김

문화란 단층이나 돌연변이를 낳지 않는다. 따라서 중국의 상고시대에 대한 연구는 신화의 바른 해석에서부터 시작되어야 하며, 그 방법은 고고학·인류학·민속학·민족학은 물론 언어학까지 총동원되어야 한다. 그래야만 과학적 접근을 통한 인간 삶의 본연의 모습을 오늘에 적용할 수 있기 때문이다.

중국의 소장학자 何新이 쓴 《神의 起源》은 문자의 훈고와 언어 연구를 기초로 한 실증적 방법과 많은 문헌 고고자료를 토대로 중국 상고의 태양신 숭배를 중심으로 중국의 원시신화, 종교 및 기본적 철학 관념의 기원을 계통적으로 거슬러 올라가 탐구하고 있다.

'뿌리를 찾는 책'이라는 저자의 말처럼 이 책은 중국 고대 신화계통에 대한 심층구조의 탐색을 통하여 중국 전통문화의 뿌리가 되는 곳을 찾아 보려 하고 있다. 즉 본래의 모습을 찾되 단절되거나 편린에 그친 현상의 나열이 아님을 강조한 것이다.

이 때문에 그는 이 책의 체제도 우선 총 20여 장으로 나누고 있다. 그 속에는 원시신화 연구의 방법론과 자신의 입장을 밝힌 十字紋樣과 太陽神 부분을 포함하고, 민족문제와 황제, 혼인과 생식, 龍과 鳳에 대한 재해석, 지리와 우주에 대한 인식, 음양논리의 발생, 숫자와 五行의 문제 등을 고대문자와 언어를 과학적으로 분석하여 근거로 제시했으며, 여러 문헌의 기록도 철저히 재조명해 현대적 해석에 이용하고 있다.

그외에도 원시문자와 각종 문양 및 와당의 무늬 등 삽화자료는 물론, 세계 여러 곳의 동굴 벽화까지도 최대한 동원하고 있다. 특히 도표와 도식·지도까지 내세워 신화와 원시사회의 연관관계를 밝힌 점은 아주 새로운 구조적 분석이라 할 수 있다. 이렇게 하여 그는 일반적 서술 위주의 학술문장이 자칫 범하기 쉬운 '가시적 근거의 결핍'을 극복하고 있다.

東文選 文藝新書 93

카마수트라

바짜야나 / 정태혁 옮김

카마수트라는 기원후 4세기경 聖者 바짜야나가 편찬한 고대 인도 힌두교의 性사상과 윤리를 집대성한 세계 3대 性典의 하나이다.

인도에서는 고대로부터 性이란 인생의 근본이 되는 것이라고 생각되어 왔다. 그들이 추구해 온 인생의 3대 목표는 正法·實利·性愛로서, 이는 결국 종교와 철학에 歸一되고 있다.

본서는 성의식과 성애에 관한 의의를 규명, 덧붙여서 성애에 관한 예절의 습득, 그리고 성애술의 기교를 설명한 바라문 철학에 의한 경전이다. 즉 바라문의 성현·학자들이 그 예지를 기울여서 만든 인간의 性愛學이다.

인간에게 있어서 성애는 단순히 안다는 것만으로는 이해할 수 없는 심오한 세계이다. 그것은 성애가 단순한 육체만의 피부, 점막의 접촉적인 쾌감만의 것이 아니라, 정신적인 자율성을 갖고 전인적인 존재라는 점을 알게 해주는 것이다.

지금 현대적인 우리들이 《카마수트라》를 접했을 때, 어둡지 않은 순수한 쾌락으로서, 육체애로서 사랑하고, 더구나 이 성의 환희를 넘어서 정신적인 사랑의 환희를 향수하는 지혜를 배우게 된다. 《카마수트라》는 성애로부터 사랑을 기르는 지식을 부여하는 진정한 사랑의 경전이다.

東文選 文藝新書 91

美術版 탄트라

필립 로슨 / 편집부 옮김

　탄트라란 인도의 의례를 말한다. 그러나 이것은 태고로부터 계속해서 발전해 오는 동안 어떤 특정의 인도 종교에 국한되어 역사에 등장하게 된 것은 아니다. 힌두교·불교, 그리고 자이나교에서도 탄트라의 사상을 공유하며 탄트라 행법을 행한다.

　수백 세대에 걸쳐 많은 사람들이 탄트라를 다듬고 발전시킨 헌신적인 노력으로, 이제는 인간의 상징적인 표현의 가장 기본이 되는 체계를 갖추고 특유의 순수한 의미를 전달하게 되었다.

　탄트라를 종교로 규정하는 데는 많은 무리가 따른다. 너무나 많은 사람들이 탄트라에 대해 너무나 많이 잘못된 해석을 했다. 탄트라는 또한 '사고하는 방법'을 의미하지도 않는다. 사고하는 것은 일상적으로 이해되는 논리성과 매우 유용한 합리성을 가진다는 측면에서 의의를 갖지만, 탄트라에서는 사람들이 지금까지 세계라고 믿어 왔던 것에 대한 회의와 비참함을 서서히 깨닫게 해주는 것이다. 그래서 탄트라는 행위라는 점에서 의의를 가진다.

　이 책에 수록되어 있는 탄트라 그림은, 눈으로 보기 위한 것이 아니라 궁극적인 목적에 사용되어야만 의의를 갖는 것들이다. 그 어떤 것도 강한 인상을 주지 않는 것은 없다. 그러나 이것이 전부는 아니다. 이것으로 인해 특별한 종류의 정신적 작용이 공공연하게 자극받게 되며, 심신의 힘을 불러일으킨다. 또한 요가·봉헌례·명상, 그리고 성적 교합 등의 의례에 사용되어 인생의 새로운 근간을 찾게 해줌으로써 한 인간을 완전하게 변화시킬 수 있다. 처음에는 이러한 모든 과정이 평범한 사실에서부터 실현되어야 할 필요가 있다.